रंगमंच
नया
परिदृश्य

रंगमंच : नया परिदृश्य

रीतारानी पालीवाल

वाणी प्रकाशन

वाणी प्रकाशन

4695, 21-ए, दरियागंज, नयी दिल्ली 110 002

शाखा

अशोक राजपथ, पटना 800 004

फ़ोन : +91 11 23273167 फ़ैक्स : +91 11 23275710

www.vaniprakashan.in
vaniprakashan@gmail.com
sales@vaniprakashan.in

RANGMANCH : NAYA PARIDRASHYA
by Reetarani Paliwal

ISBN : 978-93-87889-32-3
Criticism

प्रथम संस्करण

मूल्य : ₹ 595

सिटी प्रेस, दिल्ली-110 095 में मुद्रित

वाणी प्रकाशन का लोगो मक़बूल फ़िदा हुसेन की कूची से

प्रस्तावना

यह पुस्तक मेरी रंग-संस्कार दृष्टि का सीधा प्रतिफल है। मेरा प्रयास इसमें रंगमंच की समग्र अवधारणा का बिम्ब प्रस्तुत करने का रहा है। यह आश्चर्यजनक बात है कि हमारे देश में 'नाटक' का अध्ययन प्रायः 'काव्य' या 'साहित्य' के स्तर पर ही होता रहा है। अभी हाल तक 'नाटक' के सन्दर्भ में 'रंगमंच' और 'रंगदृष्टि' के अध्ययन का अभाव रहा है। यह अभाव चुभन उत्पन्न करता है। मेरा यह कार्य इसी अभाव की पूर्ति का प्रयास है। इसी दृष्टि से नाटक तथा रंगमंच की गहन अर्थवत्ता और बलवत्ता को प्रस्तुत करने का प्रयास किया है।

मूलतः यह पुस्तक नाटक तथा रंगमंच की पारस्परिकता को नवीन प्ररिप्रेक्ष्य में परिभाषित करती है। संस्कृत के रंगमंच से लेकर हिन्दी के आधुनिक रंगमंच और ग्रीक-थियेटर से लेकर ब्रेख्त के आधुनिक रंगमंच तक उसका फलक है। इस फलक को इतना बड़ा रखने के मूल में भी मेरी यही इच्छा रही है कि प्राच्य और पाश्चात्य रंग-परम्पराओं को गहराई से समझते हुए हिन्दी-रंगमंच पर ठीक से दृष्टिपात किया जा सके। पूर्व और पश्चिम की रंगभूमियों को ध्यान में रखकर नवीन रंगमंच की समस्त चेतना और प्रभाव-दबाव को उजागर किया जा सके। इस दृष्टि को प्रधानता देते हुए मैंने नाटक तथा रंगमंच के सम्पूर्ण चित्र को स्वच्छता से रखने का संकल्प रखा है।

नाटक तथा रंगमंच को जब तक हम जीवन की भाँति उसमें रच-पच कर जीते नहीं हैं, तब तक वह हमसे आत्मीय नहीं हो पाता है। रंगमंच तो सांस्कृतिक-प्रक्रिया का एक दुर्निवार अंग है। अपनी धरती की गन्ध को पाने का सर्वाधिक सशक्त और जीवन्त कला-माध्यम है। पर यह कला-माध्यम लगातार नवीनता की माँग करता है। ऐसी स्थिति में इसे नवीन रखने के लिए अपनी नाट्य-परम्पराओं को अनवरत माँजते रहने की अपेक्षा रहती है। आधुनिक बोध यही पता लगाता है कि जो परम्परागत या प्राचीन है, उसे सार्थक और प्रासंगिक कैसे रखा जा सकता है। मैं मानती हूँ कि उस सार्थक और प्रासंगिक की खोज तर्कों, बहसों, विवादों, प्रयोगों आदि से लगातार की जानी चाहिए ताकि हम अपनी नाट्यधर्मी तथा लोकधर्मी परम्पराओं के सांस्कृतिक मिथकों, आख्यानों, प्रतीकों तथा बिम्बों से साक्षात्कार करते हुए नवीन रंग-दृष्टि की

तलाश लगातार जारी रख सकें। प्राचीन प्रश्नों के नये उत्तर ही आधुनिकीकरण तथा आधुनिकता की रंग-चेतना उत्पन्न कर सकते हैं। इसी कोण से यह पुस्तक रंगमंच का नया परिदृश्य है।

इस कार्य के लिए मैं व्यक्तिगत रूप से नाट्य-निर्देशक श्री इब्राहीम अल्काज़ी, श्री राजिन्दरनाथ, श्री ब्रजमोहन शाह, श्री अमिताभ दास गुप्ता की आभारी हूँ, जिन्होंने मुझे रंगमंच की सामग्री तथा संवाद से समृद्ध किया है। साथ ही संगीत नाटक अकादमी, नेशनल स्कूल आफ ड्रामा, नाट्य-निर्देशक श्री कारन्त तथा नाट्य समीक्षक श्री नेमिचन्द्र जैन के प्रति कृतज्ञ हूँ, जिन्होंने अनेक स्तरों पर सहायता की है। यदि यह पुस्तक नाटक तथा रंगमंच से जुड़े 'प्रेक्षकों', 'सामाजिकों', 'रंगकर्मियों', 'अभिनेताओं' तथा 'साहबों' और 'श्रीमानों' से थोड़ा भी संवाद कायम कर सकी, तो मैं अपने श्रम को सार्थक समझूँगी।

–रीतारानी पालीवाल

इस नये संशोधित संस्करण के विषय में

वर्ष 1980 में जब 'रंगमंच : नया परिदृश्य' प्रकाशित हुई तब पाठक समाज ने इसे बड़े उत्साह से स्वीकार किया और वर्ष 1991 में यह पुनर्मुद्रित हुई। लम्बे समय तक अनुपलब्ध रहने के पश्चात लगभग ढाई दशक बाद यह संशोधन-परिवर्धन के साथ पुनः प्रकाशित हो रही है। इस बीच हमारी दुनिया में बड़े बदलाव आये हैं। संचार-क्रान्ति, मीडिया-संस्कृति, भूमंडलीकरण, बाजार के वर्चस्व ने हमारी जीवन-शैली, सोच-विचार, व्यवहार को ही गहराई तक प्रभावित ही नहीं किया, हमारी संवेदना पर भी जबरदस्त घिराव किया है। उत्तर आधुनिक परिदृश्य, उत्तर औपनिवेशिक भावबोध, अस्मिता के संकट, जड़ों की तलाश, केन्द्र और परिधि के तनाव के विविध सन्दर्भों ने सभी चली आती पद्धतियों और मान्यताओं को झकझोरा और हिला दिया है। सम्प्रेषण-माध्यमों और प्रस्तुतिपरक कलाओं के स्वरूप और क्षमताओं का विस्तार हुआ है। साथ ही शक्ति और सत्ता के शिकंजों की बढ़ती सम्भावना ने नाट्य कृति और रंगकर्म के रिश्ते को भी कल्पनातीत ढंग से प्रभावित और पुनर्परिभाषित किया है। एक ओर रंगकर्म को टेक्स्ट अथवा नाट्यालेख से मुक्ति दिलाने पर जोर है तो दूसरी ओर दृश्यात्मकता की संकल्पना अब नाट्यालेख तक ही सीमित नहीं रह गयी है। कविता, कहानी, उपन्यास, संस्मरण, डायरी अदि समस्त सर्जनात्मक विधाओं की नाट्यात्मकता और दृश्यात्मकता को तलाशते हुए उनके यथावत मंचन का दौर चला है।

प्रस्तुत संस्करण को इस नये परिवेश और परिदृश्य की जानकारी का समावेश कर अद्यतन बनाया गया है। साथ ही साथ इसे पश्चिम की ही, नहीं पूर्व की रंग-परम्पराओं के सन्दर्भ में भी सम्पन्न बनाने का प्रयास किया गया है। औपनिवेशिक विरासत के चलते हम भारतीयों की मनोभूमिका में पश्चिम के प्रभाव-दबाव इतने प्रबल रहे कि पूर्व एशिया और दक्षिण-पूर्व एशिया की रंग-परम्पराओं की और हमारा ध्यान ही नहीं गया। पूर्व एशिया और दक्षिण-पूर्व एशिया के साहित्य, नाट्य-परम्परा और संस्कृति से हम लम्बे समय तक लगभग अनभिज्ञ बने रहे। हिन्दी में तो यह जानकारी लगभग उपलब्ध ही नहीं है। इसका सबसे बड़ा नुकसान यह रहा कि लम्बे समय तक पश्चिम का यथार्थवादी रंगमंच ही हमारी रंग-दृष्टि पर हावी रहा। लम्बे

समय तक भारतीय रंग-परम्परा से भी हम वैसा जीवन्त रिश्ता कायम न कर सके जैसा चीन, जापान, थाईलैंड आदि ने अपनी परम्परा से कायम रखा। इस तथ्य को ध्यान में रखते हुए पुस्तक में एशियाई रंग-परम्परा पर एक नया अध्याय जोड़ा गया है जिसमें जापान के नोह और काबुकी, चीन के शीक्यू, थाईलैंड के लाकोन खोन, रामकिएन, इंडोनेशिया के सेन्द्रातारी, कम्बोडिया के रेयेउंग के विषय में जानकारी शामिल करके रंग-परिदृश्य का अपेक्षित विस्तार किया गया है।

एशियाई रंग-परम्परा विशेष रूप से जापानी रंगमंच के गहन अध्ययन का और दक्षिण-पूर्व एशियाई रंगमंच को जानने का सुयोग मुझे पतिदेव प्रोफ़ेसर कृष्णदत्त पालीवाल की तोक्यो गाइकाकु दाइ गाकु (तोक्यो यूनिवर्सिटी ऑफ फॉरेन स्टडीज) में विजिटिंग प्रोफ़ेसर के रूप में नियुक्ति के परिणामस्वरूप जापान प्रवास के दौरान मिला और मैं हिन्दी में पहली बार 'जापानी रंग-परम्परा : नोह काबुकी और बुनाराकु' पर विस्तृत अध्ययन प्रकाशित कर सकी। इस कार्य में जापान के प्रोफ़ेसर तोशियो तनाका, प्रोफ़ेसर नागुरा और मित्सुएशु मोरी सां का विशेष सहयोग मिला था। वे यहाँ एक बार पुनः धन्यवाद के अधिकारी है। नाट्य निर्देशक श्री देवेन्द्र राज अंकुर, सुश्री कीर्ति जैन, श्री भानु भारती से संवाद मेरे रंगबोध का विस्तार करता रहा है, उनकी मैं हृदय से आभारी हूँ। वाणी प्रकाशन के श्री अरुण माहेश्वरी धन्यवाद के पात्र हैं, जिनके उत्साहपूर्ण प्रयास से पुस्तक पाठकों तक पहुँच रही है। आशा है परिवर्धित संशोधित रूप में यह पाठकों को लाभान्वित करेगी।

रीतारानी पालीवाल

1 अगस्त, 2017
ए-102/3, एस.एफ.एस. फ्लैट्स,
साकेत, नयी दिल्ली-110017

अनुक्रम

नाटक तथा रंगमंच की पारस्परिकता

आधुनिक रंगकर्मियों, नाटककारों तथा नाट्यालोचकों ने नाटक तथा रंगमंच की पारस्परिकता पर गहराई से विचार किया है। रंगमंच की परिकल्पना के बिना नाटक की सार्थकता, प्रासंगिकता, कलात्मकता और प्राणवत्ता आज सम्भव हीं नहीं रही है। इस दृष्टि से नाटक और रंगमंच का अन्योन्याश्रित सम्बन्ध बार-बार रेखांकित किया गया है। नाटक और रंगमंच में सृजनशील स्थितियों के अन्वेषण से यह सिद्ध हो गया है कि इस विशिष्ट विधा की स्थिति अन्य विधाओं से अपनी प्रकृति में ही भिन्न है। क्योंकि नाटक एक त्रि-आयामात्मक विधा है, जिसमें नाट्यकृति, प्रस्तुतीकरण एवं सामाजिक (प्रेक्षक) तीनों का समन्वय नाटकीय कलात्मकता के लिए अपेक्षित है। कृति से सृजनात्मक अनुभूति, प्रस्तुतीकरण से अभिनयाभिव्यक्ति एवं प्रेक्षक की भावानुभूति से आत्मसाक्षात्कार होता है। नाटक रंगमंच पर पुनर्सृजन और पुनर्निर्मिति पाता है, जिससे उसकी सम्प्रेषणीयता और बढ़ जाती है, श्रव्यकाव्य के तत्त्वों को समाहित करने के साथ नाटक दृश्यकाव्य की शक्तियों और सम्भावनाओं को दोहरे-तिहरे कलात्मक बोध के साथ उभारता है। संवेदनीयता तथा सम्प्रेषणीयता अपने आप में जो सृजित करती है, वह विशिष्ट होता है। इसलिए नाट्यानुभूति को अपनी विशिष्ट 'प्रकृति' और 'गति' के कारण अन्य अनुभूतियों से अलगाया गया है। 'काव्येषु नाटकं रम्यम्' सूत्र में यही सत्य ध्वनित-प्रतिध्वनित है।

ललित कलाएँ—चित्रकला, मूर्तिकला, वास्तुकला, संगीत और काव्य अपनी रचनात्मक अभिव्यक्तियों में किसी भी जाति के सामुदायिक आदर्शों और मूल्यों को प्रकाश में लाती हैं। साथ ही वे व्यक्ति और जाति के परिष्करण, संशोधन, सम्पादन और मनोरंजन का भी बलवत्तर एवं महत्वपूर्ण साधन होती हैं। अपनी इन विशिष्टताओं के कारण ही सृजन-कार्य किसी भी जाति की सामूहिक चेतना का सर्वोत्कृष्ट अंश होती है। कलात्मक भंगिमाओं, दक्षताओं, अभिव्यक्तियों और प्रदर्शनों के द्वारा जनचेतना का परिष्कार करती हुई कलाएँ मनोरंजन के साथ-साथ अनेक मानवीय-गहन अन्तर्सम्बन्धों और अन्तःइतिहासों को प्रकट करती हैं। नाटक और

रंगमंच कलात्मक अभिव्यक्ति का विशेष द्वार है, जिसमें अन्तःवृत्तियों का परितोष अन्य कलाओं से अधिक होता है। नाट्य की व्यापकता के सम्बन्ध में भरतमुनि का कहना है कि 'ऐसा न कोई ज्ञान है, न शिल्प है, न कला है, न विद्या है, न योग है, न कर्म है जो इस नाट्य में न देखा जाता हो।'[1]

नाटक में जीवन का इतना व्यापक अनुकरण होता है कि उससे कुछ भी छूट ही नहीं पाता। इस दृष्टि से अनेक कलाओं के योग से विकसित होने वाली कला ही नाट्यकला है। समाज का ऐसा कोई भी वर्ग नहीं है, जो इस कला से छूट पाता हो। सभी प्रकार की रुचि वाले लोग नाटक से समान आनन्द प्राप्त कर लेते हैं, यह तथ्य कालिदास ने 'मालविकाग्निमित्र' नाटक के प्रथम अंक में गणदास से कहलाया भी है कि 'भिन्न रुचि वाले लोगों के लिए नाटक ही ऐसा रंजन है जिसमें सभी को आनन्द मिलता है।'[2] आनन्द प्राप्ति का कारण है कि सभी मनुष्यों को अद्भुत दृश्य तथा जीवनानुभूतियों का अनुकरण देखने में बहुत कुछ उपलब्ध होता है।[3] नाटक का दृश्य होना ही उसका सर्वाधिक सशक्त रूप है, जिसमें कथात्मक आनन्द ही नहीं, सभी पात्रों तथा स्थितियों का आन्तरिक साक्षात्कार भी हो जाता है। नाटक में काव्य के अतिरिक्त, गीत, वाद्य, नृत्य, नृत्त, आलेख्य, वेश-विन्यास, दृश्य, अभिनय आदि अनेक कलाओं का आनन्द एक साथ एक स्थान पर मिलने से 'काव्यात्मक' तथा 'कलात्मक' परितोष तथा प्रभाव बढ़ जाता है। अभिनयरहित नाटक इतिहास की कोटि में आयेगा। नाटक को 'प्रयोगविज्ञान' कहा गया है, जिसकी सार्थकता रंगमंच तथा दर्शक से ही सिद्ध है, अन्यथा नहीं।[4] रंगमंच से कटा हुआ नाटक संवादात्मक कथा मात्र है। सभी कथाओं की परिकल्पना प्रस्तुत करने वाला नाट्य, लोक-अनुरंजन का माध्यम है। 'नाट्यशास्त्र' के प्रथम अध्याय में इस बात पर अनेक बार हमारा ध्यान केन्द्रित किया गया है।[5] नाट्यवेद, को 'पंचमवेद' घोषित करते हुए भरत ने इसे देवता, मनुष्य, असुर सभी चरित्रों का अनुकरण स्वीकार किया है।[6] इतना ही नहीं, उन्होंने नाटक की कथा-वस्तु को समस्त तीनों लोकों के भावों का अनुकरण भी माना है।[7] नाट्याभिनय की समग्र कलात्मक चेतना में 'नाट्यशास्त्र' ने रंगमंच की सम्पूर्ण कल्पना को साकार किया है। रंगमंच की इस सम्पूर्ण कल्पना से स्पष्ट है कि भरतमुनि ने ही रंगमंच और नाटक की पारस्परिकता को कहीं भी दृष्टि से ओझल नहीं होने दिया। 'नाट्यशास्त्र' शास्त्र होने के साथ ही व्यावहारिक विज्ञान भी है, जिसमें नाटक और रंगमंच के सम्बन्धों को अनेक रूपों, अनेक स्तरों और अनेक दृष्टियों से विश्लेषित और परिभाषित किया गया है।

नाटककार भी बहुत प्राचीन समय से ही नाटक को रंगमच की वस्तु मानकर चले हैं, उनके नाटकों को उपयुक्त रंगमंच मिला हो अथवा नहीं, यह दूसरी बात है, किन्तु वे रंगमंच की अपेक्षा को बराबर समझते-समझाते रहे हैं। 'भारतीय आचार्यों

की दृष्टि यदि विश्लेषणात्मक वर्गीकरण की ओर अधिक रही है तो साथ ही वह संश्लेषणात्मक व्यापक विवेचना करने में भी अनुपमेय हैं। यदि उन्होंने रूपों के शारीरिक प्रदर्शनों के विभेद उपस्थित करने में सूक्ष्म बुद्धि का परिचय दिया है तो रूपक की व्याख्या और रूपरेखा भी बहुत योग्यता से प्रस्तुत की है।'[8]

भरतमुनि ने ही तीनों नाट्यकीय आयामों—रचनात्मक, अभिनयात्मक तथा प्रभावात्मक—की विशद विवेचना की है। नाटक की संश्लिष्ट कलात्मकता, प्रभविष्णुता और संवेदन क्षमता का व्यापक दृष्टिकोण आचार्य ने यह कहकर दिया कि अनेक भावों से सम्पन्न, अनेक अवस्थाओं से युक्त लोकवृत्तानुकरण ही नाटक की मूल प्रवृत्यात्मक गति है।[9] नाट्यकृति के रूप में इतिवृत्त एवं अनुकरण के रूप में प्रदर्शन में रंगमंच के बहुस्तरीय संकेत हैं। धनंजय ने नाटकीय कथावस्तु के कलात्मक प्रभाव और प्रेक्षक की अनिवार्यता के संकेत नाटकीय रूपरेखा को पारदर्शी स्थिति में लाने के लिए ही किये हैं। भाव के रूप में रस, वृत्त के रूप में रचना, अनुकरण के रूप में अभिनय, रस के रूप में भाव का आरोप ही अनुकरण और अवस्थावृत्त के रूप में सभी को मिलाकर ही नाट्य की सृजनभूमि स्वीकृत की है।[10] उन्होंने आगे चलकर दर्शक और अभिनय का सामंजस्य-सिद्धान्त मानकर 'नृत्त' और 'नृत्य' के द्वारा नाटक के भावात्मक परिवेश की निर्मिति को भी इंगित किया है। भारतीय आचार्यों ने नाटक और रंगमंच की ऐसी पूर्ण रूपरेखा दी है, जिसमें अनुकरण सिद्धान्त बहुत व्यापक है और रस में परिवेश की समग्रता को समाहित किया गया है। हिन्दी के आधुनिक नाटक और रंगमंच ने इस पारस्परिकता को परम्परा तथा आधुनिकता के अर्थ में आत्मसात करते हुए नाटक और रंगमंच के सम्बन्धों को नये सन्दर्भों में स्थापित किया है।

नाट्यकला सृजनात्मक अभिव्यक्ति का वह रूप है; जिसमें नाट्यकृति का रंगमंच पर अभिनेताओं, रंगशिल्पियों की सहायता से दर्शकवृन्द के समक्ष प्रस्तुतीकरण होता है। यह प्रस्तुतीकरण कभी नृत्यमूलक, संवादमूलक, संगीतमूलक तथा कभी समन्वित रूप से युक्त होता है। नाटक का पाठ्य रूप काम्य न होकर दृश्य रूप ही वांछित रहा है। अनेक कलाओं की रूपगत संश्लिष्टता, जटिलता, तनावों तथा प्रभावों को झेलकर बनी इस विधा की सार्थकता रंगमंचीयता में ही निहित है। नाटक साहित्यिक अभिव्यक्ति की ऐसी विधा है जो केवल साहित्य नहीं, उससे अधिक कुछ और भी है, क्योंकि रचना की प्रक्रिया लेखक द्वारा लिखे जाने पर ही समाप्त नहीं होती, उसका पूर्ण प्रस्फुटन और सम्प्रेषण रंगमंच पर जाकर ही होता है। रंगमंच पर अभिनेताओं द्वारा प्राण-प्रतिष्ठा के बिना नाटक को सम्पूर्णता प्राप्त नहीं होती और इसलिए रंगमंच से अलग करके नाटक का मूल्यांकन या उसके विविध अंगों और पक्षों पर विचार

अपूर्ण ही नहीं भ्रामक भी है। संसार के नाटक साहित्य के इतिहास में कहीं भी नाटक को रंगमंच से अलग केरके, केवल साहित्यरचना के रूप में नहीं देखा जाता और रंगमंच तथा उसकी आवश्यकताओं के पारखी ही नाटक के असली समालोचक होते हैं और माने जाते हैं।'[11]

'दृश्य-काव्य' शब्द में ही नाटक और रंगमंच का सम्बन्ध छिपा हुआ है। नाटक का प्रस्तुतीकरण ऐसा हो कि दर्शक उस नाटक के काव्यत्व और समुद्भूत रस से विभावन कर सकें। 'इधर कुछ लोगों ने पढ़ने योग्य साहित्यिक नाटकों को नाटक (ड्रामा) और खेलने योग्य सर्वबोध नाटकों को खेल या मंच-खेल (प्ले या स्टेज-प्ले) कहना प्रारम्भ किया है, किन्तु नाटक तो नाटक ही होता है अर्थात् उसमें काव्यत्व भी होना चाहिए और दृश्य-तत्त्व भी। ललित और लाक्षणिक भाषा-शैली से बोझिल संवादों को दृश्यों में विभाजित करने मात्र से कोई रचना नाटक नहीं कही जा सकती। वास्तव में वही रचना नाटक कहला सकती है, जो इस कौशल से लिखी गयी हो कि अभिनेता अपने अभिनय के द्वारा उसे रंगमंच पर लोगों के सम्मुख प्रस्तुत करके उनके हृदय में रस की निष्पत्ति करे। इसलिए कुछ लोगों का मत है कि अभिनेय नाटक वह है, जो नरसिद्ध अर्थात् ऐक्टर-प्रूफ हो अर्थात् चाहे जैसे अभिनेताओं को दे दिया जाय, वह सफल हो। आजकल इससे भिन्न वे पठनीय नाटक (क्लाजेट ड्रामा) भी हैं, जो खेले जाने के लिए नहीं, पढ़े जाने के लिए ही लिखे जाते हैं।'[12]

किन्तु इस प्रकार की रचनाएँ 'नाट्य' के अन्तर्गत नहीं आतीं। उन्हें नाटकीय कथा तो कहा जा सकता है, किन्तु उनमें 'नाट्य' और 'रूप' नहीं होता। नाटक के दो पक्ष होते हैं—काव्य-रचना और प्रयोग। इसमें साध्य है रस; और साधन है अभिनय, संवाद तथा संगीत आदि; निमित्त है नट; भोक्ता है दर्शक; आधार है कथा और इन सबका प्रयोग करने वाले हैं नाट्यकार और नाट्य प्रयोक्ता।[13] नाट्य की उत्पत्ति बताते समय ही भरतमुनि ने नाट्य-प्रयोग की चर्चा की है। इन्द्रादि देवताओं ने ब्रह्माजी से जाकर कहा कि आप ऐसी कृति सृजित कीजिए जो सुनी भी जा सके, खेली भी जा सके, देखी भी जा सके।[14] इसी दृष्टि से ब्रह्मा ने इस नाट्यवेद की रचना की। दशरूपककार और भावप्रकाशकार ने भी भरत की इसी स्थापना को पुष्ट किया है कि नाटक एक ऐसा खेल है, जो मंच पर ही सार्थक होता है। वह पाठ्य वस्तु नहीं है। उसका प्रयोग किया जाता है और प्रयोग में जीवन के सभी तत्त्व और वर्ग समाहित रहते हैं।

परम्परा से प्राप्त इन्हीं संकेतों को समझकर आधुनिक रंगकर्मी लक्ष्मीनारायण लाल ने लिखा है—'नाट्य-कृति और रंगमंच एक दूसरे के कार्य और कारण हैं, दूसरे स्तर पर एक दूसरे के पूरक और यहाँ तक कि एक दूसरे के पर्याय भी हैं।'[15]

रंगमंच की आत्मा है नाट्य और उसकी मूल प्रकृति है अभिनयात्मक। जीवन

एक रंगमंच है, जिस पर मनुष्य के सभी कार्य प्रदर्शित किये जाते हैं। इसलिए भी नाटक और रंगमंच पर्याय हैं। संसार के प्रायः सभी उल्लेखनीय नाटक रंगमंच को दृष्टिपथ में रखकर लिखे गये हैं। डॉ. रघुवंश ने इस स्थिति पर विचार करते हुए लिखा है—'नाट्य की कलात्मक अभिव्यक्ति समस्त उपकरणों के साथ रंगमंच पर नाट्य-प्रदर्शन है और वह भी दर्शकों की निश्चित परिकल्पना के साथ।'[16]

शब्दार्थ रूप काव्य ही रंगमंच पर प्रदर्शन के कारण 'दृश्य' और 'श्रव्य' रूप से दो भेदों में विभक्त है। दृश्य नामक काव्यभेद वह है, जिसे 'अभिनय' द्वारा प्रदर्शित किया जा सके। इस 'दृश्यकाव्य' का एक और नाम है 'रूपक'।[17] 'रूपक' कहे जाने का कारण है कि इसके प्रदर्शक नट इसमें चित्रित चरित्रों के रूप का अपने में 'आरोप' अर्थात् अनुसन्धान किये दिखायी दिया करते हैं।[18] अतः नाटक चाक्षुष-प्रत्यक्ष काव्य रूप है। सामाजिक की दृष्टि से जो सृजित कृति 'दृश्य' अथवा 'रूप' हुआ करती है, वही अभिनेता की दृष्टि से 'अभिनेय' अथवा 'नाट्य' है। 'नाट्य' रसाश्रय होता है और 'नृत्य' भावाश्रय। भरत ने नाटक को ही 'नाट्य' का उत्थान कहा है।[19] नाटक की 'रंजना' इतनी महत्वपूर्ण होती है कि 'सहृदय' का मन भाव-विह्वल हो जाता है।[20]

आज नाटक और रंगमंच के अन्तःसम्बन्धों की नये ढंग से व्याख्या की जा रही है। इसी दृष्टि से 'नये रंगमंच' के उदय में एकमात्र दिशा है पहले नाटककार की अपनी सही रंगदृष्टि। आधुनिक रंगमंच ने उस क्षेत्र में आज अपने विकसित रंगशिल्प से, अपनी प्रस्तुतीकरण कला से यह सिद्ध कर दिया है कि नाटक लिखना लेखक की अपनी एकान्त कला नहीं है; वरन नाटक लेखन वस्तुतः नाटककार से प्रस्तुतकर्ता, निर्देशक की माँग करता है—वह अभिनेता, रंगशिल्पी की कला की सहज अपेक्षा करता है, ताकि नाटक अपनी अभिनयात्मिका वृत्ति के साथ मंच पर रंगकला की सहज उपलब्धि को प्राप्त कर सके और उसमें निर्देशक तथा अभिनेता को भी नाटककार की ही भाँति अपनी-अपनी सृजनात्मक शक्ति की अभिव्यक्ति का अवसर और क्षेत्र मिल सके। नाट्यकृति में रंग-सम्भावनाएँ इतनी व्याप्त हों कि रंगमंच के सभी वर्गों को अपनी कल्पना और प्रतिभा दिखाने का सुअवसर मिल सके। इसी को कहेंगे 'समाज का रंगमंच', 'सभी वर्गों का रंगमंच'।'[21] यह सत्य है कि नाटक तथा उसका प्रदर्शन अपने आपमें एक स्वतन्त्र, स्वायत्त कला संसार है। किन्तु रंगकला न मात्र अभिनय है, न यथार्थ दर्शन का साक्षात्कार मात्र। वह अनेक तत्त्वों से बनी रासायनिक मिश्रण युक्त कला है। 'नाट्य' की तात्त्विकीय स्थिति का सही नाम है गहरी भावानुभूति से उत्पन्न मार्मिक जीवनानुभूति। नाट्य तथा रंग के सहयोग से उत्पन्न प्रभाव की एकता से जो शक्ति प्रादुर्भूत होती है, उससे तन, मन, प्राण, एवं बुद्धि एकतान हो जाते हैं। अन्तर्वृत्तियों का सर्वाधिक सामंजस्य इसी स्तर पर नाटक करता है। धर्मवीर भारती ने कहा है—'निस्सन्देह नाटक एक सहकारी

कला है, लेकिन वह सहकारिता उसी लेखक और परिचालक में सम्भव हो पाती है, जहाँ बुद्धि और प्रतिभा, सुरुचि और संस्कार की पूँजी समान हो।'[22] 'नाटक प्रेक्षक और समीक्षक' पर वक्तव्य देते हुए डॉ. नगेन्द्र ने भरत मुनि के रस-सूत्र में ध्वनित नाट्य एवं रंगमंच के सम्बन्ध के बारे में कहा है—'इस प्रकार भारतीय नाट्यशास्त्र के विकास के आरम्भिक युग में रस का अर्थ नाट्य रस ही था और उसकी सिद्धि रंगमंच पर ही मान्य थी।' भरत के अनुसार, रस का अर्थ था 'एक ऐसी भाव प्रधान कलात्मक स्थिति जिसकी सृष्टि नाट्य उपकरणों के माध्यम से रंगमंच पर होती थी।'[23] यह सब ध्यान में रखते हुए हिन्दी रंगमंच का विकास इस प्रकार किया जाना चाहिए कि नाट्यकला के लेखक को व्यावहारिक ज्ञान हो और अभिनेता, निर्माता साहित्य में पूर्णतः व्युत्पन्न हो। 'हमारी नाट्यकला के विकास में बाधा केवल यही नहीं कि हमारा नाटककार रंगमंच के व्यावहारिक ज्ञान से रहित है, वरन् यह भी है कि हमारे सूत्रधार और अभिनेता साहित्य के भव्यतर संस्कारों से वंचित हैं। अतः जब हम सहयोग की बात करें तो इस बात कों न भूलें कि नाटक मूलतः साहित्य का ही रूप है और अधिक समृद्ध रूप—इसीलिए रंगमंच के विकास की योजनाएँ मूलतः साहित्य को ही आधार मानकर कार्यान्वित करनी चाहिए।'[24] डॉ. नगेन्द्र का प्रस्तुत मत जयशंकर 'प्रसाद' के मत से पर्याप्त समता रखता है। अपने 'रंगमंच' नामक निबन्ध में 'प्रसाद' ने लिखा है—'हाँ, रंगमंच पर सुशिक्षित और कुशल अभिनेता तथा मर्मज्ञ सूत्रधार के सहयोग की आवश्यकता है। देशकाल की प्रवृत्तियों का समुचित अध्ययन भी आवश्यक है। फिर तो पात्र रंगमंच पर अपना कार्य सुचारु रूप से कर सकेंगे। इस सबके सहयोग से ही हिन्दी रंगमंच का अभ्युत्थान सम्भव है।'[25]

नाटक और रंगमंच के पारस्परिक सम्बन्ध को आधुनिक नाटककार मोहन राकेश ने अनेक प्रकार से व्याख्यायित-विश्लेषित किया है। नवीन रंग कला के सम्बन्ध सूत्रों को अधुनातन सन्दर्भों में उद्घाटित करते हुए उन्होंने लिखा है : 'नाटककार और परिचालक के बीच जिस सम्बन्ध-सूत्र के उत्तरोत्तर दृढ़ होने पर ही हमारी निजी रंगमंच की खोज निर्भर है, उसमें उसी को झटक देने की दृष्टि लक्षित होती थी। रंगमंच की पूरी प्रक्रिया में नाटककार केवल एक अभ्यागत, सम्मानित दर्शक या बाहर की इकाई बना रहे, यह स्थिति मुझे स्वीकार नहीं। न ही यह कि नाटककार की प्रयोगशीलता उसकी अपनी चारदीवारी तक सीमित रहे और क्रियात्मक रंगमंच की प्रयोगशीलता उससे दूर अपनी चारदीवारी तक। इन दोनों को एक धरातल पर लाने के लिए अपेक्षित है कि नाटककार पूरी रंग-प्रक्रिया का अनिवार्य अंग बन सके। उस प्रक्रिया को अपनी प्रयोगशीलता के अगले चरण के रूप में देख सके।'[26] यहाँ लेखक का अभिप्राय नाटक की प्रक्रिया को रंगमंच की प्रयोगशीलता के साथ जोड़ने की सम्भावनाओं से है। नाटक की रचना यदि रंग-प्रक्रिया के अन्तर्गत होती है तो

बाद में उसका प्रदर्शन कहाँ-कहाँ और किस-किस रूप में होता है, इसमें नाटककार का बहुत दायित्व नहीं आता। इसीलिए मोहन राकेश ने नाटककार को परिचालक की भूमिका का कार्य नहीं सौंपा। शब्देतर पक्ष पर दिये जाने वाले अतिरिक्त बल पर से वे नाटककार को मुक्त रखना चाहते हैं, क्योंकि इसी स्थिति में गतिरोध पैदा होता है : 'शब्दों का रंगमंच केवल शब्दकार का ही रंगमंच नहीं हो सकता—शब्दकार, परिचालक और अभिनेता, इनके सहयोगी प्रयास से ही उसके स्वरूप का अन्वेषण और परिष्कार सम्भव है। इसका स्वीकृति पक्ष है शब्दकार का रंग-परिकल्पना को आधार मानकर चलना और अस्वीकृति पक्ष है उन सब आग्रहों से मुक्त होना, जिनके कारण रंग परिचालना का मानवेतर पक्ष उत्तरोत्तर बल पकड़ता गया। इसके लिए अपेक्षित है शब्दकार का पूरी रंग-प्रक्रिया के बीच उसका अनिवार्य अंग बनकर जीना—अपने विचार को उस क्रिया के अन्तर्गत ही शब्द देना, अपने आज के लिए हर शब्द को कल तक के लिए अनिश्चित और अस्थाई मानकर चलना अर्थात् परिचालक और अभिनेता की तरह शब्दों के स्तर पर बार-बार रिहर्सल करते हुए आगे बढ़ना। परन्तु यह सम्भव हो सके, इसके लिए परिचालक की दृष्टि में आमूल परिवर्तन अपेक्षित है—उसे इस मानसिक ग्रन्थि से मुक्त होना होगा कि पूरी रंग-प्रक्रिया का नियामक वह अकेला है।... परन्तु जिस रंग-प्रक्रिया के अन्तर्गत वह पाण्डुलिपि निर्मित हो रही हो, उसमें वह नाटककार के साथ एक सह-नियामक ही हो सकता है, एक ऐसा सहयोगी जो नाटककार के हर अमूर्त विचार को एक मूर्त आकार देकर—या न दे सकने की विवशता सामने लाकर स्वयं भी लेखन प्रक्रिया में उसी तरह हिस्सेदार बन सके।'[27] अतः स्पष्ट है कि नाटक की सहकारी कला मित्रता में नहीं, अपितु नाटककार एवं नाट्यकार (निर्देशक) की अभिन्नता में विकसित होती है अथवा हो सकती है। ध्यातव्य है कि जब तक इस प्रक्रिया में दोनों घुले-मिले या रिले-पिले नहीं रहते, तब तक सृजन भूमियों का सम्प्रेषण प्रेक्षक में हो ही नहीं सकता। डॉ. नगेन्द्र ने भी नाटक के त्रिक की कल्पना एक ऐसे त्रिकोण के रूप में की है, जिसका आधार (नाटककार, निर्माता अर्थात् सूत्रधार) ऊपर है और शीर्ष बिन्दु (प्रेक्षक जो दोनों का लक्ष्य बिन्दु है) नीचे है।[28]

रंगमंच से प्रतिबद्ध होकर पाश्चात्य नाट्य-साहित्य अनवरत गति से विकासोन्मुख होता रहा है। धार्मिक परम्परा से आरम्भ होकर यूनानी नाट्य-रचना प्रारम्भ से ही व्यावहारिक रंगमंच से जुड़ी रही। थेस्पिस, सोफोक्लीज, यूरिपिडीज, एस्किलस तथा एरिस्टोफिनीज सभी के नाटक एटिक थियेटर की शक्तियों एवं सीमाओं के अनुकूल स्वरूप में निर्मित हुए हैं। यूनानी त्रासदी की प्रमुख प्रवृत्तियाँ बहुत कुछ यूनानी नाट्यशाला तथा प्रस्तुतीकरण की पद्धतियों और परिस्थितियों के अनुरूप स्वरूप ग्रहण करती हैं। त्रासदी के रूप (Form) की सरलता, संवादों में वक्तृत्व कला की

अधिकता, विशिष्ट पद्धति से पात्रों का नियमन, कार्य-व्यापार में घटनात्मकता की अपेक्षा वर्णनात्मकता की बहुलता, सभी कुछ तद्‍युगीन रंगकला एवं रंगशाला के सहज परिणाम हैं। उदाहरणार्थ, मुखौटे के प्रयोग के कारण तथा विशिष्ट प्रकार की भारी भरकम वेशभूषा के कारण अभिनेताओं की भाव-भंगिमाओं का प्रदर्शन सम्भव न था। अतः वक्तृत्वकला के द्वारा चरित्रगत विशिष्टताएँ एवं आकर्षण उत्पन्न किया जाता था। संकलन-त्रय भी नाट्यशाला की विशिष्ट परिस्थितियों का ही परिणाम था, जो आगे चलकर नाट्य-रूढ़ि में परिवर्तित हो गया। चूँकि पूरा नाटक कोरस (Chorus) की उपस्थिति में ही घटित होता था और कोरस ही दृश्य के पीछे घटित घटनाओं की रंगमंच पर सूचना देता था, अतः स्थान एवं समय ऐक्य का निर्वाह अनिवार्य हो गया था।[29]

रोमी नाटकों में युग-प्रभाव के परिणामस्वरूप यूनानी सादगी एवं करुणा के स्थान पर चमक-दमक अधिक बढ़ी। सेनेका, प्लाट्स तथा टेरेन्स में नैतिकता, वाग्मिता, अलंकरण, शब्दाडम्बर तथा रीत्यानुसरण ही अधिक था। चैनी (शेल्डान) ने तो इस बात पर भी सन्देह प्रगट किया है कि अलंकारयुक्त दुखान्त नाटक कभी रोम के लोकप्रिय रंगमंच पर प्रस्तुत भी किये गये थे।[30]

इंग्लैण्ड में भी एलिजाबेथन नाटक तद्‍युगीन रंगमंच की सीमाओं के भीतर ही निर्मित हुआ। इसी कारण नाटक को रंगमंचीय परिस्थितियों के अधीन कला भी कहा गया है।[31] गिरनेवाले पर्दों (drop-curtain), दृश्य-परिवर्तन की सुविधाओं, विभिन्न प्रकार की प्रकाश व्यवस्थाओं के अभाव में शेक्सपियर के नाटकों का एक अपना विशिष्ट रंगमंचीय स्वरूप है, जिसके कारण उनका अभिनय ऐलिजाबेथन रंगमंच के ऊपर जितना सफल होता है, उतना आधुनिक वैज्ञानिक सुविधा-सम्पन्न रंगमंच पर नहीं। आज भी उन विशिष्ट सीमाओं के साथ यदि ये नाटक अभिनीत होते हैं तो रंगकला का एक विशिष्ट स्वरूप सामने लाते हैं। प्रवेश-प्रस्थान की मंच पर विशिष्ट व्यवस्था के अभाव में पात्रों के आगमन की सूचना नाटक में वार्तालाप के द्वारा दी जाती है तो ड्राप-कर्टेन के अभाव में दृश्य-परिवर्तन पात्रों के आवागमन एवं संवादों द्वारा प्रगट होता है। इसी कारण स्थान-ऐक्य के निर्वाह की भी अधिक परवाह नहीं की गयी है, छोटे-छोटे सूचनात्मक दृश्यों की उद्‍भावना भी इसी कारण की गयी है। परन्तु साथ ही सबसे महत्वपूर्ण बात यह है कि शेक्सपियर के नाटकों में कार्य-व्यापार की क्षिप्रता एवं वेग भी विशिष्ट रंगमंचीय परिस्थितियों का परिणाम है। मंच पर यथार्थदर्शन भौतिक साधनों द्वारा नहीं, क्रियात्मकता के द्वारा कराया गया है।

रेस्टोरेशन-युग में युग-चेतना के बदलाव तथा नियो-क्लासिकीय (neo-classic) दृष्टि के फलस्वरूप नाटक का रूप भी बदला। बीस वर्ष बन्द रहने के पश्चात् जब थियेटर खुला तब दृष्टि शेक्सपियरिन तथा स्वच्छन्दतावादी न होकर बेन जानसन की

भाँति शास्त्रीय और यथार्थपरक अधिक थी। अतिशय भावमयी त्रासदी (sentimental tragedy) तथा यथार्थपरक व्यंग्यात्मक कामदी का स्वरूप परम्परा-नियमित अधिक था।

रंगमंचीय परिस्थितियों का प्रमुख बदलाव उन्नीसवीं शताब्दी के मध्य में आया। इसी समय पाश्चात्य रंगमंच पर निर्देशक (प्रोड्यूसर, डायरेक्टर) प्रगट हुआ। शेक्सपियर तथा सत्रहवीं-अठारहवीं शताब्दी के नाटकों में दो ही होते थे—नाटककार और अभिनेता, किन्तु अब दृश्यात्मक प्रभावों के अधिक शक्तिशाली होने, गैस तथा बिजली की प्रकाश व्यवस्था की सुविधा होने तथा अन्य वैज्ञानिक साधनों की उपलब्धि के साथ ही एक ऐसे व्यक्ति की आवश्यकता हुई, जो नाट्य-कृति के प्रस्तुतीकरण का नियामक हो सके। आरम्भिक नाटकों का प्रदर्शन-दायित्व रखने वाली स्टाक कम्पनियाँ भी अब समाप्त हो चुकी थीं, अतः नाट्य-निर्देशक का आगमन हुआ। समय के साथ-साथ ही निर्देशक की स्थिति सामान्य से दृढ़ और दृढ़ से दृढ़तर होती गयी, साथ ही उसका कार्य एवं दायित्व भी बढ़ता गया। उसके विस्तार पाते हुए कार्य-क्षेत्र से ही रंगकला ('थियेट्रिकल आर्ट') का विस्तार हुआ। और अब तो स्थिति यह है कि प्रस्तुतकर्ता नाटक तथा अभिनेता दोनों से ही अधिक महत्वपूर्ण हो गया है और रंगमंच से नाट्यकृति तथा अभिनेता दोनों को अलग करने की चरम स्थिति तक पहुँच रहा है।[32] यही नहीं, अनेक नाट्य-निर्देशक रंगकला के विस्तार-विकास पर इतना अधिक ध्यान देने हैं कि भौतिक साधनों पर दृष्टि कृतित्त्व-पक्ष तथा अभिनय-पक्ष से अधिक जमी है, क्योंकि निर्देशक का अनुशासन उन पर अधिक सुगमता से चल सकता है। किन्तु परिणाम यह हुआ है कि प्रस्तुतीकरण-पक्ष दुर्बल हो गया है।[33]

अतिशय यथार्थवादी रंगमंचीय आन्दोलनों के पश्चात् एक बार पुनः पश्चिमी देशों में प्रतीकात्मक तथा आदर्शवादी रंगमंच के आन्दोलन आरम्भ हुए हैं। और मंच-सज्जा द्वारा दर्शक को यथार्थ के निकट पहुँचाने की अपेक्षा अभिनय के विविध प्रकारों एवं कृति में जीवनानुभूतियों की सही पकड़ के द्वारा नवीन जीवन-दृष्टि की खोज जारी की गयी है।

अभिनय एवं नाट्य-तत्त्व की खोज-प्रक्रिया युगों से चली आयी है। विद्वानों में बड़ा विवाद रहा है कि नाट्यतत्त्व क्या है? कौतूहल, अनुकरण, भ्रान्ति, गति, द्वन्द्व अथवा अन्य कोई स्थिति। किन्तु इस गम्भीर तथा जटिल समस्या का कोई भी निश्चयात्मक समाधान अभी तक उपलब्ध नहीं हो सका है। अनेकों प्रकारों की नाट्यकृतियों में नाट्यतत्त्व अनेकों स्तरों एवं रूपों में व्यक्त हुआ है, ऐसी स्थिति में यह जानना कठिन हो गया है कि नाट्यतत्त्व का स्वरूप सुगमता से ग्राह्य है। आरम्भ से ही नाट्यकला में यथार्थ-निरूपण की समस्या भी पेंचदार रही है। परम्परागत विश्वासों, रूढ़ियों, पुराकथाओं आदि के बिना ग्रहण किये न तो नाट्य-सर्जना सम्भव होती है और न नाट्य-अभिनय। स्वरूप, प्रकार तथा आकार की दृष्टि से भी हर

देश का नाटक कला की सीमाओं में बँधा रहता है, चाहे वह अन्वितियों का पालन करे या उनके प्रति ललकार, विद्रोह से युक्त हो। अभिनय की दृष्टि से प्रत्येक देश के नाटक की अनेक सीमाएँ होती हैं, क्योंकि अभिनेता तथा प्रेक्षक दोनों के समक्ष अनन्त विस्तार होता है। पाश्चात्य समीक्षा में हर एक युग में यह बात दुहरायी गयी है कि नाटक जीवन की अनुकृति है।

पाश्चात्य साहित्यशास्त्र में अनुकरण ('मिमिसिस', 'इमीटेशन') की चर्चा अनेक प्रकार से होती रही है। प्लेटोपूर्व ही 'अनुकरण' के संकेत मिलते हैं। दर्शन तथा कला के क्षेत्र में इस शब्द की काफी चर्चा रही है। पूर्व स्थापनाओं का खण्डन करते हुए, जब अरस्तू ने 'अनुकरण' को एक नया अर्थ दिया, तब उसे जीवन की मूल वृत्ति भी माना। काव्यात्मक अनुकरण के स्वभाव, स्वरूप एवं विषय पर प्रकाश डालते हुए यह भी स्थापित किया कि अनुकरण का विषय होता है—क्रियाशील मानव। फलतः अनुकरण की विस्तृत परिधि में आन्तरिक एवं बाह्य स्थितियों का समावेश रहता है। 'क्रियाशील' शब्द भी बड़ा व्यापक अर्थ रखता हैं, जिसके अन्तर्गत जीवन की समस्त मूलभूत अन्तर्वृत्तियाँ समाविष्ट हैं। सामान्य अर्थ में अनुकृति तथा नाटक का प्रत्यक्ष सम्बन्ध है। काव्यात्मक अनुकरण की नाट्यशैली में कवि तटस्थ होकर 'क्रिया' तथा 'कथन' की सम्पूर्ण जिम्मेदारी पात्रों पर ही छोड़ देता है, जबकि महाकाव्य में कवि स्वयं बोलता है। प्राचीन भारतीय तथा पाश्चात्य मतानुसार, नाटक में जीवन की अनुकृति होती है। भारतीय अनुकरण से प्रमुखतः अभिनय का बोध होता है। नट-नटी अभिनय द्वारा जीवनगत रूपों तथा अवस्थाओं का अनुकरण करते हुए भावाभिव्यक्ति करते हैं। अनुकरण का ऐसा ही अर्थ पश्चिम में मिलता है। नाटक में रूप बदल कर दूसरों की अनुकृति की जाती है। डायोनिसस देवता के उपासक ऐसी ही अनुकृति करते थे। तब से आज तक वस्त्र तथा व्यवहार से अनुकृति प्रस्तुत करने की परम्परा चल पड़ी। 'इसी को मिमिक्री अथवा हिस्ट्रियॉनिक्स कहते हैं और रंगशाला के प्रसंग में अनुकरण शब्द से मुख्यतः यही अर्थ गृहीत होता है। नाटकीय का कभी-कभी यह अभिप्राय भी होता है कि कोई घटना अथवा व्यवहार, अभिनय अथवा रंगमंच पर प्रभावोत्पादक होने की क्षमता रखता है। इस प्रकार लोक-प्रचलित भाषा में नाट्यतत्त्व को अभिनेयता का पर्यायवाची मान लेते हैं तथा नाट्यप्रदर्शन से इसका सीधा सम्बन्ध स्वीकार करते हैं।'[34]

'अनुकरण' का अर्थ पुनर्सृजन, पुनर्निर्माण, पुनर्निर्मित आदि तो लिया ही गया है, इसका सबसे महत्वपूर्ण अर्थ है रंगमंचीय यथार्थ का रूप। अभिनय द्वारा ही पात्रों की क्रिया का साक्षात्कार हो पाता है तथा उसकी सफलता का रहस्य भी यही है कि वह अभिनय से आन्तरिक एवं बाह्य वास्तविकता को प्रगट करे। नाटक के जीवित वास्तविक संसार में हम हों, धुँधलके और भटकाव की स्थिति में

नहीं। कला में 'भ्रान्ति' से ही आनन्द का जन्म होता है। कला की उत्पत्ति कल्पित कथाओं, आदिम किंवदन्तियों, पुराकथाओं, अन्धविश्वासों आदि से मानने वाले अद्यतन साहित्यशास्त्र में फेंटसी को सृजनात्मक कल्पना से भी ऊपर रखने लगे हैं। कला से 'भ्रान्ति' या चमत्कृति फिर यथार्थ की प्रतीति यही प्रक्रिया प्रतिमान के रूप में स्वीकृति पा रही है। कृति यथार्थ से साक्षात्कार प्रत्यक्ष रूप से कराने लगती है तो यथार्थ तथा अनुकरण का भेद ही मिट जाता है। दोनों एक दूसरे से इतने अभिन्न हो जाते हैं कि हम उन्हें अलग ही नहीं पाते। सभी ललित कलाएँ भ्रान्ति के कारण ही आकर्षणमय हैं। नाट्याभिनय के क्षेत्र में तो भ्रान्ति-सम्बन्धी अनेक विचार-बिन्दु हैं। शेक्सपियर के नाटकों का दर्शक तो भ्रान्ति से इतना अभिभूत हो जाता था कि चरम तन्मयता की स्थिति में पहुँच जाता था। विपत्तिग्रस्त नायक चीखकर कहता है : 'A horse, a horse, my kingdom for a horse.' तो एक भावुक प्रेक्षक तत्काल ही अपना घोड़ा देने को प्रस्तुत है। प्रेक्षक भूल गया है कि वह नाट्याभिनय देख रहा है। भारतीय रस-निष्पत्ति के अनुमतिवाद तथा आरोपवाद आदि में भी ऐसी ही नाट्य-भ्रान्ति का संकेत है, ज़हाँ प्रेक्षक चित्र-तुरंग-न्याय के वास्तविक पात्रों के प्रतिरूप नट-नटी को ही वास्तविक पात्र समझता है। रंगमंच पर प्रस्तुत अभिनेता को असली समझना तथा सभी घटनाओं को वास्तविक मानने की स्थिति पर प्रेक्षक को पहुँचाना लेखक की बहुत बड़ी सिद्धि है। पश्चिम के यथार्थवादी आन्दोलन ने कला में 'भ्रान्ति-सिद्धान्त' को गहरी मान्यता प्रदान की है। हजारों वर्षों से यह सिद्धान्त विचार का विषय रहा है।

'नाट्य-भ्रान्ति' में नाट्यरचना तथा नाट्याभिनय दोनों ही समाविष्ट हैं। अन्य काव्यरूप व्यक्तिगत रूप में भी काम्य हो सकते हैं, किन्तु नाटक की प्रकृति मूल से ही सामाजिक है। इसी कारण नाट्यकृति की चरम सिद्धि रंगमंच पर प्रस्तुतीकरण के रूप में ही है। रंगशाला में बैठे प्रेक्षक की मनोदशा एक विशेष प्रकार की होती है। अनुकार्य तथा अनुकृति में ऐसा चमत्कार होता है कि सामाजिक 'कल्पित' को ही 'वास्तविक' मान बैठता है। अभिनय को देखकर प्रेक्षक इतना अभिभूत हो जाता है कि उसकी मानसिक तर्कबुद्धि मन्द पड़कर 'नकली' अर्थात् अभिनेता को 'असली' अर्थात् वास्तविक पात्र समझने लगता है। इसी कारण निकॉल थियेटर को पलायन का ही एक रूप मानते हैं तथा दर्शक की स्थिति की तुलना उस बालक की स्थिति से करते हैं जो परियों की कथाएँ सुन रहा है। उसका रंगमंच के प्रति दृष्टिकोण भी बच्चों के कहानी के प्रति दृष्टिकोण की भाँति ही होता है।[35] इसी कारण जिस प्रकार नाटक के अभिनेता वास्तविक प्रतीत होते हुए भी अनुकरणकर्ता ही होते हैं, उसी प्रकार दर्शक-वृन्द भी अपने यथार्थ संसार के प्रति सजग होते हुए भी प्रेक्षण की स्थिति में एक भ्रान्ति (नाट्यभ्रान्ति) के संसार में पहुँच जाता

है।[36] यह 'नाट्यभ्रान्ति' जितनी अधिक प्रभावशाली होती है, सामाजिक उतना ही अधिक रंगशाला में आनन्द-विभोर हो जाता है। अतः भ्रान्ति उत्पन्न करना ही अनुकरण का उद्देश्य है। अनुकर्त्ता में अनुकार्य का भ्रम हो जाना स्वाभाविक भी है।

'नाट्यभ्रान्ति' के संकेत प्राचीन काल से ही विद्वानों ने दिये हैं। आधुनिक युग में भी नाटक और रंगमंच के सम्बन्ध पर विचार करते हुए विद्वानों ने इस सिद्धान्त पर पुनः-पुनः प्रकाश डाला है। नवजागरण काल के समीक्षक कास्टलवेत्रो का विचार है कि 'रंगमंच पर नाट्य प्रस्तुतीकरण वस्तुओं के रूप का सही निरूपण होना चाहिए न कम, न अधिक।'[37] यह धारणा लेसिंग, वाल्टेयर आदि में भी विद्यमान रही है। कालरिज ने भी नाट्य-भ्रान्ति को बहुत महत्व दिया। नाट्याभिनय देखते समय प्रेक्षक की स्वाभाविक इच्छा होती है कि थोड़ी देर के लिए उसकी तर्कबुद्धि स्थगित ही रहे तो अच्छा है। फ्रांस के नाट्यशास्त्र-मर्मज्ञ सार्सी ने कहा है कि नाट्याभिनय का मूल उद्देश्य है—जीवन का वास्तविक रूप आँखों के समक्ष प्रस्तुत कर देना। सार्सी ने रंगशाला के 'सामाजिकों' को महत्ता प्रदान करते हुए उन्हें ही अभिनय की प्रेरणा स्वीकार किया है। प्रेक्षक पर रंगकला तथा रंगशाला के समग्र परिवेश का प्रभाव पड़ता है तथा प्रदर्शन पर प्रेक्षक के रुख (ऐटिच्यूड) का।[38] अच्छा प्रदर्शन अनुकार्य और अनुकर्त्ता के अन्तर को भुला देता है।

जहाँ भारतीय आचार्यों ने नाटक को अभिनय एवं रंगशाला की वस्तु माना था, यूरोप में इस सम्बन्ध को लेकर दो प्रकार के मत प्रचलित रहे। कुछ विचारक तो नाटक, अभिनय तथा रंगशाला को एक दूसरे के लिए अनिवार्य मानते हैं, किन्तु कुछ ऐसे विचारक भी हैं जो नाटक को रंगमंच तथा रंगशाला से पृथक रखते हुए उसके कलात्मक एवं काव्यात्मक गुणों को अधिक महत्व देते हैं। प्रथम प्रकार के विचारकों की समृद्ध परम्परा है, दूसरे वर्ग में अरस्तू, क्रोचे आदि आते हैं, जिन्होंने नाट्यकृति के काव्यात्मक वैशिष्ट्य को ही अधिक मान्यता दी है। अरस्तू को अपने समय तथा उससे पूर्व के नाट्य-साहित्य का गम्भीर ज्ञान था, तथा वे एथेन्स की रंगशाला, उसकी व्यवस्था एवं अभिनय प्रणाली से भी भली-भाँति परिचित थे। उन्होंने प्रस्तुतीकरण पक्ष को त्रासदी का अंग भी माना[39], किन्तु उन्होंने नाटक में प्रमुख स्थान काव्यात्मक श्रेष्ठता को ही दिया, दृश्य-विधान की आलंकारिकता, नृत्य, संगीत आदि को नहीं। अरस्तू ने इस तथ्य को गहराई के साथ रेखांकित किया कि दुःखान्त-सुखान्त नाटकों की प्रभावात्मकता नृत्य एवं अभिनय की अपेक्षा काव्यात्मक गहनता एवं कलात्मक श्रेष्ठता में अधिक निहित है।[40] क्रोचे ने तो अरस्तू से बहुत आगे बढ़कर रंगमंच की उपयोगिता को ही अमान्य घोषित किया। उनका विचार है कि नाटक की अभिव्यक्ति मन में होती है, अतः रंगमंच जैसा स्थूल साधन वांछित नहीं है। अरस्तू तथा क्रोचे प्रभृति आचार्यों से गहरा मतभेद रखते हुए उन्नीसवीं-बीसवीं शताब्दी के अनेक यूरोपीय नाट्य-विशारदों

ने नाटक के अस्तित्त्व को रंगमंच से पृथक माना ही नहीं है। सार्सी ने नाटक तथा रंगमंच को अभिन्न घोषित किया; वे नाट्यशाला और प्रेक्षक समुदाय को नाट्य तत्त्व के उद्घाटन का अनिवार्य माध्यम मानते हैं। इंग्लैण्ड, अमेरिका, फ्रांस तथा जर्मनी आदि सभी प्रमुख यूरोपीय देशों में आज यह मत स्थापित हो चुका है कि नाट्यसर्जना में कृतिकार से लेकर, निर्देशक, अभिनेता, रंगशिल्पी, प्रेक्षक तथा रंगशाला सभी की सहकारिता अपेक्षित होती है और नाटक की सफलता इन सभी के समन्वित प्रयास की सफलता में निहित है। मैसफील्ड ने एक बार लेखक-निर्देशक गार्डन क्रेग को लिखा था :

"A poet should be 'the fellow' of the other artists working in the theatre. He and the other artists should be working togather to give to each other the greatest possible opportunities for the exercise of their powers. Whenever this happens in any theatre something noble is achieved.

"No worker in the theatre can do without the art of his fellow workers; each should bring all that he can to the common stock, which thereby becomes uncommon."[41]

अतः अब यह बात मान्य है कि नाट्य तत्त्व 'काव्यनिष्ठ' है, यद्यपि उसका पूर्ण प्रस्फुटन और विकास रंगमंच पर ही होता है।[42]

अपनी मूल प्रकृति से ही नाटक अन्य कला रूपों से भिन्न है। नाट्य-प्रक्रिया तथा प्रविधि में 'क्रियात्मकता' होती है, जबकि अन्य साहित्य रूपों—जैसे उपन्यास अथवा महाकाव्य में—कथा का विवरण-वर्णन होता है। नाटक में जीवनानुकरण अभिनयात्मक तथा संवादात्मक होता है। इसीलिए 'गति' को नाटक का प्राण तत्त्व माना गया है। संसार भर में 'गति' तथा 'क्रिया' से नाटक की उत्पत्ति हुई। भारत में यज्ञ, पूजा, नृत्य, नृत्त आदि से 'रूपक' का जन्म हुआ तथा यूनान में डायोनिसिस देवता की पूजा उपासना से। अपनी इन्हीं आधारभूत विशिष्टताओं के आधार पर ही नाटक की संरचनात्मकता तथा शैल्पिक संघटना का निरीक्षण-परीक्षण अपेक्षित है। इसी कारण यूरोपीय 'ड्रामा' का प्राचीन नाम 'स्टेज-प्ले' अपनी विशिष्ट सार्थकता रखता है।[43] अतः नाटक एक स्वतः और अपने में पूर्ण कला नहीं है, क्योंकि इसे पूर्ण बनाने के लिए अन्य कलाओं की सहकारिता की आवश्यकता होती है। कृति तो मात्र एक खाका है, जिसे अभिनय एवं रंगशिल्प द्वारा मंच पर पूर्णता प्राप्त होती है। इसीलिए किसी भी नाट्य कृति का निरीक्षण-परीक्षण करते समय रचनाकालीन रंगमंचीय परिस्थितियों, प्रदर्शन के साधनों के स्तर, प्रचलित पद्धतियों, शैलियों, मान्यता प्राप्त रूढ़ियों, जीवन दशाओं आदि की ओर ध्यान अनिवार्य रूप से केन्द्रित रखना चाहिए। कोई भी नाटक, यदि वह जीवन्त रंगमंच के लिए लिखा गया है, तो तत्कालीन रंगमंच ने उसे अवश्य प्रभावित किया होगा। सफल नाट्य-कृति हमें समसामयिक रंगमंच एवं रंगकला के अध्ययन में सहायता

प्रदान कर सकती है। किसी भी देश के विभिन्न युगों का नाट्य-साहित्य उस देश की रंगशालाओं के निर्माण एवं रंग-व्यवस्था के बदलाव के साथ बदलता रहता है। उदाहरणार्थ इंग्लैण्ड को ही लें—ऐलिजाबेथ के समय में रंगशाला मुक्त आकाश के नीचे खुली होती थी, दिन के प्रकाश में अभिनय होता था, रंगमंच एक 'नंगा चबूतरा' (बेस प्लेटफार्म) था, पर्दों की व्यवस्था न थी, प्रवेश प्रस्थान की मंच पर उचित व्यवस्था न थी, प्रेक्षक तथा अभिनेता समान प्रकाश में होते थे, दर्शक रंगमंच के काफी निकट बैठते थे। इन सभी तत्त्वों ने शेक्सपियर जैसे प्रतिभासम्पन्न नाटककार की कला को पर्याप्त रूप में प्रभावित किया। सत्रहवीं शताब्दी के अन्त तक पहुँचते-पहुँचते रंगमंच पर पर्दों की व्यवस्था हुई तथा मेहराबदार रंगपीठ का निर्माण हुआ। परन्तु प्रकाश-व्यवस्था सम्पूर्ण रंगशाला में समान ही थी तथा पहले की भाँति दर्शक भी रंगमंच के काफी निकट ही बैठते थे। अठारहवीं शताब्दी के मध्य में जब बड़े-बड़े प्रेक्षागृहों का निर्माण हुआ, तब दर्शकों एवं अभिनेताओं की दूरी भी बढ़ी। परन्तु पूरे रंगभवन में समान प्रकाश रहने के कारण दोनों एक प्रकार की समता की स्थिति में ही रहे। आगे चलकर जब गैस तथा बिजली की व्यवस्था से प्रकाश के साधन बढ़े, तब पूरे परम्परागत रंगमंचीय विधान में परिवर्तन आया। अब निर्देशक मनचाहे ढंग से प्रकाश व्यवस्था को नियन्त्रित कर सकता था। यहीं से नये ढंग के अभिनेता-प्रेक्षक सम्बन्धों का आरम्भ हुआ। एक ओर तीव्र प्रकाशित मंच था, दूसरी ओर धुँधले प्रकाश में बैठे दर्शक। अतः एक प्रकार से मंच पर प्रभावात्मकता की वृद्धि हुई। परिणामतः प्रदर्शन विधियों, भाव-भंगिमाओं, मंच-सज्जा तथा पात्र-सज्जा में परिवर्तन आया। पुराना अभिनेता अपनी आवाज, वक्तव्य तथा कथ्य से अधिक प्रभावित करता था, अब अभिनेता शारीरिक भंगिमाओं तथा मुख के अनेक भावों द्वारा। कथ्य का भी महत्व रहा, परन्तु रंगमच अपने आप में अधिक महत्वपूर्ण बनने लगा। रंगमंच को यथार्थ जीवन के अधिक से अधिक निकट लाने का प्रयास चल उठा। यथार्थवादी नाटकों का युग आ गया तथा शेक्सपियर के नाटक आधुनिक रंगमंच पर असफल प्रतीत होने लगे। यहाँ तक स्थिति पहुँची कि मंच अधिक महत्वपूर्ण हो गया और नाट्यकृति कम। इब्सन, चेखव आदि जैसे कुछ महत्वपूर्ण नाटककारों को छोड़कर (जिनकी कृतियों में अपने आन्तरिक रंगमंच की अन्विति में निश्चय ही कहीं काल्पनिक रंगतत्त्व तथा काव्यमयी वृत्तियाँ विद्यमान हैं) अधिकांश की रंगकला की सीमाएँ हैं और कलात्मक सीमा की चरम स्थिति रेसाइन के रंगमंच में है, जहाँ कथावस्तु, नायक, जीवन की मांसलता, द्वन्द्व आदि सबको पीछे छोड़कर केवल 'मूड', एक 'विचार' यानी कि एक 'थीसिस प्ले' बाकी रह गया।[44] यथार्थवाद के ह्रास का समय आ गया। जीवन के भावसंकुल गहन रूप पर नहीं, उसके क्षुद्र, कृत्रिम और बाह्य रूप पर—उसके विकृत एवं घृणित रूप पर ही प्रकृतवाद का पूरा ध्यान केन्द्रित हो गया।

परन्तु एक बार पुनः यूरोप भर में प्रतीकात्मक रंगमंच का आन्दोलन प्रारम्भ

हुआ। ब्रेख्ट के महानाट्य ने इस आन्दोलन को बढ़ावा दिया। अब कथ्य को महत्वपूर्ण बनाकर जीवनगत यथार्थ के दिग्दर्शन का प्रयास किया गया।

नाटककार की सृजन-प्रक्रिया प्रत्यक्ष रूप से प्रस्तुतीकरण की आवश्यकताओं तथा परिस्थितियों एवं प्रणालियों से प्रभाव ग्रहण करती है। नाटक का कथा-निरूपण तथा चरित्र-सृष्टि दोनों ही तद्युगीन रंगमंच से प्रतिबद्धता रखते हैं।[45]

इसीलिए नाट्य-लेखक के सर्जनात्मक व्यक्तित्व का नाट्यानुभूति तथा उसके विशिष्ट रंगमंचीय आयाम् से साक्षात्कार अपेक्षित माना गया है, क्योंकि रंगदृष्टि के अभाव में नाट्यलेखन संवादयुक्त कथालेखन ही है। जब कभी नाट्य रचनाकार का जीवन्त रंगमंच से सम्पर्क कट जाता है तो सम्पूर्ण लेखन रंगमंच की व्यावहारिकता से दूर जा पड़ता है। साथ ही दृश्यात्मक आलोचना के लाभ से भी लेखक वंचित रह जाता है। ऐसा ही कुछ दुर्भाग्य हिन्दी नाटक का रहा। संस्कृत रंग-परम्परा के समाप्त होने के पश्चात् शताब्दियों तक हिन्दी का अपना कोई रंगमंच नहीं रहा। भक्ति युगीन दृष्टि में जीवन के प्रति विराग था, दरबारी संस्कृति के रीति युग में कवि-शिक्षा की दृष्टि से लिखे गये दोहों और कवित्त-सवैयों का ही प्राधान्य रहा। आधुनिक काल में नवजागरण की स्थिति में भारतेन्दु जी का ध्यान अपनी प्राचीन नाट्य-परम्परा की ओर आकृष्ट हुआ और उसे सजीव करने का उन्होंने स्तुत्य प्रयास किया। एक बार पुनः हिन्दी में नाट्यलेखन तथा मंचन आरम्भ हुआ। किन्तु निकट परम्परा के अभाव में उनकी कुछ सीमाएँ रहीं। अपने समसामयिक व्यावसायिक थियेटर (पारसी थियेटर) के छिछले भावुकतापूर्ण तथा बाजारू, सस्ते वातावरण के विरुद्ध भारतेन्दु के प्रयास को अन्य लेखकों ने भी आगे बढ़ाने का प्रयास किया। 'प्रसाद' के नाटकों में भी पारसी रंगदृष्टि के बचाव का भरपूर प्रयास किया, परन्तु भारतेन्दु की भाँति 'प्रसाद' नाटक के रंगमंचीय आयाम से पूरी तरह जुड़े न थे। कारण यह था कि अभिनेता एवं निर्देशक भारतेन्दु के नाटकों के लिए तो भारतेन्दु का अपना रंगमंच था, किन्तु प्रसाद जी के नाटकों के लिए यह सुविधा प्राप्त न थी। पारसी थियेटर की कमियों के प्रति वह पूर्णतया सजग थे, उनसे बचने का भरसक प्रयास भी करते रहे (यह दूसरी बात है कि अकेला समसामयिक रंगमंच होने के कारण पारसी रंगमंच उनके नाटकों को पर्याप्त मात्रा में प्रभावित करता रहा)। इसी कारण उन्होंने नाटकों के अनुकूल रंगमंच की माँग भी की।[46] यहाँ 'प्रसाद' जी जिस रंगमंच के लिए नाटक नहीं लिखना चाहते, वह पारसी रंगमंच है। 'चन्द्रगुप्त' का अभिनय पारसी रंगमंच पर देखने पर प्रसाद का दुःखित होना प्रसिद्ध भी है। उनका तात्पर्य यह था कि पारसी नाटक की अश्लीलता, हल्कापन तथा गहन संवेदनहीनता की अपेक्षा अधिक साहित्यिक गरिमायुक्त, गहन जीवन-संवेदनापूर्ण नाटकों के उपयुक्त बौद्धिक चेतनायुक्त रंगमंच हो। छिछली भावुकता के स्थान पर 'प्रसाद'

ने काव्यात्मकता का महत्वपूर्ण तत्त्व अपने नाटकों में उत्पन्न किया। उन्होंने प्रथम बार हिन्दी नाटक को साहित्यिक गौरव तथा गहन जीवनानुभूति से जोड़कर दिशा निर्देश किया। परन्तु तभी दुर्भाग्यपूर्ण घटना घटी। पाश्चात्य यथार्थवाद तथा बौद्धिक तर्कवाद को एकदम पकड़ लेने के प्रयास में हिन्दी नाटक 'प्रसाद' जी के बाद एक बार फिर से काव्यात्मकता एवं सघन भाव-संकुल अनुभूति से कटकर शुष्कता, कृत्रिम, बौद्धिकता, निरर्थकता, क्षुद्रता एवं नीरस बहस के रेगिस्तान में फँस गया। यहाँ ह्रासमान बौद्धिकता के झूठे झोंके तो थे, किन्तु जीवनगत वास्तविकता न थी। अब पारसी रंगमंच का भी पूर्णतया विघटन हो गया था और हिन्दी के पास अपना कोई रंगमंच न था। यूरोप की यथार्थवादी चेतना की लहर तेजी से हिन्दी में आने लगी थी। नाटक के क्षेत्र में इस बौद्धिक उथल-पुथल, परिवेशगत बदलाव, नवीन मानवीय सम्बन्धों के जन्म तथा मूल्यगत परिवर्तन के कारण पूरी की पूरी स्थिति ही कृत्रिमता में बदल गयी। इब्सन, शा, गाल्सवर्दी आदि नाटककारों के प्रभाववश गृहीत यथार्थवाद बड़ा सतही था। जिन स्थितियों (सामाजिक तथा रंगमंचीय) ने यूरोपीय 'समस्या नाटक' को जन्म दिया था, वे यूरोपीय जीवन की उपज थीं। औद्योगीकरण, मनोवैज्ञानिक, राजनैतिक तथा आर्थिक मूल्यों के बदलाव के कारण यूरोपीय जीवन में जो हलचल थी, उसको यथार्थ रूप में जैसा का तैसा रंगमंच पर लाना ही इन नाटककारों का उद्देश्य था। किन्तु भारतीय जनमानस में ऐसी स्थिति न थी, क्योंकि हमारे जीवन सन्दर्भ और प्रकार के थे। अतः हिन्दी समस्या नाटक जीवनगत परिस्थितियों को आत्मसात करके नहीं आया था। अपितु यह पश्चिम से आयातित भावबोध, जीवनबोध तथा जीवन-स्थितियाँ थीं। भारतीय नाटककार की चेतना का यथार्थ एवं बौद्धिक स्वर अन्धानुकरण के साथ ही अपने देश की आन्तरिकता से भी विच्छिन्न हो गया था। अतः नाटकीय अभिव्यक्ति में तीव्रता तथा प्रभाव-शक्ति का भी क्षरण हो गया। किसी भी प्रकार की दृश्यात्मकता से न जुड़े होने के कारण लक्ष्मीनारायण मिश्र के नाटकों में पात्रों की बड़ी-बड़ी बहसें दम्भपूर्ण, निरर्थक, बेतुकी और प्राणहीन होती हैं। कथानक अयथार्थ और स्थितियाँ अधिकांशतया आरोपित हैं। 'प्रसाद' के ऐतिहासिक बोध को उन्होंने अपने नाटकों की भूमिकाओं में ललकारा तथा नया बौद्धिक नारा भी लगाया। अपने समस्त नाटकों के द्वारा जीवन की कटु-स्थितियों को उभारने के वादे और इरादे भी अपने जोशीले वक्तव्य में पर्याप्त मात्रा में दिये। किन्तु वे बदलते हुए भारतीय जीवन में स्त्री-पुरुष सम्बन्धों की जाँच-पड़ताल करते रह गये।[47] परिवेश तथा मानवीय सम्बन्धों की सही पकड़ तथा समझ मिश्र जी के पास नहीं है, अतः जीवनगत यथार्थ के सतहीपन से आगे वह न बढ़ सके। फलतः उनके नाटकों में भावगत तीव्रता, गहन अन्तर्दृष्टि, बौद्धिक प्रखरता तथा वैचारिक तारतम्यता सभी

का अभाव दृष्टिगोचर होता है। 'समस्या नाटक' के स्वरूप के विपरीत यहाँ रूपगत शिथिलता है, दृश्य-विधान आदि त्रुटिपूर्ण है। इस समय के अन्य नाटककार सेठ गोविन्ददास, हरिकृष्ण प्रेमी, गोविन्द बल्लभ पन्त, वृन्दावनलाल वर्मा, उदयशंकर भट्ट आदि भी अधिकांशतया संवादात्मक इतिवृत्त ही लिखते रहे। सरलीकृत स्थितियाँ और आरोपित घटना-विन्यास किसी भी प्रकार की नाट्यानुभूति से साक्षात्कार कराने में प्रायः असमर्थ ही रहा। नाटक एक निराशापरक ठहराव की स्थिति में आ गया। इसका प्रमुख कारण यह था कि रंगमंच के अभाव में इनकी कृतियाँ पठनीय रहीं। नाटक के रंगमंचीय आयाम से साक्षात्कार होने के कारण तथा किसी भी प्रकार के जीवन्त रंगमंच की व्यावहारिकता एवं सर्जनशील आलोचना का लाभ न पा सकने के कारण ये नाटक अपने कथ्य एवं रूपविधान को सार्थक एवं सक्षम बनाने में असमर्थ रहे।

द्वितीय विश्व-युद्धोतर काल की चेतना के उपरान्त जब नया परिवेश निर्मित हुआ, तभी हिन्दी नाटक और रंगमंच के सम्बन्ध का भी नवीन एवं सार्थक आरम्भ हुआ। डॉ. रामकुमार वर्मा ने काफी महत्वपूर्ण कार्य इस क्षेत्र में किया। उनके पूर्णकालिक नाटकों—'शिवाजी', 'कौमुदी महोत्सव' में शिल्पकार की जागरूकता के दर्शन होते हैं। कथावस्तु अतीत से सम्बन्धित, आदर्शवादी तथा रोमांटिक है। एकांकी युग का तो आरम्भ ही डॉ. वर्मा से होता है और प्रायः सभी प्रकार के एकांकियों की सफल रचना का श्रेय उन्हें प्राप्त है।

इसी समय नवीन रंगमंचीय चेतना का आरम्भ हुआ। पारसी रंगमंच की सस्ती भावुकता के स्थान पर अब कलात्मक परिष्कृत रुचि दृष्टिगोचर हुई। व्यवसायी 'पृथ्वी थियेटर' की स्थापना हुई और अव्यवसायी 'जननाट्य संघ' से नाटक को सामाजिक एवं कलात्मक सार्थकता प्राप्ति का मार्ग मिला। अब नाट्यरचना दृष्टि ही बदलती दिखाई दी। यह बात स्वीकृत हो गयी कि नाटक ही रंगमंच की आत्मा है तथा नाटक रंगमंच पर ही अपनी सार्थकता की प्राप्ति पाता है। अतः रंगमंच के लिए नाटक लिखे जाएँ, एकान्त में बैठकर पढ़ने के लिए नहीं। नाटक अब मात्र मनोरंजन का साधन न रह कर सार्थक जीवनाभिव्यक्ति का माध्यम बना। उपेन्द्रनाथ अश्क, जगदीशचन्द्र माथुर, धर्मवीर भारती, मोहन राकेश, लक्ष्मीनारायण लाल, नरेश मेहता, चन्द्रगुप्त विद्यालंकार, विष्णु प्रभाकर, विनोद रस्तोगी, मुद्राराक्षस, सुरेन्द्र वर्मा आदि सभी नाटककारों ने नाटक और रंगमंच की गहन पारस्परिकता को स्थापित किया। 'उड़ान', 'कैद', 'अंजो दीदी', 'कोणार्क', 'शारदीया', 'आषाढ़ का एक दिन', 'आधे अधूरे', 'अन्धा युग', 'मादा केक्टस', 'सूरज की अन्तिम किरण से सूरज की पहली किरण तक' आदि नाट्यकृतियों ने समकालीन परिवेश से अपने को जोड़कर नवीन सक्षम सम्प्रेषणशक्ति अर्जित की तथा उस कलात्मक स्तर को भी प्रस्तुत

किया, जिसे स्वतः हिन्दी नाटक बहुत समय से खोज रहा था। स्वातन्त्र्योत्तर नाटक की बहुत बड़ी उपलब्धि है—नाट्य-भाषा के विकास में महत्वपूर्ण प्रगति। छठे दशक से ही अनामिका मण्डली तथा राष्ट्रीय नाट्य विद्यालय ने इस क्षेत्र में महत्वपूर्ण योगदान दिया। आज तो हिन्दी नाटक सजीव, सक्रिय कलारूप है तथा उभरता हुआ सशक्त रंगमंच उसे पुष्ट एवं प्राणवान बना रहा है। सभी बड़े शहरों में, नाट्यगृहों की स्थापना हुई है तथा जनमानस में नाट्य-प्रेक्षण की रुचि पैदा हुई है। यद्यपि यह चेतना अभी विशिष्ट वर्ग तक ही सीमित है, परन्तु उभरते हुए नाट्य निर्देशकों एवं अभिनेताओं तथा राष्ट्रीय सहयोग से इस कार्य को बढ़ाने में पर्याप्त सफलता प्राप्त होने की सम्भावना है।

समग्रतः आज नाटक एवं रंगमंच की पारस्परिकता को नये सिरे से परिभाषित किया गया है। दोनों एक दूसरे के अंग मान लिए गये हैं, जिनकी एकान्त कल्पना असम्भव सिद्ध हो गयी है।

नाटक की रचना-प्रक्रिया तथा अभिनेयता

प्रत्येक साहित्यिक विधा की एक विशिष्ट प्रकृति होती है और यह प्रकृति ही उसका स्वरूप निर्धारित करती है। नाटक एक संवादात्मक, दृश्यात्मक, सामूहिक कला है। सामूहिकता की घोषित बलवत्ता ही उसके अन्तर्बाह्य तत्त्वों और अन्तःसम्बन्धों को नियमित एवं संचालित करती है। नाटक हो या कविता या उपन्यास रचना-प्रक्रिया का प्रश्न सदैव जटिल रहा है तथा इस सम्बन्ध में मत-वैविध्य भी स्वाभाविक है। इसका एक कारण तो यह है कि कवि-स्वभाव, कवि-दृष्टि और विषय-वस्तु के अनुसार रचना-प्रक्रियाएँ भी भिन्न-भिन्न होती हैं। 'अतः रचना-प्रक्रिया का कोई निर्विशिष्ट सामान्य रूप नहीं है, यद्यपि यह सही है कि उस प्रक्रिया के मूल तत्त्व सर्वसामान्य हैं।'[48]

नाटककार सफल तथा सार्थक रचना के लिए अपने अन्तर्जगत में पारदर्शी, सम्प्रेषणीय शब्द-चेतना का विकास करता है, अपने भावों, संवदेनाओं, ज्ञानात्मक अनुभवों, जीवनानुभूतियों के अनुकूल अर्थ-बिम्बों, अर्थ प्रतीकों तथा अर्थ-ध्वनियों का अनुसंधान करता है। 'सार्थक नाटकीय शब्द-चेतना को प्राप्त करने के लिए नाटककार को रंगकर्म की विभिन्न स्थितियों तथा मनोदशाओं से होकर गुजरना पड़ता है।'[49] अपनी कठिन प्रयोगात्मक यात्रा में वह जीवन की संश्लिष्ट जटिल, किन्तु आन्तरिक यथार्थ से जगमग संवेदना की भूमि का साक्षात्कार कर लेता है। आत्म-चेतना का यह प्रत्यक्ष संवेदनात्मक ज्ञान ही रचना-प्रक्रिया का प्रथम महत्वपूर्ण सोपान है। इसके पश्चात् वह आन्तरिक विकास से नाट्यगतियों का द्वितीय सोपान पाता है, यहीं पर निषेध (सेंसर्स) भी विकसित हो जाते हैं। इतिहास अनुभव तथा

परम्पराबोध एक ऐसी दृष्टि को विकसित करते हैं, जो उसे लगातार संशोधित तथा सम्पादित करती चलती है।[50]

रचना-प्रक्रिया का प्रश्न एक प्रकार से सम्पूर्ण 'नाटकीय टेकनीक' से जुड़ा हुआ है। नाट्य-लेखक के ऊपर शिल्पीय परिस्थिति का दबाव रहता है। अतः नाट्य सृजन-प्रक्रिया अभिनेयता से प्रतिबद्ध होती है। अन्य किसी साहित्यिक विधा का लेखक अपनी रचना का मानदण्ड एक सीमा तक स्वयं हो सकता है, किन्तु नाट्य लेखन तो दृश्य होकर ही अपनी सार्थकता पाता है। अतः 'अभिनय द्वारा मूर्त होने की क्षमता और सम्भावना ऐसी कसौटी है, जिस पर खरा उतरे बिना नाटक का अस्तित्व नहीं।'[51] इसी कारण नाट्य-रचना करते समय लेखक को रंगमंच का ध्यान अवश्य रखना होता है। साथ ही यह भी माना गया है कि किसी नाटक की रंगमंच पर असफलता एक सीमा तक नाटककार की भी असफलता है।[52] नाट्य की सफलता सूत्रधार, अभिनेता, रंगकर्मी तथा कृतिकार सभी के सम्मिलित प्रयास एवं लगन की अपेक्षा रखती है, क्योंकि नाटक में जीवन के वैयक्तिक एवं सामूहिक दोनों पक्षों की एक साथ अभिव्यक्ति होती है। यहाँ केवल शब्द-चित्रों द्वारा नहीं, अपितु सूत्रधार, अभिनेता एवं रंगकर्मियों द्वारा विभावानुभावों का सजीव प्रदर्शन होता है। इसी कारण डॉ. रघुवंश नाटक का आधार 'अधिक मनोवैज्ञानिक' मानते हैं।[53]

अपने इसी दृश्यात्मक शिल्प के कारण नाटक का कलारूप अन्य साहित्य-माध्यमों की तुलना में अधिक जटिल होता है। नाटक अपने में समस्त कलाओं एवं विधाओं को समेटे होता है।

काव्य की भाँति नाटक में भी अनूभूति की प्रामाणिकता अपेक्षित होती है, बल्कि यहाँ इस अनुभूति में अधिक स्पष्टता, तीव्रता, प्रखरता एवं अन्विति की आवश्यकता होती है, क्योंकि यहाँ जीवन के सघनीभूत क्षण का मूर्त्तन होता है। यह मूर्त्तीकरण की प्रक्रिया जीवन्त तथा मूर्तिमान साधनों द्वारा वास्तविक प्रतिक्रियाओं के माध्यम से सम्प्रेषित होती है। अतः यहाँ संवेदनों, भावों एवं विचारों का संयोजन अधिक प्रत्यक्ष एवं दृश्य रूप में होता है। इसी कारण नाटक में दैनन्दिन जीवन की उन सार्थक भावदशाओं एवं स्थितियों का चयन अपेक्षित होता है, जो उक्त अनुभूति को सम्पूर्ण तीव्रता एवं सार्थकता के साथ रूपायित कर सकें। गहन से गहन विचार एवं अनुभूति इतनी स्पष्टता, तीक्ष्णता एवं प्रखरता के साथ यहाँ व्यक्त होती है कि अभिनेता उसे स्वयं आत्मसात कर सके एवं अभिनय द्वारा प्रेक्षक को आत्मसात् करा सके।

दृश्यात्मकता एवं अभिनेयता की यह सीमा नाटक के स्वरूप के साथ ही उसके आकार को भी नियंत्रित करती है। विस्तृत कथावस्तु की अनुभूति, कथा अथवा घटना के उस अंश का चयन नाटककार करता है, जो अपने आप में आत्यन्तिक हो, जो अपनी सर्वाधिक महत्ता सिद्ध करने के साथ ही कथावस्तु के अनकहे अंशों

की भी व्यंजना कर सके। साथ ही उसका अभिव्यक्तिकरण इस रूप में होता है कि वह अभिनयोपयुक्त बन सके। इसी कारण नाट्यानुभूति एवं नाट्य-रचना-प्रक्रिया व्यक्तिगत होते हुए भी सामूहिक होती है। 'वही अनुभूति यथार्थ नाट्यात्मक अनुभूति है, जो दृश्य हो सके, जो अभिनेताओं के द्वारा रूपायित और मूर्त करके व्यक्त की जा सके।'[54] आधुनिक रंगमंच के अध्येता तथा नाट्यकर्मी लक्ष्मीनारायण लाल का भी ऐसा ही मत है—'अतः स्पष्ट है कि जिस नाट्यकृति का मूलाधार यह अभिनयात्मिका वृत्ति होगी, वही सफल श्रेष्ठ आधुनिक रंगमंच का उदाहरण है।'[55]

चूँकि नाटक में अनुकरण कार्य का होता है (इमिटेशन ऑफ एन एक्शन), अतः कथावस्तु एवं पात्रों के परस्पर संघात के द्वारा ही लेखक की जीवन-दृष्टि यहाँ उजागर होती है। अतः विचार-तत्त्व का दृश्य बनना यहाँ अनिवार्य होता है। पात्र एवं परिस्थितियों के पारस्परिक संघर्ष से लेखक की वैचारिक पृष्ठभूमि यहाँ प्रत्यक्ष होती है।

संवाद को नाटक का प्राण अथवा कलेवर कहा गया है। किन्तु संवाद मात्र होने से कोई रचना नाटक नहीं बन सकती। संवाद भावानुभूति को दृश्य एवं अनुकरणीय बनाते हैं, अतः उनमें गत्यात्मकता की आवश्यकता होती है। परिस्थितियों के घात-प्रतिघात, उतार-चढ़ाव आदि के वाहक संवादों को अभिनयात्मकता एवं मूर्त्तीकरण की क्षमता में पूर्ण होना चाहिए।

संवादों के साथ ही नाट्य-भाषा का प्रश्न उठ खड़ा होता है। नाट्य-भाषा नाटक के शिल्प का एक महत्वपूर्ण उपकरण है। यहाँ भाषा वास्तविक कार्यों, क्रियाओं, जीवन और अनुभूति की प्रक्रियाओं को सूचित करने वाली भाषा होती है, जिसमें काव्यात्मक गहन लाक्षणिकता, सूक्ष्मता, चित्रवत्ता के साथ ही बोलचाल की भाषा की मूर्त्तता, प्रवाह एवं सरलता होती है। बिना सक्षम नाट्य-भाषा के नाट्यानुभूति भली-भाँति प्रस्तुत नहीं हो पाती। नाट्य-भाषा का प्रश्न अनेक प्रकार से नाटक की रचना-प्रक्रिया एवं अभिनेयता का प्रश्न है। नाटक का कथ्य इतना स्पष्ट, प्रखर एवं पात्रानुकूल लचीली भाषा में होना चाहिए कि निर्देशक एवं अभिनेतागण उसके प्रस्तुतीकरण में सफल हो सकें।

नाट्यानुभूति में तात्कालिकता होना भी अनिवार्य है। अभिनय-प्रदर्शन दर्शक वर्ग से अविभाज्य रूप में जुड़ा होता है। प्रेक्षक नाटक की अनिवार्य परिस्थिति एवं अनिवार्य अंग है। यहाँ 'सामाजिक' की स्थिति भी एकान्त न होकर सामूहिक होती है। एक निश्चित समयावधि के लिए प्रतिबद्ध नाटक की रचना-प्रक्रिया को दर्शक-वर्ग पर्याप्त सीमा तक प्रभावित करता है। प्रस्तुतीकरण पर तो दर्शकों की रुचि का प्रभाव पड़ता ही है, नाट्य-रचनाकार के मस्तिष्क में भी दर्शक-वर्ग का ध्यान अवश्य रहता है। बीसवीं शताब्दी के प्रमुख आलोचक एवं कविता-नाटक लेखक टी.एस. इलियट ने नाट्य-लेखन की इस सीमा पर विचार किया है तथा नाटक को

स्वान्तः सुखाय रचना नहीं माना।[56] अतः दर्शक वृन्द के मन में आन्तरिक पहचान एवं पैठ नाटककार को सफल कृति बनाती है। उसे अपनी अनुभूति को सामान्य सूत्र से जोड़कर तात्कालिक बनाना पड़ता है। सामरसेट मॉम ने तो प्रेक्षक को ही नाटक की कसौटी माना।[57]

भारतीय नाट्यशास्त्र में भी प्रेक्षक पर पूरा ध्यान रखते हुए नाट्यकार के लिए निर्देश दिये गये हैं। इसका अर्थ यह नहीं है कि नाटककार प्रेक्षक के हाथों की कठपुतली हो, अपितु उसकी अभिव्यक्ति इतनी प्रखर एवं निर्मम हो कि वह दर्शक वर्ग को आकृष्ट करता हुआ उसे अपनी गहन अनुभूति के स्तर पर उठा सके। नाटक की तात्कालिकता ही उसे समसामयिकता से तेजी से जोड़ देती है। प्रथमतः नाटक समसामयिक दर्शकों के लिए ही सृजित होता है। समकालीन 'सामाजिक' पर उसका प्रयोग एवं परीक्षण अनिवार्य है।[58] यहाँ नाटककार को केवल युगीन रह जाने का खतरा उठाकर भी समसामयिकता से जुड़ना अनिवार्य है।

दृश्यात्मक परिकल्पना नाटक का अत्यधिक महत्वपूर्ण तत्त्व है। यह मूलतः पात्रों की पृष्ठभूमि तथा कार्य-व्यापार का ही दृश्य रूप है। इसी के द्वारा नाट्यकला को वैशिष्ट्य प्राप्त होता है। इसके दो पक्ष हैं—अभिनय प्रदर्शन (परफार्मेन्स) और दृश्बन्ध (सैटिंग)। आधुनिक युग में दूसरे पक्ष का महत्व पहले की अपेक्षा अधिक बढ़ता जा रहा है, क्योंकि आजकल 'इस कला के लिए अनिवार्य सामग्री की तो कोई सीमा ही नहीं।'[59] यद्यपि नवीन बाह्य उपकरणों एवं चमत्कार पर इतना अधिक ध्यान नहीं दिया जाना चाहिए कि मूल नाट्य वस्तु तथा प्रदर्शन गौण हो जाएँ, 'फिर भी नाटक के एक सन्तुलित और प्रभावोत्पादक आवश्यक परिवेश के रूप में दृश्य-सज्जा आधुनिक नाटक का महत्वपूर्ण एवं आत्यन्तिक अंग है।'[60]

पश्चिम में यद्यपि नाटक को 'A literary work written in a form suitable for stage–presentation.' माना जाता रहा है, किन्तु क्रोचे, स्पिनगार्न प्रभृति आधुनिक आलोचकों की धारणा इसके विरुद्ध है।[61] क्रोचे मानते हैं कि प्रत्येक कलाकृति के मानदण्ड कलाकृति में ही निहित होते हैं तथा विभिन्न रूप-विधाओं में कलाओं का वर्गीकरण उचित नहीं। स्पिनगार्न कहते हैं कि नाटककार की कृति की समीक्षा भी अन्य कलाकारों की कृतियों के समान ही होनी चाहिए। मूल्यांकन इस दृष्टि से होना चाहिए कि उक्त कलाकृति क्या अभिव्यक्त करना चाहती है तथा उसे कैसे अभिव्यक्त किया गया है।[62] एल.सी. नाइट भी इसी प्रकार की मान्यता रखते हैं तथा शेक्सपियर की समीक्षा में उसका प्रयोग भी करते हैं। इन लोगों का मत है कि पुस्तक-प्रकाशन से जिस प्रकार लेखक की कला-सृजन-प्रक्रिया सम्बन्ध नहीं रखती है, उसी प्रकार मंचीय प्रस्तुतीकरण से भी नहीं। इन आलोचकों के मत में सत्यांश हो सकता है, परन्तु पूर्ण सत्य तो नहीं है। यह सच है कि

महान नाट्यकृति में ऐसा कुछ अवश्य होता है जो कि उत्तम से उत्तम प्रदर्शन के बावजूद भी अछूता रह जाता है, उसका साक्षात्कार पढ़ने पर ही होता है तथा ऐसे भी बहुत से नाटक होते हैं (विशेषतः कमेडी तथा फार्स) जो मंच पर अत्यधिक सफल होने पर भी बहुत उच्च कोटि की साहित्यिक रचना नहीं ठहरते। अतः कृति एवं प्रस्तुतीकरण दोनों ही अपने आप में महत्वपूर्ण हैं। एक-दूसरे को वे पूर्णता प्रदान कराते हैं। परन्तु अपने में कोई भी आत्यन्तिक नहीं। नाटक तथा रंगमंच एक-दूसरे के अधीन होते हुए भी अपनी व्यापकता रखते हैं, जो पर्याप्त रूप में महत्वपूर्ण होती है।[63] डॉ. नगेन्द्र ने भी अपने वक्तव्य में यह घोषित किया है कि नाट्य (प्रस्तुतीकरण) एवं नाटक का सम्बन्ध अभिव्यक्ति एवं भावना का सम्बन्ध है, किन्तु अभिव्यक्ति के रूप में नाट्य-प्रस्तुतीकरण का स्थान एकान्त प्राथमिकता नहीं है, क्योंकि उसके पूर्व शब्दार्थ के माध्यम से भी अभिव्यक्ति की एक प्रक्रिया पूर्ण हो जाती है।[64]

अतः नाटक को अभिनय से पूर्ण स्वतन्त्र मानना भ्रामक है, क्योंकि नाटक का दृश्य होना ही उसका सबसे बड़ा आकर्षण है। कृति की साहित्यिक गरिमा की महत्ता होती है, किन्तु नाट्यास्वाद पात्रों एवं दृश्यों द्वारा प्रत्यक्ष कथा में ही पूर्ण होता है। इसी कारण नाटक की रचना-प्रक्रिया को अभिनेता सदैव परिचालित करते हैं। बंगला के प्रसिद्ध रंग-निर्माता तथा अभिनेता शम्भु मित्र ने लिखा है :

> 'पर नाटक के नाम से जो लिखा जाए वह होना नाटक ही चाहिए। अर्थात् उसमें रंगीय कार्य-व्यापार (थियेट्रिकल ऐक्शन) होना जरूरी है, रंगीय रूप में यथार्थ (थियेट्रिकली रियल) हो सकने की गुंजाइश होना जरूरी है, रंगमंच को ध्यान में रखकर उसके अनुसार चलना जरूरी है। यानी अभिनेताओं के लिए ऊँचे दर्जे के अभिनय की गुंजाइश होना जरूरी है। महान नाटककार ऐसी ही गुंजाइश महान अभिनेताओं के लिए पैदा करते हैं, इसीलिए उनके नाटक महान नाटक होते हैं।'[65]

सन्दर्भ

1. "न तज्ज्ञानं न तच्छिल्पं न सा विद्या न सा कला।
   नासौ योगोन तत्कर्म नाट्येऽस्मिन् यन्न दृश्यते॥"—'नाट्यशास्त्र', 1/116
2. "नाट्यं भिन्नचेर्जनस्य बहुधाप्येकं समाराधनम्।" —'मालविकाग्निमित्रं', अं. 1
3. "आनन्दनिष्पन्दिषु रूपकेषु व्युत्पत्ति मात्रं फलमल्पबुद्धिः।
   योऽपीतिहासादिवदाह साधुस्तस्मै नमः स्वादुपराङ्मुखाय॥"
   —धनंजय, 'दशरूपक', 1/16
4. "आपरितोषाद् विदुषां न साधुमन्ये प्रयोग-विज्ञानम्।"
   —कालिदास, 'अभिज्ञान शाकुन्तलम', 1

5. "वेदविद्येतिहासानामाख्यानपरिकल्पनम्।
विनोद करणं लोके नाट्यमेतद् भविष्यति॥" —ना. शा. 1/120
6. वही, 1/117
7. वही, 1/118
8. डॉ. रघुवंश, 'नाट्यकला', पृ. 7
9. "नानाभावोपसम्पनं नानावस्थान्तरात्कम्।
लोकवृत्तानुकरणं नाट्यमेतन्मयाकृतम्।।" —ना. शा. 1/112
10. "अवस्थानुकृतिर्नाट्यं रूपं दृश्यतयोच्यते।
रूपकं तत्समारोपात्, दशधैव रसाश्रयम्।। —धनंजय, 'दशरूपक', 1/7
11. नेमिचन्द्र जैन, 'रंगदर्शन', पृ. 15
12. सीताराम चतुर्वेदी, 'भारतीय तथा पाश्चात्य रंगमंच', पृ. 40
13. वही, पृ. 42
14. "क्रीडनीयकामिच्छामो दृश्यं श्रव्यं च यद् भवेत।" —ना. शा. 11/1
15. डॉ. लक्ष्मीनारायण लाल, 'रंगमंच और नाटक की भूमिका', पृ. 15
16. डॉ. रघुवंश, 'नाट्यकला', भूमिका
17. "दृश्य श्रव्यत्वभेदेन पुनः काव्यं द्विधामतम्।
दृश्यं तत्राभिनेयं तद्रूपारोपातु रूपलम्।" —साहित्य दर्पण, 6/1
18. "रूपं दृश्यतयोच्यते दशरूपक", —1/7
19. "धर्मार्थ साधनं नाट्यं सर्वदुःखापनोदकृत्।
आसेवध्वं तद्दषयस्तस्थोत्थानं नु नाटकम्।।"—ना. शा.
20. नाटकमिति नाट्यति विचित्रं रजनाप्रवेशेन सभ्यानां हृदयं नर्ययतीति नाटकम्।।"
—नाट्यदर्पण, 1/5
21. डॉ. लक्ष्मीनारायण लाल, 'आधुनिक हिन्दी नाटक और रंगमंच', पृ. 14-15
22. डॉ. धर्मवीर भारती, लेख, 'हिन्दी नाट्य लेखन', पुस्तक 'हिन्दी नाटक और रंगमंच : पहचान और परख' सं. डॉ. इन्द्रनाथ मदान, पृ. 175
23. 'अनामिका' द्वारा आयोजित हिन्दी नाट्य-महोत्सव की दर्शक-समीक्षा गोष्ठी के अध्यक्ष पद से वाचित, कलकत्ता, दिसम्बर, 1964 संकलित, 'आस्था के चरण', पृ. 192
24. (अ) डॉ. नगेन्द्र, 'आस्था के चरण', पृ. 194
(आ) श्रेष्ठ नाट्य नाटक और अभिनय इन दो तारिकाओं के युगल नृत्य के समान होता है। उसमें जिस तरह से वे दोनों एक-दूसरे के अधीन होते हैं, उसी तरह एक दूसरे के स्वामी भी हाते हैं, जिस तरह मंच के बारे में ज्ञान न होनें पर, अभिनय पद्धति के सम्बन्ध में ज्ञान न होने पर, श्रेष्ठ नाटक रचना सम्भव नहीं, उसी तरह साहित्य की पद्धति कुछ-कुछ जाने बिना, नाटककार के प्रच्छन्न संकेतों को पकड़ने की क्षमता के बिना, श्रेष्ठ अभिनय भी सम्भव नहीं। शेक्सपियर ने अभिनय के प्रति अपनी श्रद्धा सशक्त अभिनय के उपयुक्त नाटक लिख कर प्रगट की।"—शम्भु मित्र, लेख, 'नाट्याभिनय', 'नटरंग' पत्रिका, खण्ड 7, अंक 25, जनवरी-जून, 1975, पृ. 41
25. जयशंकर प्रसाद, 'काव्य और कला तथा अन्य निबन्ध', पृ. 108
26. मोहन राकेश, लेख, 'नाटककार और रंगमंच', पुस्तक, 'हिन्दी नाटक और रंगमंच : पहचान और परख', सं. डॉ. इन्द्रनाथ मदान, पृ. 207
27. माहेन राकेश, लेख, 'नाटक और रंगमंच', 'हिन्दी नाटक और रंगमंच : पहचान और परख', सं. डॉ. इन्द्रनाथ मदान

28. डॉ. नगेन्द्र, 'आस्था के चरण', पृ. 192
29. Since the action of the drama was carried on from beginning to end in the presence of the Chorus, a band of witness, always the same, and remaining in the same place, the poet...had scarcely any choice but to limit the scene to one spot, and the time to one day." Witzchel, The Athenian Stage', translation by Paul, p.43
30. चेनी (शेल्डान), 'रंगमंच', अनुवादक : श्रीकृष्णदास, पृ. 84
31. "...the immediate dependence of a playwright is technique upon the histrionic methods and resources of his time."—Hudson W. H., 'An Introduction to the Study of Literature', p. 178
32. (a) "I believe in the time when we shall be able to create works of art in the theatre without the use of the written play, without use of action." p. 50
(b) "We have to banish from our mind all thought of the use of human form as the instrument which we are to use to translate what we call 'Movement' ". p. 53.
–E. Gordon Graig, "On the Art of Theatre'.
33. '...and numerous stage-directors, also intent on these 'theatre arts', have shown an inclination to devote inordinate care to the material side of the stage, precisely because these material things can be brought entirely under the control. The result of this has been the development of 'theatricality', in the less admirable sense of term, and a lack of balance in the presentation of plays."—A. Nicoll, 'The Theatre and Dramatic Theory', p. 15
34. डॉ. रामअवध द्विवेदी, 'साहित्य सिद्धान्त', पृ. 85
35. "In this sense the theatre should be regarded as a form of escape, just as a fairy-story is an excape for the child, and we aught to recognize that our attitude to what is put upon the stage is often clearly allied to the child's attitude towards the story : we know what is going to happen but always we gain delight from listening to the familiar."—Allardyce Nicoll, 'The Theatre and Dramatic Theory', p. 24
36. "Just as the player is and is not the person he pretends to be, so the members of audience enter into the world of illusion without completely leaving their own world of actuality."—Allardyce Nicoll, 'The theatre and Dramatic Theory', p. 24
37. "The show on the stage must reproduce the forms of the things represented not more, nor less."
38. "...they are affected by the attitudes of their audiences."
—Allardyce Nicoll, 'The Theatre and Dramatic Theory', p. 27
39. "Now as tragic imitation implies person acting, it necessarily follows, in the first place, that spectectular equipment will be a part of tragedy."—Aristotle's 'Poetics', p. 23, S. H. Butcher's edition.
40. "The spectacle has, indeed, an emotinal attraction of its own, but of all parts, it is the least artistic, and connected least with the art of poetry. For the power of tragedy, we may be sure, is felt even apart from representation and actors. Beside, the production of spectacular effects depends more on the art of the stage-machinist than on that of the poet."—'Poetics', p. 29-31
41. 'The Mark', July 1924.
42. डॉ. रामअवध द्विवेदी, 'साहित्य सिद्धान्त' पृ. 86

43. "...the literary art of drama is organically bound up with its histrionic conditions–there is much to be said in favour of the good old name for drama–stage-play."—W. H. Hudson, "An Introduction to the Study of Literature", p. 172

44. "One of the popular traditions of our time has, with perfectly good intentions, transformed theme into thesis, character into mouthpiece, playwright into high priest."—Walter Kerr, 'How not to write a play', p. 87

45. "Nor is it only the general condition of stage-representation which thus demand attention. We have also to investigate the special conditions which at different times have affected the methods of the dramatists, and given a certain form and tendency to his art."—W. H. Hudson, 'An Introduction to the Study of Literature', p. 179

46. "रंगमंच के सम्बन्ध में यह भारी भ्रम है कि नाटक रंगमंच के लिए लिखे जाएँ, प्रयत्न तो यह होना चाहिए कि नाटक के लिए रंगमंच हों, जो व्यावहारिक है।"–जयशंकर 'प्रसाद' 'काव्य और कला तथा अन्य निबन्ध', पृ. 107

47. नेमिचन्द्र जैन, लेख, 'प्रसादोत्तर नाट्य साहित्य', 'हिन्दी साहित्य' (तृतीय खंड), पृ. 393

48. गजानन माधव मुक्तिबोध, 'नये साहित्य का सौन्दर्यशास्त्र', पृ. 82

49. "जो कुछ भी हो स्वागत तो उसी कलाकार का होना चाहिए, जिसमें साहित्यिक प्रतिभा के साथ ही रंगमंचीय योग्यता भी हो।"–चेनी (शेल्डान) 'रंगमंच', अनुवादक : श्रीकृष्णदास, पृ. 585

50. गजानन माधव मुक्तिबोध, 'नयी कविता का आत्मसंघर्ष तथा अन्य निबन्ध', पृ. 57

51. नेमिचन्द्र जैन, 'रंगदर्शन', पृ. 16

52. "There would seem to be no doubt that we must take the obvious as the truth, recognizing that an image of the theatre persists potently in the mind of true dramatist, and that if his play, written for the stage, fails to appeal them somehow he has failed."—A. Nicoll, 'The Theatre and Dramatic Theory', p. 39

53. "दृश्यकाव्यों के क्षेत्र में सृजन-प्रक्रिया के मनोवैज्ञानिक स्तर का दुहरा आधार रहता है। वास्तव में इसके दो रूप रहते हैं, प्रथम तो नाट्य-रचना के रूप में नाटककार की अभिव्यक्ति। द्वितीय इस रचना के सूत्रधार शिक्षित अभिनेताओं द्वारा रंगमंच पर प्रदर्शन करता है, पर सूत्रधार नाटककार की भावानुभूति के आधार पर अनुभव के वास्तविक रूप मौलिक प्रदर्शन को रंगमंच पर अवतरित करता है, दृश्यकाव्य का आधार इसी कारण अधिक मनोवैज्ञानिक है।"–डॉ. रघुवंश, 'नाट्यकला', पृ. 63

54. नेमिचन्द्र जैन, 'रंगदर्शन', पृ. 35

55. डॉ. लक्ष्मीनारायण लाल, 'आधुनिक हिन्दी नाटक और रंगमंच', पृ. 13

56. 'Selected Prose', p. 76

57. "A play that does not appeal to an audience may have merits but it is no more a play than a mule is a horse."—Somerset Maughm, 'The Summing Up', p. 131

58. "...those concerned with the theatre are bound primarily by immediate persent; they could not find strength for their efforts without concentrating on the audience of the time in which they live. There exists, therefore, and urgent immediacy in the playhouse lacking in other arts—that immediacy derives ultimately from the presence of assembled spectactors."

—A. Nicoll, 'The Theatre and Dramatic Theory', p. 16

59. चेनी (शेल्डान), 'रंगमंच', अनु. श्रीकृष्णदास, पृ. 579
60. नेमिचन्द्र जैन, 'रंगदर्शन, पृ. 24
61. A. Nicoll, 'The Theatre and Dramatic Theory', p. 37
62. J. E. Spingarn, 'Creative Criticism', Ed. 1931, p. 29-31
63. "...just as the theatre extends its scope in breadth to embrace more than performance of plays, so the drama's scope is extendes in the depth to more than the immediately theatrical."—A. Nicoll, 'The theatre and Dramatic Theory', p. 41
64. डॉ. नगेन्द्र, 'अनामिका' द्वारा आयोजित हिन्दी-नाट्य-महोत्सव की दर्शक-समीक्षक गोष्ठी के अध्यक्ष-पद से वाचित : कलकत्ता, दिसम्बर 1964, संकलित 'आस्था के चरण', पृ. 199
65. 'नटरंग' जनवरी-जून 1975, पृ. 41

रंग प्रस्तुति के विविध पक्ष

निर्देशक

नाट्यकला के त्रिआयामात्मक रूप के मध्य में निर्देशक (सूत्रधार, निर्माता, नाट्यकार अथवा परिचालक) होता है। नाटककार की कृति के सम्प्रेषण का माध्यम वही बनता है और बनाता है। इसी कारण उसे 'निर्माता' कहा गया है तथा सृष्टा के गौरव का अधिकारी मानकर पुनः सर्जक भी कहा गया है।[1] प्रस्तुतीकरण का नियामक सूत्रधार ही होता है। जिस प्रकार कठपुतली का तमाशा दिखाने वाला व्यक्ति अपनी पुतलियों की डोरी को थामे रहता है तथा निश्चित दिशा में उनको परिचालित करके खेल दिखाता है, उसी प्रकार सम्पूर्ण नाट्य-प्रदर्शन का परिचालन, नियमन एवं निर्धारण निर्देशक करता है। सम्भवतः इसी दृष्टि से उसे 'सूत्रधार' नाम मिला हो।

भरतमुनि ने 'नाट्यशास्त्र' में सूत्रधार को पर्याप्त महत्व दिया था। उस समय वही नाटककार एवं नाट्यकार दोनों था। नाट्यशास्त्र की रचना उसी को केन्द्रित करके की गयी थी। आज भी निर्देशक ही वह केन्द्रीय सूत्र है, जो नाट्य-प्रदर्शन के विभिन्न तत्त्वों को पिरोता है। इसी कारण सूत्रधार का कार्य दुभाषिये का कार्य होता है। उसे नाट्यकृति के विश्लेषण के उपरान्त रचना की मूल प्रवृत्ति तक पहुँचना होता है। अर्थात् नाटककार की अनुभूति से साक्षात्कार करना होता है, तत्पश्चात् उस अनुभूति को अनुकरण रूप-रचनात्मक अभिव्यक्ति के आधार पर भौतिक प्रदर्शन के रूप में रंगमंच पर मूर्त कर दर्शक तक सम्प्रेषित करना है। सूत्रधार ही नाट्यकृति से प्रेक्षक के साधारणीकरण एवं रसास्वाद का सूत्र बनता है।

नाटक एक मिश्र कला है, जो साहित्य (कृति) एवं नाट्य (प्रस्तुति) के योग पर निर्भर है। दृश्यकाव्य को दृश्यता सूत्रधार की कला से ही मिलती है।[2] अभिनेताओं तथा अन्य नाट्य-शिल्पियों में सूत्रधार प्रधान होता है, क्योंकि समस्त नाट्य-प्रयोग का सूत्र उसी के द्वारा संचालित होता है। 'वह नाट्य-प्रयोग का प्राण-सूत्र सा बनकर सब पात्रों और प्रयोक्ताओं को जीवन और गति देता रहता है।'[3] इसी कारण नाटक के त्रिक् में उसका सर्वाधिक दायित्वपूर्ण स्थान होता है और आरम्भ से ही उसमें विशिष्ट

योग्यता, ज्ञान तथा गुणों की अपेक्षा की गयी है। नाटक के चयन से लेकर प्रदर्शन के समय नाट्य समाप्ति का परदा गिरने तक उसके दायित्वों का लगातार क्रम बँधा रहता है।'[4] नाटक की सफलता बहुत कुछ सूत्रधार की योग्यता और नाटककार के दृष्टिकोण से उसकी व्याख्या के सामंजस्य पर निर्भर है।'[5] नाट्य-प्रयोग सूत्रधार की प्रेरणा और कल्पना पर पल्लवित होता है। प्रदर्शन की सफलता-असफलता के लिए एक सीमा तक वह उत्तरदायी होता है। यही कारण है कि एक ही नाटक के विभिन्न व्यक्तियों द्वारा प्रदर्शनों में कुछ न कुछ अन्तर रहता है। नाट्य-चयन, अभिनेतओं में उपयुक्त भूमिका का वितरण, अभिनय-शिक्षा, रूप-सज्जा, वेश-भूषा, रंग-सज्जा, रंग-दीपन, नेपथ्य, संगीत-वाद्य-व्यवस्था, सभी का परिचालन कर सामंजस्य उत्पन्न करना सूत्रधार का कार्य होता है। प्रयोक्ता पात्र एवं अन्य शिल्पी उसके सहायक अंगों के रूप में होते हैं। वह समस्त नाट्य-प्रयोग का मूल स्रोत है, जो कवि के नाट्य, उसके विचार और कल्पना को अभिनय एवं अन्य विधियों द्वारा पूर्णता एवं जीवन देता है।[6]

'नाट्यशास्त्र' में सूत्रधार के स्वाभाविक एवं अर्जित गुणों का उल्लेख है : उसे शास्त्र-व्यवहार में निपुण, वाद्य-वादन में प्रवीण, रस-भाव तथा नीति और शास्त्र का मर्मज्ञ, नाट्य-प्रयोग में कुशल, वेश्याओं के उपचार में निपुण, गीत तथा छन्द-विधान में एवं ग्रह-नक्षत्र आदि के तत्त्वों का ज्ञाता, देह-व्यापार में पण्डित, पृथ्वी, द्वीप, देश और जनपदों के चरित्र का ज्ञाता, राजकुल के लोगों के प्रामाणिक जीवन-चरित्र जानने वाला, प्रवक्ता, नाना पाखण्ड-कर्मों का ज्ञाता, स्मृतिमान, बुद्धिमान, मृदुभाषी, कवि, पवित्र, नीरोग, क्षमाशील, प्रियंवद्, सत्यवादी और क्रोध-रहित होना चाहिए।[7] अतः आचार्य ने निर्देशक के लिए सर्वगुण-सम्पन्न होना आवश्यक माना है, उन्होंने नाट्य-कृति को तो सम्पूर्ण नाट्य-प्रक्रिया का एक अंग मात्र माना है, 'और उसी तर्क से नाटककार का स्थान सम्भर्ता (सप्लायर) का है, निर्माता का नहीं।'[8] निर्माता का स्थान तो नाट्य-निर्देशक का ही माना गया है, इसीलिए उसे धैर्यवान मेधावी, तथा कवि होना आवश्यक माना गया है, जिससे कि आवश्यकता पड़ने पर वह किसी नाटक के शिथिल अंग को ऊर्जस्वी बना सके, उसमें प्राण भर सके और आवश्यकतानुसार परिवर्तन कर सके, क्योंकि नाटककार तो सर्वत्र तथा सभी युगों में प्राप्त नहीं हो सकता।

नाट्यकार का यह गौरव भरत-सूत्र के प्रथम दो व्याख्याताओं तक तो बना रहा। भट्ट लोल्लट के आरोपवाद तथा शंकुक के अनुकृतिवाद नाट्यकला को ही रस का मूलाधार मानकर चले हैं। भरत ने रस का अर्थ एक ऐसी भाव-प्रधान कलात्मक स्थिति माना था, जिसकी सृष्टि विभिन्न नाट्य-उपकरणों द्वारा रंगमंच पर हो।

शारदातनय ने अपने 'भाव-प्रकाशन' के नाट्य-प्रयोग-भेद-प्रकार-विशेष निर्णय

नामक दशम अधिकार में सूत्रधार के कार्य का विवरण इस प्रकार दिया—जो व्यक्ति नाटक में आयी कथावस्तु, नायक और कथा के रसों को भली प्रकार व्यवस्थित करता है और नान्दी-श्लोक के पश्चात् नान्दी के अन्त में संक्षेप में नायक, कथा-वस्तु एवं रसों का संक्षेप में वर्णन करता है, वह सूत्रधार कहलाता है। नाट्य-प्रयोग सम्बन्धी अन्य कार्य करने के साथ ही सूत्रधार, स्थापना एवं प्रस्तावना द्वारा नाटक का मंगलारम्भ भी करता था। 'नाट्यशास्त्र' तथा अन्य नाट्यशास्त्रीय ग्रन्थों में स्थापक के द्वारा काव्य की स्थापना के प्रयोग का विधान है।[10] किन्तु भास के नाटकों में तथा 'मृच्छकटिक', 'अभिज्ञान शाकुन्तलम्', 'मालविकाग्निमित्र', 'रत्नावली', 'उत्तररामचरित' आदि में सूत्रधार ही स्थापना करते पाये जाते हैं। नाट्यकथा के नितान्त नवीन होने पर उसका संक्षिप्त परिचय तथा कभी-कभी कथा का संकेतात्मक वर्णन भी प्रस्तावना में सूत्रधार करता था। आवश्यकतानुसार सूत्रधार रंगमंच पर पात्र के रूप में भी प्रस्तुत होता था। 'मालतीमाधव' की कामकंदकी सूत्रधार ही है।[11] प्रस्तावना-क्रम में सूत्रधार नटी या परिपार्श्विक आदि की सहायता से नाट्यारम्भ में गीत के सहयोग से प्रयोग करता था। भास के पूर्व से लेकर हिन्दी में भारतेन्दु-युग तक नाटकों में सूत्रधार का प्रयोग होता रहा।

पश्चिमी साहित्य में निर्देशक (प्रोड्यूसर) का आगमन काफी देर से हुआ। उन्नीसवीं शताब्दी के मध्य में जब रंगमंचीय परम्परा में पूर्णरूपेण परिवर्तन हुआ, तभी से प्रोड्यूसर की आवश्यकता का अनुभव हुआ और नाट्य-निर्देशक रंगमंच पर प्रकट हुआ।[12] किन्तु कालान्तर में उसका महत्व बहुत अधिक बढ़ गया। अब पश्चिम में भी भारतीय नाट्यकला की भाँति निर्देशक को पुनः सर्जक (रिसेच्योर) का गौरव प्राप्त हो गया। अब उसे बीसवीं शताब्दी की रंगमंचीय कला का सर्वाधिक महत्वपूर्ण अंग मान लिया गया। सूत्रधार रंगशिल्प के विभिन्न तत्त्वों को अपनी पूर्व-कल्पित और नाटक में स्वीकृत अर्थ-निर्णय की समन्विति में बाँध कर एक नवीन कला के रूप में प्रदर्शित करता है। पश्चिमी धारणा है कि नाटक के त्रिक्—रचयिता, अभिनेता और प्रेक्षक का समन्वय सूत्रधार ही करता है।[13]

निर्देशक स्वयं एक कलाकार होता है, जो नाट्य-कृति का प्रायः पुनः सृजन करता है। वह अभिनय को शृंखलाबद्ध एवं अनवरत बनाता है; रचना की उत्प्रेरक शक्तियों का सम्न्वय कर उन्हें संश्लिष्ट बनाता है। प्राचीन योरोपीय नाट्यकला के इतिहास में निर्देशक का उल्लेख नहीं के बराबर मिलता है। यदि कोई व्यक्ति अभिनेता एवं निर्देशक दोनों ही होता था, तभी उसका उल्लेख किया जाता था। किन्तु आज गार्डन क्रेग, मैक्स रीनहार्ट, स्तानिस्लावस्की आदि की ख्याति नाटककारों से भी बढ़ कर है। 'संक्षेप में नाटक के कथा-भाग को यदि हम भूल भी जाएँ, तो भी हमें यह मानना पड़ेगा कि निर्देशक ने एक ऐसी रचना का सृजन कर दिया है, जो दर्शक के मन को उद्वेलित कर सकती है।[14]

इस प्रकार हम देखते हैं कि नाट्य-लेखक तथा निर्देशक दोनों ही सृष्टा के गौरव के अधिकारी हैं। एक शब्दार्थमयी रचना का सृजन करता है, दूसरा चतुर्विध अभिनय के द्वारा उस कृति का रंगमंच पर पुनः सृजन करता है। किन्तु वास्तव में दोनों के समन्वित प्रयास की आवश्यकता है। न तो अकेला निर्माता पूरी रंग-प्रक्रिया का नियामक है और न ही नाटककार परिचालक से स्वतन्त्र अपनी संवादमय कृति को नाटक का गौरव दिला सकता है। इसी स्थल पर डॉ. नगेन्द्र के वक्तव्य का अंश उद्धरणीय है '...नाट्यकला की सिद्धि केवल प्रस्तुति की सफलता पर नहीं, वरन् उत्तम साहित्य नाटक की सफल प्रस्तुति पर निर्भर करता है। जो निर्देशक किसी कालजयी नाटक का अभिनय-सौन्दर्य के लिए इतना अंगभंग कर दे कि उसका मूल सौन्दर्य ही खण्डित हो जाए तो उसके प्रशिक्षण को अपूर्ण ही मानना चाहिए।'[15]

हिन्दी के सफल आधुनिक नाटककार मोहन राकेश का मत भी इससे मिलता-जुलता ही है : 'शब्दों का रंगमंच केवल शब्दकार का रंगमंच नहीं हो सकता—शब्दकार, परिचालक और अभिनेता, इनके सहयोगी प्रयास से ही उसके स्वरूप का अन्वेषण और परिष्कार सम्भव है।'[16] उन्होंने नाट्यकार और नाटककार में एक-दूसरे से अपने को अलग और महत्वपूर्ण समझने की प्रवृत्ति पर खेद भी प्रकट किया है : 'नाटककार और परिचालक के बीच जिस सम्बन्ध-सूत्र के उत्तरोत्तर दृढ़ होने पर ही हमारी निजी रंगमंच की खोज निर्भर है, उसी को झटक देने की दृष्टि लक्षित होती है।'[17]

आधुनिक युग में रंगकला की विभिन्न प्रविधियों के विकास के साथ ही निर्देशक के ज्ञान-क्षेत्र में अधिकाधिक विस्तार की आवश्यकता बढ़ती जा रही है। विभिन्न प्रकार के रंगमंच—पेटिका मंच चक्रिल मंच तथा अन्य अनेक प्रकार के यन्त्र-चालित रंगपीठों का ज्ञान होने पर निर्देशक यह निश्चित कर सकेगा कि किस नाटक विशेष के लिए किस प्रकार की रंग-प्रक्रिया उचित है।

वैज्ञानिक प्रगति तथा प्रसार के साथ ही आज के निर्देशेक का दायित्व भी बढ़ गया है। रेडियो, टेलीविजन तथा सिनेमा की बराबरी में रंगमंच और नाटक को लोकप्रिय बनाने का दायित्व भी निर्देशक पर ही आ पड़ा है, जो कि अपने आप में काफी कठिन तथा धैर्य की अपेक्षा करने वाला काम है।

भारतीय नाट्यकला के क्षेत्र में योग्य निर्देशकों के आगमन से नाटक का भविष्य उज्ज्वल हुआ है। हिन्दी में भारतेन्दु जी ने अपने नाटकों का स्वयं निर्देशन आरम्भ किया था। स्वातन्त्र्योत्तर हिन्दी रंगमंच पर इब्राहीम अल्काजी, श्यामनन्दन जालान, राजेन्द्रनाथ, सत्यदेव दुबे, बा.वा कारन्त, भानु भारती, सतीश आनन्द, देवेन्द्र राज अंकुर, रामगोपाल बजाज जैसे प्रतिभाशाली निर्देशकों ने हिन्दी नाटकों के प्रति लोक-रुचि आकृष्ट करने में पर्याप्त सफलता प्राप्त की है। मराठी, बंगला, गुजराती, पंजाबी

आदि नाटकों को तो काफी समय से ही सफल निर्देशक मिले हुए हैं। 'प्रसाद' के नाटकों की अभिनेयता भी अब सिद्ध हो गयी है। नाट्यकला मर्मज्ञ अब यह मानने लगे हैं कि प्रसाद के नाटकों में पर्याप्त नाट्यगुण विद्यमान हैं, दुर्भाग्य केवल इतना ही रहा है कि लम्बे समय तक वे किसी योग्य नाट्य-निर्देशक के हाथ में न पड़ सके।[18] कालान्तर में स्थिति बदलती है, उनके प्रस्तुतीकरण के सफल प्रयास हुए हैं।

अभिनय

'अभिनय' नाट्य-प्रदर्शन का मूलभूत तथा सर्वाधिक महत्वपूर्ण तत्त्व होता है। नाट्यप्रयोग अभिनय के द्वारा ही सिद्ध होता है। अभिनय के अन्तर्गत समस्त नाट्यकर्म समाहित हो जाता है। इसी के द्वारा 'काव्य' 'नाट्य' बनता है। अभिनय में ही नाटक के प्राण रस का उन्मेष होता है। अभिनय के द्वारा ही नट-नटी, विभाव, अनुभाव और संचारियों द्वारा रस-निष्पत्ति में सहायक बनते हैं। 'णी' धातु में 'अभि' उपसर्ग लगाने से 'अभिनय' शब्द बनता है। अभिनय से तात्पर्य है—नाट्य-प्रयोग के द्वारा मुख्यार्थ को सामाजिक के हृदय तक पहुँचाना और विभावन कराना अर्थात् रसास्वाद कराना। 'भारतीय रस-सिद्धान्त के अनुकरण से मुख्य रूपेण अभिनय का बोध होता है। भावों की अभिव्यक्ति नट-नटी के अभिनय द्वारा होती है, जो रूपों और अवस्थाओं का अनुकरण करते हैं। इसीलिए 'नाट्यशास्त्र' में अभिनय और नृत्य का अत्यन्त विस्तृत विवेचन मिलता है। नृत्य से भावोन्मेष होता है। अनुकरण का यह अर्थ पाश्चात्य विचारधारा में भी मिलता है। आरम्भ से ही नाटक में रूप बदल कर और गात्र विक्षेप द्वारा दूसरों की नकल की जाती थी—मदिरा-देवता डोयोनिसस के उन्मत्त उपासक नवीन प्रकार के वस्त्र धारण करने तथा मुख में कालिख और मदिरा की तलछट पोतकर नाचते तथा फान, संटिर, पान आदि की नकल करते थे। तभी से अनुकरण का अर्थ वस्त्र और व्यवहार द्वारा दूसरों की अनुकृति प्रस्तुत करना हो गया और यह अर्थ आज भी लुप्त नहीं हुआ है। इसी को मिमिक्री अथवा 'हिस्ट्रीयानिक' कहते हैं और रंगशाला के प्रसंग में अनुकरण शब्द से मुख्यतः यही अर्थ गृहीत होता है।'[19]

भरतमुनि के रस-सूत्र के प्रथम दो व्याख्याताओं—लोल्लट तथा शंकुक ने रस को अभिनेताओं में ओरापित तथा अनुकृत (अर्थात् अभिनय में उसकी मूल सिद्धि) माना। 'परन्तु धीरे-धीरे इस क्रम में परिवर्तन होने लगा और अभिनव गुप्त की आत्मवादी प्रतिपत्ति के बाद तो चतुर्विध अभिनय-रूपा नाट्यकला शब्दार्थ—सम्पदा के समान रसाभिव्यक्ति का माध्यम-उपकरण मात्र बनकर रह गयी। भोज ने स्पष्ट शब्दों में घोषणा कर दी : 'अतः अभिनेतृभ्य कवीन् एव बहु मन्यामहे...।' इतना ही नहीं, अभिनेता को केवल 'पात्र'—अर्थात् रसाभिव्यक्ति का वाहन मात्र मान लिया

गया, जो स्वयं रसानुभूति करने में असमर्थ होता है।... सही बात तो शायद वही है जो भोज ने कही है; पर इस मान्यता का अधिक प्रसार हो जाने से भारतीय रंगमंच का विकास अवरुद्ध हो गया, जिसका प्रभाव उलट कर नाट्य साहित्य के विकास पर भी पड़ा।'[20]

अभिनेता नाट्य-कृति को रूपायित करता है। अतः वही नाटक का वाहक होता है। इसी कारण अभिनय करना एक सृजनशील स्थिति होती है। नाटक के संवादों को प्रभावपूर्ण ढंग से व्यक्त करने के साथ ही अभिनेता नाटककार की मूलभूत अनुभूति को उसकी व्यक्त-अव्यक्त सम्भावनाओं के साथ उद्घाटित करता है। नाट्य-भ्रान्ति अभिनय द्वारा ही उत्पन्न की जाती है। 'अच्छे अभिनय की पहचान ही यह है कि दर्शक उसके निसृत विभिन्न रसों के अर्णव में आमूल-चूल डूब जाय।'[21]

नाटककार, निर्देशक, रंगशिल्पी सभी का प्रयास अन्ततः अभिनेता के सर्जन-कार्य को सक्षम, प्राणवान और प्रभावपूर्ण बनाने का होता है। अभिनय-कला के द्वारा ही रंगकला एक प्रभावात्मक एवं पूर्ण कला बनती है। निर्देशक, सज्जाकार, संगीत-वाद्य-व्यवस्थापक, प्रकाश व्यवस्थापक आदि चाहे कितने भी योग्य, प्रतिभावान एवं कुशल क्यों न हों, जब तक कुशल, मेधावी एवं कल्पनाशील अभिनेता उनकी कला की सहायता से वाणी एवं शरीर-चेष्टाओं द्वारा अनुकरण कर नाटक को मूर्त नहीं करेंगे, तब तक कोई सार्थक, सर्जनात्मक नाट्य-सृष्टि सुलभ नहीं। पूर्णरूपेण अभिनेता की प्रक्रिया में रचित नाटक भी तभी सफल प्रस्तुति पाता है, जब अभिनेता पूरी लगन एवं शक्ति के साथ प्रदर्शन में योग दें। इसीलिए आदि आचार्य ने अभिनेता के छह गुण बताये हैं—मेधा, स्मृति, गुण-श्लाघा, राग, संघर्ष और उत्साह।[22] इसके साथ ही अभिनेता-अभिनेत्रियों के शारीरिक गुणों की भी पर्याप्त चर्चा हुई है।

वाणी तथा व्यवहार अभिनय के साधन होते हैं। नाट्य-संवादों के पीछे छिपी अन्तर्तम भावनाओं, उद्देश्यों, विचारों, अनुकृत पात्र के सम्पूर्ण व्यक्तित्व को अभिनय द्वारा उद्घाटित करना अभिनेता का धर्म होता है। धर्मवीर भारती ने लिखा है : 'इस अभिनेता की सफलता इस बात में न थी कि वह, केवल वह, दिखाई पड़े, बल्कि इस बात में थी कि वह न केवल अपने निजी व्यक्तित्व को विलीन कर दे, बल्कि दर्शकों को भी, और मूर्तिमान कर दे उस नाट्य-स्थिति को जो नाटककार की कल्पना में साक्षात्कृत हुई होगी।'[23]

इन सब बातों को ध्यान में रखते हुए ही भरतमुनि ने प्रयोगात्मक नाट्य-विज्ञान को व्यावहारिक तथा शास्त्रीय रूप में 'अभिनय' का नाम दिया। पात्र अनुकार्य रामादि की अवस्था का सजात्य अनुकरण करता है, अपनी शारीरिक मुद्राओं, चेष्टाओं, वाणी के सन्तुलित उपक्रम, मनोवेगों की अभिव्यंजना, रूप-सज्जा तथा वस्त्र-विन्यास के द्वारा अभिनेता कवि-निबद्ध पात्रों के विचारों, भावों तथा कथावस्तु आदि को

रूपायित करता है, इन माध्यमों द्वारा सामाजिक को रसाभिमुख करता है, रस-देश में ले जाता है। अतः 'अभिनयन' करने वाला पात्र 'अभिनेता' होता है।[24] नाटककार की कृति का प्रदर्शन अभिनय के द्वारा होता है। रस उसका आधार होता है। रस की भावानुभूति तो रचना के अभिनय की साधारणीकरण की भावना से ही सम्बन्धित है।[25] अतः अभिनय, नाट्य और रस तीनों प्रयोग की दृष्टि से एक ही सूत्र में पिरोये हुए हैं।

भरतमुनि ने अभिनय का वर्गीकरण प्रमुख रूप से चार वर्गों[26] में किया—आंगिक, वाचिक और आहार्य और सात्विक।

आंगिक अभिनय

इसके अन्तर्गत मुख, हस्त, नेत्र, सिर, कटि, वक्ष, पार्श्व, चरण आदि का अभिनय आता है। सिर के तेरह, दृष्टि के छत्तीस, आँखों के तारों के नौ, भौहों के सात, नाक के छह, कपोल के छह, अधर के छह और ठोड़ी के आठ अभिनय बताये गये हैं। हस्ताभिनय की भी अनेक मुद्राएँ हैं। उदाहरणार्थ 'पताका', 'अर्द्धचन्द्र', 'कर्कट', 'शंख', 'चक्र', 'सम्पुट' आदि। भिन्न-भिन्न प्रकार के भावों की अभिव्यक्ति करने के लिए 'पताका', 'त्रिपताका' या अन्य किसी प्रकार की हस्तमुद्राओं के साथ शरीर के शेष अंगों के भी भिन्न आसन और स्थितियाँ होना आवश्यक है।

इसके अतिरिक्त सोलह भूमिचारियों तथा सोलह आकाशचारियों का वर्णन है। दस आकाश मंडल और दस भौम-मंडल के अभिनयों का वर्णन है तथा यह भी बताया गया है कि कौन सी भूमिका में किस प्रकार मंच पर चलना चाहिए। विभिन्न अंगों, प्रत्यंगों की मुद्राओं के मेल से करण, अंगहार और रेचक बनते हैं।

वाचिक अभिनय

शब्द-उच्चारण, वार्तालाप के ढंग, स्वर-ताल आदि के द्वारा अनुकरण वाचिक अभिनय कहलाता है। यही अभिनय नाट्य का प्रधान अभिनय है। मनोभावों की अभिव्यक्ति तो सात्विकादि अभिनयों के द्वारा हो सकती है, परन्तु उन्हें पूर्णता और सार्थकता वाचिक अभिनय के द्वारा ही प्राप्त हो सकती है। अतः भरतमुनि ने वाचिक अभिनय के अन्तर्गत शब्द, छन्द, लक्षण, अलंकार, गुण-दोष, भाषा एवं पाठ्य-शैली का तात्त्विक निरूपण किया है।[27]

पाठ्य-गुण वाचिक अभिनय का प्राण है। पाठ्य के उपकारक उपकरण इस प्रकार हैं : सप्त स्वर, तीन स्थान, चार वर्ण, दो काकु, छह अलंकार तथा छह अंग। भरत ने भाषा के विभेदों, सम्बोधन प्रणाली, पात्रों के नामकरण तथा वाचिक अभिनय की पाठ्य-शैली का निरूपण किया है।

आहार्य अभिनय

यह मुख्यतः वेशभूषा, शृंगार, रूप-सज्जा आदि नेपथ्य विधियों से सम्बन्धित है। पात्र-सज्जा के लिए विविध प्रकार की सामग्री का उल्लेख है। पात्रों के वय के अनुरूप तथा प्रकृतिगत केश-विन्यास, अलंकार, परिधान, अंगराग, अंगरचना तथा रंगमंच पर निर्जीव लौकिक पदार्थों और सजीव जन्तुओं के नाट्य-धर्मी प्रयोग को भरत ने 'आहार्य अभिनय' ही माना है। आहार्य अभिनय की सामग्री दो प्रकार की होती है : यथार्थवादी और प्रतीकात्मक। रथों, गाड़ियों और पर्वतों के सांकेतिक नमूने खाल और कपड़े से बनाये जाते हैं। शूद्रक के 'मृच्छकटिक' का नाम मिट्टी की छोटी गाड़ी से लिया गया है, जिससे चारुदत्त का पुत्र खेलता है। इस ठेठ सांकेतिक सामग्री के अतिरिक्त प्रतीकात्मक सामग्री भी होती है, जिसमें अंकुश का अर्थ हाथी, लगाम का अर्थ घोड़ा, और चाबुक का अर्थ रथ होता है।

सात्विक अभिनय

अन्य सब प्रकार के अभिनयों से सम्पन्न होने पर भी सात्विक अभिनय के योग से ही अनुकार्य के साधारणीकृत मनोभावों का पूर्ण प्रस्फुटन होता है। स्तम्भ, स्वेद, रोमांच, अश्रु, स्वरभंग, कम्प, विवर्णता, मूर्च्छा आदि द्वारा विभिन्न मनोभाव व्यक्त होते हैं।[28]

उपर्युक्त चार प्रकार के अभिनयों के अतिरिक्त भरतमुनि 'सामान्याभिनय' तथा 'चित्राभिनय' का प्रतिपादन दो भिन्न अध्यायों में करते हैं।

सामान्याभिनय

वाचिक, आंगिक और सात्विक अभिनयों का समाहित रूप सामान्यभिनय है।[29]

चित्राभिनय

इसमें संध्या, सूर्य, चन्द्र, नदी, वन और पर्वत आदि प्राकृतिक पदार्थों और परिस्थितियों का आंगिक अभिनय की विभिन्न मुद्राओं द्वारा प्रतीक रूप में अभिनय सम्पन्न होता है।[30]

परवर्ती आचार्यों ने इन दोनों प्रकार के अभिनयों को मान्यता नहीं दी। चित्राभिनय का यह विधान एक प्रकार से प्रतीकात्मक है, किन्तु योरोपीय प्रतीकाभिनयवादियों के समान नहीं।

पश्चिमी अभिनय का आरम्भ धार्मिक नृत्यों से हुआ था। बाद में यूनानी नाट्य-कला के विकास के साथ अभिनय-कला भी विकसित हुई, जिसमें वाचिक तथा आहार्य अभिनय का ही प्राधान्य था, क्योंकि मुखौटे के प्रयोग के कारण भावाभिनय

तो सम्भव ही न था। वक्तृत्व-कला का अभिनय के क्षेत्र में काफी बोलबाला रहा। इटली-निवासियों ने धार्मिक और राजनीतिक संघर्ष के युग में भी कला-प्रेम के कारण अभिनय-कला को जीवित रखा। पर अब इस कला में कृत्रिमता बढ़ने लगी थी।

वास्तव में योरोपीय अभिनय-कला का स्वरूप निर्माण विभिन्न युगों की नाट्य-शैली के अनुरूप हुआ। यूनानी तथा रोमी नाटकों में भारतीय नाट्यकला की भाँति एक विशिष्ट नियमितता, एवं रूपात्मकता न थी, क्योंकि मुखौटे का प्रयोग होता था तथा सम्पूर्ण प्रदर्शन ही धार्मिक होने के कारण रूढ़ हो गया था। मध्यकालीन मिस्ट्री प्ले (Mystery Play) तथा मिरेकिल प्ले (Miracle Play) के प्रदर्शनों में वास्तविक तथ्यवादी अभिनय के लक्षण मिलते हैं। ये नाटक रंगमंचीय प्रभावात्मकता भी रखते हैं। परन्तु अधिकांश योरोपीय नाट्य-विशारदों ने इन्हें नाटक के क्षेत्र के बाहर ही रखा है।[31]

सोलवीं शताब्दी में इंग्लैण्ड में अभिनय-कला ने महत्वपूर्ण विकास किया। शेक्सपियर के समय में व्यावसायिक अभिनेता-मण्डलियाँ हुआ करती थीं। स्वयं शेक्सपियर का इस क्षेत्र में महत्वपूर्ण योगदान है। नाट्यलेखक तथा अभिनेता दोनों ही होने के कारण उन्होंने अपने नाटकों को अभिनय एवं रंगकला की दृष्टि से एक विशेष अन्विति दी, जिसके कारण उनके नाटकों का विशिष्ट रूपात्मक गठन अपने ढंग के विशेष रंगमंच की अपेक्षा रखता है। शेक्सपियर का अभिनय-सम्बन्धी दृष्टिकोण 'हेमलेट' नाटक में अभिनेताओं को राजकुमार हेमलेट द्वारा दिये गये निर्देश में प्रकट होता है। यहाँ अभिनेताओं को प्रकृति का यथातथ्य अनुकरण करने तथा निर्भीक होने का आदेश दिया गया है, विवेक का सहारा लेकर शब्द को अभिनय और अभिनय को शब्द के अनुकूल बनाने की आज्ञा है, जिसके परिणामस्वरूप अनाड़ी दर्शक हँसेगा, परन्तु चतुर दर्शक अवश्य ही त्रस्त होगा।[32] अन्यत्र एक स्थान पर हेमलेट ने अभिनेता को समय का सार एवं इतिवृत्त भी कहा है।[33]

उन्नीसवीं शताब्दी के मध्य तक शेक्सपियर का यह कथन अधिक लोकप्रिय न बन सका। इसी समय स्वभाविक अभिनय का तीव्र आन्दोलन चला।

बीसवीं शताब्दी में योरोप में अनेक नाट्य-विद्यालयों, संस्थाओं तथा प्रेक्षागृहों में अभिनय-सम्बन्धी अनेक प्रयोग हुए तथा सिद्धान्त बनाये गये। प्रकृतवादी नाट्य-पद्धति का प्रचलन मैक्स रीनहार्ट ने जर्मनी, आन्देआन्त्वां ने फ्रांस में तथा स्तानिस्लावस्की ने मास्को में किया। स्तानिस्लावस्की अभिनय की वैज्ञानिक पद्धति खोजने के लिए मनोविज्ञान की ओर झुके। रेसीन भी संवादों में जीवनगत वास्तविकता लाने के पक्ष में थे।

इनके विरुद्ध रीतिवादी (Formalists) अभिनय-पद्धति मेयर होल्ड, तायरोफ तथा इरविन पिकास्टर के नेतृत्व में चलाई गयी। यह लोग अभिनय में उछल-कूद,

नट-विद्या और लयगति का इतना प्रचार करने लगे कि अभिनेताओं की गति पूर्णतया यन्त्रात्मक हो गयी।

अभिव्यंजनावादियों (Expressionists) ने नयी पद्धति का प्रचलन किया, जिसमें सत्यता एवं जीवनपरक वास्तविकता का बहिष्कार किया गया। निकोलस ऐवरेनोव तथा लियोपोल्द जैस्सनर ने इस पद्धति पर जोर दिया।

लयवादी अभिनय-पद्धति में सन्तुलित व्यायामपूर्ण पद्धतियों द्वारा यन्त्रात्मक अभिनय किया जाता है।

आजकल योरोप में चीन, जापान एवं भारतीय पद्धतियों की भाँति प्रतीकवादी (Symbolists) अभिनयकर्ताओं को अधिक महत्त्व दिया जाता है।

योरोपीय अभिनय-प्रणाली के पाँच अंग हैं :

1. मुख अभिनय (Jesture)
2. शारीरिक भंगिमा (Posture)
3. गति (Speed)
4. वेग (Velocity)
5. वाणी (Speech)

भारतीय अभिनय-पद्धति की भाँति योरोप में विभिन्न शारीरिक मुद्राओं की अभिनय-रीति का नियमन नहीं हुआ। वहाँ नियम-व्यवस्था केवल नृत्य के लिए थी। नाट्याभिनय के लिए वहाँ स्वयं लोक ही आदर्श है।

अभिनय के दो प्रकार माने गये हैं—सक्रिय (Active) और मौन (Passive)। रंगमंच पर उपस्थित कई व्यक्तियों में से सभी सक्रिय अभिनय नहीं करते। कुछ बोलते हैं, कुछ सुनते हैं, प्रतिक्रिया व्यक्त करते हैं। इसी को Corresponding Action अथवा Reactive Action कहा जाता है।

पं. सीताराम चतुर्वेदी ने भारतीय तथा पाश्चात्य अभिनय-प्रणाली का विश्लेषण करते हुए कुछ अभिनय-प्रकार निर्धारित किये हैं[34] :

1. अनुकरणात्मक (Imitative)
2. व्यक्तिपरक (Indivisualistic)
3. भाषणात्मक (Rhetorical)
4. तथ्यवादी (Realistic)
5. युगगत (Epocal)
6. उदात्तवादी (Classical)
7. अभिव्यंजनावादी (Expressionistic)
8. प्रभाववादी (Impressionistic)
9. कल्पनावादी (Fantastic)

10. भड़ैतीपूर्ण (Farcical)

11. प्रहसनात्मक (Burlesque)

इसके अतिरिक्त मूक-अभिनय भी अभिनय का एक प्रकार है, जबकि नेपथ्य से पाठ और संवाद चलता है तथा अभिनेता उसके अनुरूप शारीरिक चेष्टाएँ तथा भंगिमाएँ करता है। इसके साथ ही रंगमंच पर निष्क्रियता का भी अपना विशेष महत्व है, जबकि बिना बोले और हिले-डुले पात्र दर्शक का ध्यान आकृष्ट करे और मंच पर उपस्थित दृश्य का अविच्छिन्न अंग प्रतीत हो।

अभिनय-प्रतिभा को अधिकांश विद्वान देव-प्रदत्त एवं वंशानुगत मानते हैं। परन्तु प्रशिक्षण भी इस क्षेत्र में लाभप्रद होता है। आदिकाल से ही नाट्य-शिक्षा का विशेष महत्व है। अभिनेता की प्रतिभा तथा शिक्षा के साथ ही योग्य निर्देशक का प्रयास बहुत ही महत्वपूर्ण होता है। इसी कारण नाटक का पुनः-पुनः पूर्वाभ्यास अपेक्षित होता है। पाठ को कंठस्थ करना, अपनी आवाज तथा देह को अभिनयानुकूल बनाये रखना आदि अभिनेता के कर्तव्य हैं। पूर्वाभ्यास से अभिनय-शैली विकसित होती है तथा अभिनेताओं की कला परिष्कृत होती है।

दर्शक की प्रतिक्रिया और रुझान का प्रभाव भी अभिनेता के हृदय तथा अभिनय पर पड़ता है।[35] दर्शक की रुचि अभिनेता को एक सीमा तक बाँधती है। यद्यपि यह सत्य है कि श्रेष्ठ अभिनेता दर्शक-वर्ग की रुचि का परिष्कार करता है, किन्तु ध्यातव्य है कि जब नाटक से यह अपेक्षा की जाती है कि वह समसामयिकता से प्रतिबद्ध हो, तो इसका एक महत्वपूर्ण पक्ष यह है कि नाटक अभिनय-कौशल के माध्यम से दर्शक-वर्ग को रंगशाला की ओर आकृष्ट करे। आज जब विश्व-रंगमंच दर्शक-वर्ग की समस्या (दर्शक को किस प्रकार प्रेक्षागृह में लाया जाय) से जूझ रहा है तथा अनेक वैज्ञानिक साधन (सिनेमा, टेलीविजन) दर्शक की रुचि को नियंत्रित किये हुए हैं, तब अभिनेता का दायित्व और भी अधिक बढ़ गया है। नाटककार द्वारा लिखे गये संवादों को अनुकूल मनोभाव के साथ प्रकट कर देना मात्र ही अभिनय नहीं है। अभिनेता का धर्म कृति में अन्तर्निहित बहुत से गहरे मनोभाव तथा अनेक गहरी उपलब्धियों का प्रकट करना है। स्वाभाविक होना तो अभिनेता के लिए अनिवार्य है ही, साथ ही उससे अपेक्षा की जाती है कि वह सत्य को स्पष्ट करने में सफल हो। बंगला नाटक के प्रमुख निर्देशक तथा अभिनेता शम्भुमित्र ने लिखा है : 'इस मामले में मेरा कहना यह है कि स्वाभाविक अभिनय उसे कहते हैं, जो सत्य को स्पष्ट करे, साधारण स्वाभाविकता की नकल भर न करे...मैं यह बात स्पष्टतः जानता हूँ कि अभिनय के ऊपर जिम्मेदारी स्वाभाविक होने की नहीं; सत्य होने की है। कविता में लिखे होने पर भी 'हेमलेट' में जीवन्त सत्य मौजूद है। हमारा लक्ष्य भी वैसा ही सत्य है।[36] स्वाभाविकता ऊपरी नहीं, आन्तरिक व्यापार है। अभिनेता किसी भी चरित्र की

सम्भावनाओं को कभी भी पूरी तरह समाप्त नहीं कर सकता। अनेकानेक अभिनयों के उपरान्त भी व्याख्या का अवसर बाकी रह जाता है। इसीलिए एक ही नाटक के संवादों के आधार पर एक ही पात्र की दो अभिनेता दो भिन्न-भिन्न सृष्टियाँ करते हैं, उनमें अलग-अलग व्यंजनाएँ उत्पन्न करते हैं। प्रत्येक अभिनेता अपनी निजी विशेषाओं के कारण उस कृति की पुनः सृष्टि में नवीनता जोड़ता है। इसी कारण अभिनय को 'कला' माना जाता है। श्रेष्ठ नाट्यकृति को तो सफल अभिनेता मंच पर सफल बनाता ही है, साधारण कृति को भी वह कभी-कभी अपनी कला द्वारा मंच पर ऐसी अपूर्व पुनः सृष्टि करता है कि कृति के साहित्यिक गुण-दोषों से ऊपर अभिनेता का कौशल दर्शक के लिए सर्वोपरि हो जाता है। ऐसा ही अभिनेता पूरी निष्ठा के साथ सीमाओं के भीतर की सम्भावनाओं का पूर्ण सदुपयोग करने के प्रयास में रहता है।

आधुनिक भारतीय नाटक के प्रसिद्ध रंगकर्मी शम्भु मित्र तो मूल नाट्य-वस्तु को अभिनय में ही निहित मानते हैं—'इस तरह बहुत सी पद्धतियों के इतिहास को पार करने के बाद आज यह बात स्पष्ट है कि नाट्यकला का मूल केन्द्र है अभिनय की मजलिस और अभिनेताओं का भावावेग उनका 'पेशन'।... नाटक पाठ्य रूप में लोगों से आदर और श्रद्धा पाएगा, पर वह नाट्य नहीं है। नाट्य तब होगा जब अभिनय की मजलिस में फिर नये सिरे से उस नाटक की सृष्टि की जाएगी।'[37]

प्राचीन भारतीय सिद्धान्तों के अनुसार अभिनेता (नट-नटी) रस-सृष्टि में माध्यम बनते हैं तथा उनमें मूल पात्र का भाव दर्शक के द्वारा आरोपित किया जाता है। अधुनातन पश्चिमी रंगकर्मी ब्रेख्ट ने इसके विपरीत मत दिया है। उनके मत से अभिनेता को किसी भी समय इतना नहीं बह जाना चाहिए कि वह पूरी तरह से अभिनीत चरित्र ही बन जाय। अभिनेता को रंगमंच पर दोहरी भूमिका में प्रगट होना पड़ता है—अभिनेता के रूप में और चरित्र के रूप में। अभिनेता उस चरित्र में पूरी तरह विलीन नहीं हो जाता, जिसे वह अभिनीत कर रहा है। इसीलिए यह पद्धति महाकाव्योचित अभिनय-पद्धति कहलाती है। अभिनेता को चरित्र में प्रवेश करने से अधिक कुछ करना है, उसे उस चरित्र का टीकाकार होना है। इस कार्य में बहुत से छोटे-छोटे ब्यौरे काम आते हैं, जिनके द्वारा अभिनीत चरित्र को अनेक प्रकार से सम्पूर्ण बनाकर दिखाया जा सकता है। भारतवर्ष में भी अब अनेक रंगकला-मर्मज्ञ ब्रेख्ट के विचारों से सहमत हो गये हैं।

अभिनय के क्षेत्र में हिन्दी की स्थिति को अन्य भारतीय भाषाओं के समानान्तर पहुँचाने का प्रयास किया जा रहा है। पिछले दशक तक यह दूरी काफी थी। कारण, संस्कृत-परम्परा तो केवल कुछेक दक्षिणी नृत्यों में ही शेष रही है। बंगला तथा गुजराती, मराठी नाटकों ने लोक-रंगमंच की अभिनय-पद्धति से अपने को जोड़कर परम्परा तथा प्रयोग के सम्मिलित प्रयास से जो उपलब्धि पायी, वह हिन्दी को प्राप्त न हो सकी।

इसका कारण प्रमुख तो यही था कि हिन्दी-भाषी क्षेत्रों में इसके अनुकूल परिस्थितियाँ तथा वातावरण न था। दूसरे दुर्भाग्य यह रहा था कि हिन्दी का प्रतिभाशाली लेखक वर्ग नाटक तथा नाट्य-प्रदर्शन की ओर कम ही मुड़ा।

स्वातंत्र्योत्तर हिन्दी नाटक की स्थिति में सुधार आया तथा लेखक एवं निर्देशक हिन्दी रंगमच पर नाट्याभिनय की सशक्त धारा चलाने के प्रयास में लगे। अभिनय को हेय तथा असम्माननीय मानने की पुरानी दकियानूसी दृष्टि का परिष्कार हुआ। कुशल अभिनेता-अभिनेत्री अपने पूर्ण सहयोग के लिए तैयार हुए। यद्यपि अभिनेताओं में लगन, परिश्रम एवं अभ्यास की अभी भी अधिकाधिक आवश्यकता है, ताकि एक-एक नाटक के चार-छह अथवा दस-बारह प्रदर्शनों की अपेक्षा उसे पुनः पुनः प्रदर्शन का मंजा हुआ अनुभव एवं जीवन्त समालोचना प्राप्त हो सके।

आज अभिनय की प्रचलित पद्धतियाँ एवं प्रविधियों में युगानुकूल परिवर्तन की माँग बढ़ रही है। लोकधर्मी तथा नाट्यधर्मी प्रवृत्तियाँ एक-दूसरे के अधिकाधिक निकट आ गयी हैं तथा उनमें नवीन स्थितियों की खोज-प्रक्रिया जारी है। 'रूढ़ि' बन गयी पद्धतियों तथा पुरानी 'मिथकों' को तोड़कर आज का प्रयोगशील रंगकर्मी नवीन से नवीन दृष्टि की तलाश में है। नाट्य-विद्यालयों से विधिवत् अभिनय-कला की तकनीकी शिक्षा विद्यार्थीगण प्राप्त करते हैं। देश-विदेश की अभिनय-पद्धतियों के निरीक्षण-परीक्षण के उपरान्त नाटकोपयुक्त अभिनय का प्रयास किया जाता है। अभिनय के प्राचीन मानदण्ड आज के सर्जक को अपने आप में पूर्ण नहीं प्रतीत होते, क्योंकि नवीन जीवन-मूल्यों के साथ ही इस क्षेत्र का अधिकाधिक विस्तार हुआ है। ऐसे समय में नाट्य-सृजन कार्य भी अधिकाधिक कठिन होता जा रहा है। नाट्य-सर्जक को परम्परा का ज्ञान तथा आधुनिक दृष्टि दोनों क्षेत्रों के बीच की धार पर चलना पड़ रहा है।

'अभिनय' कला और विज्ञान दोनों ही है। दोनों के समानुपातिक योग से ही 'प्रयोग-विज्ञान' का रूप निखरता है। नाट्यानुभूति का सहज सम्प्रेषण जटिल मानवीय सम्बन्धों के युग की समस्या बनता जा रहा है। नीरसता, शुष्कता तथा थोथी बौद्धिकता से त्रस्त युग का मानव काव्यात्मकता तथा मर्मस्पर्शी तन्मयता की ओर पुनः लौट रहा है। बदलते हुए अभिनयात्मक मानदण्डों ने रंगमंच का रूप ही कुछ और बना दिया है। रूढ़ियों से स्वतन्त्र होकर आज का रंगमंच विश्व भर की पद्धतियों से वांछित तत्त्व लेकर अपने रूप का निर्माण कर रहा है। नवीन वैज्ञानिक आविष्कारों ने भी अभिनय की दिशाओं तथा सम्भावनाओं को नवीन क्षितिज प्रदान किये हैं। प्रतीक प्रधान अभिनय-पद्धति के अधुनातन प्रयोगों ने आन्तरिक भावों तथा घटनाओं के सूक्ष्म अंशों को उद्घाटित करने की बड़ी प्रभावशाली टेकनीक को विकसित किया है।

रंग-सज्जा (दृश्यबन्ध)

नाट्य-प्रस्तुतीकरण में दृश्य-विधान पृष्ठभूमि का काम करता है। यवनिका उठते ही प्रेक्षक का प्रथम परिचय रंगमंच पर प्रस्तुत दृश्यबन्ध से होता है। पात्रों के मंच पर प्रवेश के पूर्व ही वह दर्शकों को बहुत कुछ बता देता है। नाटक के वातावरण को पृष्ठभूमि एक निश्चित सीमा तक प्रभावित करती है। दृश्यबन्ध अभिनीत होने वाले नाटक के लिए वातावरण की सृष्टि करता है, उसकी मूल वृत्ति को मुखरित करता है। देशकाल की सृष्टि में भी रंग-सज्जा का महत्वपूर्ण स्थान होता है। नाट्य में वर्णित ऋतु तथा पात्रों की मनःस्थिति को प्रगट करने में रंग-सज्जा सहायक होती है।

संसार के प्राचीन नाटकों में स्टेज-सैटिंग का अधिक महत्व नहीं था। परन्तु पिछली कुछ शताब्दियों से तो रंग-सज्जा का महत्व एवं उपयोग क्रमशः अत्यधिक बढ़ता रहा है। रंगमंच का विस्तृत अध्ययन प्रस्तुत करते समय शेल्डान चेनी ने अपनी पुस्तक में लिखा है : 'किन्तु उपलब्ध माध्यम के प्रसाधनों (जैसे काव्य में शब्द अथवा चित्रकला में रंग आदि) की भी अभिव्यक्ति के सौष्ठव की दृष्टि से, अपनी महत्ता होती है, क्योंकि उन्हीं के सहयोग से चित्रकला में रंगों और काव्य में वर्णों का सुन्दरतम प्रयोग और रंगमंच अथवा नाट्यकला में कथोपकथन, अभिनय अथवा प्रकाश आदि में प्रभावोत्पादकता सम्भव है। रंगमंचीय कला में मंच पर प्रयुक्त होने वाले जटिल उपकरणों का सृजनात्मक संयोजन तो और भी अधिक अनिवार्य है। अन्यथा प्रदर्शित नाटक के प्रदर्शनात्मक गुण समाप्त हो जाते हैं, और जो कुछ शेष रह जाता है, वह या तो केवल काव्यात्मक होता है या फिर केवल परिहासात्मक अथवा सूचनात्मक।'[38]

क्लाइव बैल ने नाटक के रूप-सम्बन्धी पक्ष को अत्यधिक महत्वपूर्ण एवं अनिवार्य माना तथा दृश्यकाव्य के 'रूपात्मक' पक्ष पर विचार करते हुए अपनी पुस्तक की रचना की। किन्तु बीसवी शताब्दी के आरम्भ में प्रायः सभी पश्चिमी देशों में यह मत प्रचलित होने लगा कि दृश्य-सज्जा को गौण स्थान दिया जाय। आधुनिक प्रवृत्ति के नाट्य-चिन्तक तथा नाट्यकर्मी यह मानने लगे हैं कि बाह्य टीम-टाम तथा उपकरणों एवं यांत्रिक चमत्कार पर इतना अधिक बल नहीं दिया जाना चाहिए कि नाट्यकृति की मूल विषय-वस्तु तथा आन्तरिक लयात्मकता गौण रह जाय। किन्तु फिर भी शब्दार्थ के अतिरिक्त रंग-उपकरण नाटक का महत्वपूर्ण अंग तो हैं ही। 'नाटक के एक सन्तुलित और प्रभावोत्पादक आवश्यक परिवेश के रूप में दृश्य-सज्जा आधुनिक नाटक का महत्वपूर्ण और आत्यन्तिक अंग है।

'नाट्यशास्त्र' में भरतमुनि ने 'रंग-सज्जा' के लिए अनेक रमणीय वस्तु-विधियों की चर्चा की है। 'शुद्धादर्शतल' के समान बने रंगशीर्ष[39] को वैदूर्य, स्फटिक तथा

स्वर्ण से सज्जित करने का विधान है। स्तम्भों पर चित्रकारी के साथ ही भित्तियों पर स्त्री-पुरुष, पुष्प-लताएँ तथा मानव जीवन के आत्मभोगजन्य चित्रों के अंकन का वर्णन है।[40] इस प्रकार के कुछ चित्र जोगीमारा गुफाओं में मिले हैं।[41] काले, नीले, पीले, लाल रंगों का प्रयोग चित्र-रचना में होता था।

प्राचीन काल में अपनी चरमोन्नति के युग में भारतीय रंगमंच शुद्ध कलात्मक रंगमंच था। अतः दृश्यात्मक परिकल्पना तथा मुख-सज्जा एवं वस्त्र-सज्जा में कहीं भी अतिरेक तथा अतिरंजना की प्रवृत्ति परिलक्षित नहीं होती। डॉ. रघुवंश के मत से, 'भारतीय रंगमंच के दृश्य-विधान की योजना चित्रात्मक अथवा यथार्थवादी कभी नहीं रही। पात्र काव्यात्मक श्रेष्ठ शैली में देशकाल का वर्णन प्रस्तुत कर नाटकीय घटना की सम्पूर्ण स्थिति की कल्पना दर्शकों में जाग्रत कर देता है।'[42] परन्तु डॉ. सुरेन्द्रनाथ दीक्षित ने इस मत का खण्डन किया है और स्थापित किया है कि भरत द्वारा निरूपित रंगमंडप, कक्ष्याविभाग तथा आहार्य अभिनय-पद्धति के निरूपण को देखते हुए भारतीय रंगमंच तथा रंगविधान को नितान्त कल्पनात्मक मानना उचित नहीं है।[43]

'नाट्यशास्त्र' में दृश्य-विधान को प्रस्तुत करने की प्रणालियों का उल्लेख है। एक विधि है आहार्य अभिनय की पुस्त-विधि जिसके द्वारा प्राकृतिक दृश्यों, पशुओं तथा अन्य आवश्यक वस्तुओं का प्रस्तुतीकरण सांकेतिक पुस्तों (मॉडल्स) से किया जाता था।[44] इस विधि के दृश्य-विधान द्वारा भरतमुनि ने नाट्यप्रयोग को अधिकाधिक लोकानुरूप बनाने का प्रयास किया था। पुस्त-विधि के तीन प्रकार हैं :

(क) संधिम पुस्त की रचना चटाई, कपड़ा, खाल आदि जोड़कर की जाती है। बाँस के ढाँचों पर इन वस्तुओं को चढ़ाया जाता होगा। इस विधि के द्वारा रंगमंच पर पर्वत, भवन, गाड़ी, ढाल, कवच, झण्डा, हाथी, घोड़ा इत्यादि को प्रदर्शित किया जाता है।[45]

(ख) व्याजिम पुस्त में वस्तुओं की व्यवस्था तथा योजना यांत्रिक ढंग से की जाती है। अभिनव गुप्त के मत से, यह व्यवस्था परदे के पीछे से (सम्भवतः ऊपर से) सूत्रों के आधार पर की जाती थी।[46] इस विधि से रथ, यान, विमान इत्यादि को रंगमंच पर कृत्रिम गति प्राप्त होती है।[47]

(ग) वेष्टिम (पाठान्तर 'चेष्टिम' भी मिलता है) पुस्त विधि के द्वारा वस्त्र को लपेटकर सांकेतिक पुस्त तैयार किया जाता है। इस विधि के अनुसार भौतिक पदार्थों का ज्ञान तद्वत् चेष्टा से भी होता है।[48]

दृश्य-विधान को प्रस्तुत करने की दूसरी भरत-निरूपित प्रणाली कक्ष्याविधि है। यह एक महत्वपूर्ण प्रतीकात्मक नाट्य-प्रयोग है, जिसकी समस्त विधियाँ नाट्यधर्मी रूढ़ियों पर आधृत हैं। अतः इसका प्रयोग परम्परा तथा दर्शक की कल्पना पर आधृत होता है। रंगमंच पर काल्पनिक ढंग से स्थान तथा देश का विभाजन कर लिया जाता

है। एक विभाग से दूसरे विभाग पर जाने पर यह समझा जाता है कि पात्र एक स्थान अथवा देश में प्रवेश कर रहा है। नाट्यधर्मी परम्परा द्वारा ही यह निश्चित होता था कि कौन-सा विभाग घर, नगर, उपवन, क्रीड़ा, वन, नदी, आश्रम, पृथ्वी, सागर आदि का है। रंगमंच पर एक साथ ही घर के अन्दर तथा बाहर का दृश्य इस विधि के द्वारा प्रस्तुत किया जा सकता था। चूँकि संसार की समस्त वस्तुएँ नाट्य-प्रयोग-क्रम में यथार्थ क्रम में प्रस्तुत करना सम्भव नहीं होता तथा न ही पुस्तविधियों द्वारा सब दृश्यों को सर्वथा शास्त्रीय लक्षणों के अनुसार सरलता से प्रस्तुत करना सम्भव है, अतः आदि आचार्य के मत से कक्ष्याविधि एक नितान्त उपयोगी पद्धति है। नाट्य-धर्मी रूढ़ियों द्वारा संकेतात्मक रूप से सभी प्रकार के दृश्यों का प्रयोग हो सकता है।[49] इस विधि के प्रयोग द्वारा भरतमुनि नाट्य-प्रयोग को अधिकाधिक प्रकृत प्रतीत कराना चाहते थे। संस्कृत नाट्य-साहित्य के 'अभिज्ञान शाकुन्तलम्', 'स्वप्नवासवदत्तम्' इत्यादि नाटकों के प्रदर्शन में कक्ष्याविभाग विधि का प्रयोग हुआ होगा। 'अभिज्ञान शाकुन्तलम्' में दुष्यन्त के रथ की तीव्र गति, मृग का पलायन, दुष्यन्त का स्वर्गावतरण इत्यादि इसी विधि द्वारा प्रस्तुत किये जाते हैं।[50]

परवर्ती संस्कृत आचार्यों ने इस विधि का विवेचन नहीं किया। 'भरत कोश' में केवल आचार्य वेणी के मत का आकलन है।[51] किन्तु यह भी भरत मत का पिष्टपेषण ही है।

वस्तुतः कक्ष्याविभाग-विधि भरतयुगीन रंगमंच की आवश्यकता थी। यह विधि रसोद्बोधन में सहायक होती थी।

आधुनिक युग में इस विधि की उपयोगिता स्वीकृत की जाती है। 'प्रसाद' के नाटकों के बारे में डॉ. सुरेन्द्रनाथ दीक्षित ने लिखा है—'प्रसाद के नाटकों में कल्पित सब दृश्य-योजनाएँ पुस्त विधि द्वारा प्रयुक्त नहीं हो सकती हैं, कुम्भा में जल-प्लावन का दृश्य, पात्रों का आवागमन और इस प्रकार की अनेक दृश्य-योजनाएँ नाट्य-धर्मी रूढ़ियों के सहारे प्रस्तुत की जा सकती हैं।'[52]

भारतीय नाटकों में दृश्य-विधान सम्बन्धी चित्रकला शैली का प्रयोग बहुत हुआ है। भावावेश की स्थिति में पात्र अपने प्रियजन का चित्र अंकित करते हैं। उदाहरणार्थ 'अभिज्ञान शाकुन्तलम्' में दुष्यन्त शकुन्तला का चित्र बनाता है। 'स्वप्न वासवदत्तम्' से उदयन तथा वासवदत्ता का चित्र एक साथ फलक पर अंकित किया जाता है। 'नाट्यशास्त्र' में भित्ति चित्रों द्वारा नाट्यमण्डप की सज्जा का विधान है।

पाश्चात्य रंग-सज्जा के विकास का इतिहास अनेक प्रकार के परिवर्तनों का इतिहास है। प्राचीन यूनानी रंगमंच पर 'कोई दृश्यावली नहीं, साज-सज्जा का सामान भी बहुत कम था।'[53] कवि के शब्द ही देशकाल तथा परिवेश का बोध कराते थे। यूनानी रंगमंच के पराभव के दिनों में रोमी प्रभाव के अनुरूप दृश्यावली के प्रति मोह बढ़ा।[54] विद्वानों

का मत है कि मंच पर प्रभाव उत्पन्न करनेवाले एक यन्त्र का प्रयोग भी यूरिपिडीज ने किया था। इस यन्त्र से देवता अथवा मनुष्य मंच से दृश्य-भवन के ऊपरी हिस्से तक बढ़ते थे। कामदीकार इस यन्त्र के प्रयोग से हास्यामूलक स्थिति उत्पन्न करते थे। 'कलाउड्स' नाटक में सुकरात धरती तथा आकाश के मध्य लटकती टोकरी में बैठकर दर्शन का अध्ययन कर रहे थे।[55] 'एकीक्लीमा' नामक एक यन्त्र प्रयुक्त होता था, जो सम्भवतः घूमने वाला मंच था और इसका स्वरूप इस ढंग से बना था कि इसे स्क्रीन से बाहर निकाला जा सके। इसके प्रयोग के बारे में नाट्य-चिन्तक एस्किलस के नाटक 'अगागेमनान' में हत्या के दृश्य का साक्ष्य देते हैं।[56]

रोमी स्वभाव के अनुरूप ही वहाँ के रंगमंच का स्वरूप भी चमत्कारप्रिय था। अलौकिक आकार तथा छायाओं के दृश्य, रहस्यमय द्वारों के विलीन होने, बादलों की गर्जन, बिजली की चमक आदि के दृश्यों के प्रदर्शन की रुचि बढ़ी। दृश्यावली का प्रयोग न के बराबर ही था। डॉ. रघुवंश का मत है कि इसका निर्देश भी मिलता है कि परदे का प्रयोग रोमी रंगमंच पर होने लगा था।[57]

योरोपीय रंगमंच पर दृश्य-विधान का विकास मध्ययुगीन चर्च में प्रदर्शित 'मिस्ट्री प्ले' में हुआ। 'पैशन प्ले' में यांत्रिक चमत्कार के प्रति आकर्षण था। स्वर्ग-नरक के रहस्यमय दृश्य प्रेक्षक को ऐसे रहस्यलोक में पहुँचा देते थे कि दर्शक उनसे अभिभूत होकर उन्हें रहस्यात्मक अलौकिक चमत्कार मान लेता था। घूमने वाले रंगमंच भी प्रयुक्त होते थे, जैसे—इंग्लैण्ड की मध्ययुगीन गाड़ी-स्टेज।

रेनेसां-रंगकला में सजधज तथा अलंकरण का विशेष महत्व था। इस काल में वैविध्यपरक दृश्य चित्रावली का रंगमंच पर प्रयोग हुआ, 'जिसे देखकर लोग थकते न थे।'[58] 'दृश्यावली' का पूर्ण विकास इसी युग में हुआ। सम्पूर्ण रंगमंच को चित्रित किया जाने लगा। 'अन्ततोगत्वा चित्रकार ने भवन-निर्माणकर्ता और बढ़ई के मुकाबिले...सस्ती (कम व्ययसाध्य) दृश्य रचना की तथा रंगशाला में दृश्य खण्डों का इतना प्रभावोत्पादक चित्रण किया कि अपने प्रतिद्वन्द्वियों को रंगमंच के दरवाजे के बाहर निकाल दिया।'[59]

राजकीय ढंग से सज्जित नृत्यगृह जो कि अब नाट्यशालाओं के रूप में प्रयुक्त हो रहे थे, नाटकीय घटनाओं तथा कार्यों की अन्विति के स्थान पर अब रंगमंच पर दैत्य, दानव, नाग, विकट और कल्पित जन्तु, रहस्यात्मक-प्रतीकात्मक पात्र, पुराकथाओं तथा नृत्य आदि के अनेकानेक दृश्य-विधान प्रस्तुत करते थे। रंगमंच पर अनेक प्रकार के चित्रों, सज्जित कक्षों, तोरणों, कुंजों, झण्डियों तथा आकाश की नीलिमा की ऐश्वर्यपूर्ण ढंग से सजावट रहती थी। पुनर्जागरणकालीन चित्रात्मक दृश्य-सज्जा की यह परम्परा समस्त यूरोप में बीसवीं शताब्दी तक चली आयी है।

इस प्रकार अंकित दृश्यों का प्रयोग पश्चिमी रंगकला में अधिकाधिक बढ़ता ही गया तथा सत्रहवीं शताब्दी तक ओपेरा तथा नाटक इतने भव्य अलंकृत भवनों के

अंकित दृश्य-विधान पर प्रस्तुत होने लगे कि उनके विशाल तथा वैभवपूर्ण मेहराबों, स्तम्भों, अलंकृत बेल-पट्टियों तथा फूल-मालाओं के बीच अभिनेता बौना हो गया। इसी समय से खुले रंगपीठ के स्थान पर दीवारों तथा घिरे हुए रंगमंच पर नाट्याभिनय होना आरम्भ हुआ। मेहराबदार रंगमंच निर्मित हुए।

सजधज तथा चमत्कारप्रियता के इस युग में गोप-नाट्य-परम्परा (पेस्टोरल ड्रामा) एक प्रकार से कृत्रिमता से पलायन के रूप में विकसित हुई। इन नाटकों का रंगमंच, कुंजों, फलोद्यानों तथा उपवनों से सज्जित किया जाता था। ओपेरा नाटकों के मंच पर रूपांकों (डिजाइन्स) का प्रयोग आरम्भ हुआ। इन भावोद्वेलित गीति-नाट्यों में दृश्य-विधान, नृत्य-अभिनय तथा यांत्रिक प्रभावों का विशेष महत्व था। यांत्रिक प्रभावों की सहायता से बादलों पर सवारी, स्वर्गीय छायाभास, सूर्य-चन्द्र का घूमना तथा अन्य अनेक ऐन्द्रजालिक दृश्य प्रस्तुत किये जाते थे।

ऐलिजाबेथयुगीन इंग्लैण्ड में रंगमंच पर दृश्य-विधान की ओर विशेष बल नहीं दिया जाता था। दृश्य-परिवर्तन कवि-वर्णित पाठ द्वारा ही निर्देशित होता था। नाट्यशाला युग-जीवन की गति, तीव्रता, साहसिकता, उल्लास तथा आत्मश्लाघा का दर्पण बन गयी थी। अपवादस्वरूप बन्द नाट्यगृहों तथा इटली की दृश्य-सज्जा की माँग बढ़ी, परन्तु इस पर विशेष ध्यान नहीं दिया गया था।

क्लासिकीय पद्धति के 18वीं सदी के रंगमंच पर इटली की यवनिका—चौखटा लगाने की प्रथा चली तथा मुखौटे का प्रयोग भी हुआ। इसी काल में फ्रांस के रंगमंच पर तल्मा ने यथार्थ की प्रतिष्ठा का प्रयत्न किया, यद्यपि यह प्रयास आधुनिक यथार्थवादी अभिनय पद्धति से भिन्न था। किन्तु पुरानी कृत्रिम शान-शौकत से रंगमंच को मुक्त करने का प्रयास तो हुआ ही।

आरम्भिक उन्नीसवीं शताब्दी के रोमांटिक युगीन नाटक ने रंगमंच के क्षेत्र में किसी विशेष नवीनता की सृष्टि नहीं की। थोड़ा बहुत परिवर्तन यथार्थवादी संवेगात्मक नाटकों के रचनाकाल में हुआ। चित्रित फ्रेम में रंगमंच का अग्रभाग पूर्ववत् ही रहा, परन्तु उसकी झालरदार सजावट तथा सामने के द्वार का प्रचलन समाप्त हो गया। अभिनय का सम्पूर्ण क्षेत्र बाहरी परदे के पीछे आ गया और अन्दर की दृश्य-योजना सन्दूक के ढाँचे की (बॉक्स-स्टेज) हो गयी। तीन पार्श्वों की बजाय दीवार से घिरे हुए बॉक्स-स्टेज के भीतरी भाग पर किया गया अभिनय प्रेक्षण की दृष्टि से अधिक प्रभावशाली समझा गया। वास्तविकता तथा एकाग्रता की ओर उठा यह चरण आधुनिक यथार्थवादी रंगमंच का आरम्भ माना जा सकता है। वस्तुतः यह बाद में आने वाले युग की नाटकीय सघनता तथा यथार्थ के निष्पादन की भूमिका मात्र है।

उन्नीसवीं शताब्दी के मध्यकाल को दृश्य-विधान का सुनिर्मित युग समझा जाता

है। आरम्भिक सदी में संरचना, चित्रण तथा प्रकाश व्यवस्था के दोषपूर्ण होने के कारण दृश्यबन्ध अस्वाभाविक हो जाते थे तथा पीछे के परदे और यथाक्रम पार्श्व विंगों से सम्पूर्ण दृश्य एकरस हुआ करता था। यांत्रिक विकास के साथ 'टेकदार पटाक्षेप' तथा 'कब्जेदार पार्श्व' का प्रयोग आरम्भ हुआ। किन्तु इन पार्श्व-विंगों में क्रम की अनिश्चितता तथा अंकित दृश्यों के कब्जों पर समानान्तर स्थिति में घूमने के कारण दृश्य की प्रमुख रेखाएँ अपनी प्रभावोन्विति में एकरस हो जाती थीं, किन्तु उन्नीसवीं शताब्दी के मध्य में सम्पूर्ण दृश्यबन्ध को कर्णवत् तिरछे भागों में विभक्त कर मंच के ऊपरी भाग में पट्टों के सहारे खड़ा किया जाने लगा। 'दृश्यबन्ध को पार्श्वों की टेक के सहारे खड़ा करने की प्रथा समाप्त हुई। पटचित्रकारों ने रंगमंच को अपनी प्रतिभा-प्रदर्शन स्थली बना लिया।

यथार्थवादी नाट्य-रचनाकाल की रंग-सज्जा में ड्राप-कर्टेन का महत्व तो बढ़ा ही, साथ ही दृश्यावली यथार्थ प्रकृति के अनुरूप बनाने का भरपूर प्रयास हुआ। ऐसी स्थिति में दर्शक-अभिनेता-सम्बन्धों में एक नवीन प्रकार की तटस्थता उत्पन्न हुई। रंगमंच का सम्पूर्ण स्वरूप—रंगशिल्प तथा अभिनयात्मकता दोनों ही दृष्टियों से—वास्तविक जीवन का अधिकाधिक आभास देने के प्रयत्न में लगा रहा। मंच के अग्रभाग में लगे परदे को विचारक उस तिमिरकारी ढक्कन के समरूप मानते हैं, जिसे फोटोग्राफर फोटो खींचने के पूर्व अपने कैमरे के आगे से हटाता है। इस परदे के उठते ही मंच पर मर्यादित वास्तविकता का आभास होने लगता है।[60] अब रंगमंच पर चित्रकार की झूठी कल्पना के लिए कोई स्थान नहीं रहा। रंगमंच अब कलात्मक श्रेष्ठता उत्पन्न करने का दुर्निवार साधन नहीं था। अब तो वह वास्तविकता तथा सम्भावनात्मकता की अधिकाधिक रक्षा करते हुए जीवन का यथावत् चित्र प्रस्तुत करता था। डेविड बेलस्को प्रभृति अतिस्वाभाविकतावादियों द्वारा रंगसज्जा तथा पृष्ठभूमि को यथार्थ का प्रतिरूप बना दिया गया। किन्तु बाद में 'चयनात्मक यथार्थवाद' (जिसमें कि प्रकृतिवाद को अस्वीकृत किया गया है) के रूप में कुछ चुने हुए तथ्यों का प्रदर्शन होता था। सन् 1880-1915 के काल में प्रथम बार रंगमंचीय प्रबंध के क्षेत्र से कलाकार का अधिकार हटकर शुष्क मानवतारहित, सौन्दर्यानुरागहीन बुद्धिवादियों की सत्ता स्थापित हो गयी। नाट्य को जीवन की प्रतिद्वन्द्विता में बढ़ाने के परिणामस्वरूप कलात्मक सजीवता का क्षरण हो गया। रंगमंच केवल एक प्रयोग में आने वाला स्थान मात्र रह गया, नाटकीय समवेत प्रभावात्मकता को निश्चित मूल्य प्रदान करने वाला उपादान नहीं।

प्रतिक्रिया-स्वरूप आधुनिक काल में रंगमंच कलात्मक अभिव्यक्ति का अभिन्न अंग बन सका है। रंगकर्म को उद्भावनात्मक कला स्वीकृत किया गया है और यह स्थापित सत्य मान लिया गया कि विभिन्न सहयोगी कलाएँ अपने व्यक्तित्व को

विलीन करके रंगमंचीय संरचनात्मक विधा का रूप ग्रहण करती हैं। रंग-सज्जा सम्बन्धी क्रान्तिकारी परिवर्तन उपस्थित हुए हैं। नाट्य-निर्देशन को अपने आप में रचनात्मक तथा सृजनात्मक महत्व प्राप्त हुआ है तथा पुरानी 'रंगमंचानुकूल' मानी जाने वाली पद्धतियों का अन्त हुआ है। सामाजिक, औद्योगिक तथा पूँजीवादी स्थितियों को ध्यान में रखते हुए प्रदर्शन-पद्धति में विशेष परितर्वन किया गया है। पुरानी कृत्रिम चित्रित दृश्य-सज्जा तथा अतिस्वाभाविकतावादी सज्जा का विरोध किया गया है।

गार्डन क्रेग ने विश्व-रंगमंच पर क्रान्ति उपस्थित कर दी। अमेरिका में उनके इस आन्दोलन को 'साहसपूर्ण किन्तु प्रमत्त' आन्दोलन कहा गया। क्रेग कृतित्व की अपेक्षा प्रदर्शन को सर्वोपरि मानते हैं। उन्होंने दृश्यों को अधिकाधिक सहज बनाते हुए चित्रों का प्रयोग मितव्ययता के साथ किया। रंगमंच पर रंग तथा रोशनियों का सुन्दर सम्मिश्रण प्रस्तुत कर ऐसी समन्वित सज्जा तैयार की कि वह अभिनीत नाटकों की अपेक्षा अधिक ललित तथा मोहक प्रतीत हुई। यथार्थ की अपनी सीमाओं के भीतर प्रस्तुत की गयी ऐसी रंग-सज्जा का इन्द्रियपरक आकर्षण, रंग तथा रेखाविधान तथा सम्मिलित सामूहिक प्रभावोत्पादकता सभी कुछ बहुत महत्वपूर्ण रहा। 'शैलीकरण' की पद्धति द्वारा रंग-सज्जा में सौन्दर्य की अवधारणा में उन रूपांकों (डिजाइंस) की एकता स्थापित की गयी, जो नाटक की पृष्ठभूमि में सतत सक्रिय रहती हैं। बीसवीं शताब्दी के दूसरे दशक से लेकर पाँचवें दशक तक दृश्य-सज्जाकार ने रंगमंच पर ललित, चमत्कारपूर्ण दृश्यों की अवतारणा कर प्रेक्षक के मानसिक बोध को इन्द्रियपरक आनन्द से अभिसिंचित किया, जो कि नाट्यकृति को समझने में अधिकाधिक सहायक सिद्ध हुआ। बाद में जब नाटकों में वास्तविक जीवन का छायांकन प्रस्तुत किया जाने लगा तो नाटकों की शुष्कता को सुन्दर रंगों तथा रोशनियों के मेल से सन्तुलित किया गया।

नाट्य-प्रदर्शन की अधुनातन रीतियों की खोज में रंगमंचीय पृष्ठभूमि के निर्माण के लिए अभिव्यक्तिवादी चित्र प्रयुक्त किये गये। किन्तु इन चित्रों ने नाटक के मूल तत्त्व से प्रेक्षक का ध्यान विचलित कर दिया।

वास्तुकलात्मक रंगमंच निर्मित किया गया, जिस पर पृष्ठभूमि में कोई परिवर्तन लाये बिना ही कई प्रकार की घटनाओं का प्रदर्शन सम्भव हो सके। इस रीति के अनुसार रंगमंच पर कोई एक ही सुनियोजित, संश्लिष्ट दृश्य-सज्जा नाटक के सभी दृश्यों के लिए उपयुक्त सिद्ध हो जाती है। अत्यधिक सजावट की प्रवृत्ति का विरोध किया गया तथा दर्शक-अभिनेता के बीच ड्राप-कर्टेन की दीवार अनावश्यक समझी गयी।

एक अन्य पद्धति प्रयोगवादियों की है, जिसमें पहले रंगमंच को पूर्ण अन्धकार में रखा जाता है, फिर केवल अभिनेताओं को बिजली के प्रकाश द्वारा आलोकित करने की व्यवस्था की जाती है।

इन नवीन पद्धतियों ने अंक-दृश्य परिवर्तन में नष्ट होने वाले समय को बचाया तथा दृश्य-बन्ध के सेटों को परिवर्तित करने की असुविधा को भी दूर किया।

बिजली की सुविधा प्राप्त होने पर चक्रिल रंगमंच (रिवाल्विंग स्टेज) का आविष्कार हुआ। चक्रिल मंच अपने ही केन्द्र पर चक्कर लगाकर लगभग एक दर्जन दृश्य प्रस्तुत कर सकता है। दर्शक के समक्ष जब तक एक दृश्य चलता है, तब तक पीछे दूसरा दृश्य तैयार होता रहता है। एक दृश्य समाप्त होने के तुरन्त बाद ही परदा गिरते ही दूसरा दृश्य प्रस्तुत हो जाता है। पुरानी चमत्कारिक सज्जा वाली रीति का प्रयोग इस मंच पर और भी सरलता तथा सफलता के साथ किया जा सकता है। स्वाभाविकतावादी सज्जा भी इस मंच पर बड़ी सुविधा से हो सकती है।

आजकल के रंगनिर्माता विस्तृत व्यापक सज्जा तथा भारी-भरकम यन्त्र-उपकरणों से बोझिल मंच (उदाहरणार्थ म्यूनिख की प्रिंस रीजेन्ट थियेटर) का बहिष्कार करते हैं, क्योंकि इनमें मंच पर खड़े अभिनेता का अस्तित्व बहुत ही कम दिखायी देता है। एडोल्फ एप्पिया तथा गार्डन क्रेग के प्रयत्नों से रंग-सज्जा के प्रति युग-दृष्टि में बदलाव आया है। एप्पिया के मत से रंगमंच को किसी साधारण कक्ष से बस थोड़ा ही भिन्न होना चाहिए और यह अन्तर भी वास्तुकलात्मक होना चाहिए। अमरीका में राबर्ट एडमण्ड जोन्स, नार्मन बेल गेड्स, ली साइमन्स, जोसेफ अर्बन, रोलो पीटर्स, मील जाइनर, क्लाड ब्रेगडन, हर्मन रोंस व ओयन स्लेजर, मार्डिकार्ड गोरलिक तथा स्टुअर्ट चेनी प्रभृति रंग-सज्जाकार नवीन से नवीन प्रयासों द्वारा रंगदृष्टि की सार्थकता की खोज करते रहे हैं।

इसी समय चेकोस्लोवाकिया तथा अमरीका के लघुनाट्य-मंचों का आन्दोलन दृश्य-विधान के विकास में महत्वपूर्ण है। इन छोटी रंगशालाओं ने दृश्य-विधान को इतना सरल कर दिया है कि अव्यावसायिक नाट्य-संस्थाओं को प्रदर्शन के लिए प्रोत्साहन मिल सके। शिकागो के 'लिटिल थियेटर' का इस क्षेत्र में महत्वपूर्ण स्थान है। व्यावसायिक रंगशालाओं में नाटक के बाजारू व्यापार के विरुद्ध इस आन्दोलन ने नाट्य की परम्परा को जीवन्त बनाया।

अन्य महत्वपूर्ण नाट्य प्रयोक्ताओं में स्तानिस्लावस्की, मेयर होल्ड तथा मैक्स रीनहार्ट के रंग-प्रयोग महत्वपूर्ण हैं। विभिन्न प्रकार के प्रदर्शनों के लिए विभिन्न प्रकार के मंच-विधान की सृष्टि की गयी है—वेगन स्टेज, लिफ्ट स्टेज, ट्रेडमिल स्टेज इत्यादि।

भारतीय लोक-नाट्यों में रंगमंच पर ही गान मण्डली उपस्थित होती है। अतः स्टेज प्रापर्टी के लिए विशेष स्थान अथवा आवश्यकता नहीं होती। इनमें बैकग्राण्उड तथा दृश्य-बन्ध की भी कोई आवश्यकता नहीं होती। यही कारण है कि इन नाटकों का विशेष बल शब्द-सौन्दर्य तथा अर्थ-चमत्कार पर ही रहता

है। 'वस्तुतः, परम्पराशील नाट्य में वाणी, गति और वेशभूषा द्वारा रसनिष्पत्ति का आविर्भाव किया जाता है, मंच पर स्थान-विशेष-सूचक पदार्थों के यथातथ्य अथवा सांकेतिक नियोजन से वातावरण उत्पन्न करने की चेष्टा नहीं होती।'[61] नौटंकी के स्याहपोश के अभिनय में फाँसी का चमत्कारपूर्ण दृश्य तथा अंकिया नाट में श्रीकृष्ण का रथ (जिसका निर्माण कुटे हुए कागज से होता है) पर सवार होकर आना अपवाद स्वरूप ही समझा जाना चाहिए।

पारसी नाटक में सर्वाधिक ध्यान रंग-शिल्प पर दिया जाता था। 'दर्शकों को चमत्कारपूर्ण दृश्य द्वारा ही प्रभावित करना और रंगशाला में उन्हें बैठाये रखना ही इनका प्रथम उद्देश्य था।... रंग-शिल्प में हैरतअंगेज करिश्मे दिखाये जाने इसलिए भी जरूरी थे कि उनसे दर्शक चमत्कृत हो, नाटक के सारे दोषों की ओर ध्यान ही न दे सके।'[62] पारसी स्टेज के बीच में एक कुआँ रहता था, जिसका रास्ता सुरंग बनाकर भी रखा जाता था, जहाँ बिजली की रोशनी रहती थी। पृथ्वी में धँस जाना, पृथ्वी से निकल आना, देवी-देवताओं का प्रकट अथवा अन्तर्धान होना इसी के द्वारा होता था। पुष्पक विमानों को हवा में उड़ाने, आकाश से परियों को उतारने आदि के लिए एक मशीन का प्रयोग होता था। भड़कीले रंगों में चित्रित एक बड़ा अन्तिम परदा मंच के पीछे टँगा होता था, जो कि समस्त पृष्ठभूमि का काम देता था। आँधी, बिजली, देवों का हवा में उड़ना, जंगल और सिंहासन का चलना, अभिनेता के मुख से आग निकलना, मुख से साँप निकलना, भयंकर विकराल नारकीय मूर्तियों के प्रदर्शन इत्यादि के चमत्कारिक दृश्य तथा युक्तियाँ उन्नीसवीं शताब्दी के इंग्लैण्ड के ड्रू रीलेन थियेटर की भड़कीली दृश्य-सज्जा की सीधी नकल थे।[63] ड्राप-कर्टेन उठाने गिराने के लिए दोनों पार्श्वों में व्यक्ति खड़े रहते थे। अतिरंजना प्रधान, भड़कीली दिखावटी रंगसज्जा प्रायः अपने आप में साध्य समझी जाती थी, जिसकी नाटकीयता का भाववस्तु की गहनता तथा कलात्मकता से कोई तालमेल नहीं होता था।

द्वितीय महायुद्ध के दिनों में भारतीय रंगमंच पर एक बार पुनः नाटकीय विषयवस्तु तथा अभिनय क्षमता की प्रतिष्ठा हुई। इप्टा (जन नाट्य संघ—'इंडियन पीपुल्स थियेटर') ने सादा काले पर्दे के सामने नाटक का प्रदर्शन किया। यद्यपि ऐसा इन नाटकों की अपनी सहज साधनहीनता के कारण हुआ था, तथापि इन्होंने यांत्रिक तथा दिखावटी रंगसज्जा के मोह पर प्रथम बार तीव्र आघात किया। तड़क-भड़क एवं अलंकरण के अभाव में इन नाटकों की अपील तात्कालिक, गम्भीर तथा सार्थक थी।

इसी समय पश्चिमी यथार्थवादी रंगमंच की धारा भी भारत में आयी। ड्राइंगरूम, फर्नीचर, रंगे हुए फलकों पर खिड़कियाँ, दरवाजे आदि की सज्जा की यह प्रवृत्ति सिनेमा की प्रतिद्वन्द्विता में भी बढ़ी। रुचिविहीन बौद्धिक, निर्जीव रंग-सज्जा मंच पर ठहर गयी।

किन्तु युद्धोत्तर काल में पुनः नवीन रंग-दृष्टि की खोज आरम्भ हुई। अब तो हमारे यहाँ माना जाने लगा है कि दृश्यबन्ध एक ओर तो कार्यमूलक हो तथा दूसरी ओर अभिनेताओं की गति एवं कार्य के साथ सम्बद्ध हो। अतिरिक्त अलंकरण को बहिष्कृत करने की प्रवृत्ति का प्रसार हुआ है। दृश्यबंध का स्वरूप—आकृतियाँ, रेखाएँ, प्रयुक्त सामग्रियों के रूप-रंग सभी को अपने स्ट्रक्चर तथा टेक्सचर में सुचिन्तित, समन्वित, सुकल्पित तथा निर्देशक के अर्थनिर्णय से सम्बद्ध बनाने का प्रयत्न किया जा रहा है।

आधुनिक रंग-सज्जा की मुख्यतः तीन प्रविधियाँ प्रचलित हैं—(1) चित्रांकित रंग-सजा, (2) प्रकृतिवादी रंग-सज्जा, तथा (3) प्रतीक रंग-सज्जा।

(1) चित्रांकित रंग-सज्जा में रंगे हुए पर्दों, पार्श्वों इत्यादि का प्रयोग किया जाता है।

(2) प्रकृतिवादी अथवा यथार्थवादी रंग-सज्जा में बॉक्स-स्टेज पर ड्राइंगरूम, होटल, मन्दिर, गाँव, दुर्ग, कारागृह इत्यादि के यथार्थपरक दृश्य प्रस्तुत किय जाते है। त्रिभुजीय दृश्यबन्ध में चतुर्थ भुजा तथा छत की कल्पना स्वयं सामाजिक कर लेता है। लकड़ी तथा कैनवास के बने फलकों (फ्लैट्स) को काट-छाँटकर खिड़कियाँ दरवाजे इत्यादि बनाये जाते हैं। इन खिड़कियों तथा दरवाजों के पीछे 'गगनिका' (साइक्लोरामा) या पृष्ठ-पट का प्रयोग किया जाता है, जिससे दृश्यानुकूल चित्रांकन के द्वारा दूरवर्ती आकाश, बादल, तारे, वन अथवा पर्वत-शिखर आदि का बोध कराया जा सके। स्टेज प्रापर्टी के रूप में फर्नीचर, अल्मारी तथा अन्य वस्तुओं का प्रयोग कर स्वाभाविकता का आभास कराया जाता है।

(3) प्रतीक रंग-सज्जा में वास्तविक दृश्य प्रस्तुत करने के स्थान पर प्रतीकों का प्रयोग किया जाता है। जैसे कि प्लाइवुड अथवा मोटी दफ्ती रंग कर बनाया गया एक वृक्ष तथा उसके नीचे की झोंपड़ी पूरे गाँव का प्रतीक बन जाती है। गगनिका की सुविधा द्वारा पृष्ठभूमि में आलोक से सांझ-सवेरा इत्यादि दिखाया जा सकता है। यही पद्धति आज अधिक मान्य हो गयी है।

रंग-सज्जा के लिए चित्रकार का रंग-परिज्ञान बहुत ही सूक्ष्म तथा विकसित होना चाहिए। रंगीन आलोक पड़ने पर किस रंग का प्रयोग अधिक प्रभावपूर्ण होगा, इस बात का उसे व्यावहारिक अनुभव होना चाहिए। उदाहरणार्थ लाल रंग पर हरा आलोक पड़ने पर लाल रंग काला दिखायी दे उठता है।

उपर्युक्त तीन दृश्य-बन्ध सम्बन्धी विधियों में से पहली चित्रांकित परदों की विधि के स्थान पर अब नवीन विधा प्रयुक्त होने लगी है—पट-दृश्य-बन्ध (कर्टेन सेटिंग) एक या दो रंगों के परदों का उपयोग होता है। एक बड़े परदे के स्थान पर पाँच-छः फुट की चौड़ाई के कई परदे फलक की भाँति अलग-अलग प्रयुक्त होते

हैं। यह प्रयोग त्रिभुजीय दृश्य-बन्ध की तुलना में सस्ता होता है तथा दृश्य परिवर्तन सम्बन्धी सुविधा भी रहती है। द्वार-खिड़की आदि भी कई रंगों के परदों से बना लिए जाते हैं। परदों में ऐंठन डालकर स्तम्भ भी बनाये जा सकते हैं। पृष्ठ-भाग में गगनिका का प्रयोग किया जाता है।

मतुक्ताकाशी रंगमंच में रंग-सज्जा सरल एवं सुगम होती है। अधिक तड़क-भड़क का महत्व नहीं होता। प्रयोगधर्मिता एवं कल्पना के सहयोग की अधिकाधिक सम्भावनाएँ इसमें होती हैं।[64] आकाश रेखा रंगपीठ ऊपर, दाएँ-बाएँ, तथा पीछे पूर्णतः खुला रहता है। इसमें दृश्यपीठ तीन प्रकार के प्रयुक्त होते हैं—

(1) द्विपरिमाणीय दृश्यपीठ (टू डायमेन्शनल फ्लेट सेटिंग),
(2) त्रि-परिमाणीय दृश्यपीठ (थ्री डायमेन्शनल फ्लेट सेटिंग),
(3) स्थिर दृश्यापीठ (स्टेटिक सेटिंग)

इस मंच की प्रकाश व्यवस्था भी नवीन शैली की होती है।

वेशभूषा तथा रूप विन्यास

'नाट्यशास्त्र' में भरत मुनि ने अंग-रचना तथा वेश-विन्यास को आहार्य अभिनय के अन्तर्गत स्थान दिया है। पात्रों के अनुरूप तथा प्रकृतिगत वेशभूषा, अंगसज्जा तथा अलंकरण का महत्व केवल बाह्यावरण के रूप में नहीं, अपितु पात्रगत विशिष्टता के रूप में भी है। अभिनव गुप्त की दृष्टि से समस्त अभिनय व्यापारों के उपशमन के उपरान्त भी नेपथ्य-विधि के द्वारा प्रस्तुत रूप-रंग का आलोक विशेष रूप से सामाजिक के हृदयाकाश में प्रतिभासित होता रहता है।[65]

प्राचीन यूनानी नाट्याभिनय में भी वस्त्र-सज्जा (कॉस्ट्यूम) का विशेष महत्व था। भारी-भरकम वस्त्रों, मोटे तल्ले के जूतों एवं मुखौटे का प्रयोग अभिनेता को विशिष्टता प्रदान करने के लिए किया जाता था। मुखौटा एक परम्परा की वस्तु थी, जिसका प्रयोग प्रतीकात्मक होता था। उससे किसी पात्र के साथ मुख्य रूप से सम्बद्ध भावना व्यक्त होती थी। इन मुखौटों के अध्ययन से प्रगट होता है कि जब इन्हें विशिष्ट ढंग से हिलाया डुलाया जाता था तो इनमें एक विशिष्ट प्रकार की अभिव्यक्ति सम्भव होती थी। इनके प्रयोग से जहाँ मानवीय भावों की अभिव्यक्ति सीमित होती थी, वहीं देवताओं के अनुरूप भावाभिव्यक्ति अधिक सुकर होती थी।[66] थेस्पिस ने 'मेक-अप' (रूप-सज्जा) को इतना महत्व दिया कि रंगों के प्रयोग ने चेहरे को एकदम बदल दिया।

संसार के विभिन्न देशों की नाट्यकला में अपनी-अपनी परम्परा तथा सांस्कृतिक अवधारणाओं के अनुसार देव-दनुज, स्त्री-पुरुष, बालक-वृद्ध आदि के वस्त्र, अलंकरण, केश-विन्यास, मुख तथा अंग-सज्जा का विधान किया गया है। इसके

चुनाव तथा रूपांकन में चार बातें ध्यातव्य समझी जाती हैं—पात्र की भूमिका, उसकी वय तथा स्वभाव, नाटक का प्रकार तथा देशकाल। इस क्षेत्र में यद्यपि निर्देशक एवं अभिनेताओं की व्यक्तिगत रुचि तथा प्रयोगधर्मिता का महत्व होता है, किन्तु नाटक की सम्पूर्ण योजना, चरित्रों के प्रस्तुतीकरण तथा उनके आन्तरिक सम्बन्धों को दृष्टि में रख कर सभी पात्रों के वेश-विन्यास तथा अंग-रचना पर विचार किया जाना अपेक्षित होता है।

वस्तुतः रूप-सज्जा तथा वेश-विन्यास का अपना प्रतीकात्मक महत्व होता है। किसी भी जाति की सांस्कृतिक विरासत के यह वाहक होते हैं। ऐतिहासिक-पौराणिक पात्र अपने 'स्वरूप' के निर्माण—अंग-रचना तथा वेश-विन्यास से तुरन्त ही पहचाने जाते हैं। उदाहरणार्थ राम-कृष्ण दोनों ही पीत वस्त्र धारण करते हैं तथा काले रंग के हैं, फूल मालाएँ तथा मुख-सज्जा भी लगभग दोनों की समान ही है, किन्तु एक के हाथ में धनुष बाण तथा दूसरे के हाथ में मुरली और सिर पर मोर-मुकुट तुरन्त ही उनको पात्रगत विशिष्टता प्रदान कर देती है। इसी प्रकार मंच पर राजा की भूमिका में प्रस्तुत होने वाले पात्र के परिधान तथा अंगरचना तद्‌युगीन रीतियों, शैलियों तथा परम्पराओं के अनुरूप होगी। उदाहरणार्थ मंच पर प्रविष्ट होते ही प्रकट हो जाना चाहिए कि सम्राट समुद्रगुप्त हैं अथवा बादशाह अकबर। वनवासिनी सीता अथवा राजपूत रानी पद्‌मिनी का अन्तर वार्तालाप से पूर्व ही उनकी वेशभूषा, अलंकरण तथा रंग-सज्जा से स्पष्ट हो जाना चाहिए। डॉ. रघुवंश का मत है कि आहार्य के लिए विभिन्न युगों में वेशभूषा तथा रूप-सज्जा की शैलियों, रीतियों तथा फैशनों का समुचित ज्ञान उस काल विशेष के साहित्य, कला, शिल्प, चित्रकला एवं मूर्तिकला आदि की सहायता से प्राप्त किया जा सकता है।[67]

'नाट्‌यशास्त्र' में पात्रों के वस्त्रालंकरण, केश-विन्यास एवं अंगरंचना सम्बन्धी विधियों का सूक्ष्म विवेचन प्रस्तुत किया गया है। आधुनिक रंग-निर्माताओं—अभिनव, भरत, पं. सीताराम चतुर्वेदी, सर्वदानन्द आदि ने भी रूप-सज्जा तथा आहार्य सम्बन्धी अनेकानेक विधियों की चर्चा की है, जिनमें दिये गये विस्तृत विवरण नाट्‌य-प्रयोग के लिए व्यावहारिक दृष्टि से पर्याप्त उपयोगी हैं। पाश्चात्य नाट्‌य-कला विषयक ग्रन्थों में भी इस प्रकार की अनेकानेक प्रविधियों की चर्चा है। अलाइन बर्नस्टीन द्वारा लिखित 'कॉस्ट्यूम' तथा एम सिग्नोरे का 'मेक-अप' निबन्ध इस दृष्टि से पर्याप्त सूचना तथा सम्भावनापरक है।[68] किन्तु इन सबका विस्तृत विवरण न तो यहाँ आवश्यक ही है और न ही अपेक्षित, क्योंकि आहार्य सम्बन्धी इन विधियों के बारे में कोई निश्चित एवं ठोस नियमावली (हार्ड एण्ड फास्ट रूल) नहीं बनायी जा सकती। प्रत्येक युग की सुविधाओं तथा सीमाओं के साथ-साथ ही अंग-रचना तथा वेश-विन्यास में प्रयुक्त होने वाली सामग्री तथा प्रयोग-विधियों में कुछ न कुछ

परिवर्तन अवश्य होता रहा है। कभी बहुत तीखी गहरी अंग-सज्जा तथा मुख-सज्जा प्रचलित रही अनेक प्रकार के रंग, तेल, ग्रीज इत्यादि के अधिकाधिक प्रयोग से प्रभावोत्पन्न करने का प्रयास किया जाता रहा, तो कभी मुख राग का पूर्ण बहिष्कार कर स्वाभाविक व्यक्तित्व तथा मुख की रेखाओं के प्रदर्शन को उत्तम समझा गया। इटली की प्रमुख अभिनेत्रियों—पीतियानोर तथा नोरादूस की दृष्टि में सफेदा पोते हुए चेहरे, लाल किये हुए गाल, बहुत मड़ेहर बने हुए मुख और मोटी-मोटी रेखाओं युक्त पलकों वाले मुख में वह आकर्षण नहीं होता, जो बिना छिपे हुए व्यक्तित्त्व में होता है। जर्मनी के प्रमुख आधुनिक रंगकर्मी ब्रेख्ट अपने पात्रों के स्वभाव एवं चरित्र को उभारने के लिए उनकी प्रकृति के अनुसार अर्द्ध-मुखौटे, बड़ी-बड़ी नकली दाढ़ी-मूछें लगाते थे। किसी विशेष पात्र की आँखें तीखी और भेड़िये की तरह भूखी बनाने के लिए उसके चारों ओर लेप लगाते थे तथा नाक और गालों पर मोटी पर्त जमाते थे। 'कोकेशिया का न्याय-चक्रे' का मोटा हंसोड़ राजकुमार छाज-सी चौड़ी दाढ़ी लगाये हुए आता है, उसके हाथों की दस उंगलियों में हीरे-पन्ने की जड़ी अंगूठियाँ चमक रही हैं। नाटक के निम्न वर्ग के पात्रों की वेशभूषा में घिसी हुई पैंट, चिकने कोट, फटी हुई आस्तीन और चीकट स्कर्ट का प्रयोग होता था, जिससे कि बीते हुए समय की गन्ध एवं रस का आभास हो सके।

नाटक की रचना चाहे शास्त्रीय नियमावली के भीतर हुई हो अथवा लोक-नाट्य-शैली में लिखा नाटक हो, उच्च कोटि की साहित्यिक नाट्य-कृति हो अथवा केवल रंगमंचीय सफलता की दृष्टि से लिखा गया साधारण नाट्य, गीत-नाट्य (ओपेरा) हो अथवा दक्षिण भारत का शास्त्रीय नृत्य, सभी में वेशभूषा तथा मुख-सज्जा का विशेष महत्व होता है। ऐतिहासिक नाट्य-प्रस्तुति में देश-काल की प्रतीति आहार्य द्वारा होनी चाहिए, तो सामाजिक नाटकों के विभिन्न वर्गीय पात्रों का उनकी वेशभूषा द्वारा प्रतिनिधित्व होना चाहिए। 'टेलर मेड दी ए जेंटलमैन'[69] का अर्थ अनेक सन्दर्भों में किया जा सकता है। लोक नाटकों के पौराणिक पात्र अपने प्रतीक रूप की रक्षा अपने आहार्य द्वारा करते हैं। केरल के 'कथकली' जैसे शास्त्रीय नृत्य में मुख-सज्जा का विशेष महत्व होता है। विविध प्रकार की पात्र-प्रकृति के अनुरूप चावल के चूर्ण, रंग आदि के द्वारा मुखलेप किया जाता है। मुखौटों का प्रयोग भी लोक-नाटक तथा शास्त्रीय नृत्य में इसी दृष्टि से होता है। 'रामलीला' में हनुमान का मुखौटा उत्तरी भारत में बहुत प्रचलित है। रावण के दस सिर मुखौटों के द्वारा ही दिखाये जाते हैं। अन्य दैत्य-दानव तथा पशुओं के मुखौटों का प्रचलन है। कथकली नृत्य में भी मुखौटों का प्रयोग किया जाता है।

इसी समय यह भी ध्यातव्य है कि यथार्थवादी रंगमंच की वेशभूषा तथा प्रभाववादी रंगमंच की वेशभूषा एक दूसरे से नितान्त भिन्न होती हैं। वेशभूषा तथा रूप-सज्जा

द्वारा नाट्य-प्रस्तुतीकरण में सामयिक तथा स्थानगत प्रतिबद्धता उत्पन्न की जाती है। किसी भी विशिष्ट पात्र की रूप-सज्जा की परिकल्पना निश्चय ही उसकी भूमिका के आन्तरिक रूपांकन के समानान्तर होती है।

आधुनिक रूप-सज्जा का नाटकीय प्रभाव की दृष्टि से विशेष महत्व है। वैज्ञानिक सुविधा प्राप्त रंगमंच पर विविध-प्रकार की प्रकाश व्यवस्था में रूप-सज्जा दृश्य-विधान के साथ सामंजस्य रख कर कलात्मक प्रभाव उत्पन्न करने में सहायक होती है। तीव्र प्रकाश-व्यवस्था तथा रंगीन प्रकाश का रूप-सज्जा के साथ सामंजस्य होना अनिवार्य होता है। अभिनेता की रूपाकृति को अधिक तीखा और आकर्षक बनाकर उसके व्यक्तित्व को रंगमंच पर अधिकाधिक स्पष्टता के साथ उभारा जाता है। विभिन्न प्रकार की प्रकाश व्यवस्थाओं के अन्तर्गत मुखाकृति में जो परिवर्तन उपस्थित हो जाता है, उसके अनुसार अर्थात् प्रकाश के गुण तथा सघनता के अनुपात में अभिनेता की रूप-सज्जा को सन्तुलित किया जाना चाहिए। रंगीन आलोक अथवा पाद प्रकाश में छायालोक का मूल्य बदल जाता है तथा शोधक रूप-सज्जा द्वारा उन्हें उनका सही रूप प्रदान कराना पड़ता है। दो रंगों के मेल से तीसरा रंग बन जाता है। अतः किस आलोक में किस रूप-सज्जा के साथ किन रंगों तथा पाउडरों का उपयोग करना चाहिए, इसकी पूर्व धारणा अपेक्षित होती है।

रंगीन-दृश्य-सज्जा भी रूप-सज्जा को प्रभावित करती है। इसी कारण रूप-सज्जा में प्रयुक्त रंगों को प्रकाश-व्यवस्था में प्रयुक्त रंगों के अनुरूप रख कर उचित प्रभाव उत्पन्न किया जाता है। पश्चिमी रंग-कर्मियों ने इन सभी विषयों पर पर्याप्त विचार किया है।

प्रकाश का सम्पूर्ण नियोजन एवं नियन्त्रण नीचे से आच्छादित, ऊपर से तथा किनारों से डाले जाने वाले क्षितीजीय प्रकाशों द्वारा किया जाता है। अतः ध्यान इस बात पर केन्द्रित किया जाता है कि इन प्रकाशों में अंग का कौन-सा भाग अधिक प्रत्यक्ष होगा। ऊपर के प्रकाश के अधिक तीव्र होने पर मुख तथा शरीर का ऊपरी भाग आभासित होगा और उससे सभी उभरी मुख-रेखाओं के नीचे छायाएँ पड़ेंगी, ललाट चमकेगा, आँखों के गड्ढे वृत्त के समान लगेंगे तथा कपोल की हड्डियाँ एवं नासिका का उभार अधिक स्पष्ट होगा। तेज पाद-प्रकाश (फुट लाइट) में इसका उलटा प्रभाव होगा, मुख के ऊपरी भाग पर मद्धिम छाया पड़ेगी। इसी भाँति एक ओर से फेंके जाने वाले प्रकाश में चेहरा अधिक स्पष्ट एवं उभरा हुआ प्रतीत होगा।

इस दृष्टि से सफलता पाने के लिए उपर्युक्त रंगों के मिश्रण, आलोक एवं छाया का ज्ञान, शरीर-विज्ञान के अन्तर्गत मुख एवं मांसपेशियों के अध्ययन तथा मनोविज्ञान के अन्तर्गत भावों के उतार-चढ़ाव के लिए रेखाओं तथा झुर्रियों के घुमाव आदि का ज्ञान प्राप्त करना आवश्यक होता है। रूप-सज्जा करने से पूर्व यह भी ध्यान रखना होता है कि कहाँ और कब हलके रंगों पर गहरे रंगों का प्रयोग होना चाहिए।

रंगदीपन

अभिनय-कला तथा उसके माध्यम गति को पूर्णतः व्यंजित करने के लिए पर्याप्त तथा समुचित प्रकाश की आवश्यकता होती है। प्रकाश-व्यवस्था के माध्यम से दृश्यात्मक रूप में चाक्षुष संरचना तथा देशकाल एवं घटना-स्थल को व्यंजित करने में सहायता ली जाती है। प्रकाश-व्यवस्था का प्रयोजन दृश्यबोध का सर्जन है। उसके द्वारा घटना-स्थल, संरचना एवं मनोभाव (मूड) की सृष्टि के साथ ही नाटकीय शैली-तत्त्व का व्यक्तीकरण किया जाता है।

प्राचीन नाटकों के अभिनय के सन्दर्भ में भरतमुनि ने नाट्य-प्रयोग के लिए समय निर्धारित करते हुए बताया कि प्रातः तथा दिन के तीसरे पहर तथा रात्रि में प्रथम और अन्तिम प्रहर में नाट्याभिनय किया जाना चाहिए। रंग-प्रदीपन के सन्दर्भ में उनका मत है कि जलता हुआ दीपक लेकर सम्पूर्ण रंगमंच को प्रदीप्त किया जाना चाहिए।[70] दिन के दो प्रहरों में दीपन की अधिक आवश्यकता न होगी, रात्रि के लिए दीपक जलाये जाने की यह व्यवस्था की गयी होगी। परन्तु जहाँ तक शैलगुहाकार रंगमण्डप का प्रश्न है, उसमें तो गवाक्षों के रहते हुए भी दिन में रंगदीप्ति की आवश्यकता होगी। डॉ. राम गोविन्द चन्द्र के अनुमान से माशालों का प्रयोग भी रंगप्रदीपन के लिए किया जाता होगा।[71]

भरतयुगीन रंगमण्डप प्रायः छोटे होते थे। अतः सात्विक भावों का प्रदर्शन प्रेक्षक को प्रभावित कर सकता था। ऐसी स्थिति में आलोक की विशेष समस्या न थी।

यूनानी नाट्याभिनय दिन में होते थे। विशाल रंगशालाओं में रंगदीपन की सम्भावना न थी। रोम में सर्वप्रथम मशालों के प्रकाश में नाट्याभिनय हुआ, किन्तु यह प्रयोग नवीनता के चमत्कार के लिए था। 'हालांकि हम यह मान सकते हैं कि यह मात्र नवीनता के चमत्कार के लिए किया जाता था, वह आधुनिक मंचीय प्रकाश की कृत्रिम प्रकाश व्यवस्था की ओर बढ़ा हुआ कदम कदापि न था।'[72] सोलहवीं शताब्दी के उत्तरार्द्ध में सर्वप्रथम बार प्रकाश के लिए उल्काओं तथा मोमबत्तियों का प्रयोग इटली के 'पलेडियो थियेटर' तथा इंगलैण्ड के 'ब्लैक फायर्स थियेटर' में किया गया। इन दोनों ही नाट्यशालाओं की छत ढकी हुई थी। ध्यातव्य है कि शेक्सपियर के नाटक भी 'ग्लोब थियेटर' में सूर्य के प्रकाश में ही प्रदर्शित किये जाते थे।

सत्रहवी-अठारहवीं शताब्दी में मोमबत्ती तथा वैलदीप के प्रचलन का प्रसार हुआ। 1763 में आरगैण्ड लैम्प का आविष्कार होने पर मिट्टी के तेल तथा कैफाइन (शुद्ध किया हुआ तारपीन का तेल) का प्रयोग किया गया। परन्तु पूरे आडिटोरियम में समान प्रकाश-व्यवस्था थी। अभिनेता तथा प्रेक्षक समान प्रकाश में होते थे।[73]

19वीं शताब्दी के आरम्भ में गैस के प्रकाश की व्यवस्था हुई, जिससे कि एक ही स्थान से पूरे रंगमंच के प्रकाश का नियन्त्रण हो सकता था। लन्दन के

'लीसियम थियेटर' तथा अमेरिका के 'बोस्टन थियेटर' में यह प्रयोग सर्वप्रथम आरम्भ हुए। तत्पश्चात् विद्युतप्रकाश के आविष्कार ने तो रंगदीपन के क्षेत्र में क्रान्ति ही उपस्थित कर दी। अब नवीन प्रकार के अभिनेता-प्रेक्षक-सम्बन्ध विकसित हुए, क्योंकि रंगमंच तथा प्रेक्षाग्रह की प्रकाश व्यवस्था में अब अन्तर था। तीव्र प्रकाशित मंच तथा मन्द प्रकाशयुक्त अथवा पूर्ण अँधेरे प्रेक्षास्थल में बैठा प्रेक्षक केवल दर्शक था। अब आरम्भिक युग से शेक्सपियर के समय तक चली आने वाली दर्शक-अभिनेता के बीच की निकटता समाप्त हो गयी।[74]

भारतवर्ष के लोक-नाट्य में दीपक अथवा मशाल के मन्द प्रकाश में पात्रों की अंगसज्जा तथा वेश-विन्यास का रंग बहुत ही आकर्षक रूप में उभर कर आता है। गहरे रंग के परिधान तथा मुखरंजन के उपरान्त माथे पर लगाई गयी हल्दी-केशर की बुन्दकियाँ अथवा सलमें की अम्बी कटोरियों की रंग-बिरंगी चमक अत्यधिक मनोहर प्रतीत होती है। कथकली नृत्य का प्रदर्शन चाहे कितने भी प्रदीप्त हाल में हो, मंच पर पीतल का विशाल दीवट प्रदीप्त करने की परम्परा का पालन किया जाता है।

पारसी थियेटर के अधिकतर प्रदर्शन पूर्ण प्रकाशित मंच (फुल लाइटेड स्टेज) पर होते थे। चमत्कारिक दृश्यों में कभी-कभी पूर्ण अन्धकार तथा अर्द्ध-प्रकाशित मंच की व्यवस्था होती थी।

आधुनिक भारतीय रंगमंच में अन्य देशों की भाँति प्रकाश की वैज्ञानिक सुविधा का लाभ उठाने का भरपूर प्रयास किया जाता है। रंगशाला के निर्माण के समय ही प्रकाश-नियन्त्रण-व्यवस्था का समुचित ध्यान रखा जाता है।

रंगमंच पर समरस आलोक रखने की प्रारम्भिक व्यवस्था अब बहिष्कृत हो गयी है। अब तो आलोकित करने से अधिक छिपाने की कला अथवा मन्द प्रकाश को रंगदीपन का प्रमुख अंग समझा जाता है। बिन्दु प्रकाश (स्पॉट-लाइट) से आलोकित दृश्यावली का एक भाग ही पूरा दृश्य बन जाता है। रंगमंच को यांत्रिक उपकरणों की अधिकाधिक सुविधाएँ प्राप्त हो गयी हैं। परन्तु अब समस्या है सभी उपकरणों के कलात्मक संयोग को प्रस्तुत करने की। उन्नत प्रकाश-व्यवस्था के इस युग में कलाकार के सम्मुख चैलेंज है कि किस प्रकार विभिन्न प्रकार के प्रकाशों में दृश्य-विधान तथा रूप-सज्जा का सामंजस्य प्रत्येक परिवर्तित स्थिति में बनाये रखें। चित्रित रंगों तथा रूप-सज्जा को विभिन्न प्रकाश-स्थितियों में प्रभावपूर्ण बनाये रखने का कौशल अत्यधिक महत्वपूर्ण है। इसका ध्यान नाटककार से लेकर रंगशिल्पी तक को रखना होता है। प्रत्येक नाटक के प्रकार तथा शैली के अनुसार प्रकाश के प्रत्येक प्रयोजन के विशिष्ट प्रयोग की योजना की जानी चाहिए। प्रकाश-यन्त्रों का प्रयोग इस प्रकार किया जाता है कि वे व्यक्ति के प्रकाश-संवेदन सम्बन्धी सीमा-रेखा को भली-भाँति ग्रहण कर सकें। नाटकीय प्रदर्शन में केवल प्रत्यक्ष करने की अपेक्षा

आभासित करने की सम्भावना को अधिक महत्व दिया जाता है। प्रकाशपुंज को व्यर्थ फैलाया नहीं जाता, अपितु उसे अभिनय-स्थल तक सीमित बनाया जाता है। प्रकाश का समुचित प्रयोग स्वतः एक विज्ञान है। 'यह मनोवैज्ञानिक विश्लेषण का ही फल है कि रंगमंच पर भयोत्पादक और त्रासद दृश्यों के समय मद्धिम प्रकाश से काम लेते हैं और काले तथा भूरे रंग के एक से पर्दे लगाते हैं। किसी दृश्य में कोई पैशाचिक कृत्य रहता है तो इसके पात्र के मुँह पर लाल प्रकाश फेंका जाता है, जिससे भयानकता और बढ़ जाती हैं।[75]

प्रकाश का प्रत्येक परिवर्तन, उसकी गति तथा उसकी स्थिरता, सभी का प्रयोग नाटकीय प्रभाव को दृष्टि में रखकर किया जाता है। अभिनेताओं के कार्यों तथा कथनों के अनुरूप कथावस्तु के संवेगात्मक विकास में प्रकाश-व्यवस्था का समस्त विशेषताओं के माध्यम से नाटकीय दृश्य-तत्त्वों का सहयोगी होना अपेक्षित है। ऐसा होने पर नाट्याभिनय की भावात्मक स्थितियों की व्यंजना तथा प्रभाव क्षमता बढ़ती है।

ब्रेख्ट बार-बार इस बात पर जोर देते हैं कि रोशनी सीधी तथा तीव्र हो, ताकि पात्रों की भावाभिव्यक्ति के उतार-चढ़ाव को स्पष्टता के साथ देखा जा सके। 'मंच-प्रकाश' पर लिखी गयी उनकी कविता में कहा गया है कि 'ऊँघती हुई रोशनी में मेरे दर्शक ऊँघने लगेंगे। मिस्त्री जी! चुंधियाने वाली तेज रोशनी दो, ताकि दर्शक जागते रहें। अगर उन्हें सपने देखने हैं तो चमकती हुई रोशनी में देखें। रात के अँधेरे को हमारे जगमगाते हुए लैम्प और चाँद और भी गहरा कर सकते हैं। हम अपने अभिनय के द्वारा डूबते हुए दिन और आती हुई रात को व्यक्त करेंगे। ...रोशनी तेज करो ताकि दर्शक हमारे नाटक देखें, जो हमने उनके लिए तैयार किया है।'[76]

रंगदीपकीय उपकरणों को चार भागों में विभक्त किया जा सकता है।

1. संघात उपकरण ('मैगजीन इक्विपमेंट')—यथा पाद प्रकाश (फुट लाइट) और शीर्ष प्रकाश (वैटन्स)।
2. तीव्र प्रकाश (फ्लड लाइट)।
3. बिन्दु प्रकाश (स्पाट लाइट)।
4. लैंसयुक्त लालटेनें यथा आलोक-चित्रप्रक्षेपक (इफैक्ट्स प्रोजेक्टर)।

किन्तु यह विभानज अधिक वैज्ञानिक नहीं है, क्योंकि बिन्दु प्रकाश तथा संकीर्ण कोण तीव्र प्रकाश में बहुत थोड़ा अन्तर है। इसी प्रकार संघात उपकरण में एकत्रित कई लघु-तीव्र प्रकाशों (बेबी फ्लड लाइट्स) का समावेश रहता है। अतः लैंस के सम्बन्ध में इन उपकरणों का विभाजन अधिक वैज्ञानिक होता है। इस दृष्टि से यह उपकरण तीन प्रकार के होते हैं :

(क) वह प्रकाश, जिसका आलोक वितरण समरस है और जिसे परावर्त्तक.

(रिफ्लैक्टर) के द्वारा कम अथवा अधिक नहीं किया जा सकता, यथा—पाद प्रकाश, शीर्ष प्रकाश तथा तीव्र प्रकाश।

(ख) वह प्रकाश, जिसका वितरण रिफ्लैक्टर या लैंस के द्वारा कम-अधिक किया जा सकता है। यथा—फोकस वाली लालटेन अथवा कोमल आलोक वाला बिन्दु प्रकाश।

(ग) लैंस के प्रयोग पर निर्भर शोधित प्रकाश यथा—आलोक-चित्र-प्रक्षेपक और बिन्दु प्रकाश।

गगनिका

गगनिका अथवा पृष्ठपट के उपयोग के द्वारा आधुनिक दृश्यविधान में दृश्यानुकूल चित्रांकन द्वारा दूरवर्ती आकाश, बादल, तारे, वन या पर्वत शिखर इत्यादि दिखाये जाते है। किन्तु यह सुविधा आधुनिक प्रकाश-व्यवस्था की सहायता से ही प्राप्त हुई है। गगनिका को प्रकाशित करने के लिए विस्तृत कोण परावर्त्तक की आवश्यकता होती है, जिससे आलोक में समरसता आती है और रंगों की मिलावट में सुविधा होती है। गगनिका को पाद प्रकाश तथा शीर्ष प्रकाश दोनों के द्वारा रंगीन फिल्टरों के माध्यम से प्रकाशित किया जाता है। तीन प्रारम्भिक रंगों—लाल, गहरा नीला और हरा के लिए तीन सर्किटों का प्रयोग किया जाता है। इन्हें मिलाकर अथवा एक में से दूसरा रंग निकला कर इन्द्रधनुषी सात रंग उत्पन्न किये जा सकते हैं। गगनिका के शीर्ष भाग में प्रायः गहरा नीला या हल्का नीला, स्लेटी, नीलापन लिए हुए हरा, लाल या गुलाबी रंग दिये जाते हैं। गगनिका का शीर्ष भाग प्रायः एक हजार वाट के तीव्र प्रकाश तथा निचले भाग कम वाट के पाद प्रकाश से प्रकाशित किया जाता है।

रंगदीप्ति के उपकरणों का प्रयोग विवरण इस प्रकार दिया जा सकता है :

1. तीव्र प्रकाश : यह तीन प्रकाश का होता है—(क) 60 से 150 वाट तक, (ख) 300 से 500 वाट तक, (ग) 1000 वाट वाले तीव्र प्रकाश से बड़े मंचों को आलोकित किया जाता है। प्रथम दोनों छोटे प्रकार के प्रकाशों को 'लघु तीव्र प्रकाश' कहते हैं। इनके साथ जो परावर्त्तक काम में लाये जाते हैं, वे प्रायः 50° और 100° पर किरणों को फेंकते हैं। पृष्ठपट को प्रकाशित करने के लिए 100° पर किरणें फेंकने वाले विस्तृत कोण परावर्त्तक की आवश्यकता होती है।

2. संघात उपकरण : पाद प्रकाश और शीर्ष पकाश जैसे समरस आलोक उसी के अन्तर्गत आते हैं। इन प्रकाशों के लिए मध्यम कोण तथा विस्तृत कोण वाले परावर्त्तकों की आवश्यकता होती है।

3. समानान्तरी किरणों वाली लालटेन (पैरलल बीम लैन्टर्न) : इस लालटेन में दस इंच व्यास के पैराबोलिक परावर्त्तक और 'स्पिलरिंग्स' से समानान्तर किरणें उत्पन्न होती हैं। इसका प्रयोग खिड़की से आने वाली सूर्य की किरणें दिखाने के लिए किया

जाता है। इसमें 6 वाट 12 वोल्ट का बल्ब लगता है। ट्रांसफार्मर इसके अन्दर बना होता है। इसे बड़े मंच पर बिन्दु प्रकाश की भाँति काम में लाया जा सकता है।

4. संगम लालटेन (फोकस लैन्टर्न) : यह प्रायः मंच पर बिन्दु प्रकाश के नाम से काम में आते हैं। इसमें 250, 500, 100 वाट के बल्ब प्रयुक्त किये जाते हैं। स्पष्ट रूप से किसी बिन्दु या लक्ष्य पर प्रकाश को केन्द्रित रखने के लिए एक और लैंस लगाना पड़ता है।

5. कोमल आलोक वाला बिन्दु प्रकाश (साफ्ट एज्ड स्पॉट-लाइट) : इसके लैंस और परावर्त्तक संगम लालटेन की अपेक्षा बड़े होते हैं और दो हजार वाट का बल्ब काम में लाया जाता है। इसमें किरणें 10° और 45° के बीच में होती हैं।

6. आलोक-चित्र-प्रक्षेपक (इफेक्ट्स प्रोजेक्टर) : इस प्रक्षेपक में स्लाइड का काम उसकी घूमने वाली तश्तरी करती है। इसके द्वारा चलते हुए बादल, तारों भरा आकाश, आग की लपटें अथवा कोई भी दृश्यावली दिखायी जा सकती है। यह एक प्रकार का स्लाइड प्रोजेक्टर है, जिसमें स्लाइड की जगह घूमने वाली तश्तरी भी लगी रहती है। पार्श्व से बादलों का प्रभाव उत्पन्न करने के लिए तीन इंच का फोकस पर्याप्त है।

7. बिन्दु प्रकाश : इसके लिए 'स्टेलमर स्पाट' या 'मिरर स्पाट' काम में लाया जाता है। इसमें अन्य परावर्त्तकों के साथ एक गोलीय परार्वत्तक भी होता है। इसमें 1000 वाट का बल्ब लगता है। किरणें 3° और 19° तक का कोण बनाती हैं। बिन्दु के आकार को प्रकाश के द्वार पर लगे 'शटरों' से नियंत्रित किया जाता है। रंगीन आलोक के लिए बिन्दु प्रकाश के साथ रंगीन फिल्टर काम में लाये जाते हैं।

रंगमंच की आधुनिक दीपन-व्यवस्था में दीप्ति-नियामक (डिम्मर) का विशेष महत्व होता है। इससे आलोक को धीरे-धीरे घटाया-बढ़ाया जा सकता है। इसका प्रयोग सूर्योदय अथवा सूर्यास्त दिखाने के लिए किया जा सकता है। लाल, नीले और हरे तीन प्राथमिक रंगों के लिए प्रयुक्त तीन दीप्ति नियामकों में इन्द्र-धनुष के अन्य रंग उत्पन्न किये जा सकते हैं।?

उपर्युक्त सभी प्रकाशों तथा दीप्ति नियामकों के लिए मंच का अपना स्विच-बोर्ड होता हैं, जिसे हाथ से अथवा बिजली के द्वारा दूर से ही संचालित किया जाता है।

ध्वनि-संयोजन

रंगमंच पर वातावरण को यथार्थता प्रदान करने के लिए ध्वनि-संकेत प्रयोग में लाये जाते हैं। वैज्ञानिक उपलब्धियों तथा विद्युत यन्त्रों की व्यवस्था के साथ ही आज के नाट्य-प्रदर्शनों में ध्वनि-प्रभावों का विशेष महत्व बढ़ा है। व्यावसायिक रंगशालाओं में इसके लिए बड़े-बड़े उपकरणों की सहायता ली जाती है। ध्वनि-संकेत के प्राचीन साधन—कंठ, हाथ-पैर तथा वाद्य-यन्त्र थे। कुछ प्रतिभा-सम्पन्न कलाकार अपने कंठ

से अनेक ध्वनियाँ प्रस्तुत कर प्रेक्षक को सत्याभास कराते थे। किन्तु आज वैज्ञानिक साधनों की सहायता से मूल ध्वनियों को यथातथ्य रूप में सुनाया जा सकता है। टेप-रिकार्डर का प्रयोग इस सम्बन्ध में बड़ा ही उपयोगी है। वांछित प्रभाव को पहले से ही टेप पर अंकित कर लिया जाता है, फिर नाट्य-मंचन के समय उसका प्रयोग किया जाता है। रेलगाड़ी, वायुयान, मोटर इत्यादि का चलना, गोली-चलना, मेघ-गर्जन, वर्षा, आँधी, तूफान, शिशु-रोदन, पशु-पक्षियों की आवाजें इत्यादि को नेपथ्य से प्रस्तुत कर नाट्य-प्रभाव में वृद्धि की जाती है। यह कार्य विशेष सतर्कता एवं सजगता के साथ करने की आवश्यकता होती है। ध्वनि-प्रभाव (साउण्ड-इफैक्ट) तथा मंचित किये जाने वाले दृश्य में इतना अधिक सामंजस्य होना चाहिए कि प्रभाव को अधिकाधिक पूर्ण बनाया जा सके। दोनों में कुछ ही समय का अन्तराल बिल्कुल उल्टा प्रभाव उत्पन्न कर हास्यास्पद स्थिति को जन्म देगा। उदाहरणार्थ जब मंच पर गोली चलाई जाय, उस क्षण विशेष में ही नेपथ्य से ध्वनि-प्रभाव दिया जाय। ध्वनि-प्रभाव का गाम्भीर्य तभी रक्षित रह पाता है, जबकि उसके प्रस्तुतिकरण में निमेष मात्र भी जल्दी अथवा देर न हो।

विदेशों में नाट्य-संस्थाओं में अलग से इफैक्ट्स-विभाग होते हैं, जो बराबर ध्वनि-प्रभाव-अंकन तथा ध्वनि-संयोजन-क्षेत्र में प्रयोग करते रहते हैं तथा प्रदर्शनों में निर्देशित समस्त ध्वनि-प्रभावों के लिए उत्तरदायी होते हैं।

भारतवर्ष में इसके लिए टेप-रिकार्डर प्रयुक्त किये जाते हैं। कुछ विशेष ध्वनियों के रिकार्ड भी तैयार मिलते है। एक रिकार्ड पर एक तरफ तीन से लेकर पाँच ध्वनियाँ अंकित रहती हैं, अतः परिचालक को प्रत्येक ध्वनि का नोमोल्लेख रिकार्ड के उस स्थल विशेष पर कर लेने की आवश्यकता होती है। ट्रांसक्रिप्शन भी एक प्रकार का रिकार्ड है, जो प्रायः धीमी गति से घूमता है। लम्बे ध्वनि-संकेत यथा—लगातार वृष्टि, गर्जन आदि प्रस्तुत करने के लिए इसका प्रयोग किया जाता है।

ध्वनि-संकेतों का विशेष महत्व रेडियो-नाटकों में होता है। यहाँ सामाजिक नाटक को देखता नहीं सुनता है, अतः ध्वनि-प्रभाव तथा पात्रों की आवाज ही नाट्य-प्रभाव के लिए उत्तरदायी होती है।

संगीत-योजना

'नाट्य-शास्त्र' में लगभग छः-सात अध्यायों (28-34) में नाट्य-प्रयोग की सिद्धि के लिए गीत-वाद्य के महत्व का विस्तृत विवेचन किया गया है। 'पूर्वरंग' का आरम्भ गीत-नृत्य के साथ होता है। नाट्य-प्रयोग के मध्य में भी गीत का प्रयोग होता है। गीत-वाद्य नाट्य-प्रयोग में अलातचक्र की तरह मिले रहते हैं।[70] वाद्य-भाण्डों एवं वीणा का वादन भी गीतों के सन्तुलन में करके रस-परिपाक में सहायता पहुँचाई जाती

है। गीत का प्रयोग भाव-रस के प्रकाश के लिए होता है। अतिशय गीत-प्रयोग का विरोध भी आदि आचार्य ने किया, क्योंकि उस स्थिति में नाट्य-प्रयोग 'राग-जनक' न होकर 'खेद-जनक' हो जाता है।[77]

गीत-वाद्यविधान के सम्बन्ध में भरतमुनि ने पूर्ववर्ती संगीताचार्यों—स्वाति, नारद, तुम्बरू आदि—का उल्लेख किया है।[78] भरत ने उनका आकलन कर शास्त्रीय रूप देते हुए उदाहरण भी प्रस्तुत किये हैं। उन्होंने सप्तस्वर, रसानुसार स्वर योजना, वर्ण और अलंकार, ताल-लय और यति की महत्ता, ध्रुवा का स्वरूप और भेद, वाद्य के प्रकार तथा उनका तालाश्रित प्रयोग आदि विषयों का विवेचन किया है। पाँच ध्रुवागीतों—प्रावेशिकी, नैष्क्रामिकी, आक्षेपिकी, प्रासादिकी, आन्तरी का भी भरत ने पर्याप्त विवेचन किया है। यह पाँच ध्रुवागान नाट्य-प्रयोग में परिव्याप्त रस, भाव, ऋतु, काल तथा देश के सन्दर्भ में प्रयुक्त होते हैं। स्वभावतः नाट्य-कथा के अंगरूप में इनका प्रयोग होता है। इसी कारण रामचन्द्र ने इनका उल्लेख 'कवि-ध्रुवा' के नाम से किया है। यह गान नाटककार का भी परिचय देते हैं। रसाश्रित ध्रुवागान नाट्यार्थ का उसी प्रकार प्रकाशन करते हैं, जैसे नक्षत्रगण आकाश का ज्योत्सना से।[79] स्वर, ग्राम, गान-क्रिया के वर्ण एवं अलंकार भी आचार्य ने विवेचित किये हैं। गान-वाद्यों की नाम परिगणना, निर्माण-विधि तथा उपयोगिता का भी विस्तारपूर्वक उल्लेख है। उस समय चार प्रकार के वाद्य प्रचलित थे—(1) तत (धीराग आदि), (2) अबनद्ध (मृदंग, पटह आदि), (3) सुशिर (वेणु आदि), (4) घन (झाल आदि)।[80]

गायक वादकों की आसन-व्यवस्था तीनों प्रकार के नाट्य-मण्डपों में रंगशीर्ष तथा रंगपीठ के द्वारों के मध्य होती थी।[81] भरतमुनि की दृष्टि से गीत-वाद्य नाट्य की शैय्या हैं, इनका समुचित प्रयोग होने पर नाट्य-प्रयोग विपत्ति-ग्रस्त नहीं होता।[82]

संस्कृत तथा प्राकृत नाटकों में गीतों का प्रयोग हुआ। कालिदास के तीनों नाटकों में गीतों का विधान किया गया है। 'अभिज्ञान शाकुन्तलम्' के आरम्भ में ग्रीष्म ऋतु का गीत नटी गाती है।[83], हंसपदिका के गायन का संकेत है।[84] 'मालविकाग्निमित्र' में मालविका छलिका का प्रयोग गीत के माध्यम से करती है।[85] 'विक्रमोर्वशी' के चतुर्थ अंक में गेय पदों की प्रचुरता है।[86] हर्ष के 'रत्नावली' नाटक में द्विपदिका का गायन दो स्त्रियों द्वारा होता है।[87] मध्ययुगीन मैथिली नाटक 'पारिजात हरण' में उमापति ने अनेक माधुर्यपूर्ण गीतों की योजना की है।[88]

लोक-नाट्य-परम्परा का यह क्षेत्र विशेष रूप से बना होता है। 'रंगशाला में गायकों और वाद्यकारों की मंडली के स्थान की विशेष महत्ता है; क्योंकि पदों और औपचारिक दृश्य-परिवर्तन के अभाव में गीत और वाद्यवादन ही कथा-सूत्र को शृंखलाबद्ध करते हैं तथा प्रसंगों के बीच कालावधि में पूरक का काम करते हैं।[89] रास, स्वांग, नौटंकी में समाजी, गुरु अथवा उस्ताद अपनी मण्डली के साथ तख्त के

बने मंच पर ही बैठते हैं। नौटंकी में तो वार्तालाप के साथ भी संगीत-वाद्य प्रयुक्त होते हैं। रासलीला में कभी-कभी लीलापरक गीत भी प्रयुक्त होते हैं।

पारसी-नाटक में नृत्यगीत की योजना भी अपने आप में बहुत ही महत्वपूर्ण है। मंगलाचरण शास्त्रीय संगीत के साथ गाया जाता था। नायक-नायिका के गीतों में लोकधुनों तथा शास्त्रीय रागों का मिश्रण होता था। वाद्य-वादक-हारमोनियम, वायलिन, क्लारनेट आदि बजाने वाले—पाश्चात्य ऑपेरा साजिन्दों की भाँति पाद-प्रकाश के आगे गहरी-सी जगह में बैठते थे।

आधुनिक हिन्दी-नाट्य-साहित्य में भी गीतों का प्रयोग प्रचुरता से हुआ है। भारतेन्दु के नाटकों में भक्ति, शृंगार तथा देशभक्ति से पूर्ण सुन्दर गीतों का समावेश है। 'प्रसाद के नाटकों का गीत-वैविध्य तो स्वतः ही अध्ययन का विषय है। इनके नाटकों में अनेक उत्तम छायावादी गीतों की सृष्टि हुई है। राष्ट्रभक्ति के समसामयिक विषय से जुड़े गीतों का भी इन नाटकों में विधान किया गया है। प्रसाद के नाटकों में गीतों के भरपूर प्रयोग के कारण आलोचकों को ये नाटक गीत-बोझिल प्रतीत हुए—'फिर तो यह दशा दिखाई पड़ती है कि नाटक के सभी स्त्री-पात्र गान-प्रिय हो उठते हैं--जैसे 'चन्द्रगुप्त' में कार्नेलिया, कल्याणी, मालविका और सुवासिनी सभी गाती हैं और इतना अधिक गाती हैं कि संगीत भी अप्रिय हो जाता है।'[90] हरिकृष्ण प्रेमी, डॉ. रामकुमार वर्मा, बेनीपुरी, जगदीशचन्द्र माथुर आदि के नाटकों में भी ललित कोमल गीत योजना हुई है।

आज के हिन्दी रंगमंच पर हबीब तनवीर ने छत्तीसगढ़ी लोकधुनों का प्रयोग करते हुए अपने नाटकों में चार-चार, पाँच-पाँच गीतों का विधान किया है। 'आगरा बाजार', रुस्तम सोहराब', 'मुद्राराक्षस', 'राजा मता', 'उत्तररामचरित', 'चार भाई' इत्यादि के प्रदर्शन में छत्तीसगढ़ी के कलाकारों द्वारा गायन का सुन्दर प्रयोग किया गया है।

पिछले दिनों जब पश्चिमी यथार्थवाद के अनुकरण की प्रवृत्ति बढ़ी थी, तो गीतों का बहिष्कार पूर्णतः कर दिया गया था, किन्तु अब तो लगभग सभी प्रदर्शनों में गीतों की महत्ता स्वीकृत कर ली गयी है।

पश्चिमी रंगमंच पर तो आरम्भ से ही वृन्दगान (कोरस) का प्रचलन था। ऑपेरा तो पूर्णतः गीतपरक नाट्य था।[91] शेक्सपियर के पात्र भी भावावेग की अवस्था में सुन्दर गीत गाते हैं। कभी-कभी इन गीतों के माध्यम से नाट्य-व्यंग्य (ड्रामेटिक आयरनी) का सुन्दर उपयोग किया गया है। शेक्सपियर तथा मारलो के नाटक अपनी गीतपरक प्रवृत्ति के लिए काफी प्रसिद्ध हैं। यथार्थवादी युग में नाटकों को जीवन तथ्यात्मकता के अधिकाधिक अनुरूप बनाने के प्रयास में नाटक से गीत को बिल्कुल निकाल दिया गया।

किन्तु आधुनिक पश्चिमी-नाटक गीत-तत्त्व को पर्याप्त महत्व देता है। टी.एस.

इलियट तो गद्य-नाटक की अपेक्षा काव्य-नाटक को अधिक सम्प्रेषणीय एवं प्रभावशाली समझते हैं। ब्रेख्ट का मत है कि प्रेक्षक का गीतों के द्वारा सम्बोधन करने से प्रदर्शन की सामान्य मुद्रा को बहुत बल मिलता है। इसके लिए गीत को बाकी आलेख से अलग रहना चाहिए। उनके मत से संयोग पूरी स्वतन्त्रता के साथ कई प्रकार से अपना उद्देश्य पूरा कर सकता है। साथ ही सम्बद्ध विषय पर अपनी प्रतिक्रिया भी प्रस्तुत कर सकता है। मनोरंजन की विविधता भी इसके द्वारा उत्पन्न की जा सकती है।

आधुनिक नाटक में नेपथ्य-संगीत का विशेष महत्व है। टेप रिकार्ड किया गया संगीत प्रभाव आज बहुत ही महत्वपूर्ण बन गया है। वातावरण का निर्माण करने, अवसरानुकूल वाद्य-संगीत संवादों की पृष्ठभूमि में तथा करुण, शान्त, वीर, शृंगार आदि रसों की निष्पत्ति में नेपथ्य-संगीत तथा पृष्ठभूमि-संगीत अत्यधिक उपयोगी होता है।

नवीन दृश्य-विधान में जहाँ दृश्य-परिवर्तन तथा अंक-परिवर्तन के समय परदा गिराने-उठाने का प्रचलन समाप्त कर दिया गया है, एक दृश्य से दूसरे दृश्य के बीच के अन्तराल में कुछ पलों के लिए संगीत-प्रभाव का प्रयोग कर मनोहारी वातावरण की सृष्टि की जाती है।

सन्दर्भ

1. (अ) डॉ. नगेन्द्र, 'आस्था के चरण', पृ. 193
   (आ) शेल्डोन चेनी, रंगमंच', पृ. 579
2. "The Art of the Theatre, then, rests not alone on literary, nor on histrionic art; though both these, I believe, must be amongst the ingredients. It rests upon the effectiveness of the total composition; and for this composition, the director, is, or can be the decisive factor."—Hugh Hunt, 'The Director in the Theatre', p. 2
3. डॉ. सुरेन्द्र दीक्षित, 'भरत और भारतीय नाट्यकला', पृ. 317
4. "At the Lowest he is the referee who stop sthe fouls between the two principal parties; at the highest he is the man who welos$ together the theatrical verities of author, actor, designer and technician, and unifies all these by his vision." —'The Director in the Theatre', Hugh Hunt, P. 6
5. डॉ. रघुवंश, 'नाट्यकला', पृ. 66
6. 'Theatre and Stage : Production and Principles', F. E. Doran, p. 781
7. 'नाट्यप्रयोग कुशलः नाना शिल्प समन्वितः।
   पादच्छंदविधानज्ञः सर्वशास्त्र विचक्षणः।
   स्मृतिमान् मतिमान् धीर उदारः स्थितवाक् कवि।
   अरोगो मधुरः शान्तो दान्ताचैव प्रियंवदः॥" —ना. शा. 35/45-52
8. डॉ. नगेन्द्र, 'आस्था के चरण', पृ. 192
9. "सूत्रयन् काव्यनिक्षिप्तवस्तुनेतृकथारसान्।
   नान्दीश्लोकेन नांद्यते सूत्रधार इति स्मृतः॥" —भाव-प्रकाशन 10/22
10. ना. शा. 5/162

11. 'मालती माधव', प्रस्तावना
12. A Nicoll, 'The Theatre and Dramatic Theory', p. 13-14
13. "There will be something of beauty added to the world, because producer has unified his elements, used his tools wisely, brought the three A's together, the author, the actor and the audience into common understanding and to one mind or way of thinking."—F. E. Doran, 'Theatre and Stage : Production and Principles', p. 779-80
14. शेल्डान चेनी, 'रंगमंच', पृ. 583
15. डॉ. नगेन्द्र, 'आस्था के चरण', पृ. 199
16. मोहन राकेश, लेख, 'नाटककार और रंगमंच', पुस्तक, 'हिन्दी नाटक और रंगमंच : पहचान और परख', सं. इन्द्रनाथ मदान, पृ. 209
17. वही, पृ. 207
18. बलवन्त गार्गी, 'रंगमंच', पृ. 255
19. डॉ. रामअवध द्विवेदी, 'साहित्य सिद्धान्त', पृ. 85
20. डॉ. नगेन्द्र, 'आस्था के चरण', पृ. 193
21. सर्वदानन्द, 'रंगमंच', पृ. 106
22. "मेधा स्मृतिर्गुण श्लाघा रागः संघर्ष एव च।
    उत्साहश्च षडेवेतान् शिष्यस्यापि गुणान् विदु।।" —ना. शा. 26/19
23. डॉ. धर्मवीर भारती, 'हिन्दी नाट्य-लेखन', पृ. 168
24. "विभावयति यस्माच्च नानार्थान्हि प्रयोगतः।
    शाखांगोपांग संयुक्तः तस्मादभिनयः स्मृत।।" —ना. शा. 8/9
25. "रसा भावा अभिनया धर्मो वृत्ति प्रवृत्तयः।"
26. वही, 6/10
27. ना. शा. 14/2
28. स्तम्भः स्वेदो च रोमांचः स्वरसंभेदो च वेपथुः।
    वैवर्ण्युमश्रु प्रलय इत्यष्टौ सात्विकाः स्मृताः॥" —ना. शा. 7/94
29. "सामान्याभिनयो नाम ज्ञेयो वागंगसत्वजः।"—वही, 22/1
30. "अंगाभिनयस्येह यो विशेषः क्वचित् क्वचित्।
    अनुक्त उच्यते यस्मात् स चित्राभिनयः स्मृत॥" —वही, 25/7
31. A. Nicoll, 'The Theatre and Dramatic Theory', p.12
32. Hamlet—"Be too tame neither, but let your discretion be your tutor, suit the action to the word, the word to the action, with this special observance that you overstep not the modest nature; for anything so overdone is from the purpose of playing, whose end, both at the first and now, was and is, to hold as' twere, the mirror upto nature; to show virtue her own feature, scorn her own image, and the very age and the body of the time his form and pressure. Now this overdone and come tardy off, though it makes the unskillful laugh, cannot but make judicious grieve; the censure of which must in your allowance o'erweight a whole theatre of others."—Shakespeare, 'Hamlet', p. 117-118
33. Hamlet—'Good my lord, will you see the players, well bestowed? Do you hear, let them be well used; for they are the abstracts and cronicles of the time; after your death you will better have a bad epitaph than their ill report while you live."—Ibid., p. 107

34. सीताराम चतुर्वेदी, 'भारतीय तथा पाश्चात्य रंगमंच', पृ. 386.
35. "...how much the tempo of the actor's performances, and therefore the atmoshphere of the whole play, can vary according as an audience is quick or slow, warm or cold."—W. A. Darlington, 'The Actor and his Audience', p. 7
36. शम्भु मित्र, 'नटरंग', खण्ड 7, अंक 25, जनवरी-जून 75, पृ. 47.
37. वही, पृ. 41
38. शेल्डान, चेनी, 'रंगमंच'
39. "शुद्धादर्शतलाकार रंगशीर्ष प्रशस्यते"—ना. शा. 2/73
40. "चित्रकर्मणि चालेख्या पुरुषा स्त्रीजनस्तथा।
तताबन्धाश्च कर्तव्याश्चरितं चात्ममोगजम्॥"—वही, 2/85
41. 'सीताबेंगा केव', लेख—किरण कुमार थपलयाल, 'थियेटर और प्लेजर हाउस', नाट्य-त्रैमासिक, दिल्ली, भाग 6, संख्या 1, मार्च 1962, पृ. 18
42. डॉ. रघुवंश, 'नाट्यकला', पृ. 200
43. डॉ. सुरेन्द्रनाथ दीक्षित, 'भरत और भारतीय नाट्यकला', पृ. 113
44. "शैलयान विमानानि चर्म कर्मध्वजा नगाः। —ना. शा. 21/9
45. ना. शा. 21/7
46. 'अभिनव भारती', भाग तीन, पृ. 109
47. ना. शा. 21/7
48. वही, 21/8
49. "प्रसाद गृह्नानानि नाट्योपकरणानि च।
न शक्यानि तथा कर्तु यथोवतानीह लक्षणैः।
लोकधर्मी भवेत् का त्वन नाट्यधर्मी तथा परा।
स्वभावों लोकधर्मी विभावो नाट्यमेव हि। —ना. शा. 21/193
50. 'अभिज्ञानशाकुन्तलम्', अंक 1 तथा 7
51. 'भरतकोश', पृ. 810
52. डॉ. सुरेन्द्रनाथ दीक्षित, 'भरत और भारतीय नाट्यकला', पृ. 117
53. शेल्डान चेनी, 'रंगमंच, पृ. 46
54. वही, पृ. 78
55. वही, पृ. 79
56. वही, 'रंगमंच', पृ. 80
57. डॉ. रघुवंश, 'नाट्यकला', पृ. 186
58. शेल्डान, चेनी, 'रंगमंच' पृ. 238
59. वही, पृ. 246
60. वही, पृ. 599
61. जगदीशचन्द्र माथुर, 'परम्पराशील नाट्य', पृ. 66
62. डॉ. लक्ष्मीनारायण लाल, 'पारसी-हिन्दी रंगमंच', पृ. 107-108
63. बलवन्त गार्गी, 'रंगमंच', पृ. 171
64. Hugh Hunt, ' The Director in the Theatre', p. 88
65. "तेन समस्ताभिनय प्रयोग चित्रस्यभित्ति स्थानीयमाहार्यम्।
तथा च समस्ताभिनयव्युपरमेऽपि नेपथ्य-विशेषदर्शनादि विशेषो वसी यतएव॥" —'अभिनव भारती', भाग 2, पृ. 109

66. शेल्डान चेनी, 'रंगमंच', पृ. 80-81
67. डॉ. रघुवंश, 'नाट्यकला', पृ. 22
68. 'Our Theatre Todady', Editd by Hershel L. Brieker.
69. Shakespeare, 'King Lear', p. 62
70. ना. शा. 3/93.
71. डॉ. राय गोविन्दचन्द्र, 'भरत के नाट्यशास्त्र में नाट्यशालाओं के रूप', पृ. 21
72. शेल्डान, चेनी, 'रंगमंच', पृ. 120
73. Thus, when an eighteenth century painter turned to depict a performance in action he showed the spectators seated in as full illumination as the actors on the stage."—A. Nicoll, 'Theatre and Dramatic Theory'. p. 29
74. "When, however, the new means of lighting, first gas and then electricity, came into common use, a sharp cleavage resulted between the whole theatrical tradition from the Greek era onwaros$, and a fresh actor-audience relationship was established with these new means, light could be controlled in a way impossible during earlier times and consequently it was easy to move into our familiar present-day convention, which presents a brightly lit stage while the spectators cast into a discreet semi-darkness, look at, instead of sharing in performance."—A. Nicoll, 'Theatre and Dramatic Theory', p. 29
75. राजकुमार, 'नाटक और रंगमच', पृ. 106
76. बलवन्त गार्गी, 'ब्रेख्ट का थियेटर', 'रंगमंच' से उद्धृत, पृ. 261
77. "एवं गीतं च वाद्यं नाट्यं च विविधात्रयम्।
अलातचक्रप्रतिमं कर्तव्यं नाट्योक्तृभिः॥''—ना. शा. 28/7
78. ना. शा. 5/158-60
79. वही, 34/2
80. "तथा रसकृताः नित्यं ध्रुवा प्रकरणाश्रिताः (श्रयाः)।
नक्षत्राणीव गगनं नाट्यमुधोतयन्ति ताः।।"—वही, 32/436
81. ना. शा., 28/1-15
82. वही, 34
83. "गीते प्रयत्नः प्रथमं तु कार्यः शय्या हि नाट्यस्य वदन्ति गसिम्।
गीते च वाद्ये च हि सुप्रयुक्ते नाट्य-प्रयोगो न विपत्तिमेत्ति॥" —वही, 22/447
'अभिज्ञानशाकुन्तलम्'। 1/3, 1/4
84. वही, 4/1
85. 'मालविकाग्निमित्र', 2/4
86. 'विक्रमोर्वशीयम्', 4/7
87. 'रत्नावली', 1/13-15
88. उमापति, 'पारिजात हरण', पृ. 1, गीत सं. 1, 4, 5, 7, 8, 11, 12, 13—सम्पादक, जार्ज ग्रियर्सन।
89. जगदीशचन्द्र माथुर, 'परम्पराशील नाट्य', पृ. 66
90. डॉ. जगन्नाथप्रसाद शर्मा, 'प्रसाद के नाटकों का शास्त्रीय अध्ययन', पृ. 274
91. "The audience is made to feel more deeply that the music is inevitable vehicle for the expression of dramas."—Clive Gray. 'Stage and Theatre', p. 689

रंगशाला का स्वरूप और नाट्य प्रभाव

लोकधर्मी तथा नाट्यधर्मी परम्परा के उद्भव के सम्बन्ध में विविध मत-मतान्तरों पर सर्वेक्षणात्मक दृष्टि डालने पर स्पष्ट होता है कि प्राचीन भारत में नाट्यशालाओं की एक समृद्ध परम्परा रही है। यजुर्वेद के तीसवें अध्याय में नाट्य के सूत, शैलूष, कारी (विदूषक), वामन, चित्रकारिणी आदि अनेक नाटकीय पात्र तथा मंजीरा, तबला, वीणा आदि वाद्यों का स्पष्ट उल्लेख है।[1] इन सबसे हम ऐसी परिकल्पना कर सकते हैं कि वैदिक युग में नाट्योपयोगी सामग्रियों का एकत्रीकरण किसी नाट्यमण्डप के प्रयोग का साधन रहा होगा। आदि-काव्य में वधू नाटक-संघों तथा रंगशालाओं का स्पष्ट संकेत है।[2] पातंजलि महाभाष्य में रंग-मण्डप तथा उसमें नटों की स्त्रियों द्वारा हास-परिहास का स्पष्ट संकेत मिलता है।[3] अर्थशास्त्र तथा कामशास्त्र आदि प्राचीन ग्रन्थों में भी नाट्यशाला का उल्लेख है। कौटिल्य ने ग्रामों में नाट्यशालाओं की रचना का निषेध किया है। किन्तु 'अर्थशास्त्र' के अध्यक्ष प्रचार अधिकरण में विहारशालाओं का उल्लेख है, जिनमें रंगकर्मी, अभिनेता नाट्य, नर्तन और गायन का विधान पूरा करते थे। नाट्य-मण्डप और नाट्य-मण्डली के अभिनेताओं को विधिवत वेतन भी मिलता था।[4] 'कामशास्त्र' में भी उन रंगशालाओं का उल्लेख है, जो मन्दिर से सम्बद्ध होती थीं।[5] बौद्ध और जैन साहित्य भी नाट्य-मण्डप का संकेत देते हैं। ललित कलाओं के प्रति कठोर दृष्टि रखते हुए भी बोधिसत्त्व स्वयं नाट्याचार्य तथा अन्य नट बौद्ध पात्रों के रूप में दृष्टिगत होते हैं।[6] जैन धर्म के राजप्रसेनीय सूत्र में नाट्यमण्डप के स्तम्भ, अर्द्ध-चन्द्रकार तोरण, शालभंजिका, भित्तिलेप, और चित्ररचना आदि की पर्याप्त जानकारी उपलब्ध है।[7]

कालिदास के नाटकों में स्थान-स्थान पर नाट्यमण्डप के उल्लेख हैं। 'मालविकाग्निमित्र' में राजा के प्रेक्षागृह में मालविका के संगीत तथा अभिनय कला सीखने का सन्दर्भ है।[8] 'शाकुन्तलम' में संगीतशाला में देवी हंसपदिका स्वर साधना कर रही हैं।[9] इस नाटक के प्रथम अंक में भी सूत्रधार दर्शकों के समक्ष रंगमंच पर प्रस्तुत होनेवाले नाटक की सूचना इसे नाट्य-प्रयोग-विज्ञान कहकर देता है।[10] ऐसा प्रतीत होता है कि ये प्रेक्षागृह, संगीतशालाएँ तथा चित्रशालाएँ राजभवनों के अंग

थे। संस्कृत नाटकों की प्रस्तावनाएँ नाट्यमण्डप सम्बन्धी इन तत्त्वों की पर्याप्त पुष्टि करती हैं। भवभूति के 'उत्तररामचरित' में 'रामायण' नाटक देखने के लिए देव-असुर निमन्त्रित थे। यहाँ भी एक समृद्ध रंगमंच की सूचना मिलती है। यह प्रेक्षागृह लोकधर्मी नाट्य-परम्परा के रंगमंच के निकट प्रतीत होते है।

नाट्यशाला के सम्बन्ध में पुराणों के साक्ष्य भी महत्वपूर्ण हैं। हरिवंश पुराण, विष्णु धर्मोत्तर, मत्स्य और अग्नि पुराण में महत्वपूर्ण सामग्री मिलती है। हरिवंश-पुराण में छलिक नृत्य और रामनाटकों के प्रयोग के साथ समृद्ध नाट्य-मण्डप की स्थिति दिखाई देती है। विष्णु धर्मोत्तर पुराण में दो प्रकार के नाट्यमण्डपों के संकेत हैं।[11] मत्स्यपुराण में अठारह आचार्यों का उल्लेख है, जो वास्तुकला विशारद है।[12] अग्नि पुराण में वास्तुकला-हेतु, नट-नटी, नर्तकियों के विवरण उपलब्ध हैं।[13]

शिल्परत्न[14], मानसार[15], संगीत रत्नाकार,[16] और भाव प्रकाशन[17] में नाट्यशाला के प्रामाणिक उल्लेख प्राप्त होते हैं। विद्वानों ने सीतावेंगा और जोगामारी गुफाओं के प्रेक्षागृहों से नाट्य-मण्डपों की अति प्राचीनता का अनुमान किया है। इस समस्त सामग्री से इतना स्पष्ट है कि राज-प्रासादों से लेकर पर्वत-गुफाओं तक हमारी नाट्यशालाओं का विस्तार एवं प्रचार था।

'नाट्यशास्त्र' में भरतमुनि ने गम्भीरता एवं गहनतापूर्वक नाट्यमण्डप पर दृष्टि केन्द्रित की है। विदेशी आक्रमणों तथा अन्य प्रकोपों के कारण आज प्राचीन रंगशाला का रूप सामने नहीं है। आज भरत का 'नाट्यशास्त्र' ही एक ऐसा प्राचीन साक्ष्य है, जिसके आधार पर प्राचीन रंगशालाओं की विस्तृत एवं सर्वथा प्रामाणिक जानकारी उपलब्ध होती है।[18] भरत के 'नाट्यशास्त्र' में रंगशाला के निर्माण के सम्बन्ध मे विस्तृत रूप से बताया गया है।[19]

'नाट्यशास्त्र' को केन्द्र में रखकर अभिनव गुप्त ने 'अभिनव भारती' में अपने मत प्रस्तुत किये हैं। इनसे 'नाट्यशास्त्र' को समझने में भी सहायता प्राप्त होती है। कीथ की पुस्तक 'संस्कृत ड्रामा' भी भरत कल्पित नाट्यमण्डप का कुछ विवरण देती है, किन्तु डॉ. राघवन कीथ के मत को प्रामाणिक एवं सही नहीं मानते।[20] इन सभी सन्दर्भों को ध्यान में रखते हुए विद्वानों के विचार हम अगले पृष्ठों में प्रस्तुत करेंगे।

'नाट्यशास्त्र' में आकार की दृष्टि से रंगशाला के तीन प्रमुख भेद माने गये हैं—विकृष्ट (आयताकार), चतुरस्त्र (वर्गाकार), त्र्यस्त्र (त्रिभुजाकार)। इनके साथ ही ज्येष्ठ, मध्य तथा कनिष्ठ तीन भेद और माने गये हैं। यदि इनको तीनों के अन्तर्गत माना जाए तो नौ हो जाएँगे और हस्त तथा दण्ड दो मापों में माना जाएगा तो अठारह प्रकार हो जाएँगे। ध्यातव्य है कि अणु से, हस्त-दण्ड आदि के माध्यम से इन मण्डपों का माप लिया जाता था। अणु सम्भवतया सबसे छोटा माप है और दण्ड सबसे बड़ा।[21] अठारह प्रकार के नाट्यमण्डपों की गणना को अभिनव गुप्त प्रयोग

की दृष्टि से अस्वीकृत करते हैं।[22] भरतमुनि ने आकार तथा परिमाण की दृष्टि से तीन प्रकार के नाट्यमण्डपों का स्पष्ट उल्लेख किया है। ज्येष्ठ नाट्यमण्डपं देवताओं के लिए उपयोगी सिद्ध होता है। मनुष्यों के लिए मध्य नाट्य-मण्डप उपयोगी है। विशाल होने के कारण ज्येष्ठ नाट्यमण्डप प्रेक्षकों की दृष्टि से कठिनाई उत्पन्न करता है, क्योंकि अभिनेताओं की भाव-भंगिमाएँ स्पष्ट नहीं हो पातीं। अतः भरत ने विकृष्ट (64×64 हाथ) का निषेध 64×32 हाथ की स्वीकृति दी है। अतः स्पष्ट है कि भरत के तीनों प्रकार के नाट्यमण्इपों का क्षेत्रफल आयताकार मध्यम नाट्यमण्डप से छोटा होगा। अतः मनुष्यों के लिए विकृष्ट ज्येष्ठ (64×32 हाथ) चतुरस्त्र मध्यम (32×32 हाथ) तथा त्र्यस्त्र अवर (32×16 हाथ) माना जा सकता है परन्तु विद्वान चतुरस्त्र नाट्यमण्डप के विषय में कुछ कठिनाइयों का अनुभव करते रहे हैं। इस नाट्यमण्डप का मध्यम प्रकार भी विकृष्ट के मध्यम प्रकार से बड़ा ही होगा तथा भरत ने उससे बृहत् नाट्यमण्डप का निषेध किया है। ऐसी स्थिति में मानना पड़ता है कि भरत निरूपित तीनों प्रकार के नाट्यमण्डपों का क्षेत्रफल आयताकार मध्यम नाट्यमण्डप से छोटा होगा। भरत के अनुसार 32×32 हाथ का चतुरस्त्र नाट्यमण्डप अवर है, मध्यम नहीं तथा यह भी आयताकार नाट्यमण्डप से छोटा ही होगा। आयाताकार के मध्यम तथा चतुरस्त्र के अवर नाट्यमण्डप का माप निर्धारित किया जाता है, पर त्रयस्त्र या त्रिकोण का नहीं। भरत के मत को ध्यान में रखते हुए अभिनव का कहना है कि आयताकार नाट्यमण्डपों के सन्दर्भ में चौंसठ या बत्तीस हाथ का हो सकता है।[23]

विकृष्ट मध्यम आयताकार नाट्यमण्डप–मानव के लिए यह सर्वाधिक उपयोगी होता है। इस आयताकार मण्डप की लम्बाई चौड़ाई की अपेक्षा दुगुनी होती है अर्थात् 64×32। उजले दृढ़ सूत्र से नाप करने के साथ भूमि की सही जुताई हो तथा भूमि से कोल, पत्थर, कपाल आदि अपशकुन युक्त पदार्थों को निकाल दिया जाय।[24] माप के समय सूत्र का टूटना अपशकुन है, ऐसा होने पर अनिष्ट होता है।[25] भरतमुनि इस आयताकार विकृष्ट नाट्यमण्डप को दो समान भागों में बिभक्त करने के पक्ष में हैं। ऐसा करने पर नाट्यभूमि 32×32 हाथ के दो वर्गाकार खंडों में विभक्त हो जाती है। आगे के भाग में 32×32 हाथ का प्रेक्षकोपवेशन रहता है तथा 32×32 हाथ के शेष पृष्ठभाग में क्रमशः रंगपीठ, रंगशीर्ष और नेपथ्यगृह के लिए स्थान बचा रहता है। एकदम पीछे 16×32 का नेपथ्यगृह रह जाता है। इसी के शेष आधे भाग में रंगपीठ, रंगशीर्ष तथा मत्तवारणी भी रहती है। इस प्रकार रंगपीठ 16×8 के माप का होता है। रंगपीठ तथा नेपथ्य-गृह के मध्य 32×8 हाथ का रंगशीर्ष होता है, पात्र रंगभूमि में जाने के लिए नेपथ्यगृह से आकर प्रस्तुत होते रहते हैं।[26]

आधुनिक विद्वान भरत द्वारा प्रस्तुत विकृष्ट मध्यम नाट्यमण्डप में रंगपीठ,

रंगशीर्ष तथा मत्तवारणी[27] को लेकर गहरा विवाद प्रस्तुत करते हैं। सम्भवतः इस विवाद को अभिनव भारती के पाठ तथा व्याख्या ने जन्म दिया है। मनकद तथा बी. राघवन अभिनव गुप्त की भाँति रंगपीठ तथा रंगशीर्ष की प्रथम स्थिति मानते हैं।[28] मनमोहन घोष तथा सुब्बाराव आदि विद्वान रंगपीठ तथा रंगशीर्ष को अलग न मानकर पर्यायवाची रूप में मानते हैं।[29] सुब्बाराव ने 'नाट्यशास्त्र' से उदारहण देकर अपने मत को पुष्ट किया।[30] 'नाट्य-शास्त्र' के प्रथम अध्याय में रंगमण्डप की रक्षा के सन्दर्भ में 'रंगपीठ' शब्द का प्रयोग दो बार हुआ है, 'रंग-शीर्ष' का नहीं। त्र्यस्त्र नाट्यमण्डप के विधान के प्रसंग में भी 'रंगशीर्ष' शब्द का प्रयोग न होकर 'रंगपीठ' का हुआ हो।[31] इसी प्रकार के अनेक प्रमाणों को प्रस्तुत करते हुए सुब्बाराव तथा घोष महोदय रंगपीठ तथा रंगशीर्ष को अलग-अलग स्वीकार नहीं करते हैं। आचार्य अभिनव गुप्त ने रंगपीठ तथा रंगशीर्ष की पृथकता को स्वीकृति प्रदान की है। तथा उसी मत की आचार्य विश्वेश्वर तथा चन्द्रभानु गुप्त ने पुष्टि की है।[32] रंगमण्डप के सम्बन्ध में आचार्य अभिनव गुप्त का मत है कि रंगमण्डप मानवाकार उत्तान सोया हुआ हो। डॉ. राघवन ने अभिनव गुप्त के मत से सहमति व्यक्त की तथा घोष की मान्यता का खण्डन करते हुए कहा कि 'नाट्यशास्त्र' के द्वितीय अध्याय के अतिरिक्त प्रथम अध्याय में भी नाट्यमण्डप के अनेक अंगों का उल्लेख है। सर्वाधिक महत्वपूर्ण है रंगपीठ तथा वेदिका का उल्लेख। वेदिका में ही अग्निदेवी की स्थापना होती है। यह वेदिका ही रंगशीर्ष है और रंगपीठ के पीछे के हिस्से में 8×8 हाथ के वर्गाकार व्यास में यह मानव के शीर्षाकार में उठी होती है। पूर्वरंग के प्रसंग में यहीं पर रंगपूजा होती है। अतः रंगपीठ रंगशीर्ष से निश्चय ही भिन्न है।[33] मनकद तथा राघवन महोदय रंगशीर्ष का व्यास 8×32 तथा 8×8 मानते हैं। अन्य बातों पर भी दोनों विद्वानों के मत पर्याप्त साम्य रखते हैं।[31] अभिनव भारती की टीका करते हुए आचार्य विश्वेश्वर ने 'रंगशीर्ष प्रकल्पयेत' नामक नवीन पाठ की कल्पना की है : 'हमारी सम्मति में रंगशीर्ष प्रकल्पयेन' इस एक वचनान्त पाठ के स्थान पर यहाँ 'रंगशीर्ष प्रकल्पयेत' में यह द्विवचनान्त पाठ होना चाहिए।[35] इसका उपपादन हम इस आधार पर करते हैं कि 64 हाथ लम्बा और 32 हाथ चौड़ा जो क्षेत्र मध्यम परिमाण वाले विकृष्ट या आयाताकार नाट्मण्डप के निर्माण के लिए नियत किया जाता है, उसे यहाँ चार भागों में विभक्त किया जाता है :

(i) सबसे पहले 'द्विधा कुर्यात' लिखकर भरतमुनि ने 64×32 हाथ की लम्बाई को दो भागो में बाँटा, जिससे 32×32 हाथ के दो वर्गाकार क्षेत्र बन गये। यह प्रथम बार विभाग हुआ और उससे बत्तीस-बत्तीस हाथ लम्बाई के दो क्षेत्र तैयार हुए।

(ii) इसके बाद इन दो भागों में से (पृष्ठतो यो भवेद् भागो) जो पिछला भाग है, उसको फिर 'द्विधाभूतस्य तस्यतु' लिखकर भरमुनि ने दो भागों में विभक्त कर

दिया। इस विभाजन से 32×32 हाथ वाला पिछला टुकड़ा 16×32 हाथों के आकार के दो खण्डों में विभक्त हो गया।

(iii) इन 16×32 हाथों वाले दो टुकड़ों में से जो अलग भाग है, उसको फिर सममर्ध-विभागेन लिखकर भरतमुनि ने दो बराबर भागों में विभक्त कर दिया है। इस विभाजन से ये दोनों टुकड़े 8×32 हाथ के बन गये।

(iv) इनके पीछे 16×32 हाथ का एक टुकड़ा और बच रहा। इस प्रकार चौंसठ हाथ वाले भूमिखण्ड को बीच में तीन बार या तीन रेखाओं से विभक्त करने पर उसके चार खण्ड बन जाते हैं।[36]

इनमें से पहला या सबसे आगे का खण्ड 32×32 हाथ का, दूसरा खण्ड 8×8 हाथ का, तीसरा खण्ड 8×32 हाथ का तथा पीछे और अन्तिम भाग का खण्ड 16×32 हाथ का बनता है। प्रथम भाग प्रेक्षकों के बैठने का स्थान है, दूसरा भाग अभिनय का प्रमुख स्थान है। इसे ही 'रंगपीठ' कहते हैं। तीसरा खण्ड रंगशीर्ष है। इसमें वादकों के बैठने का स्थान है तथा वाद्य आदि रखे जाते हैं। इन तीनों के सबसे पीछे 16×32 हाथ का एक भाग और बचता है। यही चौथा भाग नेपथ्यगृह के लिए नियत किया जाता है। नेपथ्यगृह में पात्र वेशभूषा आदि के परिवर्तन की व्यवस्था करते हैं। रंगशीर्ष की साज-सज्जा के लिए षड्दारुक, नेपथ्यगृह की ओर दो द्वार, रंगशीर्ष का नाना रंगों तथा रत्नों से जड़ने का विधान भी किया जाता है। षड्दारुक की कल्पना बड़ी ही कलात्मक है : काष्ठ शिल्प की छः विधियों—उह, प्रत्यूह, निर्ष्यूह, संजवन, अनुबन्ध और कुहर का प्रयोग होता है। काष्ठों पर लताबन्ध आदि की रम्य तथा कलात्मक नक्काशी रहती है।[37]

मत्तवारणी

मत्तवारणी 'नाट्य-शास्त्र' की सर्वाधिक महत्वपूर्ण समस्या है। 'मत्तवारणी' शब्द का सही अर्थ क्या है? मत्तवारणी का आकार या स्थान तथा उसकी संख्या कितनी है? 'नाट्यशास्त्र' तथा 'अभिनव भारती' दोनों में ही यह शब्द प्रयुक्त है। किन्तु आचार्य विश्वेश्वर को यह शब्द संदिग्ध प्रतीत होता है। उनके मत से 'मत्तवारण' शब्द होना चाहिए, कोष तथा साहित्य के प्रमाण से मत्तवारणी शब्द उपयुक्त नहीं है।[33] आधुनिक विद्वानों में इस शब्द के अर्थ को लेकर भारी मतभेद है, क्योंकि इस शब्द की भिन्न-भिन्न प्रकार से व्याख्या की गयी है। नाट्यमण्डप में मत्तवारणी का जो स्थान आधुनिक विद्वानों ने निर्धारित किया है, वह अभिनव गुप्त के मत्त से पर्याप्त भिन्न है। मत्तवारणी की संख्या पर भी विवाद है कि मत्तवारणी एक होनी चाहिए अथवा दो। अगला प्रश्न उसके आकार से सम्बन्धित है। इन सभी प्रश्नों का 'नाट्यशास्त्र' तथा 'अभिनव भारती' में पर्याप्त विस्तारपूर्वक उल्लेख किया गया

है। 'नाट्यशास्त्र' में 'रंगपीठस्य पार्श्वेतु कर्तव्य मत्तवारणी' मिलता है।[39] आचार्य विश्वेश्वर कहते हैं कि आरम्भिक लिपिकार के प्रमाद से 'कर्त्तव्यो मत्तवारेण्ये' के स्थान पर 'कर्त्तव्या मत्तवारणी' आ गया है एवं इसी से समस्त समस्याएँ उत्पन्न हुई हैं। 'मत्तवारणी' शब्द कोष-ग्रन्थों अथवा साहित्य में कहीं भी नहीं मिलता। 'मत्तवारण' शब्द अवश्य मिलता है, जिसका अर्थ है 'बरामदा'।[40] अभिनव गुप्त ने रंगपीठ के दोनों ओर मत्तवारणियों या बरामदों के बनाने का विधान दिया है। मण्डल से बाहर की ओर उन्होंने मत्तवारणी का प्रतिपादन किया है। डॉ. घोष तथा मनकद रंगमण्डल के भीतर ही मत्तवारणी को मानते हैं। प्रो. सुब्बाराव ने 'नाट्यशास्त्र' के द्वितीय संस्करण के अन्त में एक लेख लिखा है—'प्रेक्षागृह का रचनाविधान'। 'मत्तवारणी' को लेकर उनका कहना है कि मत्तवारणी एक ही होती है। इसका अर्थ है रंगपीठ के सामने की ओर धरातल से डेढ़ हाथ उठे हुए भाग की दीवार पर जो प्लास्टर किया जाय उसमें मत्त हाथियों के चित्र बनाये जाएँ, यह प्लास्टर में बनी हुई मत्त हाथियों की पंक्ति ही मत्तवारणी है। प्रो. भानु का एक मत यह भी है कि मत्तवारणी 'मत्तों का वारण करने वाली।' नाटक के भावपूर्ण दृश्य को देखकर प्रेक्षक कभी-कभी उन्मत्त हो उठते हैं तथा भावावेश में आकर मंच पर अभिनेताओं तक पहुँचना चाहते हैं। यदि सभी प्रेक्षक मंच तक पहुँच जाएँगे तो नाटक ही समाप्त हो जाएगा। अतः इन लोगों को रोकने की दृष्टि से रंगपीठ के सामने की ओर छोटी-सी दीवार या कटघरा लगा देना आवश्यक है। इसीलिए इस रोक को 'मत्तवारणी' कहते हैं।[41] मत्तवारणी के सम्बन्ध में प्रसाद जी का मत भी प्रो. भानु के समकक्ष ही है :

> 'मत्तवारणी के कई तरह के अर्थ लगाये गये हैं। 'अभिनव भारती' में मत्तवारणी के सम्बन्ध में किसी का यह मत भी संग्रह किया गया है कि वह देव मन्दिर की प्रदक्षिणा की तरह रंगशाला के चारों ओर बनाई जाती थी। ...किन्तु मेरी समझ में यह मत्तवारणी रंगपीठ के बराबर केवल एक ही ओर चार खम्भों से रुकावट के लिए बनाई जाती थी। मत्तवारणी शब्द से ही यह अर्थ निकलता है कि वह मतवालों को वारण करे। यह डेढ़ हाथ ऊँची रंगपीठ के अगले भाग में लगा दी जाती थी।'[42]

भरत के मत का समर्थन अभिनव गुप्त ने भी किया कि रंगपीठ की अपेक्षा मत्तवारणी डेढ़ हाथ ऊँची होती थी।[43] प्रो. भानु की व्याख्या अभिनव गुप्त के मत के विपरीत है, क्योंकि अभिनव गुप्त सामने नहीं, अगल-बगल में मत्तवारणी की स्थिति मानते हैं। ऐसा ही भरत ने माना था। ऐसी स्थिति में रंगमण्डप के सामने की बात ही मत्तवारणी को लेकर भ्रामक है। भरत का मत है कि सामाजिक के बैठने के स्थान से डेढ़ हाथ की ऊँचाई की मत्तवारणी बनानी चाहिए और रंगपीठ के दोनों किनारों

पर बनाई गयी मत्तवारणियों की बराबर ऊँचाई का ही रंगपीठ बनाना चाहिए।[44]

चतुरस्त्र नाट्यमण्डप–भरत के मत से ऐसा नाट्यमण्डप वर्गाकार 32×32 हाथ का होना चाहिए। भित्ति-रचना मजबूत पकी ईंटों से होनी चाहिए। इस नाट्यमण्डप में 24 स्तम्भों की रचना के बारे में निर्देश हैं, जो नेपथ्यगृह तथा प्रेक्षास्थल से पर्याप्त दूरी पर होते हैं। चतुरस्त्र समतल नाट्यमण्डप के मध्य आठ हाथ का वर्गाकार रंगपीठ होता है तथा दोनों किनारों पर 12×8 हाथ की चार स्तम्भों वाली मत्तवारणी।

त्रयस्त्र नाट्यमण्डप का स्वरूप त्रिभुजाकार होता है। इसकी भित्ति तथा स्तम्भ रचना चतुरस्त्र नाट्यमण्डप के ढंग की ही होती है। इसमें तीन द्वार होते हैं–दो नेपथ्य गृह की ओर तथा एक प्रेक्षकों के प्रवेश हेतु। भरत ने इस रंगमण्डप का माप नहीं दिया।

रंगपीठ की रचना षड्दारुक से की जाती है। इसका अर्थ प्रो. सुब्बाराव ने किया है कि रंगपीठ लकड़ी के ढाँचे का बना होता था।

रंगमण्डप के अन्य अंगोपांगों की रचना का भी भरतमुनि ने विस्तृत वर्णन किया है। भित्ति-रचना तथा प्रसाधन के अन्तर्गत भित्तिलेप, सुधाकर्म (चूना पोतना), चित्र-रचना इत्यादि का उल्लेख है। भित्ति चारों ओर से श्लिष्ट ईंटों की बनी हो।[45] चित्र-रचना में हरे भरे वृक्ष, पशु-पक्षी तथा मानव जीवन की सुकुमार भावनाओं से युक्त चित्र हों।[46]

प्रेक्षागृह के द्वारों तथा प्रवेश-भागों की समुचित व्यवस्था की बात आचार्यों ने की है। यह विवरण ध्वनि-प्रभाव की दृष्टि से बहुत ही वैज्ञानिक है। रंगमण्डप में सम्मुख द्वार न हों, ताकि उच्चरित शब्द प्रतिध्वनित होने में बाधा न हो। इसी दृष्टि से 'शैलगुहाकार नाट्यमण्डप' की कल्पना की गयी है, जिसमें वातायन छोटे-छोटे हों ताकि उच्चरित शब्दों को गम्भीरता प्राप्त हो सके[47] तथा मन्द-मन्द पवन बहे, वेग से नहीं। प्रो. सुब्बाराव के मत से 'शैलगुहाकार' तथा 'द्विभूमि' शब्दों का प्रयोग भरत ने 'रंगशीर्ष' के ऊपर की छत के लिए किया है। 'रंगशीर्ष' की ऊपरी छत विषम स्तर है, सम-स्तर नहीं। यदि रंगशीर्ष सम-स्तर हो तो आवाज टकराकर रंगपीठ पर ही चली जाएगी। 'विषम-स्तर, द्विभूमि, शैलगुहाकार' रंगशीर्ष से उच्चारित शब्द-प्रतिध्वनित होकर प्रेक्षकोपवेशन की ओर प्रसारित हो।[48] प्रो. राव का यह मत ध्वनि प्रभाव की दृष्टि से अत्यधिक महत्वपूर्ण एवं वैज्ञानिक है। श्री जयशंकर 'प्रसाद' ने अपने 'रंगमंच' नामक लेख में लिखा है कि नगर की रंगशालाओं का स्वरूप पर्वत-गुफाओं को काटकर बनाये जाने वाले, मन्दिरों के अनुरूप होता था–"कार्य : शैलगुहाकारो द्विभूर्मिनाट्यमण्डपः (ना. शा. 2/81) से यह कहा जा सकता है कि नाट्य-मन्दिर दो खण्ड के बनते थे, और वे प्रायः इस तरह के बनाये जाते थे, जिससे उनका प्रदर्शन विमान का सा हो। शिल्प-सम्बन्धी शास्त्रों में प्रायः द्विभूमिक, दो खण्डे या तीन खण्डे प्रासादों को, जो कि स्तम्भों के आधार पर

अनेक प्रकारों के बनते थे, विमान कहते हैं। यहाँ 'द्विभूमि' से ऐसा ही अर्थ लगाया जा सकता है कि एक भाग दर्शकों के लिए और दूसरा अभिनय के लिए बनता था। किन्तु खुले हुए स्थानों में अभिनय करने के लिए जो काठ के रंगमंच रामलीला में विमान के नाम से व्यवहार में लाये जाते हैं, उनकी ओर संकेत करना मैं आवश्यक समझता हूँ।''[49]

द्विभूमि नाट्यमण्डप के सम्बन्ध में अभिनव गुप्त ने अपने पूर्व के अन्य आचार्यों के मत भी दिये हैं। इनमें एक मत यह भी है कि रंगमण्डप दो-मंजिला होता था। इन सभी मतों में भट्ट तौत का मत आधुनिक प्रेक्षागृह के सबसे निकट है। उनके मत में 'द्विशब्द' 'वीप्सागम' नाट्यमण्डप में रंगपीठ के निकट से प्रेक्षकोपवेशन के द्वार तक में नीची-ऊँची दो प्रकार की भूमि पर क्रमशः नीचे से ऊँचाई की ओर सीढ़ीनुमा (सोपानाकृति) आसनों की रचना होती है। ये आसन क्रमशः रंगपीठ की ऊँचाई के समान हो जाते हैं। इस द्विभूमि आसन-व्यवस्था में सामाजिक परस्पर एक दूसरे को आच्छादित नहीं कर पाते तथा नाट्यमण्डप का आकार शैलगुहा की तरह हो जाता है।[50] अभिनव गुप्त भी ऐसी निम्नोन्नत आसन-विधि के पक्ष में हैं तथा रंगमण्डप के शैलगुहाकार को उचित मानते हैं, ताकि उच्चरित शब्द प्रेक्षकोपवेशन तक प्रतिध्वनित हो सके।[51]

'नाट्यशास्त्र' में स्तम्भ-स्थापना-विधि का वर्णन चतुरस्त्र नाट्यमण्डप के प्रसंग में है। विभिन्न प्रकार के नाट्यमण्डपों में कुल कितने स्तम्भ हों, यह स्पष्ट नहीं है। अन्य आचार्यों ने भी इस सम्बन्ध में मत दिये हैं, परन्तु वे सभी किसी एक मत तक न पहुँच सके। 'अभिनव भारती' के त्रुटिपूर्ण पाठ के कारण इन आचार्यों के विचार पर्याप्त स्पष्ट नहीं हो पाये। आचार्य विश्वेश्वर ने इन त्रुटियों को दूर करने का प्रयास किया है। आचार्य अभिनव के मत से यह स्तम्भ परस्पर आठ हाथ की दूरी पर न हों।[52] ताकि प्रेक्षकों को देखने में सुविधा रहे। इन स्तम्भों पर पुत्तिलिकाओं के मनोहर चित्रों को भी अंकित किया जाना चाहिए।[53]

द्वार-रचना के विषय में भरतमुनि ने रंगशीर्ष के पृष्ठभाग में स्थित नेपथ्यगृह के दो द्वारों का सर्वप्रथम विधान किया है।[54] इसके अतिरिक्त अन्य स्थलों पर भी रंगपीठ के लिए एक द्वार तथा जन समाज के प्रवेश के लिए एक द्वार प्रेक्षक गृह में रंगपीठ के सम्मुख हो।[55] त्र्यस्त्र नाट्यमण्डप में कोण-स्थान तथा रंगपीठ के पृष्ठभाग में द्वारों का विधान है।[56]

अभिनव गुप्त ने प्रेक्षक, पात्र तथा नाट्य-प्रयोग की सुविधा की दृष्टि से चार द्वारों की कल्पना भरत के समान की।[57] कुछ आचार्यों द्वारा की गयी छह द्वारों की कल्पना का भी उल्लेख है, जिनके अनुसार दो द्वारों की रचना पार्श्व में प्रकाश के लिए की जाती है।[58] आधुनिक काल में सब आचार्यों से भिन्न पाँच द्वारों की कल्पना डी. आर. मनकद ने की।[59]

स्तम्भों, जातियों तथा झरोखों के लिए काष्ठ-शिल्प की चर्चा है। प्रेक्षकोपवेशन में आसन-रचना-प्रणाली के बारे में आदि आचार्य ने कहा है कि आसन रचना स्तम्भों के बाहर 'सोपानाकृति' में होनी चाहिए तथा आसनों की पंक्तियाँ एक-दूसरे से एक हाथ ऊपर की ओर उठती हुई हों।[60] आसन रचना में ईंट तथा लकड़ी का प्रयोग होता था। प्राचीन ग्रीक नाट्यशाला का प्रेक्षा-स्थल भी ढलान पर सीढ़ीनुमा होता था। इसी कारण डॉ. रघुवंश ने लिखा है–"ग्रीक नाट्यशालाओं की बैठने की व्यवस्था के समान यह व्यवस्था जान पड़ती है।"[61]

यवनिका

यवनिका के सम्बन्ध में कीथ की संस्कृत नाट्य-साहित्य पर लिखी गयी पुस्तक में विर्डिश्च प्रभृति विद्वानों का मत दिया गया है कि यवनिका भारतीय नाट्यमण्डप को यूनानी प्रभाव की देन है।[62] यद्यपि स्वयं कीथ ने ही इस मत का खण्डन किया है। यूनानियों के लिए भारत में 'यवन' शब्द प्रयुक्त होने के कारण 'यवनिका' शब्द से यूनानी प्रभाव का अर्थ-ग्रहण किया गया है। यूनानी तथा अँग्रेजी रंगशाला का अध्ययन करते समय इस सन्दर्भ में प्रामाणिक जानकारी प्राप्त करने का मैंने पूरा प्रयास किया है। सोचने-विचारने के उपरान्त मुझे यही बात प्रामाणिक प्रतीत हुई कि भारतीय 'यवनिका' पर यूनानी प्रभाव की बात निराधार है, क्योंकि स्वयं यूनानी रंगशाला में ही यवनिका जैसी कोई वस्तु न थी। ध्यातव्य है कि यवनिका-सज्जित रंगमंच का प्रयोग पश्चिमी रंगशाला में रेनेसां काल में ही हुआ था। रोमी रंगमंच पर ओलिअम (Auleum) नामक पर्दे के प्रचलन की चर्चा विद्वानों ने की है। किन्तु वह स्वयं यह मानते हैं कि यह पर्दा आधुनिक कर्टेन की भाँति न था, अपितु इसे रंगमंच के आगे के खाली गड्ढे (Recess) में गिराया जाता था।[63] इसका प्रयोग भी किस मात्रा में होता था, इसके बहुत कम प्रमाण उपलब्ध हैं।

'नाट्यशास्त्र' के द्वितीय अध्याय में जहाँ नाट्यमण्डप सम्बन्धी अन्य बातों की चर्चा है, 'यवनिका' के सम्बन्ध में वहाँ कोई भी संकेत नहीं है। पाँचवे तथा बारहवें अध्यायों में 'यवनिका' तथा 'पटी' शब्द प्रयुक्त हैं।[64]

अभिनव गुप्त ने इन श्लोकों पर टिप्पणी करते हुए अपना मत प्रतिपादित किया कि यवनिका-अपसारण से पूर्व तन्त्री एवं मृदंग वाद्यों से युक्त आलाप का प्रयोग तो होना ही चाहिए। थके हुए पात्र यवनिका के पीछे से प्रस्थान करते हैं अथवा प्रवेश के लिए तैयार पात्र उसके पीछे खड़े होते हैं।[65] 'अभिनव भारती' में यवनिका-अपसरण तथा नानार्थ रस-सम्भव पात्र के विधान से स्पष्ट होता है कि यवनिका का प्रयोग ड्राप-कर्टेन (Drop-Curtain) के समान रंगमंच तथा प्रेक्षकोपवेशन के मध्य किया जाता था। पूर्वरंग के प्रसंग में भी अभिनव गुप्त ने यवनिका का

उल्लेख किया है कि एक यवनिका रंगपीठ तथा रंगशीर्ष के मध्य विभाजक भित्ति के रूप में भी रहती थी।[66]

'नाट्यशास्त्र' पर मत देने वाले आधुनिक विद्वानों में इस बात पर मतभेद है कि कुल कितनी यवनिकाएँ प्रयुक्त होती थीं। डॉ. मनमोहन घोष के मत से एक यवनिका नाटक के आरम्भ तथा अन्त में ड्राप-कर्टेन की भाँति तो प्रयुक्त होती थी, साथ ही दो और यवनिकाएँ रंगपीठ तथा नेपथ्यगृह के मध्य होती थीं।[67] मनकद तथा ए. के. कुमारस्वामी रंगपीठ के अग्रभाग में ड्राप-कर्टेन की स्थिति को स्वीकार करने के पक्ष में नहीं हैं, क्योंकि संस्कृत-नाटकों का अन्त किसी चमत्कारपूर्ण नाटकीय घटना पर नहीं होता। कुमारस्वामी रंगपीठ तथा नेपथ्यगृह के मध्य दो यवनिकाओं को तो स्वीकार करते हैं।[68] डॉ. सी. बी. गुप्ता के मत से यवनिका केवल एक ही रही होगी और रंगपीठ और नेपथ्य अथवा रंगशीर्ष के मध्य होती होगी।[69] जगदीशचन्द्र माथुर का मत है—"यवनिका 'ड्राप-कर्टेन' के ढंग का पर्दा नहीं होता। उसे तो दो व्यक्ति उस समय लेकर खड़े होते हैं, जब किसी प्रधान पात्र या पात्री का प्रथम प्रवेश होने वाला होता है।"[70] श्री गोवर्धन पांचाल भी ड्राप-कर्टेन वाले सुझाव को निरर्थक मानते हैं और संस्कृत नाटकों से अपने मत को पुष्ट भी करते हैं—..."इन नाटकों में प्रत्येक अंक की समाप्ति पर सारे पात्र प्रस्थान करते थे (निष्क्रान्ताः सर्वे) और नाटक के अन्त में भरतवाक्य होता था, जिसके बाद पात्रों के प्रस्थान का नियम था।"[74]

किन्तु संस्कृत नाटकों में अनेक ऐसे दृश्यों का विधान है, जिनसे प्रमाणित होता है कि यवनिका का प्रयोग ड्राप-कर्टेन की भाँति होता होगा। 'अभिज्ञानशाकुन्तलम्' में आसनस्थ राजा तथा विदूषक का प्रवेश,[72] 'मृच्छकटिक' में आसनस्थ उत्कण्ठित वसन्तसेना तथा मदनिका का प्रवेश[73] आदि निर्देशों से प्रगट होता है कि रंगमंच एवं प्रेक्षकोपवेशन के मध्य यवनिका का अपसारण होता था तथा सम्बद्ध पात्र अचानक दर्शक के सम्मुख उपस्थित होते थे। संस्कृत नाटकों में अधिकांश स्थलों पर ऐसे दृश्य-निर्देशों की योजना है तथा 'यवनिका', 'पटी', 'तिरस्करणी', 'प्रतिशिरा' आदि का उल्लेख मिलता है—'तिरस्करणीयमयनीय राजानमुपेत्यः'[74] तथा 'ततः प्रविशल्यपटीक्षेपण राजा पुरुरवा रथेन सूनश्च'।[75]

'रत्नावली', 'मालविकाग्निमित्र' आदि नाटकों में भी 'तिरस्करणी' शब्द आया है तथा उसके उठने पर पात्र के आगमन का संकेत है। एस. एम. टैगोर के मत से प्राचीन रंगमंच पर यवनिका का प्रयोग अंक-दृश्य-परिवर्तन के समय होता था।[76]

प्राचीन मण्डप के भग्नावशेष रूप बची है सरगुजा रियासत की रामगढ़ गुफाओं में एक छोटी-सी रंगशाला तथा निम्नोन्नत शैली में बना प्रेक्षकोपवेशन है। इन गुफाओं के दोनों पार्श्वों में दो छिद्र हैं। विद्वानों का अनुमान है कि इन छिद्रों में डण्डा लगाकर यवनिका टाँगी जाती थी। इस रंगशाला की खोज व्लोश महोदय ने की।[77]

यहाँ यवनिका के सम्बन्ध में 'प्रसादजी' का मत भी उल्लेखनीय है, जिसमें उन्होंने यवनिका को पाश्चात्य प्रभाव मानने वाले मत का घोर खण्डन करते हुए यह सिद्ध किया है कि यवनिका शुद्ध रूप से भारतीय रंगकला का अंग है :

"कुछ लोगों का कहना है कि भारतवर्ष में 'यवनिका' यवनों तथा अर्थात् ग्रीकों से नाटकों में ली गयी है, किन्तु मुझे यह शब्द शुद्ध रूप से व्यवहृत 'जवनिका' भी मिला है। अमर-कोष में—प्रतिसीरा जवनिका स्यात् तिरस्करणी च सा; तथा हलायुध में अपटी कांडपटः स्यात् प्रतिसीरा जवनिका तिरस्करणी।"

इसमें 'य' से नहीं, किन्तु 'ज' से ही जवनिका का उल्लेख है। जवनिका से शीघ्रता का द्योतन होता है। 'जव' का अर्थ वेग और त्वरा से है। तब 'जवनिका' उस पट को कहते हैं जो शीघ्रता से उठाया-गिराया जा सके। काण्ड पट भी इसी तरह का अर्थ ध्वनित करता है, जिसमें पट अर्थात् वस्त्र के साथ काण्ड अर्थात् डण्डे का प्रयोग हो। प्रतिसीरा और तिरस्करणी का प्रयोग विक्रमोर्वशी में एक जगह आता है। ...प्रतिसीरा का प्रयोग भी सम्भव है खोजने से मिल जाय; किन्तु अपटी शब्द अत्यन्त सन्देहजनक है। मृच्छकटिक, विक्रमोर्वशी आदि में 'ततः प्रविशत्य-परीक्षेपक' कई स्थानों पर मिलता है।... इसलिए कुछ विशेष ढंग के परदे का नाम अपटी जान पड़ता है। सम्भवतः अपटीक्षेप उन स्थानों पर किया जाता था, जहाँ सहसा पात्र उपस्थित होता था। उसी अंक में अन्य पात्रों के द्वारा कथावस्तु के अन्य विभाग का अभिनय करने में अपटीक्षेप का प्रयोग होता था। यह निश्चय है कि कालिदास और शूद्रक इत्यादि प्राचीन नाटककार रंगमंच के पटीक्षेप से परिचित थे और दृश्यान्तर (ट्रान्सफर सीन) उपस्थित करने में उनका भी प्रयोग करते थे।"[78]

'भरत की यवनिका' नाम अपने निबन्ध में गोवर्धन पांचाल ने लिखा है कि यवनिका का प्रयोग रंगपीठ तथा रंगशीर्ष के बीच में होता था। 19 से 9 पूर्वरंग यवनिका के पीछे से किये जाते थे। यह यवनिका तीन टुकड़ों में प्रयुक्त होती थी, क्योंकि 32 हस्त की चौड़ाई में एक दीवार से दूसरी दीवार तक तने लम्बे परदे में कुछ व्यावहारिक कठिनाइयाँ भी होती हैं, जैसे कि वह अपने ही बोझ से झूल जाएगा। अतः पांचालजी के मत से कुल यवनिकाएँ तीन हैं, एक-एक तीनों अभिनय क्षेत्रों में—दो मत्तवारणी और एक रंगपीठ के पीछे। उन्होंने अभिनव गुप्त के इस मत का खण्डन किया है कि प्रवेश करने को तैयार अभिनेता यवनिका के पीछे खड़े होते थे, क्योंकि यह कार्य पटी-अपटी द्वारा होता था।[70] अजन्ता के चित्रों का उदाहरण देकर भी उन्होंने बताया है कि रंगमंच की यवनिका खम्भों पर लगी हुई खूंटियों पर डोरी द्वारा तानी जाती होगी तथा छल्लों पर खिसकाई जाती होगी।[80] पांचालजी एक अन्य यवनिका की चर्चा भी करते हैं, जिसका नाट्यशास्त्र में तो उल्लेख नहीं है, किन्तु संस्कृत नाटकों—'मालतीमाधव', 'उत्तररामचरित', 'अभिज्ञानशाकुन्तलम्',

'मुद्राराक्षस' इत्यादि—में इसके प्रयुक्त होने के साक्ष्य हैं। 'मालतीमाधव' में इसे 'चित्र-यवनिका' का नाम भवभूति ने दिया है। यह 'चित्र-यवनिका' कोई ऐसा पर्दा रहा होगा, जिसे नाट्य-स्थिति की आवश्यकता के अनुरूप मंच पर लाया जा सकता हो।[81] पात्र यवनिका के पीछे आकर बैठ जाते हों, फिर पर्दा हटा लिया जाता हो। मंच पर वस्त्र-परिवर्तन आदि जैसे कार्य इसी यवनिका के पीछे होते होंगे। 'आसनस्य प्रविशति' में उनके मत से इसका प्रयोग होता होगा। उनके मत से इस यवनिका का प्रयोग मार्मिक एवं सूक्ष्म दृश्य में विशेष उपयोगी होता होगा।

डॉ. सुरेन्द्रनाथ दीक्षित के मत से कुल मिलाकर चार-पाँच यवनिकाओं का प्रयोग होता था।[82]

पाश्चात्य नाट्यगृह

यूरोप के प्राचीन ग्रीक नाट्यशाला जन-जीवन का एक महत्वपूर्ण अंग थी। भारतीय नाट्यमण्डप के विपरीत यह बहुत बड़े जनसमूह के लिए बनाई जा सकती थी। इन नाट्यशालाओं में 15,000 दर्शक एक बार में बैठ सकते थे। यूनान के धार्मिक एवं राष्ट्रीय उत्सवों में भाग लेने वाले प्रेक्षकों के लिए नाट्य-प्रेक्षण तथा प्रदर्शन धार्मिक भावना का ही अंग था। यूनानी नाट्यकला के स्वरूप की भाँति ही वहाँ की रंगकला भी अत्यन्त सरल किन्तु भव्य होती थी। यह खुली रंगशाला (ओपन एअर थियेटर) थी। आरम्भ में नृत्य-वृत्त की गोलाई ही रंगमंच का काम देती थी, जिसका आयोजन किसी पहाड़ी की तलहटी अथवा उपवन में होता था। दर्शक पहाड़ी के ढलान पर खड़े होते थे। नृत्यवृत्त के बीच में एक वेदी और पेड़ियाँ (बेमा) बनी रहती थीं, जो मन्दिर से सम्बद्ध होती थी। यह नृत्यस्थली आर्केस्ट्रा कहलाती थी। फिर वहाँ एक भवन बनाया गया। ऐक्रोपोलिस के ढलाव की भाँति एक्रोपोलिस के नीचे बनी इस दिअनूसी रंगशाला (Dyonisian Theatre, 6th Century B.C.) में आर्केस्ट्रा की गोलाई में उठती हुई लकड़ी की पाटियों की सीढ़ियाँ उसे तीन ओर से घेरे हुए थीं। इनके दोनों ओर स्थान खाली था। कुछ समय पश्चात् नृत्यस्थली के उस पार एक सीधी आगे की ओर बढ़ी हुई भित्ति (स्क्रीन) बनाई गयी, जिसके पीछे अभिनेता अपने वस्त्र रखते और बदलते थे। धीरे-धीरे सम्पूर्ण अभिनय व्यापार इस स्क्रीन के समक्ष होने लगा और नृत्यस्थली का मूल रूप ही समाप्त हो गया। दृश्यावली इस रंगशाला में कोई नहीं थी, साज-सज्जा भी बहुत कम थी। शेल्डान चेनी लिखते हैं—'यूनानी नाट्य-रचना के स्वर्ण युग में रंगमंच की व्यवस्था सरल और सीधी थी। गोलाकार ऊपर की ओर उठती हुई सीढ़ियाँ, समूह-गान एवं अभिनय के लिए निर्मित खुली चिपटी जगह और पार्श्व में नीची ढकी हुई 'स्क्रीन', यही उस समय का रंगमंच था। प्रेक्षागृह और 'स्क्रीन' के बीच में आवागमन के लिए चौड़ा

स्थान था और सम्पूर्ण मानचित्र में एक ऐसा खुलापन था, जो बाद की रंगशाला के निर्माण में नहीं दिखाई देता। धीरे-धीरे नृत्य के लिए सुरक्षित स्थान में संकोच होने लगा। मंच अधिक विशाल हो गया, वह अधिक निकट आ गया, अधिक महत्वपूर्ण समझा जाने लगा और अन्त में ढके हुए स्थान का ऊपरी हिस्सा रंगमंच का चबूतरा बन गया। अभिनय इसी स्थान पर होने लगा और उसके पीछे 'स्क्रीन' की दूसरी मंजिल बनी—इसी के पीछे मंच की वह दीवार थी, जो यूनानी-रोमन तथा रोमन रंगशालाओं की एक विशेषता बन गयी।'[82] अतः पाँचवीं शताब्दी ईसा पूर्व में भव्य संगमरमर की रंगशालाएँ बनीं।[84] दर्शकों के बैठने का स्थान पत्थर का बनाया गया। अभिनय-स्थल भी अधगोला (सेमी-सर्किल) या उससे कुछ अधिक बड़ा बनाया गया, जिसके पीछे लकड़ी अथवा पत्थर की दोमंजिला स्क्रीन होती थी। किन्तु अभी तक कोई ऊँचा उठा हुआ मंच न था।[85] रंगमंच की पवित्रता तथा धर्म-भावना की स्मृति स्वरूप पास में ही डोयोनिसस देवता का मन्दिर बनाया गया। सम्पूर्ण नाट्य-व्यापार धर्मोत्सव का ही अंग था। प्रेक्षास्थल 'थियेट्रान' कहलाता था।

रोमी नाट्यशाला भी यूनानी नाट्यशाला की भाँति अर्द्ध-चषकाकार बनाई गयी। उसमें बढ़ते हुए वृत्ताकार में आसन की पंक्तियों के पीछे पंक्तियाँ चली गयी हैं। निर्माणविधि यूनानी ढंग की ही थी। आरम्भिक रोमी प्रहसनों का प्रदर्शन अस्थाई प्रयोग के लिए बने लकड़ी के रंगमंच और प्रेक्षागृहों में ही होता था। प्लाटस तथा टेरेन्स के नाटक ऐसे ही रंगमंच पर अभिनीत हुए थे। दूसरी शताब्दी ई.पू. के अन्तिम दिनों में पहली बार रोम में प्रस्तर-रंगभवन निर्मित किया गया। साम्राज्यवादी युग की इस रंगशाला का स्वरूप काफी भव्य था। इस समय रंगभवन-निर्माण राजकीय नैतिकता के नियमों के विरुद्ध था, किन्तु पाम्पेयी ने एक चातुर्यपूर्ण बहाना ढूँढ लिया तथा रंगभवन निर्मित कराया। इस रंगशाला को मन्दिर का रूप दे दिया गया। प्रेक्षास्थल के ऊपर वेनिस देवी का एक छोटा-सा मन्दिर इस प्रकार बनाया गया कि आसनों की पंक्तियाँ केवल मन्दिर तक पहुँचने की सीढ़ियाँ प्रतीत हों, जिनमें 15,000 दर्शकों के बैठने का स्थान है। 'सर्कस मैक्सिमस' जो पहले छोटा सा लकड़ी का चबूतरा था, अब पत्थर का तीन सौ फुट लम्बा रंगमंच बन गया। इसके तीनों ओर की दीवारें प्रेक्षागृह के पंक्तिबद्ध स्तम्भों की ऊँचाई की थीं। इनका तड़क-भड़कपूर्ण अलंकरण राजभवनों एवं मन्दिरों जैसा था। मंजिल-दर-मंजिल, पंक्तिबद्ध स्तम्भ, सामने के सहन और गवाक्ष, रंगीन संगमरमर की मूर्तियाँ, कामदार किनारे और इस सबसे ऊपर अलंकृत मंच की छत—सब कुछ मिलकर एक राजसी भव्यता का रूप ग्रहण किये हुए थे। प्रेक्षास्थल अब भी खुला था, मगर अब यूनानी 'सीन' और 'कविया' का अन्तर समाप्त हो चुका था। अब रंगशाला अधिक ठोस, विराट और सुगठित हो गयी थी। रोमन जीवन की अतिरंजना तथा उद्वेगशीलता के अनुरूप ही वहाँ की नाट्यशालाएँ हैं, जिनमें नाट्यकला के सूक्ष्म स्तर की प्रतिष्ठा की कल्पना नहीं की जा सकती। संवेगात्मक तथा

प्रदर्शनात्मक वृत्ति की चरम सीमा को पशुओं तथा मनुष्यों के युद्धों तथा सामुद्रिक युद्धों के अभिनय के लिए बने स्थल तथा छोटी झील की मंच पर व्यवस्था में देखा जा सकता है। रोमी नाट्यकला धर्म से बँधी न थी।

मध्ययुगीन यूरोप में पुनः नाट्यकला चर्च के माध्यम से विकसित हुई। चर्च में रंगमंच और प्रेक्षास्थल की किसी योजना एवं व्यवस्था की आवश्यकता ही न थी। 'फिर जब नाट्य चर्च से बाजारों, चौराहों तथा गाड़ियों में अपना रंगमंच स्थापित करता है, उस समय दर्शकों के निश्चित स्थान की कल्पना भी नहीं की जा सकती।'[88]

रेनेसां-रंगभवनों का आधार प्राचीन रोमी-रंगशालाएँ ही थीं। मध्ययुगीन धार्मिक रंगमंच को पुनर्जागरण काल में बहिष्कृत कर उसका आधुनिकीकरण किया गया। 'जो भी हो, इटालवी के पुनरुत्थान में आधुनिक रंगमंच के जन्म के चिह्न मिलते हैं।'[87] इस समय रंगशाला की नवीन निर्माण-विधि का विकास हुआ, जिसमें चित्रित सेटिंग्स का प्रयोग होने लगा। ओलम्पियन अकादमी का विजेन्सा में स्थित पैलेडियन थियेटर आज भी तद्‌युगीन रंग-भवनों की शाही सज-धज एवं भव्यता के प्रमाण-स्वरूप खड़ा है। इसी युग में असाधारण रंगमंचीय सक्रियता के प्रमाण मिलते हैं। मार्ग में चौराहों पर प्रस्तुत होने वाले ('Comedia Dell' Arte') अपनी मौलिकता, ओजस्विता तथा विकासशीलता के लिए प्रशंसनीय थे। ये अलिखित कथोपकथन युक्त होते हैं। दरबारी रंगभवनों में नाट्यकला ने एक नवीन विशदता एवं विराटता का आयाम ग्रहण किया। भव्य राजसी ढंग से सजी-धजी नृत्यशाला बन गयी। रंगशाला में मान्तेगना के चित्र लटकाये गये, रंगशाला की छत बनी, दीवारें वास्तुकला तथा मूर्तियों से सजी थीं। सोलहवीं शताब्दी में ही मंच के मेहराब का निर्माण होने लगा, जो अगली तीन शताब्दियों तक मंच-शिल्प की विशेषता बनी रही। परमा में स्थित फार्नीज रंगशाला को 'प्रथम आधुनिक रंगशाला' कहा जाता है, क्योकि इसमें पहली बार ऐसा रंगपीठ निर्मित किया गया, जिसके ऊपर अभिनय हो। इस पर दीवारों तथा दृश्यावलियों का निर्माण हुआ। परदों पर चित्रित परिवर्तनीय दृश्यपीठ का प्रयोग होने लगा और रंगशाला के भीतर दृश्य-विधान का चित्रण करने वाले कलाकार का महत्व बढ़ गया। 'तब से आज तक परदे वाला रंगमंच और अग्रमंचद्वार दोनों ही रंगशाला के आवश्यक अंग बन गये हैं।'[88] इस यवनिका सज्जित रंगशाला मे नृत्य के लिए फर्श तथा शाही रंगशालाओं की तरह वादकों के बैठने के लिए गोलाकार स्थान भी है। इस समय प्रेक्षास्थल का आकार गोलार्द्ध के स्थान पर अंग्रेजी के 'यू' (U) की शक्ल का बनाया गया है। यूरोपीय रंगशाला-निर्मिति के इस समृद्धि काल की 'कला आलंकारिक अधिक थी, संरचनात्मक कम, साज-सज्जा की ओर विशेष ध्यान था, विभिन्न अंगों को विकसित करने की ओर कम।'[89]

ऐलिजाबेथ-कालीन इंग्लैंड इटली के पुनर्जागरण से पूरी तरह परिचित हो चुका

था। धार्मिक भावना-सम्पन्न नाटकों के अतिरिक्त राजदरबार में नाट्य-रचयिताओं तथा अभिनेताओं को भी थोड़ा बहुत समर्थन मिलता था, यद्यपि इटेलियन राजदरबार की तुलना में यह नहीं के बराबर ही था। इस सदी के मध्य में किड, ग्रीन, मारलो इत्यादि के नाटक जिन रंगशालाओं में अभिनीत हुए वे प्राचीन सरायों के प्रांगण का विकसित रूप थीं। सर्वप्रथम 1576 में अर्ल आव लीस्टर अभिनेता मण्डली के अध्यक्ष जेम्स बरवेज की रंगशाला लन्दन के बाहरी भाग में बनी, उसके बाद 'कर्टेन' नामक रंगशाला। इन अनाच्छादित रंगशालाओं का रंगमंच इतना आगे की ओर बढ़ा होता था कि वह दर्शकों के बीच तक पहुँच जाता था। केवल थोड़ी सी जगह पर्दा होता था, दृश्यात्मक प्रभाव उत्पन्न करने की कोई व्यवस्था न थी। इटली के चित्रमय रंगमंच की तुलना में यह बिलकुल सादा रंगमंच था। दृश्य-परिवर्तन के लिए कवि के वर्णनात्मक पद्य ही प्रेक्षक की कल्पना के आधार होते थे।[90] ड्राप-कर्टेन तथा परिवर्तनशील दृश्यावली का नितान्त अभाव था। ये रंगशालाएँ गोल या अठकोणी होती थीं। रंगमंच तीन भागों में विभक्त होता था—अग्रभाग किसी भी प्रकार के खुले मैदान मार्ग इत्यादि के दृश्य के लिए प्रयुक्त होता था, पृष्ठ भाग को थोड़ी-बहुत स्टेज प्रापर्टी के साथ भवन, राजदरबार या अन्य किसी अन्तःकक्ष के लिए प्रयोग करते थे, तीसरा भाग—ऊपरी मंच (अपर स्टेज), जो कि मंच के भीतरी भाग के पीछे की गैलरी होती थी, ऊँचे स्थान के दृश्य के रूप में प्रयुक्त होती थी, जैसे किसी राजभवन की दीवार, महल की खिड़की इत्यादि जैसे—'ओथेलो' में ब्रैवन्शियों के मकान की खिड़की। नाट्य-प्रदर्शन राजदरबारों, विश्वविद्यालयों तथा अन्य संस्थाओं में भी होता था।

सोलहवीं-सत्रहवीं शताब्दी की नाट्यशाला प्राचीन नाट्यशालाओं के ढंग की ही बनी थी। 1642 में शुद्धतावादियों (प्यूरिटन्स) ने 'रंगशाला के अभिशाप' की समस्या को अधिकाधिक जटिल बना दिया तथा 20 वर्ष के लिए रंगभवनों में तालेबन्दी हो गयी। रंगमंचीय नाटकों के पार्लियामेंट द्वारा इस दमन के कारण 1660 में रेस्टोरेशन काल तक लन्दन के रंगमंचों पर किसी प्रकार की सक्रियता न थी। अब जो रंगकला विकसित हुई, वह ऐलिजाबेथी सार्वजनिक रंगशाला का नहीं, छद्मवेशी नाट्य परम्परा का फल थी।[91]

अब नाट्य-साहित्य तथा रंगकर्म दोनों को ही फ्रांस ने प्रभावित किया। 'किंग्स सर्वेण्ट्स' तथा 'ड्यूक आव पावर्स कंम्पनी' के मंच पर इटली की यवनिका-चौखटा लगाने की प्रथा चल पड़ी। 'डूरी लेन थियेटर' में सोपानीकृत मंच, विंग्स, मंचद्वार, अनेक प्रकोष्ठ तथा छोटा सा पिट था, जिसमें बेंचें पड़ी रहती थीं। यहाँ पुनर्जागरण-कालीन प्राचीन स्तम्भ तथा ऐसी ढली कार्निस का प्रयोग होता था, जिनके नीचे झालरें लटकती थीं। फ्रांस के प्रभावस्वरूप प्रथम बार मंच पर स्त्री पात्रों के रूप में लड़कियाँ उतरीं।

रोमाण्टिक युग में मंच का आकार घोड़े की नाल (हार्स-शू) के समान हो गया।

उसमें प्रेक्षागृह में सीटों तथा बाक्सों की पंक्तियाँ रहती थीं। इसी समय जर्मनी में प्रेक्षास्थल के ढालू समतल पर सीटें बनाई गयीं। फिर अन्य यूरोपीय देशों में भी ऐसे नाट्यघर बने। प्रेक्षण की दृष्टि से यह व्यवस्था पर्याप्त सुविधापूर्ण थी।

यथार्थवादी नाट्य-युग की रंगशाला में रंगविधान को जीवन के यथार्थ रूप के निकट लाने के लिए अधिकाधिक वैज्ञानिक प्रयोग हुए, किन्तु प्रेक्षास्थल में कोई विशेष परिवर्तन नहीं हुआ।

आधुनिक युग में गुहाकार रंगभवनों का प्रचलन हुआ है। अब अधिकाधिक ध्यान इस बात की ओर रखा जाता है कि अभिनीत दृश्य प्रेक्षक को अधिकाधिक स्पष्ट एवं श्राव्य हो सके। वैज्ञानिक प्रगति इस क्षेत्र में अधिकाधिक लाभप्रद सिद्ध हुई है। पाश्चात्य देशों में आधुनिक रंगशालाएँ बदलते हुए परिवेश की अपेक्षाओं तथा आवश्यकताओं के अनुकूल नाट्य-प्रयोग का केन्द्र रही हैं। जन-जीवन से इनका घनिष्ठ, आत्मीय एवं कलात्मक सम्पर्क रहा है। इन नाट्य-भवनों के निर्माण में नाना शैलियों तथा उद्देश्यों की इतनी सर्जनात्मक विविधता प्रस्तुत की जा रही है कि एक ही नाट्यशाला में अनेक प्रकार से नाटकों का मंचन बड़ी सुविधा के साथ किया जा सकता है। दर्शकों को सामने बैठा कर, दाएँ बाएँ अथवा चारों ओर बैठा कर अनेक प्रकार के प्रदर्शन कर नवीन से नवीन अभिनेता-प्रेक्षक सम्बन्धों की खोज की जाती है। इन सबके फलस्वरूप सम्प्रेषणीयता के बहुआयामी रूप निखर पाते हैं।

आधुनिक भारतीय नाट्यशाला

भारतीय लोक-नाटकों का रंगमंच खुला रंगमंच है। डॉ. रघुवंश का मत है कि 'नाट्य-शास्त्र' में उल्लिखित लोकधर्मी परम्परा के आधार पर हम यह कल्पना कर सकते हैं कि भारत में जनसाधारण के लिए खुली नाट्यशालाएँ रही होंगी, जिनकी परम्परा संस्कृत नाट्यशालाओं के ह्रास के बाद भी चलती रही और हमारे लोक में प्रचलित सांगीत, रास, रामलीला तथा जात्रा आदि नाट्यरूपों का इनसे सम्बन्ध माना जा सकता है तथा उनके विकासक्रम का स्वरूप अनेक स्थितियों में यूरोपीय नाट्यघरों के विकास की भाँति है।[92] श्री जगदीशचन्द्र माथुर के मत से भी संस्कृत नाटकों के ह्रासकाल में एक ऐसी नृत्य-संगीत संवाद की मिश्रित शैली विकसित हुई है, जिसका उल्लेख लक्षणकारों ने नहीं किया, पर जिसके लिए नाटककारों तथा अन्य लेखकों ने 'संगीतक' शब्द प्रयुक्त किया है। इन्हीं संगीतकों से वर्तमान लोकप्रिय शैलियाँ—रासलीला, अंकिया नाट, जात्रा, भागवत मेल आदि विकसित हुईं तथा जयदेव के 'गीत-गोविन्द' की शैली ने संगीतकों को देशव्यापी प्रदर्शन-विद्या के रूप में स्थापित किया। ''भक्तिकाल में इन भाषा नाटकों के रचयिताओं ने रंगशाला और नाट्य को जनसाधारण के बीच भागवत धर्म के सन्देश का माध्यम

बनाया।''[93] मुस्लिम आक्रमणों के इस संकटग्रस्त युग में लोक-नाट्य एवं धार्मिक लीला नाटकों के रूप में हिन्दी-नाट्य-परम्परा की धारा प्रवाहित रही।

इन नाटकों का प्रदर्शन मन्दिरों में बने रंगमंडपों अथवा निकट के भूभाग में होता है। केरल में त्रिचूर के मन्दिरों की 'कूथाम्बलम्' नाट्यशालाएँ तथा वृन्दावन के रास-मंडप ऐसे ही रंगमंडप हैं। ग्रामीण मेलों तथा उत्सवों के अवसर पर शामियानों और तम्बुओं में अस्थाई रंगशाला बना ली जाती है। सांग, सांगीत, रास आदि की मंडलियाँ, जो प्रायः घुमन्तू होती हैं, घरों के बरामदों में भी नाटक खेलती हैं। इन 'परम्पराशील नाट्यों' के रंगमन्दिरों में असम की 'भाओनाघर' सर्वाधिक विधिवत बनाई गयी रंगशाला है। इसका स्वरूप कुछ-कुछ मध्ययुगीन यूरोप के चर्च नाटकों की रंगस्थली के समान होता है।[94]

रामलीला की रंगस्थली विस्तृत मैदान के रूप में होती है, जिसमें चित्रकूट, लंका, पंचवटी इत्यादि स्थान अलग-अलग निश्चित मान लिए जाते हैं। चारों ओर के खुले स्थान में दर्शक फर्श पर बैठे अथवा खड़े रहते हैं। इन लोक-नाट्यों की रंगशाला में सीनरी अथवा बैकग्राउंड की आवश्यकता नहीं। आवश्यकतानुसार ऊँचा मंच बना लिया जाता है, तख्त रख कर भी मंच का काम ले लिया जाता है।

पारसी मंडलियाँ चलचित्र के लिए निर्मित भवनों में अपने नाटक खेल लेती थीं। अपनी सुविधा तथा आवश्यकता के अनुरूप कभी-कभी खुले अस्थाई रंग मंडप तम्बू-कनात तान कर भी बना लिए जाते थे। रंगमंच अथवा प्रेक्षास्थल के लिए किसी विशेष निश्चित माप-जोख के स्थान की आवश्यकता न थी। प्रत्येक कम्पनी अपने परदों, विंग्स तथा झालरों के माप के अनुकूल मंच तथा अधिकाधिक दर्शकों को बैठा सकने योग्य दीर्घाएँ बना लेती थीं।

उन्नीसवीं शताब्दी के उत्तरार्द्ध में आधुनिक नाटक प्रारम्भ होने पर ही भारत में नियमित रूप से नाट्यशालाएँ बनीं। इनका स्वरूप बहुत कुछ आपेरा घरों जैसा था। किन्तु बीसवीं शताब्दी में सिनेमा के आरम्भ हो जाने पर इनमें से कुछ अधिकांश तो सिनेमाघरों में परिवर्तित कर दी गयीं। कलकत्ता, बम्बई जैसे नगरों तथा दक्षिणी भारत में कुछ नियमित नाट्यशालाएँ रहीं। अव्यवसायी मंडलियाँ स्कूल-कॉलेजों के हाल में ही अपने प्रदर्शन करती रहीं। किन्तु ये भवन नाट्य प्रस्तुति की दृष्टि से निर्मित न होने के कारण कई प्रकार की असुविधा भी रहती थी।

इसी सन्दर्भ में झालावाड़ (राजस्थान) की भवानी नाट्यशाला भी उल्लेखनीय है, जिसके विवरण से सर्वप्रथम कुँवर चन्द्र प्रकाश सिंह ने हिन्दी-रंग-साहित्य का परिचय कराया।[95] झालावाड़ में महाराजा भवानी सिंह जी इसके संस्थापक थे। यह नाट्य संस्था देश के सर्वोत्तम रंगमंचों में से एक थी, जिसमें हिन्दी, उर्दू तथा अँग्रेजी के नाटक अभिनीत हुए। उनके बाद महाराजा राजेन्द्र सिंह की देखरेख में भी इसमें

काफी अभिनय हुए। राजकीय संरक्षण के कारण इस नाट्य-संस्था को पर्याप्त सुविधाएँ प्राप्त हुईं। फिर भी यह नाट्य संस्था हिन्दी नाटक और रंगमंच के अभ्युत्थान अथवा विकास में कोई महत्त्वपूर्ण योग न दे सकी।

व्यवसायी मंडलियों के अपने कोई नाटकघर न थे, यहाँ तक कि कलकत्ते की 'बहुरूपी' जैसी मंडली के पास भी अपनी रंगशाला नहीं थी।

स्वाधीनता प्राप्ति के पश्चात् देश में कुछ अच्छी रंगशालाएँ निर्मित हुईं, जिनमें अव्यवसायी नाट्य-मंडलियाँ प्रदर्शन करती हैं। रवीन्द्रनाथ टैगोर की जन्म शताब्दी के अवसर पर भारत सरकार ने सम्पूर्ण देश के विभिन्न राज्यों की राजधानियों में रवीन्द्र-रंगशालाएँ बनवायीं, जिनमें से अधिकांश का निर्माण अच्छा था। यद्यपि रंगकर्मी तथा रंगसमीक्षक श्री सर्वदानन्द का मत है कि इन रंगभवनों की सबसे बड़ी कमी यह है कि "ये सब अलग-अलग नाप-जोख के हैं। एक प्रदेश का कोई नाट्यदल दूसरे प्रदेश के रवीन्द्र-मंच पर कोई अभिनय प्रस्तुत करना चाहे तो उसे बहुत कठिनाई होगी।"[96]

भारत में मुक्ताकाशी रंगमंच की व्यवस्था भी हुई। दिल्ली का 'ताल कटोरा गार्डन थियेटर' ऐसा ही है। इस खुली रंगशाला में एक नीचा मंच बनाया गया है, जिसमें पीछे भीतर की ओर झुकी हुई भित्ति (साइक्लोरामा) बनी है। दिल्ली संगीत नाटक अकादेमी का मेघदूत थियेटर भी मुक्ताकाशी रगशाला है। बम्बई में थियेटर यूनिट के लिए इब्राहीम अल्काजी ने अपने फ्लैट के आठ मंजिले भवन की छत पर मुक्ताकाशी रंगमंच बनाया, जिसमें काठ की सीढ़ियों पर दो सौ के लगभग दर्शकों के बैठने की व्यवस्था की। प्रकाश-व्यवस्था के लिए ऊँचा मचान तथा अभिनय के लिए पर्याप्त क्षेत्र था। मेरठ में ऐसा प्रयास सुरेश कौशिक ने किया। कलकत्ता में भी मुक्तकाशी रंगस्थली बनाने का प्रयास किया गया। नेमिचन्द्र जैन के मत से हमारे देश जैसी आर्थिक व्यवस्था तथा रंगस्थिति वाले देश के लिए सामान्य सुविधाओं से मुक्ताकाशी रंगमंच काफी उपयोगी होंगे तथा ऐसे नाटकघरों के लिए खंडहरों, पहाड़ियों अथवा अन्य प्राकृतिक दृश्यों की पृष्ठभूमि बड़ी प्रभावी हो सकती है।[97] दिल्ली में पुराने किले में अल्काजी के निर्देशन में 'अन्धायुग' का अभिनय लम्बे समय तक अविस्मरणीय रहा। दो दशकों बाद भानु भारती ने एक बार फिर इस स्मारक की उपयोग 'अन्धायुग' की प्रस्तुति के लिए किया जो एक बार फिर अविस्मरणीय अनुभव बना।

आज नाट्यशाला के प्रति कल्पनाशील, सर्जनशील दृष्टि विकसित करने तथा रंगमंच के स्वरूप के बारे में यह धारणा बदल गयी है कि रंगमंच एकमात्र चित्र-चौखटा रंगमंच (Box Theatre) के ढंग का ही हो सकता है। लोक नाटकों की खुली प्रवाहपूर्ण परम्पराएँ इसमें सहायक हुई हैं, जहाँ दर्शक वर्ग और अभिनेताओं के बीच गहरी निकटता है। इससे दो लाभ हैं—नवीन नाट्य दृष्टि एवं रंगदृष्टि

का विकास तथा देश में भव्य नाट्य गृहों की समस्या का समाधान। क्योंकि बड़े शहरों में जहाँ सप्रू हाउस कमानी सीरीफोर्ट अथवा मावलंकर हाल जैसे शानदार भवन हैं, उनसे हटाकर हमें दृष्टि छोटे शहरों तथा कस्बों के रंगमंच पर पहुँचानी है, ताकि वहाँ भी रंगकला का विकास तथा प्रसार हो सके। रंगशाला ही वह स्थल है, जो नाट्य प्रयोग को दृश्य रूप देता है। इस महत्वपूर्ण अंग को अधिकाधिक जन-समाज के लिए सुलभ बनाने के प्रयास निरन्तर जारी है।

सन्दर्भ

1. यजुर्वेद, 30/6, 10, 14, 20।
2. वाल्मीकि रामायण, बालकांड, 5/12, अयोध्या कांड, 6/14
3. 'तयानटानां स्त्रियो रंगगता यो यः पृच्छति कस्य यूयम् इति तं तव तवेस्याहुः।'—पातंजलि महाभाष्य, 7
4. 'अर्थशास्त्र', अध्यक्ष प्रचार, द्वितीय अधिकरण, अध्याय 1/2/27
5. 'कामसूत्र', 1/4/28
6. 'अवदान शतक' 75वीं कथा
7. राजप्रसेनीय सूत्र, 36, पृ. 86-87
8. 'तेन हि द्वावपि प्रेक्षागृहे संगीत-रचना कृत्वा।'—'मालविकग्निमित्र', अंक 2/2-1
9. 'तथा मो वयस्य संगीतशालभ्यन्तरे वधानं देहि।'—'अभिज्ञानशाकुन्तलम्', अंक 5
10. 'आपरितोषाद्‌विदुषां न साधु मन्ये प्रयोगविज्ञानम्', अ.शा.
11. विष्णुधर्मोत्तरपुराण, 20/4
12. मत्स्यपुराण—अ. 252-253।
13. मत्स्य अग्निपुराण, अ. 10-104
14. शिल्प रत्न, पृ. 199-201
15. मानसार
16. संगीत रत्नाकार, पृ. 135-140
17. भाव प्रकाशन, पृ. 295
18. "There is ample evidence to show that the names of 'rangabhumi' and 'natakasala' connote not 'some sort of architectural structures', but well-planned, well built, decorated, beautiful theatres."—'The Theatre of the Hindus', article by Dr. V. Raghavan, 'Theatre Architecture in Ancient India', p. 156
19. जयशंकर 'प्रसाद', 'काव्य और कला तथा अन्य निबन्ध', पृ. 92
20. The Theatre of the Hindus', p. 157
21. ना. शा., 2/1,-16
22. 'हिन्दी अभिनव भारती', पृ. 250
23. वही, पृ. 255
24. प्रथम शोधनं कृत्वा लाङ्गलेन समुत्कृषेत।
अस्थि-कील-कपालानि तृणगुल्माश्च शोधयेत॥ —ना.शा. 27
25. 'अर्द्धच्छिन्ने भवेत सूत्रो स्वामिनो मरणं ध्रुवम्।
त्रिभागच्छिन्न या रज्वा राष्ट्रकोपो विधीयते॥' —ना.शा. 29

26. 'चतुष्षष्टिकरान् कृत्वा द्विधा कुर्यात् पुनश्चतान्।
पृष्ठयो यो भवेद् भागो द्विध्याभूतस्य तस्य तु॥'
सममर्दविभागेन रंगशीर्ष प्रकल्पयेत्।
पश्चिमे च विभागे च नेपथ्यगृहमदिशेत॥ —ना.शा. 33/34
27. 'पार्श्वे च रंगपीठस्य महेनद्रः स्थितवान सयम्।
स्थापिता मत्तवारण्यां विद्युत् देत्येनिबूदनी॥' —ना.शा. 90
'रंगपीठस्य मध्ये तु स्वयं ब्रह्मा प्रतिष्ठितः।
इष्टयर्थं रंगमध्य तु क्रियते पुष्यमोक्षणम्॥' —ना./शा. 95
28. ना.शा. 2/68, अभिनव भारती, भाग-1, पृ. 210
29. Indian Historical Quarterly', P. 591, Year 1933
30. ना.शा. 2/34-35, 2/100
31. वही, 2/102-113
32. (अ) 'हिन्दी अभिनव भारती', पृ. 262
(आ) Indian Theatre', C.B. Gupta, p. 34
33. ना.शा. 1/85, 95, 99
34. Indian Historical Quarterly', p. 991, Year 1993, V. Raghavan
35. 'हिन्दी अभिनव भारती', पृ. 289
36. वही
37. 'अभिनव भारती', भाग-1, पृ. 444, सुब्बाराव
38. 'हिन्दी अभिनव भारती', पृ. 312
39. ना.शा.
40. 'हिन्दी अभिनव भारती', पृ. 314
41. वही, पृ. 317
42. जयशंकर 'प्रसाद', 'काव्य और कला तथा अन्य निबन्ध', पृ. 93-94
43. 'हिन्दी अभिनव भारती', पृ. 318
44. ना.शा. 3/63-65
45. वही, 2/89
46. वही, 2/83-85
47. 'तस्मान्निवातः कर्त्तव्यः कर्तृभिः नाट्यमंडपः।
गम्भीरत्वरता येन कुतपस्य भविष्यित।' —वही, 2/81
48. (a) "In modern construction language it means simply that this roof must be gable-roof hipped at ends and not a flat roof."
(b) 'The accoustical property of a gable-roof is to reflect the sound from the stage to the audience in the auditorium, and that of the flat roof is to reflect the sound back again to the stage.' –Prof. Suba Rao–'Abhinava Bharati, Vol. 1, p. 447
49. जयशंकर 'प्रसाद', 'काव्य और कला तथा अन्य निबन्ध', पृ. 92
50. 'अभिनव भारती', भाग 1, पृ. 63-64
51. 'तत्रैव शब्दस्य भ्रमणात् अन्योन्य
प्रतिश्रुतिकर समारम्भः सम्पूर्णाच्च।'–अ.भा., भाग 1, पृ. 64
52. 'हिन्दी अभिनव भारती', पृ. 376

53. ना.शा. 2/95
54. 'कार्य द्वार द्वंयचात्र नेपथ्यगृहकस्यतु,–ना.शा. 2/96
55. 'द्वारं चैकं भवेतत्र रंगपीठ प्रवेशयम्।
    जगप्रवेशनं चाल्यदाभिमुख्येन कारयेत्।
    रंगस्याभिमुखं कार्य द्वितीय द्वारभवेतु॥'–ना.शा.2/96-97
56. ना.शा. 2/103
57. 'अभिनव भारती', भाग 1, पृ. 96
58. वही, भाग 1, पृ. 70
59. D.R. Mankad, 'Hindu Theatre', 'Indian Historical Quarterly', p- 491
60. 'स्तंभानां बाह्यतश्चापि सोपानाकृति पीठकम्।
    इष्टकदारुभिः कार्य प्रेक्षकानां निवेशनम्।
    हस्तप्रमाणैः उप्सथैः भूमिभाग समुत्थतेः।
    रंगपीठावलोक्यं तु कुर्यादारानडां विधिम्॥'–ना.शा. 2/90
61. डॉ. रघुवंश, 'नाट्यकला', पृ. 235
62. Keith–'Sanskrit Drama', p. 61
63. The Development of the Theatre', A. Nicoll, p. 57
64. ना.शा. 5/11-12, 12/13
65. 'ततः पात्राणांविश्रान्ये आगच्छत च गुप्ते रंगस्य शोभाय।'
66. 'अभिनव भारती', भाग 1, पृ. 130, 210
67. 'नाट्यशास्त्र', अंग्रेजी अनुवाद, पृ. 77 (पाद टिप्पणी)
68. Indian Historical Quarterly', p. 494-95, Year 1932
69. Dr. C.B. Gupta, 'Indian Theatre', p. 58
70. श्री जगदीशचन्द्र माथुर, 'परम्पराशील नाट्य', पृ. 64
71. गोवर्धन पांचाल, लेख, 'भरत की यवनिका', 'नटरंग', 25, जनवरी-जून 1975, पृ. 53
72. 'ततः प्रविशति आसनस्थो राजा विदूषकश्च'।–'अभिज्ञानशाकुन्तलम्', अंक 5
73. 'ततः प्रविशति आसनस्था सोत्कंठा वसन्तसेना मदनिका च'।–मृच्छकटिक, अंक 2
74. 'विक्रमोर्वशीय', अंक 2
75. वही, अंक 1
76. S.M. Tagore–'The Eight Principal Rasas of Hindus', p. 58-59
77. (a) 'Archaeological Survey of India' (Annual Report 1003-4), Caves and Inscription in Ramgarh Hills–Block, p. 123
    (b) 'Indian Antiquary's Ramagarh Hills in Sarguja'–J.A. S. Burges, p. 195-196, Vol. 34
78. जयशंकर 'प्रसाद', 'काव्य और कला तथा अन्य निबन्ध', पृ. 96-97
79. 'नटरंग', अंक 25, जनवरी, जून, 1975, पृ. 50-51
80. वही, पृ. 51
81. वहीं, पृ. 52
82. डॉ. सुरेन्द्रनाथ दीक्षित, 'भरत और भारतीय नाट्यकला', पृ. 108
83. शेल्डान चेनी, 'रंगमंच', अनुवादक श्रीकृष्णदास, पृ. 77
84. वही, पृ. 6

85. वही, पृ. 46
86. वही, पृ. 218
87. पं. सीताराम चतुर्वेदी, 'भारतीय तथा पाश्चात्य रंगमंच', पृ. 498
88. शेल्डान चेनी, 'रंगमंच', पृ. 246
89. Walter Raleigh, 'Shakespeare', p. 116-119
90. शेल्डान चेनी, 'रंगमंच', पृ. 365
91. डॉ. रघुवंश, 'नाट्यकला', पृ. 230
92. श्री जगदीशचन्द्र माथुर, 'परम्पराशील नाट्य', प्रस्तावना
93. वही, पृ. 63
94. कुँवर चन्द्रप्रकाश सिंह 'हिन्दी नाट्य साहित्य और रंगमंच की मीमांसा', 366
96. श्री सर्वदानन्द, 'रंगमंच', पृ. 38
96. श्री नेमिचन्द्र जैन, 'रंग-दर्शन', पृ. 64

प्रेक्षक

नाटक के त्रिक में प्रेक्षक की स्थिति अनिवार्य होती है। रचयिता तथा निर्माता (नाट्यकार तथा निर्देशक) दोनों के प्रयत्न का लक्ष्य बिन्दु प्रेक्षक ही होता है। किन्तु प्रेक्षक की स्थिति आत्यन्तिक तथा मूलभूत होते हुए भी स्वतन्त्र होती है। नाट्य-सृष्टा का जितना नियन्त्रण प्रदर्शन के अन्य तत्त्वों—अभिनेताओं, रंग-शिल्पियों आदि—पर होता है, उतना प्रेक्षक पर नहीं, क्योंकि कोई भी नाट्य प्रदर्शन दर्शक की उपस्थिति के बिना सफल नहीं होता। इस उपस्थिति का सहयोग पाने के लिए ही लेखक तथा निर्देशक भरपूर प्रयास करते हैं। इसी कारण अभिनव गुप्त ने कवि के रस को बीज तथा सामाजिक के रस को नाट्य-फल कहा है।[1] दर्शक-वर्ग की अनिवार्यता के दबाव के कारण ही नाटक कभी-कभी अपने दृष्टिकोण में पूर्णतया व्यावसायिक हो जाता है, जैसे कि हमारा पारसी रंगमंच अथवा अमेरिका में ब्राडवे जैसी विशाल संस्था। किन्तु केवल प्रेक्षक-वर्ग के इशारों मात्र पर चलकर भी नाटक महत्त्वपूर्ण सार्थक जीवनानुभूति का वाहक बन नहीं सकता। अतः नाटककार अपनी अनुभूति उसी भाँति दर्शक तक सम्प्रेषित करना चाहता है, जिस रूप में वह उसकी अनुभूति होती है। ऐसा करने के लिए दर्शकों को अपनी अनुभूति के स्तर तक ऊँचा उठाने की आवश्यकता होती है। 'फलतः अनुभूति और अभिव्यक्ति में इतनी निर्ममता तथा प्रखरता अनिवार्य हो जाती है कि नाटक दर्शकों को मनोरंजन की भाँति तल्लीन रख कर भी निरा तमाशा न हो, और सस्ती भावुकता के स्तर पर उतरे बिना ही दर्शकों को एक गहरी अनुभूति से साझीदार बना सके।[2]

किसी भी जाति के रंगमंच के विकास में उसके प्रेक्षक की रुचि तथा सौन्दर्य-बोध बहुत ही महत्वपूर्ण होता है। दर्शक अपने युग के रंगमंच तथा नाट्यलेखन को प्रभावित करता रहता है, क्योंकि रंगकला के निर्माणकारी तत्त्वों के अन्तर्गत प्रेक्षक का अपना स्थान भी महत्त्वपूर्ण होता है।[3] ऐसी स्थिति में कृतिकार, मंच प्रयोक्ता तथा प्रेक्षक—नाट्यकला के तीनों आयामों का परस्पर समन्वित तथा एक-दूसरे से विश्वस्त होना अनिवार्य होता है। रंगमंचीय परम्परा तथा रूढ़ियाँ दर्शक-वर्ग में विद्यमान होती हैं और उन्हीं के आधार पर नाट्यकर्मी सामाजिक को अपनी ओर

आकृष्ट करता है। डॉ. लक्ष्मीनारायण लाल ने लिखा है–'कोई भी विचार अनुभूति कैसे भी नाटक के शरीर के बावजूद बिना दर्शक की संकल्पना के न सार्थक नाटक बन सकता है, न पूर्ण रंगमंच।...नाट्यलेखन में जिस स्तर तथा अनुपात से दर्शक की यह उपस्थिति नहीं होती, उसी स्तर तथा अनुपात से वह नाटक रंग-निर्देशन तथा परिवेश और दृश्य निर्माण के अनावश्यक विस्तार तथा अप्रासंगिक विवरणों से भरा रहता है। संस्कृत तथा शेक्सपियरियन रंगमंच में सारा रंगमंच-निर्देश, दृश्य-सज्जा और परिवेश-बोध उसके नाटक में अन्तर्भूत है–जिया हुआ है। क्योंकि वह सारा का सारा आदि से अन्त तक दर्शक-समाज को अपनी आँखों में बसा कर लिखा गया है–या सम्बोधित हुआ है।'[4]

दर्शक-वर्ग नाटक की अनिवार्य परिस्थिति होता है तथा नाटक को अपनी रुचि, स्वभाव इत्यादि के अनुकूल पाने की अपेक्षा करता है। नाट्यकार उसे जबरदस्ती नाट्य घर में आने को बाध्य नहीं कर सकता। इसी कारण नाटक की समसामयिकता तथा तात्कालिकता अनिवार्य हो जाती है।[5] नाटक मूलतः समकालीन दर्शकों के लिए सृजित होता है। यद्यपि नाट्यकार का उद्देश्य उसे सार्वभौम बनाने का रहता है। किन्तु समसामयिक दर्शकों पर उसका प्रयोग तथा प्रभाव परीक्षण आवश्यक होता है क्योंकि दर्शक अपने व्यक्तिगत रूप में नहीं, सामूहिक रूप में कृति का आस्वादन करते हैं।[6]

विभिन्न रुचियों, वर्गों, समुदायों, मान्यताओं, आयु, शिक्षा-दीक्षा तथा बौद्धिक स्तर वाले दर्शकों का समाज नाट्य-रचना का महत्वपूर्ण स्तर बनता है। समूह का मनोविज्ञान भी व्यक्तिगत मनोविज्ञान से भिन्न होता है। लेखक को ध्यान रखना पड़ता है कि नाटक का रूप इतना बड़ा न हो कि दर्शक बिना ऊबे हुए एक बैठक में उसे देख न सके। यह अनिवार्य होता है कि इस सीमित समयावधि में बिना किसी बड़े अन्तराल के, बिना किसी स्थल पर दोबारा लौट सकने की सम्भावना के एक बार में ही नाटककार की अनुभूति सामाजिक तक सम्प्रेषित हो जाय।[7] यहाँ ध्यातव्य है कि प्राचीन यूनानी प्रेक्षक का नाट्य-प्रेक्षण का धैर्य आधुनिक प्रेक्षक की तुलना में कई गुना अधिक रहा होगा, जब वह पूरे दिन नाटक देखता था तथा अरस्तू ने स्थानेक्य की सीमा होते हुए त्रासदी का समय लगभग 24 घंटे का रखा।[8] आधुनिक युग में दो-ढाई घंटे से अधिक समयावधि नहीं रखी जाती।

आधुनिक पश्चिमी कवि नाटककार टी.एस. इलियट ने भी नाटक की तात्कालिकता तथा अन्य विधाओं की तुलना में नाट्य-सृजन के तात्त्विक अन्तर को प्रमुख रूप में रेखांकित किया है और कहा है नाट्य-रचना तथा नाट्य-प्रदर्शन स्वांतः सुखाय नहीं होता, अपितु यह अनिवार्य रूप से दर्शक वर्ग से सम्बद्ध होता है।[9] चेनी शेल्डान का मत है कि श्रोता नाटक के प्रवाह में सहयोग देते हैं और इस प्रकार उनका योगदान भी रचनात्मक होता है, जैसा कि अन्य किसी कला में नहीं होता।[10]

अतः दर्शक तथा रंगमंच का सम्बन्ध अबाध तथा सनातन है। भरतमुनि ने प्रेक्षक के परिप्रेक्ष्य में ही नाट्य-सिद्धियों की चर्चा की है। इन सिद्धियों तथा बाधाओं के निर्णायक प्रेक्षक तथा प्राश्निक होते हैं, जिनके नाट्यकला, लोक एवं शास्त्र-सम्बन्धी गुणों की चर्चा आचार्य ने की है। प्रेक्षक के लिए संयमी शुद्धाचरण वाला, ऊहापोह विशारद, दोष-दर्शक और अनुरागी तथा पात्र के सुख-दुख, क्रोध-भय आदि के अनुरूप भावानुक्रमण करने वाला होना अपेक्षित है।[11] 'नाट्य-शास्त्र' में दर्शक के लिए 'प्रेक्षक' तथा 'सामाजिक' शब्द प्रयुक्त हुए हैं। 'इनके अतिरिक्त एक और शब्द है सहृदय, जो कि प्रेक्षक के मौलिक धर्म का वाचक है। प्रेक्षक के लिए भरत ने सबसे पहले 'सुमनस' विशेषण का प्रयोग किया, जो प्रायः उसके आवश्यक गुणों का समाहार कर लेता है।'[12]

भरतोत्तर अन्य आचार्यों द्वारा भी प्रेक्षक के गुणों की चर्चा होती रही। सभी ने उसके मूलभूत गुण संवेदनशीलता को विशेष महत्व दिया। विभिन्न स्थितियों के प्रति संवेदन-क्षमता के साथ-साथ ही प्रेक्षक में विदग्धता का होना आवश्यक है। अर्थात् उसे कल्पनाशील तथा भावुक होने के साथ-साथ विशेष सौन्दर्य बोध से भी सम्पन्न होना चाहिए। डॉ. नगेन्द्र न लिखा है—'इस प्रकार शास्त्र में जिस सामाजिक को नाट्य-रस का अधिकारी माना गया है, उसके व्यक्तित्व में एक विशेष स्तर की भावुकता, कल्पना और व्युत्पन्नता की अवस्थिति अनिवार्यतः स्वीकार की गयी है। इसीलिए सामाजिक का एक अपर नाम सभ्य भी है। इसके अतिरिक्त प्रेक्षण के समय उसकी तात्कालिक मनःस्थिति भी...इसी प्रकार के व्यक्तिगत राग-द्वेष, सुख-दुख तथा पूर्वाग्रहों से मुक्त होना चाहिए।'[13] इसी दृष्टि से अभिनव गुप्त ने प्रेक्षक को विमल प्रतिभावान कहा है। नाट्य-प्रेक्षक की यह कल्पना पाश्चात्य 'आदर्श प्रेक्षक' (आइडियल स्पेक्टेटर) के समान है।[14] आदि आचार्य भरत ने जब सभी वर्णों के लोगों के लिए नाट्य-वेद की रचना की तथा कहा कि सभी रुचियों के लोगों को इसमें कुछ न कुछ मिल जाता है; तब उनका तात्पर्य प्रेक्षक की दृष्टि से पंचम वेद का महत्त्व बताने का ही था।

कुछ आधुनिक नाट्य-विचारक तो इस स्थिति तक पहुँचे हैं कि सामाजिक को अरुचिकर लगने वाले नाटक को नाटक ही नहीं मानते। समरसेट माम ऐसी कृति को निरर्थक समझते हैं।[15] सार्त्री रंगमंचीय चर्चा में प्रेक्षक को प्राथमिक स्थान देते हैं।[16] नाट्यकार डार्लिंग्टन अपना अनुभव बताते हैं कि नाट्य-प्रस्तुति का सम्पूर्ण वातावरण प्रेक्षा-स्थल पर बैठे प्रेक्षकों के रुख से प्रभावित होता है।[17] इसलिए यह आवश्यक माना जाता है कि लेखक स्वयं अपनी कृति का निरीक्षण-परीक्षण प्रेक्षक की अलोचकीय दृष्टि से करे। धर्मवीर भारती लिखते हैं : "बहुधा जो नाटककार जितना सूक्ष्म सजग और सचेत दर्शक रहा है, उस भावलीला को वह उतने ही जीवन्त रूप

में नाटक में बाँध पाया है।"[18] बदलते हुए युग-परिवेश में बदलती सामाजिक रुचि के प्रति लेखक को जागरूक रहना पड़ता है।

दर्शक के प्रश्न से जुड़ा हुआ ही नाट्य-भ्राँति का प्रश्न है। नाट्य-भ्राँति का सीधा सम्बन्ध प्रेक्षकों से माना गया है।[19] मनोरंजन के ध्येय से पहुँचने वाले प्रेक्षक के मन में प्रेक्षण के समय तक बुद्धि तथा अविश्वास का लोप होकर आह्लादमूलक एवं आनन्दप्रद नाट्य-भ्राँति उत्पन्न होती है, जिसका आविर्भाव यथार्थ एवं कल्पना के अद्भुत मेल से होता है। कुछ क्षणों के लिए प्रेक्षक अनुकरण और अनुकार्य का भेद भूल जाता है।[20] यही वह तन्मयता की स्थिति है जो अभिनव गुप्त के मत से प्रत्यक्ष, कल्पना एवं अध्यवसाय का विषय बनकर सत्य एवं असत्य से समन्वित विलक्षण रूप धारण करके सर्वसाधारण को आनन्दोपलब्धि कराती है।[21] प्रेक्षक के मन पर अंकित होने वाला यह प्रभाव ही नाटक के मूल्य का मानक होता है। 'इसी असामान्य स्थिति में', डॉ. रामअवध द्विवेदी के मत से, 'प्रेक्षकों को एकता की प्रतीति होती है। नाटक के विभिन्न अंग और रंगशाला के सभी साधन, सभी नियम और रूढ़ियाँ इस एकता की प्रतीति में समाहित हो जाती हैं। केवल यह भान होता है कि किसी अखंड कलाकृति से साक्षात्कार हो रहा है।'[22]

अतः नाट्य-भ्राँति की स्थिति में ही व्यष्टिपरक ज्ञान समष्टिपरक बनता है। नाट्यकला के सभी उपकरण इसी ऐन्द्रजालिक चमत्कार को उत्पन्न करने के लिए साधन होते हैं। प्रभाव-ऐक्य इसी नाट्य-भाँति का अंग अथवा लक्षण है। नाट्य-भ्राँति के सर्वोत्तम उदाहरण के लिए शेक्सपियर के 'रिचर्ड तृतीय' के अभिनय-प्रस्तुति की घटना को लिया जाता है। एक बार जब रणक्षेत्र में युद्ध करता हुआ नायक अश्व के आहत होकर गिरने पर चिल्लाया—A horse! A horse! A kingdom for a horse! तो एक सरलचित्त किसान उसे अपना अश्व भेंट करने के लिए तत्पर हो गया। नाट्य-भ्राँति के बारे में इसी प्रकार की अनेक कथाएँ प्रचलित हैं। नाट्यालोचक प्रो. निकोल का मत है कि अधिकतर तो हम नाट्य-प्रेक्षण के समय वास्तविक तथा अवास्तविक का भेद करते हैं, किन्तु कभी-कभी हम पूर्ण रूप से उन्मत्त हो जाते हैं।[23]

सिनेमा, रेडियो तथा टेलीविजन के साथ प्रतिद्वन्द्विता के आधुनिक युग में रंगमंच को सबसे बड़ा खतरा प्रेक्षक की परिवर्तित रुचि का ही है। विश्व-रंगमंच की समस्या प्रेक्षक को थियेटर-हाल के भीतर बुलाने की है। इस प्रयत्न में सफल होने के लिए अधिकांश व्यावसायिक रंगमंच सफलता के एक निश्चित फार्मूले के बाहर ही नहीं जाना चाहते। उन्हें भय रहता है कि सम्भवतया उनके द्वारा अपनायी गयी प्रयोगधर्मिता प्रेक्षक को न रुचे। लन्दन की 'वेस्ट ऐंड थियेटर' ज़ैसी संस्था के बारे में भी नाट्य-चिन्तकों का विचार है कि वहाँ उसी ढंग से यथार्थवादी रंगमंच पर अभिनय किया जाता है, जिसकी सफलता तथा आर्थिक उपलब्धि सुनिश्चित

है। पश्चिमी नाट्य-विचारक नाट्य-प्रस्तुति के क्षेत्र में प्रयोगधर्मिता की माँग करते हैं, जिसके द्वारा दर्शक को प्रेक्षागृह की ओर उत्कृष्ट करने के नवीन ढंग सृजित हो सकें।[24] सभी यह मानते हैं कि सिनेमा, रेडियो तथा टेलीविजन की तुलना में रंगकला अधिक सशक्त एवं जीवन्त प्रस्तुति का माध्यम होती है।[25] पहली तीनों में से कोई भी रंगकला का पूरक नहीं बन सकती, क्योंकि रंगमंच पर पस्तुत कलात्मक सृष्टि उपरोक्त तीनों की भाँति पूर्णतः निश्चित तथा अपरिवर्तनीय रूप में नहीं होती, अपितु यहाँ तो कला-सृजन-प्रक्रिया रंगमंच पर प्रेक्षकों की उपस्थिति में चलती है, जिसमें प्रेक्षक तथा अभिनेता के मध्य एक प्रकार का मनोवैज्ञानिक सम्बन्ध बना रहता है और प्रेक्षक स्वयं को नाट्य-प्रस्तुति के आन्तरिक वातावरण का सर्जक अंग समझता है, नाटक के प्रवाह में भाग लेता है, संवेगात्मक रूप से उसमें सम्मिलित (इन्वाल्व) होता है। नाट्य-कला की सफलता भी प्रेक्षक के इस लगाव में मानी जाती है।[26]

इन्हीं सब बातों को ध्यान में रखते हुए यह माना जाने लगा है कि निर्देशक-प्रेक्षक सम्बन्ध केवल धन-व्यय करने और मनोरंजन कराने मात्र का नहीं होता, अपितु दर्शक की अभिरुचि तक पहुँचने और उसकी रुचि को अपनी अनुभूति तक लाने का भी होता है। आज जब दर्शक के समक्ष अन्य सुलभ, सस्ते तथा हल्के मनोरंजन के अनेक साधन उपलब्ध हैं, तब निर्देशक का दायित्व लेखक की जीवनानुभूति की इस रूप में प्रस्तुति का है कि वह दर्शक को अपनी ओर आकृष्ट करे। पश्चिमी रंग-चिन्तक इस लक्ष्य की प्राप्ति के लिए सर्वाधिक उपयोगी उपाय यह मानते हैं कि रंगमंच को जनता के बीच में लाया जाय तथा जनजीवन में नाट्य-रुचि का निर्माण एवं प्रसार किया जाय। उनकी दृष्टि में इस उद्देश्य की पूर्ति के लिए मुक्ताकाशी रंगमंच सर्वाधिक लाभप्रद सिद्ध होगा, जिसमें विभिन्न प्रकार की प्राकृतिक, भौगोलिक तथा ऐतिहासिक पृष्ठभूमियों का सार्थक उपयोग किया जा सकता है। बर्फ के ऊपर, पहाड़ों तथा प्राचीन खंडहरों की पृष्ठभूमि में प्रदर्शन करके नाटक को अधिक कल्पनात्मक, सृजनशील तथा अनुभूत्यात्मक बनाया जा सकता है। हमें इस क्षेत्र में आरम्भिक ग्रीक रंगशाला तथा भारतीय लोक नाट्य परम्परा से प्रेरणा लेनी चाहिए। विलार ने पश्चिमी रंगमंच को द्विपरिमाणीय त्रिपरिमाणीय चौखटे की कैद से बाहर निकालने का स्तुत्य प्रयास किया। दिल्ली में इब्राहीम अलकाजी के निर्देशन में पुराने किले में नाट्य-प्रदर्शन से इस प्रकार के प्रयोग शुरू हुए तो फिर मुक्ताकाशी प्रदर्शनों का प्रचलन हो गया। प्रो. ह्यू हंट के मत से भ्रमणशील नाट्य-मंडलियों की स्थापना होनी चाहिए, जो नाट्य-प्रचार-प्रसार द्वारा प्रेक्षक की रुचि का निर्माण कर सकें तथा नवीन अभिनेताओं एवं निर्देशकों की प्रतिभा को प्रोत्साहन देकर पूरे इंग्लैंड में सहज नाट्य-वातावरण निर्मित कर सकें।[27]

हिन्दी रंगमंच के प्रेक्षक की समस्या और भी अधिक गम्भीर है, क्योंकि दुर्भाग्यवश काफी लम्बे काल के लिए हिन्दी रंग-परम्परा ठहर गयी थी। लोक-नाट्य-परम्परा के

जिस जीवन्त रूप से अन्य आधुनिक भारतीय भाषाओं के नाट्य अपना सम्बन्ध जोड़ सके, हिन्दी नाट्य को उस रूप से जुड़ पाने में थोड़ा व्यवधान रहा। हिन्दी-प्रदेशों की अपनी नैतिक-सामाजिक रूढ़ियों के कारण नाट्याभिरुचि का निर्माण भी जन जीवन में पर्याप्त रूप से न हो सका। आज भी सिनेमा के चलते हुए मनोरंजन की प्रतिद्वन्द्विता में हिन्दी नाटक का ठहरना कठिन प्रतीत होता है। रंगकर्मियों के सम्मुख सबसे बड़ी समस्या दर्शक-समस्या ही है। हिन्दी नाटककार भी अपने आप को साधारण से श्रेष्ठ समझते रहने की ग्रन्थि से ग्रसित रहने के कारण जनता के स्तर तक पहुँच कर उसे अपने स्तर तक लाने में सफल न हो सका। परिणामतः बीसवीं सदी के सातवें दशक के उत्तरार्द्ध तक तो 'अनामिका कला संगम' जैसी संस्थाएँ इस समस्या को सुलझाने का उपाय ही खोज रही थीं कि किस प्रकार हिन्दी के दर्शक को रंगभवन के भीतर लाया जा सके। सन् 1968 में आयोजित गोष्ठी में अनेक नाट्य-विशारदों ने विचार-विनिमय किया तथा 'दर्शक समाज और आज का हिन्दी रंगमंच' की स्थिति पर अपने मत देते हुए दर्शकों की निम्नस्तरीय रुचि तथा निर्देशकों की लापरवाही पर विचार किया। इस बात पर भी जोर दिया गया कि हिन्दी के विविध स्तरीय दर्शकों को एक साथ परितुष्ट किया जाना अपने आप में ही एक समस्या है।[28] किन्तु ध्यातव्य है कि आरम्भ से ही नाट्यवेद को सभी रुचियों तथा वर्गों के लिए रचा गया था। इसी परिसंवाद में श्री नेमिचन्द्र जैन ने कहा कि हिन्दी नाटक के दर्शकों का केवल एक छोटा-सा वर्ग है, जिसे वास्तव में हिन्दी के रंगमंचीय व्यापार में गहरी रुचि है, अन्यथा अंग्रेजीदाँ उच्च वर्ग तथा सिनेमा आदि द्वारा रुचि ग्रहण करने वाला निम्न-मध्य-वर्ग दोनों या तो हिन्दी रंगमंच के प्रति उपेक्षा का भाव रखते हैं या फिर उसमें रुचि लेने में ही असमर्थ हैं।[29] किन्तु सत्य तो यह है कि नाट्यकला को किसी विशिष्ट बुद्धिजीवी वर्ग की परितुष्टि का साधन न होकर जन सामान्य की परितुष्टि का गम्भीर प्रयास करना चाहिए। ऐसा करने के लिए नाट्य-सर्जक को मनोरंजन के सस्ते फार्मूलों पर न उतर कर जीवन की गहन अनुभूतियों के स्तर तक पहुँचने का प्रयास करना चाहिए। साथ ही भाषिक धरातल पर भी हिन्दी नाटक को प्रेक्षक के निकट आकर जीवन की समीपता का आभास देना चाहिए, जिससे कि दर्शक-वर्ग नाट्य-व्यापार के साथ निजीपन का अनुभव करे और सम्प्रेषण व्यापार सहज बन सके। ऐसी स्थिति में नाट्य-कर्मियों को मानसिक परिवेश की दिशा समसामयिक विदेशी साहित्य से न मिलकर अपने आसपास के सामान्य जीवन से प्राप्त होनी चाहिए, जिससे कि दर्शक वर्ग तथा नाट्य-प्रयोगों के बीच की मानसिक खाई पट सके।

आधुनिक हिन्दी रंगकर्मी अनुभव करने लगे हैं कि अति तकनीकीकरण से बँध कर गम्भीर रंगमंच का विकास सम्भव नहीं है। आज जब विश्व रंगमंच चित्र-चौखटा

रंगमंच से बाहर आने के प्रयास में है, तब हमें 'कुछ विशिष्ट प्रदर्शन-गृहों में विशेष प्रकार की सुविधाओं के साथ प्रदर्शन करने के अभ्यास से मुक्त होकर अपने रंग-प्रयोगों को जहाँ कहीं भी जिस किसी भी समुदाय के बीच ले आ सकने का अभ्यास विकसित करना होगा। इसका अर्थ है कि हमारी रंग-अवधारणा को विशेष रूप से मानवीय पक्ष पर ही निर्भर रहकर चलना होगा।'[30]

वस्तुतः दर्शक-वर्ग को विभिन्न वर्गों में विभाजित करने की दृष्टि ही मूलतः गलत है, क्योंकि नाट्यानुभव मूलतः सामूहिक अनुभव है। दृष्टि तो दर्शक-वर्ग की परिवर्तनशील रुचि को थामने की होनी चाहिए। इसके लिए निर्माता को निरन्तर प्रयोगशील रहना चाहिए, ताकि दर्शक-वर्ग की रुचि जड़-सौन्दर्याभिरुचि न बन कर रह जाय। उदाहरणार्थ यथार्थवादी चौखटा रंगमंच की रूढ़ि बन गयी थी कि अधिकाधिक स्वाभाविकता की प्रतीति के अतिरिक्त अन्य कोई भी रंग-सज्जा दर्शकों को प्रभावित करने में समर्थ हो ही नहीं सकती है और स्थिति यहाँ तक पहुँची कि प्राचीन स्वच्छन्दतावादी नाटक भी प्रोसीनियम आर्च स्टेज पर अति यथार्थवादी ढंग से प्रस्तुत किये गये। मंचानुकूल मोड़ देने के प्रयास में मूल नाट्य वस्तु का सौन्दर्य दब गया। किन्तु इसी समय रंग-दार्शनिक रंगक्षेत्र में क्रान्ति लाये। क्रेग, एप्पिया, मैटरलिंक, मैक्स रीनहार्ट आदि ने अनेकानेक प्रयोग कर नवीनता, विशिष्टता, प्रभावान्विति तथा वैचित्र्य उत्पन्न किया। आज हिन्दी रंगमंच को ऐसे ही नवीनतम प्रयोगों तथा परीक्षणों की आवश्यकता है, जो दर्शकों के आकर्षण के साथ ही उनकी अनुभूति की पकड़ का माध्यम बन सकें।

सन्दर्भ–

1. 'तदैव मूलबीजस्थनीय कविगतो रसः ...तत्र फलस्थानीयः सामाजिक रसास्वादः।'–'हिन्दी अभिनव भारती' 6/515–आचार्य विश्वेश्वर
2. नेमिचन्द्र जैन, 'रंगदर्शन', पृ. 36
3. A. Nicoll, 'The Theatre and Dramatic Theory', p. 27
4. डॉ. लक्ष्मीनारायण लाल, 'आधुनिक हिन्दी नाटक और रंगमंच', पृ. 30
5. T.S. Eliot, 'Selected Prose', p. 76
6. A. Nicoll, 'The Theatre and Dramatic Theory', p. 55
7. Ibid, p. 59
8. Aristotle's 'Poetics'–"...for targedy endeavours, as far as possible, to confine itself to a single revolution of the sun, or but slightly to exceed this limit." p. 23
9. T.S. Eliot, 'Selected Prose', p. 76
10. शेल्डान चेनी, 'रंगमंच', पृ. 65
11. ना.शा. 27/62-63

12. डॉ. नगेन्द्र 'नाटक का प्रेक्षक और समीक्षक', 'अनामिका' द्वारा आयोजित हिन्दी नाट्य महोत्सव की दर्शक-समीक्षक गोष्ठी के अध्यक्ष पद से वाचित : कलकत्ता, दिसम्बर 1964 'आस्था के चरण' में संकलित, पृ. 194
13. वही, पृ. 195
14. S.H. Butcher, 'Aristotle's theory of Poetry and Fine Arts.' p. 213
15. Somerset Maughm, 'The Summing Up', p. 131
16. Francis Fergusson, 'The Idea of Theatre', p. 66
17. W.A. Darlington, 'The Actor and His Audince', p. 7
18. धर्मवीर भारती, 'हिन्दी नाट्य लेखन' पुस्तक : 'हिन्दी नाटक और रंगमंच की पहचान और परख', सम्पा. इन्द्रनाथ मदान, पृ. 168
19. डॉ. रामअवध द्विवेदी, 'साहित्य सिद्धान्त', पृ. 73
20. F. Sarcey, 'A Theory of the Theatre', p. 31
21. 'अयमिति प्रत्यक्ष कल्पनानुव्यवसाय विषयो, लोक प्रसिद्ध सत्यासत्यादिविलक्षणत्वात् यच्छन्दवाच्यो, लोकस्य सर्वस्य साधारणतया स्वत्वेन भाव्यमानश्चर्व्यमाणोर्थो नाट्यम्।'—'हिन्दी अभिनव भारती' 1/219, आचार्य विश्वेश्वर
22. डॉ. रामअवध द्विवेदी, 'साहित्य-सिद्धान्त', पृ. 82-83
23. A Nicoll, 'The Theatre and Dramatic Theory', p.23
24. Hugh Hunt, 'The Director in the Theatre', p. 75
25. (a) Ibid, p. 75
(b) A. Nicoll, 'The Theatre and Dramatic Theory', p. 35
26. A Nicoll, 'The Development of the theatre', p. 229
27. Hugh Hunt, 'The Director in the Theatre', p. 86-88
28. श्यामसुन्दर कनौडिया, 'दर्शक समाज और आज का हिन्दी रंगमंच', 'अनामिका कला संगम' द्वारा आयोजित परिसंवाद 1968, का प्रकाशित विवरण, पृ. 7
29. नेमिचन्द्र जैन, 'दर्शक वर्ग और आज का हिन्दी रंगमंच', 1968, परिसंवाद विवरण, पृ. 20-21
30. मोहन राकेश, 'दर्शक समाज और आज का हिन्दी रंगमंच', 1968, परिसंवाद चर्चा, पृ. 29-30

प्राचीन भारतीय रंग-परम्परा

संस्कृत-रंगमंच

भारतीय रंगमंच की परम्परा अति प्राचीन है। महाकाव्य की भाँति नाट्यकला भी जातीय जीवन के सामाजिक, सांस्कृतिक, राजनीतिक संस्कारों की वाहक होती है। यही कारण है कि विश्व-साहित्य में नाटक का अस्तित्व अत्यन्त महत्वपूर्ण है। रंगकला की सौन्दर्यात्मक, नैतिक तथा ऐतिहासिक महत्ता इसीलिए है कि जातीय चरित्र तथा सामाजिक चेतना का श्रेष्ठतम प्रतिनिधित्व उसमें प्राप्त होता है। इसी कारण यूनानी आचार्य अरस्तू ने काव्य को इतिहास से श्रेष्ठ घोषित करते हुए त्रासदी को सभी काव्य विधाओं में उच्चतम स्थान दिया।[1] भारतीय पुराकथा है कि स्वयम्भू मनु के साथ जब सतयुग समाप्त हो गया तथा वैवस्वत मनु के साथ त्रेतायुग आरम्भ हुआ, तब लोग भोग-विलास में डूब गये, चारों ओर दुःख बढ़ गया, तब इन्द्र को अपना नेता बनाकर देवता ब्रह्मा के पास प्रार्थना करने गये कि उन्हें मनोरंजन का ऐसा साधन चाहिए जो दृश्य तथा श्रव्य दोनों हो।[2] चारों वेद सभी जाति के लोग नहीं सुन सकते, ऐसे पाँचवें वेद की रचना कीजिए जो सभी वर्गों के लिए हो। अतः उन्होंने ऋग्वेद से पाठ, सामवेद से गीत, यजुर्वेद से अभिनय तथा अथर्ववेद से रस लेकर नाट्य वेद की रचना की है।[3] इन्द्र से उन्होंने कहा कि जो लोग परिश्रमी, दक्ष तथा प्रवीण हैं, उनमें इसका प्रचार करो। इन्द्र ने उत्तर दिया कि नाट्यकर्म को ग्रहण करने में देवता असमर्थ हैं, केवल वेद-मर्मज्ञ ऋषियों में ही नाट्य-प्रयोग करने की शक्ति है। इस पर ब्रह्मा ने भरत से कहा—'शाप-रहित तुम सौ पुत्रों वाले हो, तुम्हीं इस नाट्यवेद के प्रयोक्ता बनो।' 'नाट्यशास्त्र' अथवा नाट्यवेद में भरतमुनि ने इसीलिए नाटक, नृत्य और नृत्त की पृथक-पृथक परम्परा का संकलन करके उनकी व्याख्या की है। उन्होंने नाटककार, सूत्रधार तथा अभिनेता को सम्बोधित किया है, क्योंकि नाटक की सफलता के लिए इन तीनों का गहरा सम्बन्ध अपेक्षित होता है।

'नाट्यशास्त्र' में वर्णित अन्य पुराकथा के अनुसार, सर्वप्रथम नाट्याभिनय इन्द्रलोक में देवासुर संग्राम में देवताओं के विजयोत्सव के समय हुआ। इसी अवसर

पर ब्रह्मा की आज्ञा से भरतमुनि ने नाट्यवेद का प्रयोग किया। अतः रंग-सृजन की दृष्टि से ध्वज-महोत्सव भारतीय सांस्कृतिक जीवन की प्रथम घटना है। जिस रीति से देवताओं ने दैत्यों को पराजित किया था, उसका यहाँ अनुकरण किया गया। इस अनुकरण में भयानक युद्ध तथा मार-काट की चुनौती थी। ब्रह्मादि देवता इस अभिनय से बहुत प्रसन्न हुए तथा प्रसन्न होकर उन्होंने अभिनेताओं तथा प्रयोग-कर्त्ताओं को उपहार प्रदान किये। इन्द्र ने अपना शुभ ध्वज, ब्रह्मा ने कुटिलक (अभिनव गुप्त के अनुसार एक बंकिम लकड़ी जिसका प्रयोग विदूषक करता है), वरुण ने स्वर्णझारी, सूर्य ने छत्र, शिव ने सिद्धि, वायु ने पंखा, विष्णु ने सिंहासन, कुबेर ने मुकुट तथा देवी सरस्वती ने दृश्य-विधान एवं श्रवण-बोध प्रदान किया।[4] गन्धर्व, देवता तथा पन्नग आदि सभी ने मिलकर जाति और गुणों पर आश्रित विभिन्न भूमिकाओं के अनुरूप कथन-शैली, भाव तथा रस अभिनेताओं को प्रदान किये।[5]

दैत्य इस नाट्य-प्रयोग को देखकर अत्यन्त क्रुद्ध हुए और विरुपाक्ष के नेतृत्व में विघ्नों को उकसाते हुए बोले—'हम इस नाटक को इस रूप में नहीं सह सकते, सब लोग एकत्रित हो जाओ।'[6] तब विघ्नों ने असुरों के साथ माया का आश्रय ग्रहण कर अभिनेताओं की वाणी, चेष्टा तथा स्मृति को विजड़ित कर दिया।[7] अभिनय में विघ्न देखकर देवराज इन्द्र ने क्रुद्ध होकर अपने शक्रध्वज से सभी असुरों के शरीर को जर्जर कर दिया।[7] इस दिव्यास्त्र से देवता प्रसन्न हुए और सम्पूर्ण विघ्न-नाशक इस ध्वज को उन्होंने 'जर्जर' नाम दिया तथा कहा कि यह जर्जर समस्त नाट्य-प्रयोक्ताओं की रक्षा करने वाला हो।[8] इस घटना के उपरान्त इन्द्र रंगमंच के रक्षक माने जाने लगे तथा नाट्यारम्भ में रक्षा के प्रतीक जर्जर की पूजा आरम्भ की गयी, जिससे कि रंगकर्मियों को शुभ फल की प्राप्ति हो सके। 108 अंगुल अर्थात् 81 इंच का बाँस विभिन्न रंगीन वस्त्रों से सज्जित करके जर्जर बनाया जाता था।[9] बलवन्त गार्गी के मत से 'जर्जर साढ़े चार हाथ लम्बा बाँस का डण्डा होता था, जिसे घी और शहद से रचा कर मढ़ दिया जाता था।'[10] जर्जर में बाँस की लकड़ी का प्रयोग होने के कारण ही पं. हरप्रसाद शास्त्री ने निष्कर्ष दिया कि भारतीय नाटक उस प्रदेश में उद्भूत हुआ, जहाँ बाँस अधिक पैदा होता था।[11]

'जर्जर' के विषय में एक मत यह भी रहा है कि सम्भवतः यज्ञों में स्थापित यूपों का भी आरम्भ में जर्जर से ही आशय था। जिस प्रकार रंगशाला की असुरों से रक्षा हेतु वहाँ जर्जर की स्थापना की जाती थी, उसी प्रकार यज्ञशाला में यूपों की। बाद में हिंसा का यज्ञों में प्रयोग आरम्भ होने पर उससे (यूप से) पशु बाँधने का काम लिया जाने लगा। ध्यातव्य है कि ब्राह्मण ग्रन्थों में यूप को प्रायः इन्द्र का ध्वज कहा गया है।[12] कुँवर चन्द्रप्रकाश सिंह का मत है कि यज्ञ-यूप के अनुकरण-स्वरूप उक्त ध्वज को स्थापित करने की प्रथा केवल नाट्यशालाओं में ही नहीं, अपितु नाटक

की भाँति ही वैदिक साहित्य तथा वैदिक कर्मकाण्ड से उद्भूत एवं प्रभावित अन्य इसी प्रकार की क्रियाओं में भी प्राप्त होती है।[13] इसी कारण वे सम्पूर्ण वैदिक यज्ञों को भी वेद-व्यवहार को सर्ववार्णिक तथा लोकप्रिय बनाने वाला नाटक मानते हैं[14] उनका अनुमान है कि वैदिक यज्ञ-मण्डपों के अनुकरण पर ही भरत-वर्णित रंगशाला का स्वरूप निर्धारित हुआ है।[15]

देवराज इन्द्र को रंगमंच का रक्षक मानने की यह प्रथा आज भी भारतीय लोकनाटकों में प्रचलित है। श्री बलवन्त गार्गी ने लिखा है—'नौटंकिए तथा रासधारिए जब एक गाँव से दूसरे गाँव में जाते हैं तो उनकी गाड़ी के साथ आज भी ऊँचा झण्डा बँधा होता है।'[16]

'नटरंग' में प्रकाशित अपने निबन्ध में श्री मुद्राराक्षस ने इस पुराकथा को नवीन दृष्टि तथा नवीन सन्दर्भों में देखा है। उनके मत से दैत्यों का देवविजय के अनुकरण-रूप नाटक का विरोध-प्रदर्शन भारतीय सांस्कृतिक इतिहास का प्रथम सामन्तीय वर्ग के प्रति विरोध—'प्रोटेस्ट' है तथा इन्द्र द्वारा असुर-दमन इतिहास का पहला सत्ता द्वारा किया गया लाठी-चार्ज है।[17]

'नाट्य-शास्त्र' के अगले पृष्ठों से प्रतीत होता है कि लोक-रंगकर्मी भरत असुरों के इस प्रकार दमन से दुःखी हुए तथा उन्होंने ब्रह्मा से नाट्य-प्रयोग को संरक्षण प्रदान करने की प्रार्थना की।[18] ब्रह्मा ने विश्वकर्मा द्वारा रंगशाला का निर्माण कराया तथा विभिन्न देवों को विघ्नों से सुरक्षा का कार्य सौंपा। अब की बार असुरों को रंगशाला में देवताओं के साथ-साथ आमंत्रित किया गया तथा नाट्य-कर्म का मूल उद्देश्य पितामह ब्रह्मा द्वारा समझाया गया कि नाट्य-प्रस्तुति का उद्देश्य आनन्द एवं शिक्षा प्रदान करना है तथा असुर एवं देव दोनों को ही इससे समान रूप से पवित्रता, सद्बुद्धि एवं दुःख-शोक से मुक्ति की प्राप्ति होगी। धर्म, क्रीड़ा, अर्थ, शान्ति, श्रम, हँसी, युद्ध, काम तथा वध आदि सभी सांसारिक घटितों का अनुकरण यहाँ उपलब्ध होता है।[19]

ब्रह्मा ने सम्पूर्ण रंगकर्म तथा पूर्वरंग की विधियों पर बहुत बल दिया।[20] इससे प्रतीत होता है कि नाटक के साथ-साथ समुन्नत रंगमंच की कल्पना आरम्भ से ही की गयी है। प्राचीन 'रंग' शब्द डॉ. रघुवंश के मत से आधुनिक 'स्टेज' का पर्याय है, जिसके अन्तर्गत रंगमंच सहित सम्पूर्ण रंगशाला आ जाती है।[21]

ध्वजोत्सव के इस नाटक के उपरान्त ही 'नाट्य-शास्त्र' में भरतमुनि ने विधिवत् रंगयोजना वर्णित की है, जिसके अन्तर्गत रंगशिल्प, प्रेक्षागृह आदि का विधान है। विश्वकर्मा द्वारा निर्मित रंगभवन में सर्वप्रथम जो नाटक अभिनीत हुआ, उसका नाम 'अमृत-मंथन' है। इसमें अति उत्तम संवाद तथा गीतों का विधान हुआ। इस उत्साह-वर्धक नाटक के रचयिता स्वयं ब्रह्मा थे।[22] इस नाट्य-प्रयोग को देखकर देव तथा असुर दोनों ही प्रसन्न हुए।[23]

दूसरा अभिनय 'त्रिपुरदाह' का हुआ। यह प्रदर्शन ब्रह्मा तथा भरत के सहयोग से त्रिनेत्र भगवान शंकर के सम्मुख किया गया। यह नाट्य-प्रस्तुतीकरण अनेक पर्वत-शिखरों से आच्छादित, प्राणियों, भूतों, गणों से भरे हुए, कन्दराओं तथा झरनों से आकीर्ण हिमालय पर्वत के ऊपरी भाग की विराट प्राकृतिक रंगभूमि में सम्पन्न हुआ। पूर्वरंग की समस्त विधियों का विधान यहाँ किया गया।[24] अतः यहाँ एक बात यह प्रमाणित होती है कि प्राकृतिक पृष्ठभूमि में नाट्याभिनय करने की परम्परा भारतीय रंगकला के इतिहास में अति प्राचीन युग में भी विद्यमान थी। पहाड़ की तलहटी में अभिनीत होने वाले यूनानी नाटकों से इसकी तुलना की जा सकती है। आधुनिक मुक्ताकाशी रंगमंच (ओपन एयर थियेटर) ऐसी परम्पराओं का ही विकसित रूप है, जिसमें प्राकृतिक पृष्ठभूमियों, प्राचीन खण्डहरों की पृष्ठभूमियों आदि का सोद्देश्य प्रयोग कर नाट्य-प्रस्तुति को अधिकाधिक प्रभावपूर्ण बनाने का प्रयास किया जाता है।

नाट्य-प्रेक्षण के उपरान्त भगवान शिव ने 'त्रिपुरदाह' में 'नृत्य' का अभाव पाया। उन्होंने अपने शिष्य तण्डु (नन्दिकेश्वर) को बुला कर नाटक में विभिन्न प्रकार के नृत्य तथा आंगिक मुद्राओं (पिण्डीबन्ध) का समावेश कराया। इसी समय से नाट्य के अन्तर्गत ताण्डव नृत्य का समावेश हुआ, जिसके अन्तर्गत 'करण', 'अंगहार' तथा 'रेचक' आते हैं।[25] ताण्डव कठोर मुद्राओं का नृत्य था। बाद में देवी पार्वती की इच्छा से नाट्य के अन्तर्गत लास्य नृत्य (ललित अंगहारों से युक्त शृंगार-भावों वाला स्त्री-पुरुष का सम्मिलित नृत्य) समाविष्ट किया गया।[26]

भरतमुनि के निर्देशन में अभिनीत होने वाला तीसरा नृत्य था 'लक्ष्मी स्वयंवर'। विश्वकर्मा द्वारा निर्मित रंगभवन में उर्वशी तथा अन्य अप्सराओं का नृत्य प्रस्तुत किया गया। महाराज पुरुरवा इस समय इन्द्रभवन में नाट्य-प्रेक्षण के लिए आमंत्रित किये गये। उर्वशी ने लक्ष्मी का अभिनय किया। पूछे जाने पर कि वह किसको वरण करना चाहती है, उसने पुरुषोत्तम भगवान विष्णु का नाम न लेकर पुरुरवा का नाम लिया, क्योंकि पुरुरवा के शौर्य एवं व्यक्तित्व की ओर वह आकृष्ट थी। देवताओं ने उर्वशी के मन की अस्थिरता का उपहास किया तथा नाट्य-प्रयोक्ता भरत ने विष्णु-वरण का आदेश न पालन करने के कारण कुपित होकर उसे स्वर्ग से बाहर निकाल दिया।[27]

जम्बूद्वीप (भारत भूमि) पर नाट्य-कला को सर्वप्रथम लुनार के राजा नहुष की आज्ञा से लाया गया। स्वर्ग तक साम्राज्य-विस्तार के उपरान्त नहुष ने भरत को अपने शिष्यों—कोहल, शाण्डिल्य, धुर्तित, वत्स्य—को अनेक स्त्री तथा पुरुष अभिनेताओं के साथ पृथ्वी पर भेजने का आदेश दिया। अनिच्छा होते हुए भी इन्हें पृथ्वी पर नाट्य-प्रस्तुति करनी पड़ी। इन्हीं अभिनेताओं की मृत्यों से उत्पन्न सन्तानें 'नट' कहलायीं जिनकी जाति विशेष का व्यवसाय नृत्य एवं गायन है।[28] श्री मुद्राराक्षस का मत है कि नट संज्ञा वैदिक युग की नहीं, अपितु बाद की है। 'नाट्य-शास्त्र' में ही

इसका उल्लेख मिलता है। कई अभिनयों के बावजूद भी नट-कर्म को सम्मान नहीं मिला। इसीलिए भरत के सहकर्मी उनसे पूछते हैं कि इतना बड़ा काम करने के बाद भी हम लोग नीच क्यों कहलाते हैं। 'नाट्य-शास्त्र' की प्रतियों में दो पाठ मिलते हैं—'नट', 'नष्ट'। पहले पाठ का अर्थ होगा 'नट क्यों कहलाये' और दूसरे का अर्थ होगा 'बदनाम क्यों हुए'। 'मनुस्मृति' में गाने-बजाने वालों को नगर से बाहर पहाड़ों या श्मशान आदि में रहने का आदेश है। भरत तथा ऋषियों में कोई विवाद हो गया होगा, इसलिए भरत को अपने साथियों के सहित समाज से बहिष्कृत होना पड़ा।[29]

भारतीय नाट्यकला के उद्भव सम्बन्धी साहित्यिक प्रमाण सर्वप्रथम वैदिक संवादसूक्तों में प्राप्त होते हैं। तत्कालीन जन-जीवन के धार्मिक उत्सवों, संगीत-समारोहों तथा नृत्योत्सवों से नाट्यकला का घनिष्ठ सम्बन्ध प्रतीत होता है। यजुर्वेद की 'वाजसनेय संहिता' के प्रसंग से ज्ञात होता है कि शैलूष जाति के लोग व्यावसायिक रूप से नाटकों का आयोजन कर जीविकोपार्जन करते थे। ऋग्वेद के पुरुरवा-उर्वशी, यम-यमी, इन्द्र-इन्द्राणी, वृषा-कपि, सरमा-पणिस आदि संवाद-प्रसंगों में नाट्यकला के बीज पर्याप्त रूप में विद्यमान हैं। 'कात्यायन श्रौतसूत्र' में तो सोमपान के अवसर पर एक लघु अभिनय का भी प्रसंग आता है। वेद के आध्यात्मिक तथा दार्शनिक तथ्यों को अभिनय द्वारा जनसाधारण के लिए ग्राह्य बनाने का प्रयत्न ऋग्वेद-काल से चला आता प्रतीत होता है। कुँवर चन्द्रप्रकाश सिंह के मत से यह संवाद-सूक्त इन्हीं अध्यात्म-नाटकों के कथनोपकथन माने जा सकते हैं।[30] वेदों के आध्यात्मिक-दार्शनिक तथ्यों को नाटकीय रूप देकर जन-साधारण में उनका प्रचार करने की परम्परा जात्रा, रामलीला आदि में चली आ रही है। ऊपर ही यह संकेतित किया जा चुका है कि वेद-व्यवहार को सर्व-वार्णिक बनाने वाला नाटक माना जा सकता है। बाद में कर्मकाण्ड के विस्तृत और जटिल हो जाने के कारण नाटकों से सादृश्य रखने वाला यज्ञों का लोकप्रिय रूप नष्ट हो गया। अतः कुछ विद्वानों का यह कथन उचित है कि इस प्रकार की क्रियाएँ पूर्ण-रूपेण कर्मकाण्डीय नाटक हैं[31] इनकी रचना भले ही समाज में लोकप्रिय स्वांगों के रूप में हुई हो अथवा स्वतन्त्र रूप में। वैदिक यज्ञों में जब हिंसा बढ़ गयी और उनका विरोध बौद्धों तथा जैन दर्शनों ने किया तो नाटक को कर्मकाण्ड से छुटकारा पाने का अवसर मिला। अतः प्राचीन भारतीय नाटक को विकसित होने का सर्वाधिक अवसर बौद्धकाल में मिला। 'ललित विस्तर' में बिम्बसार द्वारा दो नाग राजाओं के सम्मान में नाटक के आयोजन का उल्लेख मिलता है। यह भी मत प्राप्त है कि स्वयं बुद्ध की आज्ञा से राज्यगृह में नाटक अभिनीत हुआ। गौतम बुद्ध के शिष्य मौद्गलायन और उपतिस्व ने नाट्य-कौशल का प्रदर्शन अनेक लीलाओं में किया।[32]

बौद्ध-काल में अभिनेताओं को 'नट', नाटक को 'समाज' तथा रंगशाला को 'समज्ज' कहा जाता था। यद्यपि बौद्ध भिक्षुओं के लिए अभिनय-प्रेक्षण निषिद्ध था तथापि उस काल में अभिनय की समृद्ध परम्परा थी तथा नाट्याभिनय इतना

जनप्रिय था कि वीतराग भिक्षु भी उसकी ओर आकृष्ट हुए बिना नहीं रहते थे। इसी कारण उनको अभिनय प्रेक्षण की पाबन्दी थी। कालिदास से पूर्व अश्वघोष जैसे बौद्ध महाभिक्षु ने 'सारिपुत्त प्रकरण' नाटक की रचना की। उदयन जातक में एक अवसर पर कहा गया है कि राजा ने अपने पुत्र के अभिषेक की वांछा की और सभी के मनोरंजनार्थ नाट्य-समारोहों का आयोजन किया।[33]

जैन-साहित्य में महापुरुषों के समक्ष अभिनय प्रस्तुत कर उन्हें सम्मानित करने की परम्परा प्राप्त होती है। उदाहरणार्थ 'रायपसेणीय सुत्त' नामक ग्रन्थ में एक कथा आती है, जिसका सारांश भगवान महावीर के समक्ष सूर्योपदेव ने बत्तीस प्रकार के नाट्यात्मक अभिनय प्रस्तुत किये। इस काल में नट-नटियों तथा नाट्य-मण्डलियों द्वारा स्थान-स्थान पर नाट्य-प्रदर्शन के भी प्रमाण मिलते हैं।[34]

उपनिषदों, ब्राह्मण-ग्रन्थों आदि में भी नृत्य तथा अभिनय के स्पष्ट प्रमाण उपलब्ध हैं, जैसे वृहदारण्यक उपनिषद में याज्ञवल्क्य तथा मैत्रेयी संवाद।[35] तैत्तरीय ब्राह्मण में प्रयुक्त 'शैलूष' शब्द[36] को डॉ. कीथ गायक अथवा नर्तक का पर्याय मानते हैं।[37] अन्य ब्राह्मण ग्रन्थों में भी नृत्य, गायन तथा संगीत को प्रमुख स्थान प्राप्त है। समस्त पश्चिमी विद्वानों ने इस तथ्य का अनुमोदन किया है कि नृत्य एवं गायन के साथ नाट्य का प्रचार था। इससे सिद्ध होता है कि लोक-नाट्य-परम्परा इस युग में पर्याप्त मात्रा में पल्लवित हो चुकी थी। नाट्य, नृत्य, संगीत, नट तथा अभिनय के अनेक उदाहरण सूत्रकाल में भी विद्यमान हैं।

पाणिनि के युग में सांस्कृतिक समारोहों का प्रचार होने के कारण संगीत और नृत्य का पूर्ण विकास हुआ। उनकी 'अष्टाध्यायी' में परिवादक,[38] नाट्य[39] और नटसूत्र[40] का उल्लेख मिलता है। इन शब्दों का प्रयोग प्रमाणित करता है कि समाज में नृत्य, संगीत और नाट्य आदि कलाओं को समृद्धि प्राप्त थी। पाणिनि के समय नाट्यकला के सैद्धान्तिक तथा व्यावहारिक पक्ष का विधिवत् अध्ययन कराया जाता था तथा सामाजिकों की स्थिति अत्यन्त दृढ़ थी।[41] अष्टाध्यायी में शिलाली तथा कृशाश्व नामक दो नाट्याचार्यों का भी उल्लेख है।[42] किन्तु इनकी कृतियाँ उपलब्ध नहीं हैं।

पतंजलि के महाभाष्य में 'कंसवध' तथा 'बालिवध' नामक दो नाटकों के अभिनय का प्रमाण मिलता है। पतंजलि ने नट-नटियों के अनैतिक जीवन का भी संकेत स्थान-स्थान पर दिया है।[43] कौटिल्य ने 'अर्थशास्त्र' में लिखा है कि नट लोग गुप्तचरों का भी कार्य करते थे तथा वाणिज्य का भी। इन्हें राजपुत्रों की जीवन-रक्षा के लिए नर्त्तक तथा वादक बनाकर बाहर भेजा जाता था। नाट्य शालाओं पर कड़ा नियन्त्रण था। ऐसी नाट्यमण्डलियाँ थीं जो घूम-घूमकर प्रदर्शन करती थीं। दूर से आने वाली मण्डलियों के प्रदर्शन पर राजा को पाँच पण देने पड़ते थे।[44]

वाल्मीकि रामायण में नट, नाटक, नर्तक, संगीत आदि का उल्लेख है। डॉ. कीथ

के इस विचार से हमें सहमति नहीं है कि रामायण में नाटक का कोई अस्तित्त्व नहीं मिलता।[45] ध्यातव्य है कि रामायण में नाट्य-संघों तथा नाट्य समाजों के अस्तित्व का विवरण है। अयोध्याकाण्ड में भरत द्वारा ननिहाल में देखे गये दुःस्वप्न से उत्पन्न मानसिक क्लान्ति को दूर करने के लिए उनके सहयात्रियों ने गीत, नृत्य तथा नाट्य का आयोजन किया।[46] रामाभिषेक के अवसर पर भी नटों, नर्तकों तथा गायकों की उपस्थित का संकेत मिलता है।[47] बालकांड के अन्तर्गत अयोध्यापुरी के वर्णन में स्त्रियों के लिए पृथक रंगशालाओं का उल्लेख है।[48]

महाभारत के हरिवंश पर्व, विराट पर्व, वन पर्व, उद्वेग पर्व में नाट्य, नृत्य तथा संगीत का उल्लेख मिलता है। हरिवंश पर्व में वज्रनाभ-वध तथा प्रद्युम्न-विवाह के प्रसंग में 'रामायणनाटक' तथा 'कौवेररम्भाभिसार' नाटक खेले जाने का प्रमाण मिलता है। इन नाटकों का निर्देशन भद्र नामक नट ने किया था। नायक की भूमिका में प्रद्युम्न तथा विदूषक के रूप में यादव अभिनय कर रहे थे। नाटकों में शूर ने रावण का, मनोगती ने रम्भा का तथा शाम्ब ने विदूषक का अभिनय किया था। यह अभिनय अत्यन्त ही सफल रहा तथा स्त्री-दर्शकों ने अपने आभूषण उतार कर अभिनेताओं को उपहारस्वरूप भेंट किये। अतः स्पष्ट है कि महाभारत काल में नाटक सभी वर्गों के लिए खेले जाते थे तथा स्त्रियाँ अभिनय देखने जाती थीं।[49]

संस्कृत नाट्य एवं रंगमंच सम्बन्धी उपर्युक्त सामग्री के आधार पर निम्नांकित निष्कर्ष प्राप्त किये जा सकते हैं :

1. पंचमवेद से तात्पर्य था नाट्यशास्त्र अथवा नाट्यवेद। इसी के अन्तर्गत दो प्रकार की परम्पराएँ विद्यमान थीं—नाट्यधर्मी और लोकधर्मी।

2. नाटक लोकधर्म, लोकभूमि, लोक स्वभाव और लोक रंजन का महत्वपूर्ण अंग था।

3. नाट्य-प्रदर्शन में ललित कलाओं का प्राधान्य था—विशेष रूप से गीत-वाद्य एवं नृत्य का।

4. नटकर्म समाज में सम्मान्य न था, किन्तु रंगकर्मी रंगयोजना में कभी पीछे नहीं रहे।

5. नाट्य-संघ घूम-घूमकर नाट्य-प्रदर्शन करते थे। अतः लोकजीवन से नाट्य का निकटता का सम्बन्ध रहता था।

6. नाटक का मूल रूप दृश्य था, पाठ्य नहीं। आरम्भ में इन्द्रादि देवों ने ब्रह्मा से ऐसी कला की माँग की थी, जो दृश्य तथा श्रव्य दोनों हो।

संस्कृत-रंगमंच की विशेषताएँ

भावाभिनय तथा अन्य अभिनय-रूपों में नाटक सर्वाधिक सशक्त साहित्यिक कला रूप है। अतः यह न पूर्णरूपेण साहित्य की परिधि में आता है, न पूर्णतः कला की परिधि में। रंगमंच तो समस्त कलाओं का मिलन-बिन्दु है। संस्कृत नाटकों की रचना

तत्कालीन विजयोत्सव-पुत्रोत्सव, वसन्तोत्सव, कौमुदी-महोत्सव, मदनोत्सव, आदि के लिए हुई थी। भास के 'स्वप्नवासवदत्तम्', कालिदास के 'अभिज्ञानशाकुन्तलम्', शूद्रक के 'मृच्छकटिकम्', आदि अनेक नाटकों में परिव्याप्त रंगमंच तथा इनका संरचनात्मक रूप असीम आनन्दोल्लास विजय-युक्त कर्मवादी आर्य दर्शन है, जो कि मांगलिक भावनाओं से भरपूर है। संस्कृत-नाट्य का प्रमुख रूप 'रूपक' है। यह 'रूपक' 'नाट्य' का पर्याय है। दृश्य रूप होने के कारण कालिदास ने इसे 'चाक्षुष्य यज्ञ' कहा है। रूपक में 'रूप' का आरोप किया जाता है। अतः 'नाट्य', 'रूप' तथा 'रूपक' आदि शब्दों से एक ही प्रकार का अर्थ ग्रहीत होता है।

कथावस्तु, नेता तथा रस के आधार पर रूपक के दस भेद हैं :

(1) नाटक, (2) प्रकरण, (3) भाण, (4) प्रहसन, (5) डिम, (6) वीथि, (7) व्यायोग, (8) समवकार, (9) अंक, (10) ईहामृग।

रूपकों में नाटक का सर्वप्रथम स्थान है। अतः नाटक ही रूपक का प्रतिनिधि है तथा रूपक के प्राणभूत तत्त्व रस की पूर्ण प्रतिष्ठा यहीं प्राप्त होती है। धनंजय ने नाटक की प्रमुखता का छः दृष्टियों से संकेत किया है :

(1) प्रारम्भिक विधान और वृत्ति, (2) कथावस्तु, (3) नायक, (4) रस, (5) वर्ज्य दृश्य, (6) अंक।

नाटकीय कथावस्तु की स्थितियाँ गठित हों और दर्शक को उनमें एक प्रकार की गति प्रतीत हो, इस उद्देश्य से पाँच अर्थ-प्रकृतियों, पाँच कार्यावस्थाओं तथा पाँच सन्धियों की कथा को मंचानुकूल बनाने के लिए सुगठित विधान है। इस सूक्ष्म गठन का एकमात्र उद्देश्य है नाटक की आत्मा, रस की निष्पत्ति और उसकी प्रतीति। नाटक का मंचन इस रूप में हो कि दर्शक के भावों को धक्का न लगे। इसके लिए दृश्य कथासूत्र के साथ सूच्य भाग भी रखा जाता है। इस सूच्य भाग को अर्थोपक्षेपक कहते हैं। यह पाँच प्रकार का होता है :

(1) विष्कम्भक, (2) प्रवेशक, (3) चूलिका, (4) अंकास्य, (5) अंकावतार।

संस्कृत रंगमंच पर विष्कम्भक तथा प्रवेशक का विशेष महत्व है। देवता अथवा राजन्य वर्ग का पात्र ही अधिकतर नायक होता है। नायक जातीय जीवन का प्रतिनिधि होता है। उसके कर्म आदर्श होते हैं, ताकि वे प्रेक्षक के लिए अनुकरणीय हो सकें। संस्कृत नायक के चार रूप मिलते हैं—धीरोदात्त, धीरललित, धीरप्रशान्त तथा धीरोद्धत। नायक का सहायक पीठमर्द कहलाता है। नायिका की स्थिति यहाँ बहुत ही ऊँची होती है। आचार्यों ने काफी विस्तृत रूप में नायिका का वर्णन किया है। नाट्य की आत्मा रस मानी गयी है, अतः रस-निष्पत्ति के विविध सिद्धान्तों से संस्कृत काव्यशास्त्र ओत-प्रोत है। रस को लक्ष्य करके ही समस्त-रंगशिल्प का विधान किया गया है। इसी से सम्बन्धित वृत्तियाँ हैं, जिनका सम्बन्ध नाट्य-प्रदर्शन विधि से होता है :

(1) भारती, (2) सात्विकी, (3) कौशिकी, (4) आरभटी।

रस-निष्पत्ति तथा रंग-सिद्धान्तों को परिचालित करने की दृष्टि से संस्कृत नाटक के व्यावहारिक रंगपीठ पर कुछ दृश्य वर्जित माने गये हैं—वध, युद्ध, देश-विप्लव, घेरा डालना, दूर का मार्ग, भोजन, स्नान, वस्त्र-ग्रहण आदि। इन दृश्य-वर्जनाओं का प्रमुख कारण है कि क्रूर सत्यों से दर्शक के मनोभावों को ठेस न लगे। नायक का रंगमंच पर वध वर्जित कार्य है। रंगदृष्टि से नाटक के स्वरूप एवं प्रकृति पर सोचने-विचारने के उपरान्त संस्कृत-आचार्यों ने निष्कर्ष निकाला कि नाटक का विस्तार पाँच से दस अंक तक हो सकता है, इससे अधिक नहीं। प्रत्येक अंक के अन्त में पात्रों का मंच से प्रस्थान आवश्यक है।

संस्कृत रंगमंच में दो प्रकार की नाट्य-धर्मिताएँ हैं :

1. लोकधर्मी।
2. नाट्यधर्मी।

संस्कृत काव्यशास्त्र में इतिवृत्त, नायक तथा रस के स्तर पर जितनी चर्चा हुई है तथा जितने नियमों एवं सिद्धान्तों का घेरा डाला गया, वह सब नाट्य-धर्मी हैं। भरत का 'नाट्यशास्त्र' एक प्रकार से नाट्यधर्मी रूढ़ियों का भंडार है। किन्तु भरत यह कभी नहीं भूलते कि नाट्य की वास्तविक भूमि लोक जीवन है तथा लोकाचित्त ही उसकी कसौटी है। धार्मिताओं के विषय में उनका मत है :

'लोकधर्मी भवेत्त्वन्या नाट्यधर्मी तथा परा।
स्वभावो लोकधर्मी तु विभावों नाट्यमेव हि॥'[50]

जो मानव-स्वभाव है वह स्वाभाविक लोकधर्म है, जो कृत्रिम है वह नाट्यधर्म है। नाट्यधर्मी को नृत्य-नाटक भी कहा गया है। यही वह शैली थी जिसे कालिदास तथा श्रीहर्ष ने उत्पन्न किया। नाट्यधर्मी प्रविधि शास्त्रीय, कलात्मक एवं आदर्शात्मक थी। इसी ने संस्कृत नाटक को काव्यात्मक तथा संगीत एवं नृत्यधर्मी बनाया था। अतिशय साज-सज्जा एवं रूप-वैभव संस्कृत-रंगमंच की विशेषता है। सामन्तीय एवं अभिजात्य वर्ग में पोषित नाट्यधर्मिताएँ परम्परा तथा शास्त्र की प्रतीक हैं।

लोकधर्मी नाट्य परम्पराओं की प्रेरणाभूमि लोक-जीवन होता है। यहाँ जन आनन्दोल्लास सहज रूप में व्यक्त होता है। यहाँ शास्त्रीय नियमावली नहीं, जन-जीवन का असीम भावावेग होता है। लोक-रंगमंच के इन नाटकों में लोक-परम्परा के चार तत्त्व विद्यमान रहते हैं—गीत, नृत्य, पुराण तथा लोक कथा। जीवन की सहज प्रतिच्छवि यहीं होती है।

संस्कृत-नाटक के चार अंग हैं—(1) पाठ्य, (2) गीत, (3) अभिनय, (4) रस। नाटक का सम्बन्ध लोकधर्म से है। यहाँ लोकधर्म से तात्पर्य मानवधर्म से है, अर्थात् नाट्यानुष्ठान के समय अभिनेता से पात्र का अनुभावन। यही एक प्रकार का

साधारणीकरण है। इन नाटकों में अध्यात्म तत्त्व भी विद्यमान है, जिसका तात्पर्य यह है कि मानवधर्म तथा ईश्वर-धर्म से मिलकर ही जीवन पूरा हो, अधूरा न रहे।

संस्कृत-रंगमंच तथा नाटक के साथ भारतीय जीवन-दर्शन की अन्तःसलिला प्रवाहित है। किसी भी स्तर पर इन नाटकों में असन्तोष अथवा मृत्यु का भाव नहीं है। पुनर्जन्म तथा कर्मफल में आस्था के कारण पूरा जीवन सामंजस्यपूर्ण है। दुःख तथा सुख दोनों ही भोग्य हैं। मनुष्य को हारना नहीं चाहिए। पश्चिमी नाटकों में जहाँ करुणापरक दुःखमय निराशाजनक त्रासदी को प्रधानता दी गयी है, वहीं भारतीय नाटक आनन्द की ओर बढ़ता है। संघर्ष 'अभिज्ञानशाकुन्तलम्' में भी है, किन्तु नाट्यान्त मिलन की ओर होता है। संघर्षों-निराशाओं के पश्चात् उल्लास-आनन्द आता है, क्योंकि विघ्न-बाधाओं पर विजय प्राप्त होती है। संस्कृत नाटक का लक्ष्य फलागम होता है। एक प्रकार से इन सभी नाटकों में कर्म पर विश्वास है, भाग्य पर नहीं। भास का नाटक 'स्वप्नवासवदत्तम्' इस सन्दर्भ में विशेष रूप से उल्लेखनीय है, जिसमें नायिका वासवदत्ता मनीषा एवं इच्छाशक्ति की सहायता से पति-कल्याण कर्म की ओर प्रवृत्त हुई तथा अन्त में सफल हुई।

संस्कृत नाटकों में प्राकृतिक चित्रणों का बाहुल्य है। हरियाली, उद्यान, आकाश, नदी, पर्वत, वृक्ष, हिरन आदि प्राकृतिक सौन्दर्य एवं उल्लास को व्यक्त करते हैं तथा नैसर्गिक जीवन के स्वच्छन्द वातावरण में सहज मानव-जीवन के विकास का चित्रण करते हैं। 'अभिज्ञानशाकुन्तलम्' में प्राकृतिक पृष्ठभूमि से अनेक प्रतीकात्मक संकेत उभारे गये हैं। जैसे प्रथम अंक में राजा का मृग का पीछा करना।

संस्कृत-नाटकों के प्रस्तुतीकरण के पीछे एक ही उद्देश्य है—रसानुभूति तथा लोकधर्म की शिक्षा। कार्य-व्यापार में नाटककार भावात्मक पक्ष का अधिक ध्यान रखता है तथा बौद्धिक पक्ष का कम। सम्पूर्ण स्थिति अभिनेता के हृदय में संजोयी जाती है। यही कारण है कि सम्पूर्ण संस्कृत नाट्य-साहित्य कवित्वपूर्ण है। शैली प्रतीकात्मक एवं आदर्शमूलक है तथा आद्यन्त वाद्य एवं संगीत की प्रधानता है। अभिनय-पक्ष में नृत्य तथा अभिनय को अलग कर पाना कठिन है। कार्य, गति तथा मुद्राओं की अभिनय में प्रधानता है। 'मृच्छकटिकम्', 'मालतीमाधव' तथा 'अभिज्ञान शाकुन्तलम्' इस प्रसंग में उल्लेखनीय हैं। रथारूढ़ राजा सारथि से बात करता है। वार्तालाप के भीतर से ही दृश्यात्मक वर्णन, गति, कार्य तथा मुद्राएँ खींची जा रही हैं। कथोपकथन के पूरे के पूरे चित्र हैं। यहाँ नृत्य के कारण अंगहार रेचक आदि कोई रूप छूटते नहीं। संस्कृत-रंगमंच विविध धरातलीय है। प्रदर्शन में अदृश्य तथा नेपथ्य का विशेष महत्व होता है। बहुत कुछ नेपथ्य में ही घटित होता है, क्योंकि जीवन का अधिकांश परदे में ही रहता है।

मूर्छा के दृश्य संस्कृत-नाटकों में बहुत हैं, विशेषकर भास, शूद्रक, भवभूति तथा

कालिदास की रचनाओं में। 'उत्तररामचरित' में सीता बार-बार मूर्च्छित होती हैं। नाट्य-प्रभाव कार्यव्यापार तथा काव्य के माध्यम से उत्पन्न किया जाता है। दर्शक की कल्पना को जाग्रत करने का प्रयास नाटककार प्रायः करता है, जैसे शकुन्तला के मुख का पीछा भ्रमर कर रहा है अर्थात् दुष्यन्त रूपी भ्रमर शकुन्तला रूपी कमलिनी का पीछा करेगा।

संस्कृत-रंगमंच का सम्पूर्ण बल अभिनय-पक्ष पर केन्द्रित किया गया है। अभिनय के तीन माध्यम हैं—(1) अभिनय, (2) गति-प्रचार, (3) मुद्रा।

इन नाटकों का मूल लक्ष्य भारतीय सभ्यता, संस्कृति तथा दर्शन की अभिव्यक्ति के साथ नैतिक, आध्यात्मिक तथा सौन्दर्यपरक मूल्यों का भी उन्नयन था। इन नाटकों पर वैष्णव तथा शैव धर्मों के आनन्दवादी दर्शन का प्रभाव है। यही कारण है कि ये नाटक दुःखान्त नहीं हैं। त्रासदी के अभाव का कारण पलायनवाद न होकर भारतीय आनन्दवाद की प्रेरणा है, क्योंकि 'उत्तररामचरित' से बढ़कर मानवीय वेदना कहाँ होगी? अतः ये नाटक संघर्ष से मुँह नहीं मोड़ते। विदूषक का संस्कृत नाटक में विशेष महत्व है—'विदूषक प्राचीन संस्कृत-नाटकों का लाडला पात्र था। उसका सिर रुण्ड-मुण्ड, तोंद बढ़ी हुई, बत्तीसी बाहर को निकली हुई और आँखों का रंग किरमिजी होता था। वह कद-काठ में ठिगना, खाने-पीने में पेटू, छेड़-छाड़ और मसखरी का शौकीन और राजा का प्रिय मित्र होता था। वह राजा के दरबार तथा निजी रहस्यों का जानकार होता था, किन्तु आकृति और व्यवहार से निपट मूढ़। संस्कृत के बजाय वह प्राकृत में बात करता और अपनी मूर्खताओं से दर्शक के पेट में बल डाल देता।'[51]

अन्ततः कहा जा सकता है कि संस्कृत-रंगमंच जीवन का विराट तथा बहुरंगी चित्र प्रस्तुत करता है। आभिजात्य प्रवृत्तियों का बाहुल्य होने पर भी इन नाटकों से जीवन का कोई भी पक्ष नकारा नहीं गया है। उदाहरणार्थ 'मृच्छकटिकम्' में सामाजिक जीवन के विविध रूप हैं तथा 'मुद्राराक्षस' (विशाखदत्त) में राजनीतिक दाव-पेंच। संस्कृत नाटक की दोहरी शक्ति इस बात में है कि उनका काव्यात्मक साहित्यिक पक्ष जितना सुन्दर है, उतना ही सफल उनका अभिनयात्मक पक्ष भी है। कलात्मकता में संस्कृत नाटक को भास, कालिदास, शूद्रक, हर्ष, भवभूति, विशाख, भट्टनारायण, मुरारि, राजशेखर आदि ने परिष्कार की चरम सीमा पर पहुँचाया।

धीरे-धीरे संस्कृत भाषा एक विशेष वर्ग तक ही सीमित रह गयी। जन-जीवन से सम्पर्क टूट जाने के कारण संस्कृत भाषा का पतन हो गया। हर्ष के बाद अनेक राजनीतिक कारणों से भी हिन्दू राजाओं का पतन हो गया। आठवीं शताब्दी के उत्तरार्द्ध से ही संस्कृत, रंगमंच-परम्परा विशृंखलित हो गयी। दामोदर गुप्त कृत 'कुट्टिनीमतम्' नाटक से ही संस्कृत, रंगमंच-परम्परा का पतन मिलता है। हर्ष के उपरान्त के पतनोन्मुख समाज का सजीव चित्र इसमें है। देश में प्रचलित लोक-नाटकों

का सजीव प्रमाण यहाँ प्रस्तुत है। हर्ष के उपरान्त राजनैतिक अशान्ति के कारण तथा राजाश्रय समाप्त होने के कारण रंगमंच तथा नाटक को धक्का लगा। छोटे-मोटे नाटकों की रचना होती रही। दिङ्नाग की 'कुन्दमाला', मुरारी का 'अनर्घराघव', जयदेव का 'प्रसन्नराघव' आदि रामकथा पर लिखे गये छन्दोबद्ध नाटक हैं, जिनमें सृजन कम, वाल्मीकि रामायण का अनुकरण अधिक है। 'पौरुष' से हताश जाति धर्म तथा दर्शन की ओर बढ़े।

प्राकृत में अनेक नाटकों की रचना हुई, जिनमें संस्कृत को कठोर भाषा तथा प्राकृत को सुकुमार भाषा कहा गया है।[52] प्रमुख स्थान राजशेखर की नाटिका 'कर्पूरमंजरी' का है। इसके अतिरिक्त राजशेखर के 'बाल रामायण', कृष्णमित्र के 'प्रबन्ध चन्द्रोदय', वत्सराज के 'समुद्रमंथन', वामनभट्ट के 'पार्वती परिणय' आदि नाटकों की रचना हुई। किन्तु अभिनयोचित गुणों के अभाव में इन नाटकों का महत्व बहुत कम है।

सन्दर्भ

1. Aristotle's 'Poetics', S. H. Butcher, p. 35
2. ना. शा. 1/11
3. वही, 1/17, 18, 19, 20
4. ना. शा. 1/59-61
5. वही, 1/62-63
6. एवं प्रयोगे प्रारब्धे दैत्यदानवनाशने
   अभवन्क्षुभिताः सर्वे दैत्या ये तत्र संगताः॥
   विरुपाक्षपुरोगांश्च विघ्नान्प्रोत्साह्य तेऽब्रुवन्।
   न क्षमिष्यामहे नाट्यमेतदागम्यतामिति॥"—वही, 1/64-65
7. वही 1/72
8. वही 1/74-75
9. Hemendra Nath Das Gupta, 'The Indian Stage', Vol. 1,p. 8
10. श्री बलवन्त गार्गी, 'रंगमंच', पृ. 21
11. Pt. Harprasad Shastri's article, 'The Origin of Indian Drama'. 'Journal of Asiatic Society Bengal', new series Vol. V, 1909, p. 351
12. 'वज्रो यूपः', शतपथ ब्राह्मण 3/6/4/19
13. कुँवर चन्द्रप्रकाश सिंह, 'हिन्दी नाट्य-साहित्य और रंगमंच की मीमांसा', पृ. 5
14. वही, पृ. 5
15. वही, पृ. 8
16. श्री बलवन्त गार्गी, 'रंगमंच', पृ. 30
17. श्री मुद्राराक्षस, निबन्ध, 'भरत और आधुनिक मंचकर्मी : कुछ नोट्स', 'नटरंग', जनवरी-जून 1975, पृ. 55
18. ना. शा. 1/78

19. 'नेकान्ततोऽत्र भवतां देवानां चानुभवनम्।
त्रैलोक्यस्यास्य सर्वस्य नाट्यं भावानुकीर्तनम्॥
क्वचिद्धर्मः क्वचित्क्रीडा क्वचिदर्थः क्वचिच्छमः।
क्वचिद्धास्यं क्वचिद्युद्धं क्वचित्काम् क्वचिद्वध॥'—ना. शा. 1/107-108

20. वही 1/129

21. डॉ. रघुवंश, 'भरत का नाट्यशास्त्र', भाग 1, पृ. 23

22. वही, 4/4

23. ना. शा. 4/1-3

24. वही, 4/8-10

25. ना. शा. 4/266

26. वही 4/318

27. Hemendra Nath Das Gupta, 'The Indian Stage', Vol. 1, p. 14-15

28. Ibid, p. 123

29. श्री मुद्राराक्षस, निबन्ध, 'भरत और आधुनिक रंगकर्मी : कुछ नोट्स', 'नटरंग', जनवरी-जून 1975, पृ. 56

30. कुँवर चन्द्रप्रकाश सिंह, 'हिन्दी नाट्य-साहित्य और रंगमंच की मीमांसा', पृ. 3

31. देखिएः प्रो. हेलिब्रा और कोनो का मत, 'हिन्दी नाट्य-साहित्य और रंगमंच की मीमांसा', कुँवर चन्द्रप्रकाश सिंह, पृ. 8

32. Asiatic Researches XX, p. 50

33. 'जातक', भाग 6, 102

34. पं. सीताराम चतुर्वेदी, भारतीय और पाश्चात्य रंगमंच', पृ. 9

35. बृहदारण्यक उपनिषद् 3/8

36. तैत्तरीय ब्राह्मण 3/4/2

37. डॉ. कीथ

38. अष्टाध्यायी 3/2/146

39. वही 4/3/128

40. वही 4/3/110

41. डॉ. वासुदेवशरण अग्रवाल

42. अष्टाध्यायी 4/3/110

43. पं. सीताराम चतुर्वेदी, 'अभिनव नाट्यशास्त्र', पृ. 20

44. अर्थशांस्त्र 1/39

45. Dr. Keith, 'Sanskrit Drama', p. 29

46. वाल्मीकि रामायण, सर्ग 2, 67/15

47. 'नत नर्त्तक संघानां गायकानाम च गायताम।
यतः कर्मसुरवावायः सुश्राव जनता ततः॥'

48. 'वधूनाटकसंघैश्च संयुक्ता सर्व्वतः पुरीम्'।—वा. रा. 1/5/12

49. पं. सीताराम चतुर्वेदी, 'अभिनव नाट्यशास्त्र', पृ. 13

50. ना. शा. 21/203

51. बलवन्त गार्गी, 'रंगमंच', पृ. 28-29

52. कर्पूरमंजरी, पृ. 5

पाश्चात्य रंग-परम्परा

नाटक एवं रंगमंच की पाश्चात्य परम्परा पर्याप्य समृद्ध एवं महत्वपूर्ण रही है। सम्पूर्ण विश्व समय-समय पर पाश्चात्य जगत की रंगचेतना के सृजनात्मक पक्ष से आन्दोलित एवं प्रभावित होता रहा है। आज जब पूर्व एवं पश्चिम की सीमाएँ टूट चुकी हैं तथा विश्व मानव का निर्माण हो रहा है तो सम्पूर्ण विश्व-बोध प्रबल हो गया है। पाश्चात्य रंगमंच ने लगभग सभी देशों के नाट्यकारों को दिशा दी है। वहाँ परिवर्तन इतना द्रुतगामी रहा है कि अनेक नाट्यान्दोलन, जिन्होंने हमारी आधुनिक नाट्यचेतना को भी झकझोरा एवं प्रभावित किया है, इस दृष्टि से विशेष उल्लेखनीय हैं। भारतेन्दु युग से ही हिन्दी नाट्य-साहित्य में पश्चिम के प्रभाव के संकेत मिलते हैं। इसका स्पष्ट प्रभाव भारतेन्दु के 'नाटक' नामक निबन्ध पर दिखाई देता है। इसके पश्चात् तो पश्चिमी प्रभाव गहराता गया। स्वयं प्रसाद जी ने लिखा है :

> 'प्रचलित शिक्षा के कारण आज हमारी चिन्तन्धारा के विकास में पाश्चात्य प्रभाव ओतप्रोत है, इसलिए हम बाध्य हो रहे हैं अपने ज्ञान सम्बन्धी प्रतीकों को उसी दृष्टि से देखने के लिए। यह कहा जा सकता है कि इस प्रकार के विवेचन में हम केवल निरुपाय होकर ही प्रवृत्त नहीं होते, किन्तु विचार-विनिमय में नये साधनों की उपस्थिति के कारण संसार की विचारधारा से कोई भी अपने आपको अछूता नहीं रख सकता।'[1]

आधुनिक काल में हिन्दी के अनेक रंगमंचीय आन्दोलन पाश्चात्य जगत की देन हैं, जिनकी चर्चा समय-समय पर विद्वत्-मण्डली में होती रही है। अतः पाश्चात्य रंगकला का संक्षिप्त परचिय अपने विकासात्मक परिवर्तनों के साथ—यहाँ देना अपेक्षित है। ऐसा इसलिए भी आवश्यक है कि पूरा रंगमंचीय ऐतिहासिक बोध अपने सम्पूर्ण आयामों में स्पष्ट हो सके। प्रस्तुत अध्याय में इसी दृष्टि से पाश्चात्य रंग अवधारणा के अनेक चरणों को क्रमिक विकास के साथ प्रस्तुत करने का प्रयास किया गया है।

ग्रीक रंगमंच

यूनानी रंगमंच अनेक दृष्टियों से समस्त आधुनिक यूरोपीय रंगमंचों का जनक है। यूरोपीय देशों में सर्वप्रथम यूनान में ही नाट्य-लेखन एवं प्रस्तुतीकरण को कला के सौन्दर्यपरक धरातल पर आधृत किया गया। साथ ही यूनानी रंगमंच के रूप-विधान तथा रूढ़ियों ने पुनर्जागरणकालीन इटली के रंगमंच पर भी अनेक अमिट चिह्न अंकित किये। इस पुनर्जागरण युगीन रंगमंचीय दृष्टि के द्वारा यूनानी प्रभाव सम्पूर्ण यूरोप में व्याप्त हुआ। यहीं से यूनानी प्रभाव इंगलैण्ड में आया तथा ऐलिजाबेथन, रेस्टोरेशन तथा आधुनिक युगीन नाटक के स्वरूप-निर्माण को प्रभावित करता रहा। अतः यदि कोई रंगकला-जिज्ञासु डायोनीशियन थियेटर तथा ग्लोब थियेटर को अलग-अलग करके देखता है तो उसकी पकड़ एवं पहुँच में अनेक असंगतियाँ, अन्तर्विरोध तथा भ्रान्तियाँ उत्पन्न हो जाएँगी। यही कारण है कि यूरोपीय रंगकला के अध्ययन-मनन के समय ग्रीक रंगकला का अनेक स्तरों पर सर्वेक्षण अपेक्षित हो जाता है, और तभी हम किसी ठोस सारयुक्त एवं सन्तोषप्रद निष्कर्ष पर पहुँच पाते हैं।

प्राचीन एथेन्स के थियेटर के अतिरिक्त यूनान में अन्य कई प्रकार के थियेटर रहे हैं, जिनमें हेलेनिस्टिक रंगमंच (Hellenistic Theatre) तथा यूनानी-रोमन (Graceo–Roman Theatre) ऐतिहासिक कालक्रम से प्रमुख हैं।[2] सर्वप्रथम थियेटर तो एथेनियन थियेटर ही था, क्योंकि महान ग्रीक त्रासदी एवं कामदी इसी पर अभिनीत हुई। यहीं एस्किलस, सोफोक्लीज़ तथा यूरिपिडीज ने पाँचवी शताब्दी ईसापूर्व के मध्य तक नाटक को चरमोन्नति पर पहुँचा दिया। यूनानी रंगमंच पर दृष्टि केन्द्रित करते समय यूनानी जीवन में व्याप्त धार्मिक तत्त्व पर भी ध्यान देना अनिवार्य है, क्योंकि यूनान में धर्म ही नाट्य-शिशु का पालना रहा है। नाटक वहाँ मात्र दृश्यात्मक मनोरंजन का अंग न होकर एक राष्ट्रीय कार्य-व्यापार था। वहाँ नाटक का उद्‌भव देशभक्ति तथा धार्मिक भावनाओं से हुआ था। नाटक की प्रेरणा देश के लिए मरने वाले शहीदों की यश-स्मृति तथा नगर के रक्षक देवताओं की परम्परागत उपासना में निहित थी।[3]

सामान्यतः यूनानी नाटक के उद्‌भव के विषय में विविध सिद्धान्तों के होते हुए भी सभी विद्वान इस प्रत्यय की प्रतिष्ठा करते हैं कि त्रासदी का आरम्भ डायोनिसस देवता के सम्मान में गाये गये आवेशपूर्ण समवेत गीतों (डिथीरेम्ब्स) से हुआ। इन गीतों में आवेशपूर्ण स्वाभाविक अभिनय तथा एक प्रचलित टेक रहा करती थी। ये मदोन्मत्त गायक वन्य एवं अपरिष्कृत प्रस्तुतीकरण के कारण 'ट्रेजेडियन' अथवा 'बकरे के पैर वाले' (गोट फुटिड) कहे जाते थे। इसी कारण ट्रेजेडी का मूल उत्स 'अजातगीतों' में छिपा माना गया है। समय के साथ-साथ ये गीत अधिकाधिक काव्यात्मक होते गये। एक व्यक्ति नृत्य एवं गीतों का नेतृत्व करने लगा। यह नेता

ही प्रथम अभिनेता बना। 535 ई. पू. में थेस्पिस के नाटक के अभिनीत होने का प्रथम प्रामाणिक वृत्त उपलब्ध होता है, जिसमें समूहगान के नेता को अभिनेता के रूप में रंगमंच पर प्रस्तुत किया गया। तत्पश्चात् संवादकला विकसित हुई और दो और तीन व्यक्ति अभिनेता के रूप में भाग लेने लगे। मुखौटा तथा अनेक प्रकार की वेशभूषा के प्रयोग से ये अनेक पात्रों का अभिनय करने लगे। अतः छठी शताब्दी से थेस्पिस से ही नाटक का जन्म माना जाता है। यद्यपि थेस्पिस के नाटक आज उपलब्ध नहीं हैं, तथापि यह कहा जा सकता है कि उनके द्वारा प्रथम बार नाटक को डायोनीशियन उत्सव से मूलतः अलग किया गया। फिर भी शताब्दियों तक नाटक यूनानी धार्मिक भावना का ही अंग रहा।

'लीनियो' तथा 'डायोनिशस इल्यूथीरियस' नामक दो वार्षिक उत्सवों को धूमधाम से मनाने के समय नाट्याभिनय होता था। इस समय सुखान्त, दुखान्त व्यंग्यात्मक तीनों प्रकार के नाटक खेले जाते थे। कुछ समय पश्चात् एस्किलस सोफोक्लीज तथा यूरिपिडीज ने त्रासदी के क्षेत्र में नवीन क्रान्ति कर दी। सोफोक्लीज के नाटक 'एडिपस द किंग', 'एडिपस एट कालोनस', 'एडिपस एट एजेक्स', 'एण्टेगोनी', एस्किलस के 'दि सप्लाएण्ट्स', 'येगामेमनोन', यूरिपिडीज के 'दि कैप्चर आव मिलिटस', 'हिप्पोलीटस', 'मीडिया' तथा 'दि ट्रोजन वीमन' उल्लेखनीय हैं। यूरिपिडीज को प्रथम आधुनिक नाटककार इसलिए कहा जाता है कि नाटकों में मानव प्रतीकों के स्थान पर उन्होंने मानवों को चित्रित किया है। देवताओं में दैवीय गुणों के साथ-साथ दुराशयता आदि को भी प्रदर्शित किया है। उनके नाटकों में जीवन के महत्वपूर्ण प्रश्न उभारे गये हैं। इस प्रकार नाट्य का मानवीकरण किया गया है।

कामदी का आरम्भ भी त्रासदी के समान ढंग पर हुआ। कामदी में हीन कोटि के पात्रों द्वारा जीवन की अनुकृति की जाती है। कामदी का उद्भव डायोनीशियन उपासना के 'कामोस' नामक उत्सव से माना जाता है। कामोस का आरम्भ जुलूस से होकर अन्त लिंगोपासना सम्बन्धी गीत (फैलिक सांग) के साथ होता था। अतः कामदी में दो कोरस होते थे। 'कामोस' में भाग लेने वालों के वचन व्यंग्यपरक होते थे। यही कामदी की व्यंग्य-प्रधानता का कारण है। कामदी के तीन प्रकार मिलते हैं :

1. प्राचीन कामदी (ओल्ड कोमेडी)—इसके प्रमुख नाटककार एरिस्टोफिनीज़ थे जिनकी 'दि क्लाउड्स', 'दि बर्ड्स' 'दि फाग्स', 'दि वास्पस' आदि कृतियाँ प्रसिद्ध हैं।
2. मध्य कामदी (मिडिल कोमेडी) की विशेषता है साहित्यिक आलोचना तथा विद्रूप (पैरोडी)।
3. नयी कामदी (न्यू कोमेडी) के प्रतिनिधि नाटककार मेनेण्डर हैं, जिनके व्यंग्य दैनिन्दिन जीवन पर लिखे गये हैं।

प्लेटों ने नाटक की चर्चा करते हुए ट्रेजेडी तथा कोमेडी की दृष्टि को स्पष्ट किया। वह महाकाव्य की तुलना में नाटक को नीचा स्थान देते हैं। आदर्श त्रासदी में वह श्रेष्ठ तथा उदात्त जीवन को अनुकरणीय मानते हैं। इसी विचार से साहित्य मात्र को अनुकरण माना जाने लगा। त्रासदी द्वारा जागृत किये गये भय तथा करुणा के भावावेश को भी प्लेटो ने स्वीकृति दी है। उन्होंने होमर को त्रासदी की विशिष्टताओं का प्रथम सूत्रधार माना है। हास्यास्पद तथा बेढंगे कार्यों को वह कामदी का मूल आधार मानते हैं, सच्ची हँसी हम तभी हँसते हैं, जब किसी का भण्डाफोड़ होता है।

प्लेटो की भाँति अरस्तू ने भी काव्यकला को अनुकरण ही माना है। अन्य कलाकारों की भाँति कवि भी अनुकर्ता होता है। उन्होंने महाकाव्य त्रासदी, कामदी तथा गीतिकाव्य को अनुकरण के ही प्रकार बताये हैं। प्लेटो अनुकरण का अर्थ 'हु-ब-हू नकल' से लेते हैं। इसके ठीक विपरीत अरस्तू अनुकरण को पुनर्सृजन की एक प्रक्रिया मानते हैं। कला प्रकृति की अनुकृति है अर्थात् कला अनुभूति एवं कल्पना के द्वारा जीवन की पुनर्निमिति है। कविता उन सभी रचनाओं को कह सकते हैं, जिनमें अनुकरण की प्रक्रिया सम्पन्न होती है, जिनमें अनुकरण की गद्य अथवा पद्य का कोई अन्तर नहीं पड़ता है। अनुकरण का विषय होता है क्रियाशील मानव। कवि अनुकरण के द्वारा नवीन रूप तथा अर्थ की सृष्टि करता है। वह जीवन के अन्तर्सम्बन्धों को सूक्ष्मता से संकेतित कर देता है। इस दृष्टि से अनुकरण का अर्थ है मानव की अन्तःप्रकृति का अनुकरण। आधुनिक भारतीय विद्वान तो भरतमुनि तथा अरस्तू के अनुकरण सिद्धान्त में पर्याप्त साम्य मानते हैं।

अरस्तू महाकाव्य की तुलना में त्रासदी को ऊँचा स्थान देते हैं, क्योंकि जीवन के गम्भीर कार्य-व्यापार की अनुकृति का नाम है त्रासदी।[5] भय एवं करुणा का उद्रेक मूलतः कथावस्तु तथा अंशतः चरित्र चित्रण से होना चाहिए। जो उद्रेक केवल दृश्य-विधान तथा प्रेक्षागृह के उपकरणों से होता है, वह त्रासदी के लिए उपयुक्त नहीं है। त्रासदी के प्रेक्षण से मन के तीव्र उद्वेग, करुणा, भय आदि शमित हो जाते हैं। फलतः विरेचन की प्रक्रिया से चित्त में स्थिरता तथा शान्ति की स्थापना होती है। काव्य अथवा त्रासदी के इस उद्देश्य को प्रत्येक युग में स्वीकार किया गया है कि कला का उद्देश्य वासनाओं को भड़काना अथवा पोषित करना नहीं, अपितु उनका भाव-परिष्कार एवं उदात्तीकरण करना है। कला का अनुभवात्मक संसार अनुभव की दुनिया की अपेक्षा अधिक बोधगम्य है। कवि काव्य-सामग्री के प्रस्तुतीकरण में प्रकृति से भी आगे बढ़ जाता है और जहाँ प्रकृति को सफलता प्राप्त नहीं होती, वहाँ कवि प्राप्त करता है।[6] एबरक्राम्बी का अरस्तू को लेकर कहना है कि कविता यदि केवल प्रकृति का दर्पण होती तो वह उससे अधिक न दे सकती थी। पर वास्तविकता यह

है कि कविता का आस्वादन हम इसलिए करते हैं कि वह हमें वह प्रदान करती है, जो प्रकृति नहीं दे सकती।[7]

त्रासदी के छः तत्त्व हैं—कथानक, चरित्र-चित्रण, पद-विन्यास, विचार, दृश्य प्रदर्शन और संगीत। इनमें कथानक, चरित्र-चित्रण तथा विचार का सम्बन्ध वस्तु से होने के कारण ये अनुकरण के विषय हैं; पद-विन्यास तथा संगीत का सम्बन्ध अनुकरण के माध्यम से है और दृश्य-प्रदर्शन का सम्बन्ध अनुकरण की रीति से है। अरस्तू पूर्व तथा समसामयिक लेखक इन तत्त्वों का निर्वाह करते रहे हैं।[8] अरस्तू ने त्रासदी में कथानक को सर्वाधिक महत्व दिया है तथा इसे त्रासदी की आत्मा स्वीकार किया है। कार्य और जीवन का अनुकरण होने के कारण त्रासदी में उन्होंने व्यक्ति को गौण स्थान दिया। नाट्य-व्यापार का उद्देश्य चरित्र की अभिव्यक्ति न होकर जीवनगत कार्य-व्यापार है, जिसके अन्तर्गत चरित्र स्वतः समाविष्ट हो जाते हैं। यहाँ तक माना गया है कि चरित्र के बिना त्रासदी हो सकती है, कार्य के व्यापार के बिना नहीं।[9] कथानक प्रभाव एवं परिगठन के लिए कार्यान्विति, स्थानान्विति, समयान्विति को विशेष रूप से रेखांकित किया गया। किन्तु अरस्तू इस संकलन-त्रय (थ्री-यूनिटीज) का उल्लेख नहीं करते हैं। इससे विद्वानों ने निष्कर्ष निकाला कि वह इसे नाटक का अनिवार्य अंग नहीं मानते थे।

अरस्तू चरित्र-चित्रण विषयक चार बातों पर बल देते हैं : (1) भद्रता, (2) औचित्य, (3) जीवनगत विश्वसनीयता, (4) संगति। पदविन्यास में भाषिक संरचना का विस्तृत विवेचन समाहित है तथा विचार-तत्त्व में संवादों का उचित निर्वाह। दृश्य-प्रदर्शन का आधार है रंगकला। रचना के अन्तर्गठन से प्रस्फुटित रंगकला की अद्वितीयता सम्भवतया उन्हें मान्य है। किन्तु यह बड़े आश्चर्य का विषय है कि अरस्तू रचना के रंगमंचीय आयामों की उतनी महत्-प्रतिष्ठा नहीं करते, जितनी कि उसके काव्यात्मक गौरव की। भारतीय आचार्यों में भरत की सम्पूर्ण शक्ति रंगकला विवेचन में निहित है। अरस्तू तथा भरत के इस बिन्दु के पार्थक्य को ध्यान में रखना होगा।

अरस्तू ने कथानक के तीन आधार संकेतित किये हैं : (1) दन्तकथापरक, (2) इतिहासपरक, (3) कल्पनापरक। त्रासदी के आयाम पर भी उनका एक महत्वपूर्ण वाक्य है : 'त्रासदी को यथासम्भव सूर्य की एक परिक्रमा (एक दिन) या इससे कुछ अधिक समय तक सीमित रखने का प्रयत्न किया जाता है।[10] इस वाक्य को लेकर बहुत विवाद हुआ। किन्तु बाद में माना गया कि यूनानी नाटक दिन में ही अभिनीत होते थे, अतः यह वाक्य उसी ओर संकेत करता है। कथावस्तु के मूल गुणों में एकान्विति, पूर्णता, सम्भाव्यता, सहज विकास, कौतूहल तथा सम्प्रेषणीयता को पुनः पुनः रेखांकित किया गया है। कथानक या तो सरल होते हैं अथवा जटिल। किन्तु यह सब कार्य पर ही निर्भर करता है। जटिल कथानक में स्थिति विपयर्य (रिवर्सल

आफ द सिचुएशन) तथा अभिज्ञान (रिकग्नीशन) का विशेष महत्व है। अरस्तू द्वारा प्रतिपादित त्रासदी-सिद्धान्त-प्रयोग चर्चा बाद के विद्वानों के वाद-विवाद का रोचक अंग रही है, जिसकी चर्चा यहाँ अपेक्षित नहीं है।

कामदी के विषय में अरस्तू ने स्पष्ट कहा है—'त्रासदी तथा कामदी में यही भेद है—कामदी का लक्ष्य होता है यथार्थ जीवन की अपेक्षा मानव का हीनतर चित्रण।' कामदी के अभिनेताओं का नामकरण 'कोमेदजाइन', राग-रंग मचाना' शब्द के आधार पर नहीं हुआ, वरन इसलिए हुआ कि अपमानपूर्वक नगर से बहिष्कृत होकर वे एक गाँव से दूसरे गाँव में भटकते फिरते थे।[2] कामदी का विषय व्यक्तिगत न होकर वर्गगत अथवा सार्वजनिक होता है। 'निम्न' का अर्थ 'दुष्ट' से न होकर कुरूप तथा भौंडे (ग्रोटेस्क) हास्य से है। इसलिए कामदी की कथा प्रायः काल्पनिक होती है। वस्तु-संघटना के प्रायः सभी गुण आदि, मध्य, अवसान से युक्त पूर्णता, एकान्विति, पूर्वापरक्रम, सम्भाव्यता, कौतूहल आदि न्यूनाधिक मात्रा में कामदी के लिए भी आवश्यक है।[3] कामदी का उद्देश्य भी विरेचन ही है। यह विचार परवर्ती विद्वानों ने व्यक्त किया।

उपर्युक्त संरचना से गठित सृजनात्मक कृतियों का सम्बन्ध हेलेनिस्टिक थियेटर से भी रहा है। बाद में विकसित होने वाले हेलेनिस्टिक थियेटर की बनावट थोड़े बहुत अन्तर से ऐथेनियन थियेटर की भाँति ही थी। ऐथेनियन अभिनेताओं द्वारा स्थापित रंगमंच ही प्रमुख रहा तथा समय के साथ-साथ सम्पूर्ण यूनान में नाट्यकला का विस्तार एवं प्रसार हुआ तथा अनेक नाटककार हुए। किन्तु हेलेनिक सभ्यता एवं प्रतिभा का प्रस्फुटन तथा यूनानी जीवन की संपूर्ण अभिव्यक्ति सोफोक्लीज़, एस्किलस तथा एरिस्टोफिनीज़ आदि की कृतियों में हुई। धीरे-धीरे नाट्य एवं रंगमंच विघटित होने लगा, उसने जो रूप धारण किया, उसे 'यूनानी रोमन' (गैसियो-रोमन) का नाम दिया गया। इस थियेटर की प्रमुख विशेषता यह है कि ऐथेनियन रंगमंचीय सादगी का स्थान कृत्रिमता एवं रीत्यानुसरण ने ले लिया।

रोमन रंगमंच

रोमन रंगमंच के आरम्भ के समय में नाटक के साथ धर्म का वह अविभाज्य सम्बन्ध खण्डित हो गया जोकि यूनानी रंगमंच की जातीय विशेषता थी। एक प्रकार से रंगमंचीय उद्देश्य में परिवर्तन हुआ। नाटक अब धार्मिक के स्थान पर कलात्मक आवश्यकता की पूर्ति का साधन बना, यद्यपि पार्थिव रूप में नाट्याभिनय क्रोधित देवताओं को शान्त करने के लिए ही प्रस्तुत किया जाता था।

अधिकांश रोमन नाटक तो यूनानी नाटकों की अनुकृति मात्र हैं। मौलिक प्रतिभा का प्रदर्शन बहुत ही कम हो सका है। अतः नाट्य-प्रस्तुति अनुवादों अथवा मूल यूनानी

नाटकों की ही होती थी। यही कारण है कि रोम में त्रासदी का विशेष व्यक्तित्त्व ही नहीं बन सका। अकेले सेनेका ही ऐसे नाटककार हैं जिनके दुखान्त नाटकों का महत्व आगे आने वाले युगों में रेखांकित किया गया। सेनेका को महत्व मिलने का एक कारण यह भी है कि नव्य-शास्त्रवादियों (न्यू-क्लासिस्ट्स) ने सेनेकन त्रासदी को ही त्रासदी के प्रतिमान-रूप में स्वीकार किया। सेनेका के नाटकों में शिल्प (फॉर्म) तथा मनोवैज्ञानिक निरीक्षण को अधिक महत्व दिया गया है। चरित्र-चित्रण कमजोर है एवं लम्बे संवाद, विवरण तथा पुनरावृत्तियाँ अधिक हैं। रंगकला की अपेक्षा रूप (फॉर्म) पर अधिक ध्यान दिया गया है। वस्तुतः ये नाटक अभिनयात्मक शक्ति से रहित हैं, यद्यपि इनका अभिनय बहुत समय तक हुआ है।[4]

त्रासदी की तुलना में रोमन कामदी अधिक जीवन्त है। किन्तु इस क्षेत्र में भी रोमन नाटककार यूनानी प्रतिभा से ही अभिभूत रहे हैं। रंगशाला के धर्म से हटने का लाभ रोमन कामदीकारों ने उठाया।[5] प्लाट्स तथा टेरेन्स के नाटकों में एक बार पुनः ऐरिस्टोफिनीज़ तथा मेनेन्डर के पात्र प्रतिविम्बित होते दृष्टिगत होते हैं, किन्तु रोमन कामदी का प्रमुख आधार यूनान की नव्यकामदी (न्यू कोमेडी) तथा उसमें भी प्रमुखतः मेनेण्डर, फिलेमन, दिफीलस तथा डेमोफिलस थे। इस काल में यूनानी नाट्य-रूढ़ियाँ तथा नाट्य-सिद्धान्त ही पलते रहे। रोमन रीतिवाद की जकड़न ने नाटक को भीतर से दुर्बल कर दिया। प्रहसन-रचना को लगभग सौ वर्ष तक भरपूर उत्कर्ष दिया जाता रहा। नवीन नाट्य-भाषा की खोज जारी रही।

प्लाट्स तथा टेरेन्स के समय तक रोम में स्थाई रंगशालाएँ न थीं। लकड़ी के मंचों पर इनके नाटक अभिनीत होते थे। पाम्पेयी द्वारा निर्मित रंगशाला ही प्रथम प्रस्तर निर्मित रंगशाला थी। अपने पूरे स्वरूप में यह यूनानी रंगशाला से एकदम भिन्न थी। अधिकाधिक अलंकरण तथा प्रदर्शनात्मकता इसकी प्रमुख विशेषता थी। सामान्यतः इटली की रंगशाला में यूनानी सादगीपरक सौन्दर्य के लिए स्थान न था। अतः वह अलंकरण की ओर उन्मुख होती गयी। यूनानी भव्यता का स्थान गौण उपकरणों ने ले लिया। रंगमंचीय प्रभावोत्पादन के अनेक साधन जुटाये गये। मशीनों के प्रयोग के अतिरिक्त एक परदे का प्रयोग हुआ। यह परदा आधुनिक परदे की भाँति न होकर मंच के सामने की ओर गड्ढे में नीचे की ओर टंगा होता था।[6]

धीरे-धीरे नाट्य-मण्डलियाँ भी बनीं तथा नाट्यकला का पर्याप्त प्रसार हुआ। रंगमंच पर प्रथम बार स्त्रियों का प्रवेश भी हुआ, किन्तु उनकी स्थिति बहुत सम्मानजनक न थी। रोमी अभिनेताओं की वेशभूषा यूनानी अभिनेताओं की भाँति थी। त्रासदी के अभिनेता लम्बे चोगे (गाउन) तथा कामदी के अभिनेता छोटे वस्त्र धारण करते थे। रोम में प्रथम बार नाट्य-प्रदर्शन रात्रि में हुआ तथा मशालों का प्रयोग कलात्मक सृष्टि की दृष्टि से हुआ।[7]

रोमांचकारी उत्तेजनात्मक स्वांग-तमाशे भी शोभा-यात्रा प्रदर्शन के अंग थे। रंगमंच पर युद्ध, हत्या आदि भी प्रदर्शित किये जाते थे। अतः नाटक वास्तविकता-परक बनाया जा रहा था। रोमी जीवन के अनुरूप वासना का उन्मुक्त प्रदर्शन किया गया, जिसमें पतनशील जीवन के संकेत विद्यमान थे। रोम की रुचि का पतन होने के कारण धीरे-धीरे स्वांग-तमाशा तथा भद्दे प्रहसनों का प्रचलन बढ़ता गया। नैतिकतावादी चर्च-पादरियों के जागने पर रोमन अभिनेता भाग खड़ा हुआ तथा नाटक को छिप जाना पड़ा। महान रोमन साम्राज्य के पतन के साथ ही रंगमंच तथा नाटक का भी पतन हो गया।

मध्ययुगीन रंगमंच

मध्यकालीन भावना में धर्म जीवन का प्रधान अंग बन गया। नैतिकतावादी दृष्टि के बढ़ जाने से नाट्य-चेतना को धक्का ही नहीं लगा, अपितु वह एकांगी भी हो गयी। अधिकतर धार्मिक नाटक लिखे गये। इनमें शैतान का रूप-प्रदर्शन प्रमुख हो गया। सभी हास्य अभिनेताओं को शैतान का अभिनय ही प्रिय हो गया तथा इसी क्षेत्र में वे पारंगत हो गये। मानसिक तथा आध्यात्मिक रूप से चर्च की दासता ने सोचने-समझने की नवीन दिशाएँ बन्द कर दीं।

मध्ययुगीन चर्च के पादरियों ने ईसा मसीह के जीवनपरक तथ्यों पर ही नाट्य-कथावस्तु को केन्द्रित कर दिया। केवल ये घटनाएँ ही अभिनीत होती थीं। रंगमंच एक प्रकार से पादरियों के हाथ की कठपुतली बन गया, उसका स्वरूप उपदेशात्मक (डिडेक्टिव) ढंग का था। ईस्टर तथा क्रिस्मस के त्यौहारों पर ईसा के जन्म एवं मृत्यु सम्बन्धी कथाएँ अभिनीत होती थीं। इन नाटकों को उपासना-पद्धति विषयक नाटक (लिटर्जीकल ड्रामा) कहा जाता था। आरम्भ में इनकी भाषा केवल लैटिन ही थी, किन्तु कालान्तर में मध्ययुगीन फ्रेंच, जर्मन तथा अंग्रेजी भाषाओं में इनका प्रस्तुतीकरण हुआ।

धीरे-धीरे नाटक चर्च की उपासना पद्धति से दूर होकर चर्च के द्वार के बाहर आया। नाट्य-प्रदर्शन गलियों, चौराहों तथा गाड़ियों पर होने लगा। पादरी इस स्थिति को सहन न कर सके तथा नाटक से दूर हट गये। यही समय था, जब कि सच्चे रूप में नाटक का जन्म हुआ तथा वह जन-चेतना का महत्वपूर्ण अंग बना। नगर संघों (टाउन गिल्ड्स), जो कि तत्कालीन प्रमुख सामाजिक शक्ति के केन्द्र थे, नाटक के संरक्षक बने। इनके संरक्षण में व्यवस्थित रहस्यात्मक तथा चमत्कारिक नाटकों (मिस्ट्री प्लेज एण्ड मिरेकिल प्लेज़) का विकास हुआ। इनके विषय भी बाइबिल से ही सम्बन्धित हुआ करते थे। पर कथा-चयन, बाइबिल के नवीन तथा प्राचीन दोनों ही खण्डों (ओल्ड एण्ड न्यू टेस्टामेंट) से किया जाता था। प्रदर्शन ये संरक्षक ही करते थे।

रहस्य तथा चमत्कारपरक नाटकों के कुछ समय पश्चात् नैतिकतावादी नाटक (मोरेलिटी प्लेज़) आये। इनमें मनुष्य की कामनाओं, उसके पतन एवं मुक्ति सम्बन्धी कथाएँ होती थीं। इन नाटकों का स्वरूप 'एमेच्योर' न होकर व्यावसायिक था। इनके बाद इंगलैण्ड में 'इन्टरल्यूड' नामक नाट्य-प्रकार विकसित हुआ। फ्रांस में कुछ समय पूर्व ही प्रहसनात्मक अनगढ़ नाट्य-वार्तालापों का विकास हो चुका था।

मध्ययुगीन रंगमंच कुछ दिशाओं में आरम्भिक यूनानी रंगमंच की भाँति का था। डायोनिशियन प्रस्तुतीकरण की भाँति ही मध्ययुगीन धर्म से आरम्भ होने वाला यह नाटक सामूहिक भावना का प्रतिनिधि तथा धार्मिक उद्देश्यपरक था। किन्तु मध्ययुगीन नाटक में यूनानी सादगी एवं प्रभाव-ऐक्य न था। अतः मध्ययुगीन रंगमंच स्पष्ट रूप से गोथिक कल्पना की वस्तु था।[18] यहाँ गाम्भीर्य का अभाव था। चमत्कारिता तथा करिश्मे दिखाने की प्रवृत्ति प्रमुख थी। यूनानी भावना के विरुद्ध रंगमंच पर हत्या, रक्तपात तथा प्रलाप देखने की मध्ययुगीन प्रेक्षक की विशेष माँग थी। ग्रीक थियेटर सुसंगत प्रभाव-ऐक्य को लेकर चला था, किन्तु मध्ययुगीन नाट्य लेखक गम्भीर तथा हास्यापद को गड्डमड्ड कर देता था। गम्भीर पात्रों के अभिनय के समय भी शैतान अपने पलीते के साथ रंगमंच पर उपस्थित रहता था। थियेटर की ऊँची खिड़कियों तथा प्रस्तर-नक्काशी के पीछे परनाले झाँकते दिखाई देते थे।[19]

यह जुलूस अथवा शोभा-यात्रा का समारोहपरक रंगमंच (पैजेंट स्टेज) रेनेसां-काल तक, बल्कि शेक्सपियर के नाट्य-प्रदर्शनों तक चलता रहा।

पुनर्जागरणकालीन रंगमंच

पन्द्रहवीं-सोलहवीं शताब्दी में पुनर्जागरण युग में एक बार पुनः यूनानी तथा रोमी साहित्य के अध्ययन-मनन की ज्ञान-पिपासा जागृत हुई। क्लासिक कृतियों के अध्ययन तथा उनके आधार पर काव्य एवं नाट्य-सृजन का नवीन कार्य आरम्भ हुआ। समस्त यूरोप में व्याप्त कलात्मक एवं वैदुष्यपरक उत्साह ने यूनानी एवं रोमन रंगमंच के विषय में नवीन ज्ञान को प्रकाशित किया। विट्रविअस की प्राचीन कृतियों को नवीन शिल्पकारों ने उत्साहपूर्वक पढ़ा तथा रंगशाला एवं रंगशिल्प सम्बन्धी नवीन सिद्धान्त निर्मित किये गये। सरलिओ तथा सेवेटनी की कृतियों में यह सिद्धान्त विवेचित एवं व्याख्यायित किये गये। इन नवीन सिद्धान्तों के परिणामस्वरूप इटली तथा फ्रांस में ऐसा रंगमंच निर्मित हुआ, जिसके बारे में मध्य युग कभी सोच ही नहीं सकता था। इसी रंगमंच ने सम्पूर्ण यूरोप की रंगकला एवं नाट्य-सृजन चेतना में क्रान्ति उत्पन्न कर दी।

क्लासिक नाटककारों में से सेनेका, टेरेन्स तथा प्लाट्स के नाटकों को पुनरुज्जीवित किया गया। रोम, फ्लोरेन्स तथा फैरारा में इनका प्रस्तुतीकरण किया

गया। प्रयोग तथा वैभव नाट्य के क्षेत्र में तेजी से आगे बढ़ रहे थे। किन्तु इस युग का रंगमंच एक भी स्थाई एवं अखिल विश्व विख्याति का नाटक निर्मित करने में असफल रहा।[20]

कुछ भी हो आधुनिक रंगमंच का जन्म इटली के पुनर्जागरण से ही माना जाता है। नाटक में जीवन्तता अन्य ललित कलाओं की अपेक्षा कम ही उत्पन्न हुई, क्योंकि यह युग अपार वैदुष्य एवं अद्भुत विचार-स्वातंत्र्य का था। पुराने रूपों के पुनरुज्जीवन, पुनर्प्रस्तुतीकरण एवं अनुकरण ने एक सर्वथा नवीन युग का श्रीगणेश किया। मध्ययुगीन रंगमंच अपनी सम्पूर्णता में ईसाई स्रोत से उत्पन्न हुआ था। इटली के नवजागरण ने धार्मिक नाटक एवं उनकी अनुकृति पर निर्मित रंगमंच को नमस्कार कर दिया। अतः रंगमंच की मध्ययुगीनता से मुक्ति हुई अथवा उसका आधुनिकीकरण हुआ। 'नाट्य रूपों के जो प्रतिमान तैयार हुए, उनसे यद्यपि इटली में तो कोई शेक्सपियर नहीं पैदा हुआ, परन्तु स्पेन, इंग्लैंड, फ्रांस में उनके लिए मार्ग खुल गया और बाद में आने वाले आज के यथार्थवाद के लिए संभावनाएँ पैदा हो गयीं।'[21]

परिवर्तन के परिणामस्वरूप इटली के रंगशिल्प में चित्रित सेटिंग्स प्रयुक्त होने लगीं। इस प्रकार रंग-सज्जा की नवीन व्यवस्था का मार्ग प्रशस्त करते हुए पुनर्जागरण ने धार्मिक नियमों एवं नगर संघों से रंगमंच के अलग होने का कार्य सम्भव बनाया। इस प्रकार तर्कग्रहण की बात जो अब तक असम्भाव्य थी, वह अब सम्भव हो गयी।

धीरे-धीरे प्राचीनों के अनुकरण से हटकर कला मौलिकता एवं नवीनता की ओर धावित होती दृष्टिगत हुई। अन्वेषण एवं अनुसंधान के इस युग में स्वतन्त्रता एवं मानवतात्मा की शक्ति को पुनः प्राप्त किया गया। आधुनिक बौद्धिक तथा कलात्मक सृजनशीलता के व्यापक आधार निर्मित हुए। पैट्रार्क तथा बोकेशिओ के प्रयास से नाट्य-रचना में निषिद्ध अनेक विषयों के ग्रहण का मार्ग खुल गया। चर्च ने प्राचीन ग्रन्थों को अनेक कारणों से निषिद्ध कर रखा था। इन्हें पुनः प्रकाश में लाया गया तथा नवीन नाट्य-विषय तेजी से उभरने लगे। नये युग के रंगमंच को प्राचीन रंगमंच की सफल अनुकृति बनाने के लक्ष्य से कुछ अकादमियों ने प्राचीन ढंग की रंगशालाओं का निर्माण किया। अकादमी की रंगशालाओं तथा अस्थायी शाही नृत्यशालाओं के रंगमंचों पर लैटिन नाटकों का प्रस्तुतीकरण व्यापक स्तर पर किया जाने लगा।

साहित्यिक नाटकों में पुराने नाट्य-रूपों की अनुकृति नवीन विषय-वस्तु के प्रयोग से हुई। रंगीन-यात्रा नाटक, चमत्कारयुक्त अभिनय, तथा स्वांग-भांड प्रदर्शनों में ताजापन आया। त्रासदीकार त्रिसिनो का उदय इसी नवीन रंगमंच पर हुआ। उनका प्रख्यात नाटक 'सोफोनिस्का' 1515 ई. में लिखा गया तथा 1652 ई. में प्रस्तुत किया गया। पुनरुत्थान काल के अन्य महत्वपूर्ण नाटककार लोडोवियो तथा अरिओस्तो हैं।

स्थाई साहित्यिक कृतियों के अतिरिक्त भी असाधारण रंगमंचीय सक्रियता के प्रमाण मिलते हैं। सड़कों तथा गलियों में प्रदर्शित होने वाला कामेदिया देल आर्ते (Commedia dell Arte) मौलिक ओजस्वितापूर्ण तथा पूर्णरूपेण नाटकीय था। सोलहवीं-सत्रहवीं सदी में लोकप्रिय इस नाट्य रूप ने अगली दो शताब्दियों के यूरोपीय रंगमंच को प्रभावित किया। इनमें युग की अनगढ़ता एवं अश्लीलता के चिह्न तो विद्यमान हैं, किन्तु इससे इनकी कलात्मकता बाधित नहीं है। मानवीय स्वतन्त्रता की लापरवाही, मस्ती, मौज इस रंगमंच में सुरक्षित है।

लोरेंजो महान की रंगशाला कलात्मक स्वतन्त्रता का साक्षात् रूप रही है। राजा एक रात को टेरेन्स तथा सेनेका के नाटक अभिनीत कराते तो दूसरी रात को नवीन दुःखान्त नाटक प्रस्तुतीकरण पाते। कभी-कभी सान्ध्य बेला में मुखौटे लगाकर पौराणिक नाटक प्रस्तुत किये जाते। इसमें वैविध्यपूर्ण सेटिंग्स का प्रयोग बड़ा ही कलात्मक था। रंगकला का वैचित्र्य, बाह्य अलंकरण, रंगशालाओं के रूप, सेटिंग तथा यन्त्रों एवं दृश्य मूलक प्रदर्शनों की प्रधानता इस युग की प्रवृत्ति को पूरी तरह प्रतिबिम्बित करती है। शाही दरबारों में नृत्य तथा अभिनय के लिए प्रयुक्त चौकोर मंच यात्रा-नाटकों एवं साज-सज्जायुक्त नृत्य-नाट्य से प्रभावित था।

नाट्य-प्रस्तुतीकरण में रंग, प्रकाश तथा दृश्यमूलक तत्त्व प्रचुर हो गये, जिनका प्रभाव बीसवीं शताब्दी तक चला आया है। यूरोप के सभी रंगमचों पर चित्रित दृश्यमूलक सेटिंग का महत्व रहा है। परमा में फार्नीज थियेटर का यवनिका-सज्जित मंच प्रथम आधुनिक रंगशाला के नाम से विख्यात रहा है। इसमें नवीन रंगपीठ का गठन हुआ, जो अभिनय के लिए सर्वथा उपयुक्त था।

अतः पुनर्जागरणकालीन रंगमंच आलंकारिक अधिक है, संरचनात्मक कम। धीरे-धीरे रंगमंच मठाधीशों के हाथ में चला गया। इससे नाट्य-कला के पतन के चिह्न प्रकट हुए और उसे भारी संकटों का सामना करना पड़ा।

इटली के कवियों ने एक नवीन नाट्य-रूप—ग्राम्य एवं संगीत-नृत्यपरक नाटकों की उद्भावना की। प्रथम बार रंगमंच कुंजों, ग्राम-वाटिकाओं में लता-गुल्मों के बीच सज्जित हुआ। इन नाटकों में प्राकृतिक तत्त्वों की अनिवार्य स्थिति रहा करती थी। इस प्रकार इन ग्रामीण नाटकों ने नया रंगमंच ही प्रदान कर दिया। मंचीय-नाट्य की संगीतात्मक विधा 'आपेरा' भी शक्ति के साथ उदित हुई। प्रथम आपेरा—पेरी कृत 'डाफनें' पलार्जी कोसी में 1515 में अभिनीत हुआ। कालान्तर में यह बहुत ही जनप्रिय विधा हो गयी। नाट्य-प्रदर्शन अधिकाधिक प्रतीकात्मक हो गया। बादलों में उड़ने के दृश्य, चलायमान सूर्य-चन्द्रमा आदि के दृश्य सरलता से प्रस्तुत किये जाने लगे।

ऐलिजाबेथन रंगमंच

सोलहवीं शताब्दी के उत्तरार्द्ध में महारानी ऐलिजाबेथ के सिंहासनारूढ़ होने के पूर्व ही इंगलैंड में पुनर्जागरण का प्रादुर्भाव हो चुका था। किन्तु कला एवं साहित्य के क्षेत्र में 'मध्ययुगीनता' से मुक्ति का काल एलिजाबेथन युग ही है। मध्ययुगीन नाटक का स्वरूप उपदेशात्मक था। धार्मिक रूपकों का अभिनय तथा नैतिक प्रहसनों को प्रस्तुत कर चर्च अपना उद्देश्य पूरा करता था। पुनर्जागरणकालीन इंगलैंड में नाटक मानव स्वभाव एवं व्यवहार की व्यापकता एवं गहराई को विस्तार से अभिव्यक्ति देने का माध्यम बना। यहाँ पर व्यक्ति की चरित्रगत विशिष्टताओं, स्वाभाविक प्रवृत्तियों एवं मनोवेगों को महत्व मिला—चाहे वे पैशाचिक हों अथवा उदात्त। कट्टर धर्म से अभिभूत नैतिक परम्पराओं तथा व्यक्ति की स्वाभाविक वृत्तियों के बीच के संघर्ष को अभिव्यक्ति प्रदान की गयी।[22] उदाहरणार्थ मारलो के नाटकों को देखा जा सकता है। मारलो ने त्रासदी को नवीन पात्र-अवधारणा दी, जिसमें उच्च स्तर-प्राप्ति के कभी न चुकने वाले संकेत विद्यमान हैं।[23] टामस किड की 'दि स्पेनिश ट्रेजडी' में भय, अपराध तथा सेनेकन प्रतिशोध भावना के साथ ही पात्रगत विशेषताओं तथा रंगमंचीय प्रभाव परक स्थितियों से पूर्ण सुपरिष्कृत कथावस्तु है। शेक्सपियर में जीवन्त पात्रसृष्टि की प्रकृति के समान सार्वभौमिक क्षमता है। मानवीय मनोविज्ञान तथा मानव-जीवन सम्बन्धी अन्तर्बाह्य स्थितियों की समझ उन्हें बहुत विस्तृत है। अनन्त मानवीय क्रिया-व्यापारों को नाटकीय अभिव्यक्ति देने की उनमें अपूर्व शक्ति है। विचार-निर्णय तथा कलात्मक तत्त्व सभी कार्य-व्यापार के प्रवर्धक हैं।

रंगमंचीय क्षेत्र में सबसे बड़ी नवीनता वस्तुतः यह थी कि ऐलिजाबेथन रंगमंच को राजगृह से जुड़ने की सुविधा प्राप्त हुई। धार्मिक समारोहों एवं नगर संघों के संरक्षण से अलग होकर नाटक ने अब राजपरिवार से अपने को प्रतिबद्ध कर लिया। अतः उसमें चारण-तत्त्व का प्रवेश हो गया।[24] साथ ही नाटक को आर्थिक सुविधा भी प्राप्त हो गयी। इस काल के नाट्य के स्वरूप-निर्धारण में दरबारी प्रभाव स्पष्ट है। उसकी इसी विशिष्टता के परिणाम-स्वरूप नाटक में मनोवैज्ञानिक वर्णसंकरता का प्रवेश हुआ, जिसमें रोमांस तथा विद्वत्ता प्रत्येक स्थान पर घुल-मिलकर अन्योन्याश्रित हो गयी है तथा अतिनाटकीयता एवं प्रहसनात्मकता के तत्त्व मुखरित हुए हैं।[25]

सत्रहवीं शताब्दी के पूर्वार्द्ध में (जेम्स प्रथम तथा चार्ल्स प्रथम के काल में) सोलहवीं शताब्दी की परम्पराएँ भी आगे बढ़ीं। इसी कारण सत्रहवीं सदी का उत्तरार्द्ध भी 'ऐलिजाबेथ-युग' में समेट लिया जाता है। व्यवस्थित अंग्रेजी-कामदी का आरम्भ निकोलस उडाल की 'रेल्फ रायस्टर डायस्टर' से तथा त्रासदी का आरम्भ टामस सेकवाइल और टामस नोटर्न की 'गोरबोडक' से हुआ है। 1564 में 'इनर

टेम्पल' में 'गोरबोडक' का अभिनय किया। फ्रांस तथा इटली के पुनर्जागरण की भाँति इस कामदी तथा त्रासदी पर प्लाट्स, टेरेन्स तथा सेनेका का प्रभाव था। सर फिलिप सिडनी सेमुअल डेनिअल तथा बेन जानसन जैसे मानवतावादियों में यही नव्यशास्त्रवाद सीमित रहा।

इसी समय इंगलैंड में एक स्वतन्त्र नाट्यधारा उद्भूत हुई। इस स्वच्छन्दतावादी धारा के नाटककारों में सर्वप्रमुख नाम मारलो का है। तत्पश्चात् शेक्सपियर तथा अन्य नाटककार आते हैं। मारलो ने अंगरेजी त्रासदी को नवीन पात्र-विधान दिया, जिनमें चारित्रिक गरिमा एवं मानवीय व्यक्तित्व के धैर्य एवं साहस का परम्परागत आस्थाओं एवं विश्वासों से संघर्ष प्रस्तुत किया गया। 'डॉ. फास्टस' तथा 'टेम्बरलेन' मारलो के स्वच्छन्दतावादी पात्रों के अद्भुत उदाहरण हैं। नाट्य कला के क्षेत्र में 'ब्लैंक वर्स' के प्रयोग के द्वारा भी उन्होंने क्रान्तिकारिता प्रदर्शित की। ऐतिहासिक कथावस्तु के चयन द्वारा प्राचीन अव्यवस्थित इतिवृत्तात्मक नाटकों के स्थान पर विशुद्ध तथा प्रामाणिक त्रासंदी प्रस्तुत की। जान लिली शेक्सपियर पूर्व के प्रमुख प्रतिभाशाली कामदीकार हैं। इनकी मौलिकता एवं प्रयोगधर्मिता द्रष्टव्य है। उन्होंने यथार्थपरक प्रहसन को लैटिन कामदी की जटिलता तथा नैतिक नाटकों की रूपकात्मकता से मिलाकर एक नवीन नाट्य-शिल्प (ड्रामेटिक डिजाइन) प्रस्तुत किया, जो शालीन एवं स्वप्निल रोमाण्टिसिज्म से आप्लावित है। राबर्ट ग्रीन तथा जार्ज पील के नाटकों को मारलो एवं लिली ने प्रभावित किया।

इस धारा की सम्पूर्ण शक्ति के प्रतीक तो महान नाटककार शेक्सपियर ही हैं, जिनमें अंगरेजी काव्य एवं नाट्य की अनेकानेक सम्भावनाओं का एक साथ ही पूर्ण प्रस्फुस्टन हुआ है। उनके नाटकों में सार्वभौमिकता के साथ ही उदात्त मानवीय गरिमा का उद्घाटन हुआ है। लांजाइनस द्वारा संकेतित औदात्य के समस्त गुण इस नाटककार में एक स्थान पर उपलब्ध होते हैं। शेक्सपियर का रंगशाला से प्रथम परिचय अभिनेता के रूप में हुआ, तत्पश्चात् नाट्य-लेखक के रूप में। उनके नाटक समसामयिक रंगमंच के लिए लिखे गये थे। उन्होंने स्वयं ऐलिजाबेथन रंगमंच को महान विदग्धता एवं वैचित्र्यपरक प्रतिभा के साथ परिचालित किया था। हेमलेट द्वारा वर्णित अभिनेता के आचार सम्बन्धी संकेत यह स्पष्ट करते हैं कि शेक्सपियर अभिनय की शक्ति एवं सीमा तथा प्रेक्षकों की ग्राह्य वृत्तियों से परिचित थे। समसामयिक सामाजिक को तो उन्होंने परितुष्ट किया ही है, साथ ही उनके नाटक दरबारी वृत्ति को भी परितुष्ट करते हैं। इसलिए इन नाटकों की क्षमता असीम है। वह सभी वर्गों के सामाजिकों को सदैव आनन्दित करने की क्षमता रखते हैं। यह बहुस्तरीयता विश्व के बहुत कम नाटककारों में उपलब्ध होती है। उदाहरणार्थ 'हेमलेट' अथवा 'ओथेलो' की सम्प्रेषणीयता बहुस्तरीय है। वे 'मेलोड्रामा' पसन्द करने वालों को भी रुचिकर

लगते हैं तथा उनमें महान त्रासदी की गरिमा एवं औदात्य विद्यमान है। शेक्सपियर की चरित्र-सृष्टि में तीव्रता है। उनकी नाट्य भाषा की सांकेतिकता, व्यापकता एवं गहराई अपने आप में बेजोड़ है। रंगमंचीय कौशल के साथ ही उनके नाटकों में काव्यात्मक श्रेष्ठता का तत्त्व बड़े ही प्रभावशाली ढंग से प्रतिष्ठित है।[26] काव्यात्मक विशिष्टता के कारण ही आलोचक मानते हैं कि उनकी नाटकीय प्रतिभा कभी प्रहारों के नीचे जर्जरित नहीं हो सकती।[27] उनके बिम्ब-निर्माण के क्षेत्र का विस्तार इस बात का प्रमाण है कि उनकी रुचि सार्वभौमिकता, सार्वकालिकता एवं विश्वजनीनता से युक्त थी। उन्होंने ग्रीक-लैटिन स्रोतों से चली आती हुई कथाओं को लिया तथा अपनी नाट्य-प्रतिभा के स्पर्श से उनमें प्राण फूँक दिये। लय, गति तथा सामंजस्य के साथ कथा-विन्यास उनका नितान्त अपना रहा। शेक्सपियर का नाटक के विभिन्न प्रकारों—त्रासदी, कामदी, रोमांस तथा ऐतिहासिक नाटक पर समान अधिकार है। एक ओर उन्होंने आह्लादित जीवन के उमंग उल्लास कों अभिव्यक्ति देने वाले 'एज यू लाइक इट', 'मर्चेन्ट आफ वेनिस', ट्वेल्फ्थ नाइट', 'मच एडो एबाउट नथिंग' 'ए मिड समर नाइट्स ड्रीम' आदि सुखान्त नाटकों की रचना की है तो दूसरी ओर 'हेमलेट', 'मैकबेथ', 'ओथेलो', तथा 'किंग लियर' जैसी जीवन की गहन-गम्भीर समस्याओं तथा मानवमन की मूल वृत्तियों से उत्पन्न होने वाली त्रासदियों की रचना की है। ऐतिहासिक नाटकों में ऐतिहासिक बोध तथा ऐतिहासिक परिवेश की रक्षा की गयी है। इस श्रेणी में 'जूलियस सीजर' तथा 'एण्टनी एण्ड क्लीओपेट्रा' जैसे मानवीय दुःखान्त नाटक भी आते हैं। जीवन के उतारकाल में शेक्सपियर ने मानो जीवन से एक प्रकार का समझौता कर लिया था। 'सिम्बेलीन', 'दि विन्टर्स टेल' तथा 'दि टेम्पेस्ट' आदि रोमांसपरक नाटकों (रोमान्सेज) में पिछली उमंग, उत्साह, चपलता, तनाव, भीषणता, संत्रास, उलझाव तथा त्रासद स्थितियों से दूर मानो शेक्सपियर एक अपूर्व क्षमा, शान्ति एवं स्थैर्य की स्थिति में आ जाते हैं।

जहाँ तक नाट्य-शास्त्रीय पद्धतियों एवं सैद्धान्तिक ज्ञान का प्रश्न है, बेन जानसन का यह कथन सर्वविदित है—'Shakespeare knows little Latin and less Greek.' किन्तु पण्डिताऊ शास्त्रीयता के अभाव ने शेक्सपियर के नाटकों को किसी प्रकार कमजोर नहीं बनाया। कारण, वह व्यावहारिक रंगमंच से जुड़े थे और उनमें नैसर्गिक नाटकीय प्रतिभा थी। उन्होंने प्राचीन यूनानी काव्य अथवा अरस्तू, प्लेटो आदि आचार्यों का अध्ययन नहीं किया था। फिर भी उनके नाटकों में अरस्तू द्वारा स्थापित शाश्वत मानदण्डों की कसौटी पर परखे जा सकने की क्षमता है। वे खरे उतरते हैं, प्लेटो की नैतिकता उनमें ध्वनित है।[28]

शेक्सपियर की त्रासदी के प्रख्यात आलोचक ब्रैडले ने उनके नाटकों के संरचनात्मक गठन तथा वस्तुपरक सौन्दर्य एवं सामंजस्य पर पर्याप्त प्रकाश डाला है।

कथाविन्यास के तीन अंगों—आदि, मध्य, अन्त को उन्होंने तीन भागों में विभक्त किया—(1) Exposition, (2) Conflict, (3) Catastrophe,[29] कथाविकास के पाँच चरण स्वीकृत किये हैं :

(1) A situation not yet one of conflict,
(2) the rise and development of conflict, in which 'A' or 'B' advances on the whole till it reaches,
(3) the crisis, on which follows,
(4) the decline of 'A' or 'B' towards,
(5) the catastrophe.

अरस्तू ने महान त्रासदी-नायक में चरित्रगत भूल (Some error or frailty)[30] का सिद्धान्त स्थापित किया था। शेक्सपियर के नायक महान एवं उदात्त गुणों से युक्त हैं, उनका पतन किसी न किसी चरित्रगत कमजोरी अथवा भूल के कारण होता है। उदाहरणार्थ ओथेलो की ईर्ष्या, किंगलियर की निर्णय की भूल, मैकबेथ की अत्यधिक तीव्र महत्वाकांक्षा तथा हेमलेट में निर्णय-क्षमता की कमी। नायक के पतन पर हमें महान विक्षोभ तथा गहन व्यथा का अनुभव होता है। अकेला नायक ही नहीं मरता उससे सम्बन्धित कई निरीह व्यक्ति भी मर जाते हैं। करुणा एवं त्रास की यह स्थिति शेक्सपियर की त्रासदियों में विद्यमान है। 'कर्मफल का न्याय (पोयटिक जस्टिस) कहीं नहीं है, जिन व्यक्तियों का त्रासद अन्त होता है, वे या तो निर्दोष और अबोध होते हैं या फिर उनकी चारित्रिक गरिमा एवं भव्यता की तुलना में उनकी भूल अत्यधिक छोटी होती है—"For pity is aroused by unmerited misfortune."[31] नायक के पतन से पूरा राष्ट्र हानि उठाता है।

शेक्सपियर की कामदियों में नायिकाएँ विशेष रूप से महत्वपूर्ण हैं। त्रासदी-नायिकाएँ जहाँ बाल सुलभ अबोध हैं, वहीं कामदी-नायिकाएँ चतुर, वाक्पटु, क्रियाशील एवं कथावस्तु विकास में महत्वपूर्ण नाटकीय मोड़ देने वाली हैं। पोर्शिया, रोजिलिण्ड तथा वायोला ही इन नाटकों में कथावस्तु की रीढ़ हैं। नाटकीय आकस्मिकता की स्थिति उन्हीं के कार्यों द्वारा उत्पन्न होती है। इसी कारण रस्किन ने कहा है—"Shakespeare has no heroes, he has only heroines."

शेक्सपियर के नाटकों के संवाद अवसरानुकूल लघु एवं बड़े हैं। लम्बे संवाद भी नाट्य व्यापार में बाधक नहीं। ये काव्यात्मक संवाद घटना-व्यापार की आत्मा को पूरी तरह से प्रकाशित करते हैं। काव्यात्मक श्रेष्ठता के उदाहरणस्वरूप ओथेलो के वक्तव्य लिए जा सकते हैं, जिनमें मानवीय वेदना के विस्तार के साथ मर्मस्पर्शिनी कविता का विधान किया गया है।

गीत नाटकों की आत्मा से जुड़े हैं। उनका प्रयोग प्रायः किया गया है। वस्तुतः ये गीत कथावस्तु के साथ ही उत्पन्न हुए प्रतीत होते हैं। इनका प्रयोग पात्रों की

मनःस्थितियों, वृत्तियों तथा अनुभवों से जुड़ा हुआ है। जैसे डेस्डेमोना का विलो सांग—यह गीत नाटकीय व्यंग्य (ड्रामेटिक आइरनी) की स्थिति भी उत्पन्न करता है। कभी-कभी गीतों का विषय पूरे नाटक तक फैल जाता है, जैसे 'दि टेम्पेस्ट' में एरियल के गीत।[32] शेक्सपियर के नाटकों का काव्य कई प्रकार का है—

(क) गीतिपरक, (ख) चिन्तनपरक, (ग) दार्शनिक।

संकनल-त्रय के निर्वाह की शेक्सपियर को चिन्ता नहीं है, मानो वह इस नाट्य-रूढ़ि से विदोह कर रहे हैं। वस्तुतः ऐलिजाबेथन रोमाण्टिक नाटक नव्य-शास्त्रवादियों से अलग अपना व्यक्तित्व बना रहा था। अतः इन लेखकों ने अनेक परम्पराओं के प्रति विद्रोह कर अपनी प्रयोगशीलता प्रदर्शित की।

पात्र-चयन यद्यपि उच्च-वर्ग से हुआ है, तथापि रोमाण्टिक नाटक में सार्वजनिक वस्तुओं एवं सर्वसाधारण के बीच में कार्य-व्यापार की सक्रियता है। संवाद काव्यात्मक होते हुए भी बोलचाल की भाषा के निकट हैं। नव्यशास्त्रवादी जहाँ पूर्णतया आदर्श एवं परम्परा को ही लिए हुए थे, वहीं स्वच्छन्दतावादी नाटक आदर्श एवं यथार्थ का मिला-जुला रूप प्रस्तुत करता है।[33] इन्होंने त्रासदी-कामदी को मिलाकर नया नाट्य-प्रकार उत्पन्न किया। नव्यशास्त्रवादी अरस्तू के कथन 'an action one and complete' का अर्थ सीधे एक आधिकारिक कथावस्तु से लेते थे, जिसके साथ कोई भी छोटी घटना अथवा प्रासंगिक कथावस्तु अथवा पात्र न हों। किन्तु स्वच्छन्दतावादी नाटक में स्वतन्त्रतापूर्वक प्रासंगिक कथावस्तु, पात्र तथा छोटी घटनाएँ (एपिसोड्स) प्रयुक्त हुई हैं। उनके मत से ऐक्य का अर्थ हुआ 'organic connection and coherence'[34] नव्यशास्त्रवादी नाटक में आदर्शपरक सादगी को लक्ष्य मानते थे, किन्तु स्वछन्दतावादियों ने जीवनगत वैविध्य और जटिलता को स्थान दिया। इस प्रकार विविधता में एकता को प्राप्त करने का प्रयास किया गया। रंगमंच पर वध-हत्या आदि की नाट्य-वर्जनाएँ तोड़ दी गयीं। शेक्सपियर के नाटकों में भी अनेक वध प्रदर्शित किये जाते हैं, यद्यपि सबसे भीषण हत्या—'मैकबेथ' में डंकन की मृत्यु—रंगमंच पर घटित नहीं होती, वर्णित होती है। किन्तु यह तथ्य सर्वविदित है कि नव्यशास्त्रवादी नाटक का स्वरूप वर्णनात्मक एवं विवरणपरक अधिक था। अधिकांश घटनाएँ सूच्य होती थीं। किन्तु स्वच्छन्दतावादी नाटक में अधिकतर सभी कुछ रंगमंच पर घटता था—युद्ध, हाथापाई, वध, आत्महत्या, सब कुछ प्रेक्षकों की उपस्थिति में प्रस्तुत किया जाता था। वास्तविक रूप में क्रियाशील मानव को देखने की सोलहवीं शताब्दी के साहसिक शौर्यपरक प्रेक्षक की इच्छापूर्ति का शेक्सपियर ने भरपूर प्रयास किया। ऐसा करते समय कुछ देर के लिए नाटकीय भव्यता को भी दाँव पर लगाने में वह नहीं चुके। टेकनीक की दृष्टि से ऐसी स्थिति के प्रदर्शन में कभी-कभी कठिनाई उत्पन्न हो सकती है, किन्तु नाट्य में व्याप्त आद्यन्त सक्रियता तथा कार्य व्यापार का वेग

एवं कथावस्तु के अधिकाधिक अंशों को प्रस्तुत कर देने की प्रवृत्ति अपने आप में कम महत्वपूर्ण नहीं है।

अतः एलिजाबेथयुगीन नाटक युग तथा प्रकृति का दर्पण था।[35] वस्तुतः यह महान नाट्य-परम्परा प्राचीन यूनानी नाट्य-परम्परा की भाँति सामूहिक जीवन के अन्तर्मन में केन्द्रीभूत थी। युगीन संस्कृति, युगमन की आशाओं, इच्छाओं, एवं आकांक्षाओं की अभिव्यक्ति यहाँ हुई है।[36] कवि-लेखक सांस्कृतिक परम्पराओं तथा समसामयिक जीवन में अन्तर्दृष्टि प्राप्त कर युगीन चेतना को अभिव्यक्ति दे रहे थे। युग को उसका वास्तविक स्वरूप—अपने भले बुरे रूप में—दिखा रहे थे।[37]

सोलहवीं शताब्दी की मुक्ताकाशी सराय के प्रांगण के ढंग पर बनी रंगशाला की प्रस्तुति-विधि अपनी विशिष्ट थी।[38] रंगमंच प्रतीकात्मक था तथा सम्प्रेषण-व्यापार प्रेक्षक की कल्पना-शक्ति के विस्तार के साथ पूर्ण होता था। यथार्थवादिता नाट्य एवं रंगविधि दोनों में ही न्यूनतम अपेक्षित थी। नाट्य-बिम्बपरक यथार्थ को जीवनगत वास्तविकता की यथावत् अभिव्यक्ति के रूप में गृहीत नहीं किया जाता था। न ही नाटक की घटनाओं एवं स्थितियों की विश्वसनीयता के विषय में सन्देह किया जाता था। इनीगो जोन्स इस युग का प्रमुख रंगशिल्पी था। ऐलिजाबेथन रंगमंच के पाँच प्रकार थे :

(1) इंटरल्यूड के प्रदर्शन के लिए बड़े कक्षों के मंच प्रयुक्त होते थे।

(2) राजदरबार में प्रदर्शन होते थे। लिली तथा साथियों ने किशोर अभिनेताओं द्वारा ऐसे प्रदर्शन कराये।

(3) सार्वजनिक रंगमंच—यह मुक्ताकाशी रंगमंच थे, जिनके प्रतिनिधि रूप में 'ग्लोब थियेटर', का नाम लिया जाता है।

(4) सत्रहवीं शताब्दी की प्राइवेट थियेट्रिकल कम्पनियाँ।

(5) सम्राट जेम्स प्रथम तथा चार्ल्स प्रथम के राजदरबार में प्रस्तुत किये गये भव्य कलात्मक लीलारूपक (Masque)।

इन पाँचों प्रकारों में प्रदर्शन के ढंग तथा रंगशिल्प की अपनी विशिष्ट मौलिक विशेषताएँ हैं, जिन्होंने एक-दूसरे को प्रभावित तो किया, किन्तु आपस में घुली-मिली नहीं।

शेक्सपियरेतर नाटककारों में बेन जानसन का नाम प्रमुख है। इनके पाण्डित्य तथा रीतिबद्धता ने इन्हें शास्त्रीय तो बनाया, किन्तु जनप्रिय न बना सकी। इनके नाटक अभिनीत होने के लिए नहीं लिखे गये थे। इनके अतिरिक्त जार्ज चैपमैन टामस डेकर, टामस वुड, ब्यूमॉण्ट तथा फ्लेचर का नाम भी उल्लेखनीय है। किन्तु शेक्सपियर की महती प्रतिभा के सामने यह बहुत उभर न पाये।

शेक्सपियर से इतर नाटक की प्रमुख विधा 'प्रतिशोध त्रासदी' (रिवेंज ट्रेजेडी)

की है। इस विधा में सर्वप्रथम नाम जान वेब्स्टर का आता है। इनकी 'ह्वाइट डैविल' तथा 'डचैज़ आफ माल्फी' में नवजागरणकालीन इटली के रंगमंच की भाँति बदले की कथा को भयानक षड्यन्त्रपरक कुचक्रों में संजोकर कलात्मक श्रेष्ठता प्रदान करने का प्रयास किया गया है। कथा-विकास की ओर कम तथा रंग-प्रभावों की ओर अधिक ध्यान देते हुए हिंसात्मक दृश्यों के साथ जीवनगत दुराचरणों, विकृतियों एवं निर्मम स्थितियों को प्रकट किया गया है। किन्तु इस सब के पीछे वैब्सटर का कवि हृदय भी झाँकता दिखाई देता है। टर्नर की 'दि रिवेन्जर्स ट्रेजेडी' तथा 'दि एथीस्ट्स ट्रेजेडी', टामस मिडिल्टन की 'ए चैस्ट मेड इन ए चीप साइड', फिलिप मैसिन्जर की 'ए न्यू वे टू पे ओल्ड डेट्स', जान फोर्ड की 'इट्ज पिटी शी इज ए व्होर' तथा 'दि ब्रोकेन हार्ट' आदि इस परम्परा की अन्य रचनाएँ हैं। वास्तव में सत्रहवीं शताब्दी के आरम्भ में सृजित यह नाट्य पाप-पुण्य अथवा अच्छाई-बुराई की परवाह न करते हुए नैतिकता को चुनौती देकर जीवनगत निर्दय त्रासदी को सामने लाता है।

समग्रतः ऐलिजाबेथ काल का सबसे बड़ा योगदान यह है कि इस काल में रूढ़ जर्जरित परम्पराओं का विध्वंस कर प्रगतिशील परम्पराओं को गृहीत करते हुए श्रेष्ठ जीवन्त रंगमंच उपलब्ध कराया गया। अंग्रेजी नाटक की परिष्कृति एवं समृद्धि के इस युग में ऐसी क्लासिकल पद्धतियाँ स्थापित हुईं, जो काल के अनेक झटकों को झेलती हुई, किसी न किसी रूप में आज भी पाश्चात्य रंगमंच में विद्यमान हैं तथा विश्व भर के साहित्य को प्रभावित करती रही हैं।

रेस्टोरेशन रंगमंच

शुद्धतावादियों (Puritans) के प्रभाव के आधिक्य के कारण 1642 ई. में लन्दन की रंगशालाओं में तालाबन्दी हो गयी। इस घटना के कुछ समय पूर्व ही जान फोर्ड तथा जेम्स शर्ली नाट्य को काव्य से अलंकृत कर रहे थे। किन्तु गृहयुद्ध के साथ ही एक लम्बे समय के लिए अंग्रेजी नाटक के क्षेत्र में ठहराव आ गया। कालान्तर में नाटक का दुबारा उदय हुआ, किन्तु उसमें पूर्ववत् परिष्करण एवं राष्ट्रीय जीवन से सम्पर्क स्थापित न हो सका। 1660 ई. में सम्राट चार्ल्स द्वितीय के सिंहासनारोहण के साथ ही रंगशालाएँ फिर से खुलीं। अठारह वर्ष के अन्तराल में प्रादेशिक स्तर पर थोड़े बहुत अभिनय होते रहे।

रेस्टोरेशन-काल में पिछले युग के नाटककारों का सम्मान था। बेन जान्सन के 'एव्री मैन इन हिज़ ह्यूमर' तथा 'एव्री मैन आउट आफ़ हिज ह्यूमर' का रेस्टोरेशन रंगमंच पर कई बार प्रदर्शन हुआ। शेक्सपियर के नाटकों को सामयिक फैशन में ढाल कर प्रदर्शित किया गया।[39]

रेस्टोरेशन-नाटक ऐलिजाबेथन नाटक की भाँति युग-जीवन का दर्पण न था।

यह तो केवल दरबारी मनोरंजन का साधन था। अतः इसकी प्रवृत्ति एकांगी थी। कामदी के क्षेत्र में नाटक ने विशिष्टता तथा विविधता प्राप्त की। एथरेज, वाईकरली, कांग्रीव प्रभृति कामदीकारों ने सामाजिक जीवन पर तीखे व्यंग्यात्मक प्रहार करते हुए नैतिक-अनैतिक के प्रश्न को उठाया। जीवन-मूल्यों पर प्रश्न-चिह्न लगाते हुए अपने समय के जीवन के खोखलेपन को प्रस्तुत किया। स्वतः प्रवर्तित परिहास इस युग की अपनी विशेषता है। विचारों में अनैतिक तथा अभिव्यक्ति में अश्लील[42] इस युग के इन नाटकों में समर्थ शैली के साथ प्रखर हाजिर-जवाबी के दर्शन होते हैं। रेस्टोरेशन कामदी पर मौलियर का स्पष्ट प्रभाव है।

रेस्टोरेशन युग का दूसरा नाट्य-प्रकार 'हीरोइक ड्रामा' है। इस श्रेणी की प्रमुख रचनाएँ हैं ड्राइडन की 'आल फार लव', 'औरगंजेब', और टामस आटवे की 'दि आर्फेन' तथा 'वेनिस प्रीज़र्व्ड' । इन नाटकों की प्रमुख विशेषता इनकी अतिभावुकता है। इसी कारण इन्हें 'सेंटीमेंटल ट्रेजेडी' भी कहा जाता है। इस नाट्य का महत्व पाठ्य रूप में अधिक है। इस विचित्र नाट्य रूप में प्रेम तथा सम्मान के प्रयोजनों को अविश्वास्य स्थितियों तक बढ़ाया जाता है तथा पात्र भव्य शब्दाडम्बरपूर्ण प्रलाप करते हैं। इनकी सम्मानपरक धारणा भी बेढब (फेन्टास्टिक) होती है। रेस्टोरेशन त्रासदी पर इटली के आपेरा तथा कार्नेल की फ्रांसीसी शैली का गहरा प्रभाव है। फ्रांसीसी प्रभाव के अनुरूप ही अभिनेत्रियाँ रंगमंच पर उतरी हैं।

इस काल में श्रीमती अल्फाबेन नामक महिला नाटककार भी हुई। उनकी नाट्य कृतियों में युग प्रतिभा का पूरा प्रदर्शन हुआ। उन्होंने दर्शकों को खूब हंसाया तथा अश्लीलता के सफलतापूर्वक प्रदर्शन में भी किसी से पीछे नहीं रहीं।

रेस्टोरेशन काल में नाटक का साहित्यिक मूल्य घट गया। चेनी शेल्डान ने इस रंगमंच को 'शुद्धतावादी और शैतान का उपासना गृह[40] उचित ही कहा है। धीरे-धीरे गम्भीर अश्लीलता कम होती गयी। अभिनय बहुत ही खर्चीले तथा अलंकरणयुक्त होते थे। इनीगो जोन्स ने मंच के ऊपर चौखटे (फ्रेम) के सामने का पर्दा लगाने की प्रथा चलायी। साथ ही उन्होंने चित्रित दृश्यावली तथा अलंकृत वस्त्राभूषणों का प्रयोग भी आरम्भ किया। मान्टेग समर्स ने रेस्टोरेशन युग की रंगसज्जा का विस्तृत वर्णन किया है।[41]

नाटकों के बीच-बीच में आने वाले गीतों पर विशेष बल दिया जाता था। इस युग के नाटकों के वर्णन में 'चिल्ड्रन आफ दि रायल चैपल' तथा 'पाल्स बॉइज' का नाम बार-बार आता है।[42] अतुकान्त छन्द (ब्लेंक वर्स) का स्थान अब दो पंक्तियों के तुकान्त छन्द (Heroic Couplet) ने ले लिया। ड्रायडन मानते भी थे कि उनकी रचनाएँ पिछले युग से अधिक रंगीन युग के लिए थीं।

रेस्टोरेशन-कालीन अभिनेता-अभिनेत्रियाँ उच्च सामाजिक प्रतिष्ठा वाले लोग थे

तथा प्रेक्षक वर्ग भी विशिष्ट तथा सीमित वर्ग का ही था। ऐलिजाबेथन रंगमंच सभी वर्गों का रंगमंच था, सामान्य नागरिक वर्ग तथा आभिजात्य वर्ग दोनों ही नाटक को संरक्षण एवं प्रोत्साहन देते थे। साथ ही कई नाट्शालाएँ भी तब थीं। किन्तु अब तो केवल एक-दो रंगशालाएँ थीं, इनका रूपाकार अत्यधिक छोटा था। लन्दन का बहुत छोटा जनसमूह अर्थात् केवल दरबार से सम्बन्धित व्यक्ति ही नाटक देखते थे। मध्य वर्ग पर शुद्धतावादी विचारधारा का प्रभाव अधिक था और वह नाटक में अभिव्यक्त धृष्टता एवं लम्पटता से बचकर रहता था। वस्तुतः रेस्टोरेशन रंगशाला पेरिस तथा फैरारा की असार्वजनिक रंगशालाओं की प्रवृत्ति के अधिक निकट थी, अपनी पूर्ववर्ती इंगलैण्ड की ऐलिजाबेथन रंगशाला के कम। परिणामतः रंगमंच के स्वरूप ने रेस्टोरेशन नाटक के स्वरूप को प्रभावित किया।[43]

वर्ग विशेष तक सीमित होने के कारण अभिनेता तथा दर्शक-वर्ग में पारस्परिक निकटता के सम्बन्ध थे। वे आपस में भली-भाँति परिचित होते थे, क्योंकि नाटक के प्रतिदिन के प्रेक्षक वही होते थे। अभिनेता भी पात्र विशेष के अभिनय में मानो विलय हो गया था। रोजाना एक ही प्रेक्षक वर्ग द्वारा उन्हीं अभिनेताओं के देखे जाने के कारण प्रेक्षक उनकी अभिनय एवं व्यवहारपरक चेष्टाओं एवं विशिष्टताओं के प्रति आदी हो गया था। यही सब कारण हैं कि रेस्टोरेशन नाट्य साहित्य में पुनरावृत्तियाँ बार-बार मिलती हैं। त्रासदी के सभी खलनायक सेन्डफोर्ड नामक अभिनेता को ध्यान में रख कर चित्रित किये गये हैं। यही बात नायक-नायिकाओं तथा अन्य पात्रों के सम्बन्ध में सत्य है कि उनका चित्रण लेखकों ने तत्कालीन प्रमुख अभिनेता-अभिनेत्रियों के व्यक्तित्व की छाया के रूप में किया है।

अठारहवीं शताब्दी का रंगमंच

मैथ्यू आर्नोल्ड ने अठारहवीं शताब्दी के इंगलैण्ड को 'गद्य एवं तर्क का युग' कहा है।[44] इस युग की सर्वाधिक लोकप्रिय विधा उपन्यास रही है। फिर भी नाटक के क्षेत्र में इस युग की उपलब्धियाँ नगण्य नहीं हैं। परिवर्तित जीवन-मूल्यों का प्रभाव समस्त साहित्य-रूपों पर पड़ा। अतः नाटक भी इससे अछूता न रह सका। वास्तव में अठारहवीं सदी के रंगमंच को रेस्टोरेशन रंगमंच से पूर्णतया अलगाया नहीं जा सकता। इसका प्रमुख कारण यह है कि पूर्ववर्ती परम्पराएँ एकदम समाप्त नहीं हो गयी थीं, उनकी स्थिति अनेक प्रकार से विद्यमान थी। किन्तु शुद्धतावादियों (प्यूरिटन्स) की स्थिति एवं प्रभाव शनैः शनैः कमजोर हो रहे थे। नयी महारानी एन के आगमन से नाटक के प्रति राजकीय रुचि में परिवर्तन हुआ। दूसरी ओर मध्य वर्ग एवं व्यापारी वर्ग का महत्व बढ़ा तथा उनके विचारों के प्रभाव से रंगमंचीय कला तथा रंगशाला की स्थिति में परिवर्तन के चिह्न प्रकट हुए। यह विशिष्ट अभिरुचियों से युक्त

प्रेक्षक-वर्ग एक नवीन रंगमंचीय रुचि का निर्माण भी कर रहा था। आरम्भिक 18वीं शताब्दी की कामदी अतिशय भावाकुल स्थितियों से युक्त थी। इसी प्रवृत्ति विशेष के परिणामस्वरूप यह (सेंटीमेन्टल कामेडी) कहलाती है। इस काल की त्रासदी में बुर्जुआ वर्ग के पतनशील प्रतिगामी संस्कार सक्रिय थे। आरम्भ से अन्त तक युगीन साहित्य में 'आभिजात्यवादी ऊब' के सन्दर्भ उपलब्ध होते हैं, अर्थात् लोग नाट्यगृह में इस संकल्प से जाते थे कि उन्हें किसी नये अभिनीत नाटक एवं उसके लेखक का उपहास करना ही है। उनका ध्येय कटु आलोचना होता था, चाहे नाटक अच्छा हो अथवा बुरा।[45] परिणाम स्पष्ट ही था कि लेखक चटकीले-भड़कीले नाटक लिखना चाहते थे तथा अभिनेता मूल अभिनय के द्वारा प्रेक्षक को केवल हँसाना चाहते थे।

इस काल में 'कामेदिया देल आर्ते' की परम्परा इंगलैण्ड में भली-भाँति स्थापित हुई। जान रिचलन युग का कुशल अभिनेता था। मूक अभिनय के लिए उसकी प्रसिद्धि भी पर्याप्त थी। अभिनय-परम्परा में गैरिक तथा मिसेज सीडन को भी पर्याप्त लोकप्रियता प्राप्त हुई। गैरिक पर भी मूक अभिनय पद्धति का प्रभाव था। यह प्रथा अगली शताब्दी तक चलती रही तथा इसी मूकाभिनय से आपेरा, संगीतपरक इण्टरल्यूड तथा मेलोड्रामा ने समृद्धि पायी। जान रिचलन की बेजोड़ अभिनय-क्षमता का प्रमाण इस बात में मिलता है कि प्राचीन सफल नाटकों को भी उनकी प्रतिभा के अनुरूप रूपान्तरित किया जाता था। ऐसे प्रदर्शनों में मारलो के नाटक पर आधारित 'हार्लीक्वीन', 'डॉ. फाउस्टस' अत्यधिक प्रख्यात हुए।

आरम्भ में जान गे का 'दि बेगर्स आपेरा' बहुचर्चित रचना थी। स्टील के 'द टेण्डर हस्बैण्ड' तथा जार्ज लिली के 'दि लण्डन मर्चेण्ट आर दि हिस्ट्री आफ जार्ज वार्नवेल' को भावुकतापूर्ण नाटकों की श्रेणी में स्थान दिया जाता है। ह्यू केली तथा कम्बरलैण्ड में इस अतिशय भांवुकता (सेंटीमेंटेलिटी) की चरम स्थिति प्राप्त होती है। वस्तुतः कामदी के क्षेत्र में यह भावाकुलता बहुत ही अनिष्टकर थी। गोल्ड स्मिथ तथा शेरिडन के उदय के साथ ही नाट्योद्धार हुआ। गोल्ड स्मिथ ने इस भावाकुलता का उपहास अपने नाटक 'दि गुड-नेचर्ड मैन' में किया। उनके 'शी स्टूप्स टू कान्कर' ने रंगमंच पर पर्याप्त प्रसिद्धि पायी। ऐमेच्योर स्टेज पर आज भी यह नाटक सफल स्थान रखता है। गोल्ड स्मिथ की नाट्य प्रतिभा का सफल परिचय उनके नाटकों में प्राप्त औदात्य तथा मानवीय गरिमा से मिलता है। इस शताब्दी के उत्तरार्द्ध में शेरिडन ने अपने तीन नाटकों : 'दि राइबल्स', 'दि स्कूल फार स्कैण्डल', दि क्रिटिक' की रचना कर अद्भुत नाटकीय सूझ का परिचय दिया। उनके नाटकों में रेस्टोरेशन-युगीन संवादों की तीव्रता है। एक प्रकार से ये नाटक शेक्सपियर की नाट्य-प्रतिभा का पुनः स्मरण कराते हैं। इन कामदियों का स्वरूप प्रसन्न रोमाण्टिक वातावरण 'एज यू लाइक इट' तथा 'ट्वेल्फ्थ नाइट' के समकक्ष है। शेरिडन के पात्र

बेन जान्सन के पात्रों की भाँति दृढ़ता तथा स्पष्टतापूर्वक प्रस्तुत किये गये हैं। यद्यपि यहाँ भी युगानुरूप थोड़ा बहुत भावाकुलता का प्रभाव है। शेरिडन के नाट्य-संसार में मानव-स्वभाव की नवीन व्याख्या आदि का कोई झंझट नहीं है। उनका शब्द चातुर्य, वाक्पटुता, हास्य एवं विदग्धता ही उनकी नाट्यकला को लोकप्रिय बनाती है। उन्होंने अठारहवीं शताब्दी के उत्तरार्द्ध के जीवन का रोमाण्टिक रमणीयता के साथ जैसा यथार्थपरक चित्रण किया, वैसा अन्य कोई नाटककार न कर सका।

इस काल की प्रमुख नाट्यशालाएँ दो थीं : (1) ड्रूरी लेन थियेटर, (2) कोवेण्ट गार्डन थियेटर। रंगमंच पर मेहराबदार दरवाजों तथा बॉक्स सेट आदि की प्रथा भी चली। शताब्दी के उत्तरार्द्ध में चित्रित फलकों के स्थान पर त्रिपरिमाणीय रंगमंच का आरम्भ हुआ। शताब्दी के अन्त में कोवेण्ट गार्ड तथा डूरीलेन थियेटरों के आकार में वृद्धि की गयी।

उन्नीसवीं-बीसवीं शताब्दी का रंगमंच

उन्नीसवीं शताब्दी के रंगमंच के बारे में जब निकोल महोदय कहते हैं कि इस सदी ने रंगकला तथा दृश्यात्मक परिकल्पना को बहुत कम योगदान दिया है[46] तो उनकी इस उक्ति में एक निश्चित सारगर्भित तथ्य के दर्शन होते हैं। यह तो निर्विवाद ही है कि इस क्षेत्र में उन्नीसवीं शताब्दी में पिछली चली आती हुई परम्पराओं को ही आगे बढ़ाया गया था, क्योंकि इनीगो जोन्स तथा लूथर बर्ग पहले ही रंगदीप्ति एवं रंगमिश्रण सम्बन्धी प्रयास कर चुके थे। इस काल में बढ़ावा इसलिए मिला कि वैज्ञानिक आविष्कारों के फलस्वरूप गैस तथा बिजली के प्रकाशों ने रंग-प्रदीपन के नये ढंग उपलब्ध कराये। वस्तुत उन्नीसवीं शताब्दी का पूर्वार्द्ध नाट्य के अपकर्ष का काल था। युग की रंगमंचीय रुचि उथली एवं गर्हित थी। समाज में सम्पन्न मध्य वर्ग का बोलबाला था। इस वर्ग के अपने कोई कलात्मक आदर्श एवं संस्कार न थे। प्रेक्षक में एलिजाबेथयुगीन बौद्धिक तीव्रता एवं सहृदय कल्पना का भी अभाव था। रंगशाला अब नगर के फैशनपरस्त स्त्री-पुरुषों, ठलुआ-लम्पट व्यक्तियों तथा गणिकाओं के मिलने-जुलने तथा मनबहलाव का स्थान मात्र बन गयी थी।[47] शासकीय मनोवृत्ति भी रंगमंच के प्रति ठण्डी एवं उदासीन थी। अतः व्यापारिक बुद्धि ही रंगकला का परिचालन एवं नियमन करती रही। घटिया रोमानी जनरुचि ने अंगरेजी रंगमंच को प्रहसन (फार्स), अतिनाटक (मेलोड्रामा) तथा भौंड़े विद्रूप प्रदर्शनों का माध्यम मात्र बना दिया। उसमें साहित्यिक अभिरुचि की कोई बात न थी।[48]

उपन्यास तथा स्वच्छन्दवादी काव्य (रोमेण्टिक पोयट्री) के चरमोत्कर्ष के इस युग में अनेक रोमाण्टिक कवियों ने नाट्य-रचना का प्रयास किया, किन्तु अकेले पी. बी. शैली को 'दि सेन्सी' में सफलता प्राप्त हुई।

नाट्य की अवगति का एक कारण यह भी माना जाता है कि नाट्य प्रदर्शन का अधिकार केवल कावेन्ट गार्डन तथा डूरीलेन रंगशालाओं को ही प्राप्त था, और इनका आकार इतना विशाल था कि रंगप्रभावों की समुचित व्यवस्था असम्भव हो गयी थी। आरम्भिक उन्नीसवीं शताब्दी के नाटककार से जीवनगत यथार्थ छूट गया था। प्रेम के त्रिकोण के कर्षण-विकर्षण का आधिक्य ही उसके नाटकों में रह गया था।

यथार्थवादी नाट्य

19वीं शताब्दी के उत्तरार्द्ध में वैज्ञानिक प्रगति एवं नवीन चिन्तकों तथा दार्शनिकों के प्रभाव-स्वरूप नाट्य-चेतना में भारी परिवर्तन आया। नवीन चेतना ने परम्परागत धर्म एवं नैतिक विश्वासों के ऊपर कशाघात किया। प्रगतिशील चिन्तकों के सिद्धान्त एवं दर्शन विज्ञान एवं इतिहास के सत्य और बौद्धिक तार्किकता तथा मानव अन्तःशक्ति पर आधृत थे। डारविन, जान स्टुअर्ट मिल, हक्सले, स्पेन्सर, पियरे, जोसफ प्रोंधा, मार्क्स, फायरबाक, कामू, फ्रायड आदि द्वारा प्रदत्त वैचारिक क्रान्ति ने नाटक को जीवनगत प्रश्नों से जोड़ दिया। दोस्तोवस्की, बाल्जाक, जोला, मोपांसा, फ्लाबर्ट, बोदेलेयर, गोनकोर्ट बन्धु, डाडेट, टाल्सटाय, तुर्गनेव तथा इब्सन की कृतियों में यह नयी साहित्यिक चेतना मुखरित हुई।

नार्वे निवासी इब्सन ने सर्वप्रथम यथार्थपरक जीवन से उद्भूत ज्वलन्त समस्याओं को अपना नाट्य-विषय बनाते हुए नवीन नाट्य शिल्प की अवतारणा की। इसीलिए उन्हें आधुनिक नाट्य का पिता भी कहा जाता है। यूरोपीय नाट्य-साहित्य पर इसी शैली का व्यापक प्रभाव पड़ा। हेबेल, ड्यूमास, स्टिन्डबर्ग, हाफमैन, सुपरमैन टाम राबर्टसन, पिनेरो, जोन्स, बर्नाड शा, गाल्सवर्दी, ग्रेनवाइल बार्कर के नाटकों के विषय तथा शिल्प में यथार्थवाद के दर्शन होते हैं। साहित्यिक, रोमानीयत तथा स्वच्छन्दतावादी प्रवृत्तियों का पूर्ण बहिष्कार करती हुई इस बुद्धिवाद तथा आधुनिक विज्ञान- मनोविज्ञान पोषित नवीन प्रगतिशील चिन्ताधारा ने सम्पूर्ण यूरोपीय जीवन को आलोड़ित कर दिया। धार्मिक, आर्थिक, सामाजिक एवं नैतिक सम्बन्धों के नवीन विश्लेषण-विवेचन ने नाटक को गम्भीर समसामयिक वास्तविकताओं के उद्घाटन का माध्यम बनाया। नाटककार एक ओर तो विश्वास एवं आदर्शविहीन तथा पाखण्ड एवं जर्जर रूढ़ियों पर खड़े बुर्जुआ वर्ग की बढ़ती हुई शक्ति एवं प्रभाव को दिखा रहा था, साथ ही दूसरी ओर मैले-कुचैले दमित सर्वहारा वर्ग को सवाक्, युयुत्सु एवं क्रान्तिकारी बनते हुए प्रदर्शित कर रहा था।[49]

अतः सामाजिक समस्याओं में निहित अन्तर्द्वन्द्व, व्यंग्य, विडम्बना का यथातथ्य मूलक रूपान्तरण कर समस्या को चुनौती के रूप में खड़ा किया गया। व्यक्ति एवं समाज का इतना यथार्थ चित्रण किया गया कि वर्तमान स्थिति के प्रति विरोध को

दृढ़तापूर्वक उत्पन्न किया जा सके, समाज को सुधार के लिए प्रेरित होने को मजबूर किया जा सके।[50] अपने स्वर में रूढ़ि-विध्वंसक होने के कारण ही समस्या-नाटक 'मोहभंग का नाटक' (ड्रामा आफ डिसइल्यूजन) कहलाता है।

इन वास्तविकताओं से जूझती हुई कथाओं के लिए नवीन यथार्थवादी नाट्य-शिल्प का विन्यास किया गया। वस्तु-चयन सर्वसामान्य जीवन में लक्षित प्रश्नों का उद्घाटन बौद्धिक सचेतनता एवं ईमानदारी के साथ किया गया। व्यक्ति एवं समाज के मध्य के द्वन्द्व, सामाजिक रूढ़ियों से अभिभूत जीवन की प्रवंचनाओं, विभीषिकाओं तथा खोखलेपन को सीधे-सच्चे रूप में सामने लाते हुए रोमानी भावुकता, विशिष्ट कल्पना की कोमलता एवं सौन्दर्यवादिता से नाटक को बाहर लाया गया। घटना-क्रम, नाटकीय स्थितियाँ, पात्र, भाषा, रंगनिर्देश, रंगशिल्प आदि सभी में आदर्श कल्पना एवं भावोच्छ्वास का स्थान सरलता, तार्किकता एवं सादगी ने ले लिया। पद्य का पूर्ण बहिष्कार कर गद्य का प्रयोग किया गया, ताकि नाट्य भाषा जीवन में बोलचाल की भाषा प्रतीत हो सके। इस प्रकार पूरी तरह से रंगमंच पर यथार्थवाद का प्रवेश हुआ।

इब्सन के सामाजिक मनोवैज्ञानिक विषयों पर रचित नाटकों—'दि डाल्स हाउस', 'घोस्ट्स', 'दि वाइल्ड डक', 'दि पिलर्स आफ सोसाइटी', 'हेड्डा गैब्लर', 'ह्वेन दि डैड अवेकेन'—में वैचारिक गाम्भीर्य एवं रंगशिल्पीय सूक्ष्मता विद्यमान है। आधुनिक यूरोपीय नाट्य में उनका श्रेष्ठतम स्थान है। उनकी कला उनके नैतिक विचारपरक रोष एवं क्रान्तिकारिता के साथ एकरूप हो गयी है। नार्वे के मध्य वर्ग के हृदय एवं मस्तिष्क में झाँककर वह उन शाश्वत प्रश्नों को उठाते हैं, जो स्थानीय प्रतिबद्धता रखते हुए भी सार्वभौम प्रश्न बन जाते हैं। इसीलिए, उनके पात्र समसामायिक होते हुए भी शाश्वत पात्र बनने की क्षमता रखते हैं। परीक्षण-पुनर्परीक्षण के उपरान्त अपने सामने के जीवन की आर्थिक, राजनैतिक, बौद्धिक, पारिवारिक, भावनापरक तथा यौन-सम्बन्धी परम्पराओं एवं स्थितियों के समक्ष प्रश्न चिह्न लगा कर वह समाज को सोचने तथा हल खोजने के लिए विवश कर देते हैं।[51] विचारक होने के साथ-साथ उनका सहृदय साहित्यकार उनके पात्रों को यांत्रिक होने से बचाता है। इन चरित्रों के अन्तर्बाह्य कार्यकलाप इतने अधिक स्वाभाविक ढंग से प्रस्तुत किये गये हैं तथा उन्हें परिस्थितियों के घात-प्रतिघात में इतनी मार्मिकता से ढाला गया है कि वे जीवन के अत्यधिक नैकट्य का आभास देते हैं। चिन्तक इब्सन का बल सदैव तथ्यात्मक सत्यों की ओर अधिक रहता है, कलात्मकता की ओर कम।[52]

अंगरेजी रंगमंच पर बौद्धिकता का आरम्भ यद्यपि राबर्टसन के साथ ही हो चुका था, किन्तु उसके स्पष्ट दर्शन गिल्बर्ट तथा सुलीवान के आगमन के साथ होते हैं। एक प्रकार से उन्हीं ने आस्कर वाइल्ड तथा बर्नार्ड शा की कामदियों के लिए दर्शक वर्ग तैयार किया था। काफी लम्बे समयान्तराल के पश्चात् हमें गिल्बर्ट तथा

वाइल्ड में शाब्दिक चातुर्य के दर्शन हेते हैं। इंगलैण्ड में इस मध्यवर्गीय जागरण एवं क्रान्ति के प्रमुख वाहक जार्ज बर्नार्ड शा थे। उनका रचना-काल भी सबसे अधिक विस्तृत (लगभग अर्द्ध-शताब्दी) है। अपने लम्बे नाट्य-सृजनकाल में उन्होंने अनेक नाट्यान्दोलनों को जन्मते-मरते देखा था। रंगमंच से उनका प्रथम परिचय नाट्यालोचक के रूप में हुआ। 'अवर थियेटर इन दि नाइन्टीज' में उन्होंने अपने सामयिक रंगमंच पर सचेत एवं प्रबुद्ध प्रहार किये हैं। उनका बौद्धिक दृष्टिकोण एवं चिन्तन अत्यधिक प्रखर एवं तीव्र था। इब्सन से प्रभावित होकर उन्होंने अपने नाटकों को वैचारिक संघर्ष का माध्यम बनाया। उनकी सबसे बड़ी विशेषता यह है कि उनके स्वभाव में इब्सन की कठोरता के स्थान पर आयरिश विनोद[53] तथा कांग्रीव एवं आस्कर वाइल्ड के समतुल्य वैदग्ध्य था। समाजवादी व्यवस्था, नैतिकता, धर्म तथा यौन-सम्बन्धपरक कथावस्तुओं के कलात्मक संरचना-विधान की क्षमता इस नाटककार में है। कथा-विकास, घटना-संयोजन, पात्र-विधान तथा रंगोपकरणों का समुचित संयोजन सब कुछ शा की दृष्टि में रहते हैं। आरम्भिक नाटकों में उन्होंने पारम्परिक मंचीय टाइप पात्रों को लेकर उनका प्रतिवर्ती (रिवरीज) चित्रण किया है तथा इस प्रतिवर्ती रूप को ही सत्य एवं वास्तविक सिद्ध किया है। उदाहरणार्थ 'आर्म्स एण्ड दि मैन' में पारम्परित मंच के रोमानी सिपाही के स्थान पर भृत्तिभोगी सैनिक प्रस्तुत किया गया है, जो क्षुधा एवं भय से ग्रस्त है। पात्र विधान को सामान्य परम्परा में यह प्रतिवर्तन ही उनकी व्यंग्यात्मक कामदियों की विशिष्टता बन गयी है। इससे उनके नाटकों में एक विशिष्ट क्लासिकीय तत्त्व उत्पन्न हुआ है, जिसकी समता केवल बेन जान्सन के नाटक ही कर सकते हैं। अतः इब्सन की भाँति वह भी प्रतिश्रुत हैं कि उनका प्रत्येक नाटक किसी न किसी सामाजिक समस्या को उठा कर उसका गहनता से विवेचन करेगा। अतः उनके पात्र गम्भीर विचार-विमर्श में लगे रहते हैं, क्योंकि उनका उद्देश्य प्रेक्षक का मनोरंजन नहीं, अपितु उसे आघात पहुँचाना है।[54] इस विचार-विनिमय के अतिरिक्त वह अपने नाटकों की लम्बी-लम्बी भूमिकाओं में नाट्य-वस्तु की पूरी छानबीन भी करते हैं।

इस प्रकार कामदी शा के लिए ठलुआ विनोद का साधन मात्र न होकर एक अस्त्र थी, जिससे वह एक सुसम्बद्ध जड़ बहुमत के विरुद्ध लड़ रहे थे। उन्होंने अपनी पीढ़ी को चेतावनी दी कि सभ्य मनुष्य को विकास की ओर बढ़ना चाहिए अथवा फिर नष्ट हो जाना चाहिए, जैसे कि उसके पूर्व के आदिम पशु नष्ट हो गये। 'जीवन शक्ति' (दि लाइफ फोर्स) अथवा ईश्वर यह नहीं सह सकता कि मनुष्य अपनी निर्दयता, भ्रष्टता एवं प्रभावहीनता के साथ बढ़ता रहे।

नवीन बौद्धिक चेतना एवं बौद्धिकता प्रदान कराने के बावजूद भी शा अंगरेजी नाटक को नया मुहावरा देने में असमर्थ रहे। वह ऐसा मुहावरा भी न दे सके, जिसमें

नाट्य की सम्पूर्ण सार्थकता का अभिव्यक्तिकरण हो सके। उनके लम्बे रंग संकेतों में पात्रों के कार्यों के साथ-साथ उनकी मनःस्थितियों, संवेगों, स्वराघातों, इरादों आदि सभी का विवरण है। अतः सारी की सारी शैली उपन्यास जैसी प्रतीत होती है, साथ ही यह तथ्य भी सामने आता है कि शा की दृष्टि में नाट्य में सम्पूर्ण अर्थ पात्रों के पारस्परिक संवादों एवं क्रियाओं-प्रतिक्रियाओं से अभिव्यक्त नहीं हो पाता, जब कि नाट्यकला का स्वभाव संवादात्मक है, विवरणात्मक नहीं। यही कारण है कि शा की विचारपरक कामदियों से उद्भूत जीवन्तता एवं आमोद-प्रमोद को आलोचक लेखक के मानसिक उल्लास से उत्पन्न मानते हैं, नाटक में जीवनावलोकन संश्लिष्ट परियोजन से प्रादुर्भूत नहीं।[55] किन्तु फिर भी यह तो मानना ही पड़ता है कि शा प्रतिभासम्पन्न, उत्तेजक एवं मनोरंजक नाटककार हैं, जो रंगमंच का प्रभावशाली प्रयोग करने में सक्षम हैं। उनके 'कैन्डिडा', 'दि डेविल्स डिसाइपिल', 'सेन्ट जोन', 'सीजर एंड क्लिओपेट्रा', 'पिग्मैलियन', 'दि एपिल कार्ट', 'गैटिंग मैरिड', 'मेजर बार्बरा', 'मैन एंड सुपरमैन', 'बैक टु मैथ्यूसेलाह', 'दि मिलिआनरेस' आदि ने अंगरेजी यथार्थवादी नाट्य-परम्परा के क्षेत्र में महत्त्वपूर्ण भूमिका प्रस्तुत की है।

हार्ले ग्रेनवाइल बार्कर तथा वेड्रीन के नाटक 'कार्ट थियेटर' में अत्यधिक सफलतापूर्वक अभिनीत किये गये। इनके अभिनय में एक विशिष्ट अनुशासन का निर्वाह किया गया था। बार्कर के नाटक भी समसामयिक समस्याओं का यथार्थपरक प्रस्तुतीकरण कर रहे थे, फिर भी 'वेस्ट', 'वोडजी इन्हेरीटेन्स' आदि में उनके रोमानी स्वभाव के दर्शन हो ही जाते हैं।

गाल्सवर्दी के नाटकों—'स्ट्राइक', 'जस्टिस' तथा 'लायल्टीज' में समसामयिक समस्याएँ स्पष्ट हैं, पात्र-विधान में सादगी है तथा समस्याओं के दायित्व के लिए सामाजिक प्रथाओं की भरसक निन्दा की गयी है। संरचनात्मक गठन में स्पष्टता है।

सेंट जान इरविन के आरम्भिक नाटक यथार्थवादी परम्परा में सृजित हैं, किन्तु उनके लेखक के निश्चयों में स्पष्टता कम है। उनके नाटक की प्रस्तुति डब्लिन के 'एबी थियेटर' में हुई। जान मैस्फील्ड ने घरेलू यथार्थ को काव्यात्मकता प्रदान की, जो सत्रहवीं शताब्दी के नाटक का स्मरण कराती है।

आयरिश नाटककार सीन ओ केजी के नाटकों की सबसे बड़ी विशेषता यह है कि इनमें यथार्थवाद का रोमांस तथा सांकेतिकता एवं प्रतीकात्मकता से तथा गद्य का श्रेष्ठ काव्यात्मक परिकल्पना से अप्रतिरोध्य सम्मोहक मिश्रण किया है। 'जूनो एण्ड दि पीकाक', 'दि शैडो आफ ए गनमैन', 'दि सिल्वर तासी', 'रेड रोजेज फार मी' में उन्होंने डब्लिन के कृषक जीवन को उद्घाटित किया है।

रंगशाला में यथार्थवाद के प्रवेश के साथ ही 'एप्रन-स्टेज' तथा 'प्रोसीनियम द्वारों, को समाप्त कर दिया गया। परम्परा के प्रतीक रूप में केवल मंच का अग्र

भाग (प्रोसीनियम आर्च) रह गया। प्रत्येक अंक की समाप्ति पर परदे का गिरना तथा अंकारम्भ में परदे का उठना 1850 ई. के बाद के रंगमंच का अनिवार्य अंग बन गया। परदे के गिरने-उठने के बीच के समयान्तराल में दृश्य-सज्जा परिवर्तित की जाती थी।

उन्नीसवीं शताब्दी के उत्तरार्द्ध के रंगमंच पर दूसरी प्रमुख घटना यह घटी कि मुख्य अभिनेता अपने पूरे प्रभाव-दबाव के साथ रंगमंच पर छा गया। इसी समय से 'ऐक्टर मैनेजर-प्रथा' आरम्भ हुई। प्रेक्षक का ध्यान प्रमुख रूप से केन्द्रीय व्यक्ति—मुख्य अभिनेता की ओर स्थित करने के लिए अनेक युक्तियाँ प्रयोग में लायी गयीं। डेविड गेरिक, केम्बल, मेकरेडी, सेमुअल फेल्प्स, चार्ल्स कीन, हेनरी इरविंग, बीरब्रेम ट्री सभी अपने सह-अभिनेताओं पर वट वृक्ष की तरह छा गये।

यथार्थवादी रंगमंच की दृश्यावली साधारण जीवन को अधिकाधिक आभासित कराने वाली होती थी। इसमें भड़कीलापन, चमत्कारिकता तथा पुरातनता की प्रवृत्ति थी। पारम्परिक दृश्य-सज्जा का स्थान अब वास्तविकता की भ्रान्ति उत्पन्न करने वाली दृश्य सज्जा ने ले लिया। मंच बिलकुल फोटोग्राफ के समान हो जाता है, जिसमें चित्रकार की झूठी कल्पना को अब कोई स्थान नहीं है। पार्श्व विंग्स के स्थान पर फ्लैट्स का प्रयोग आरम्भ हो गया। बॉक्स-सेट में कक्ष के तीन ओर की दीवारें तथा छत प्रदर्शित की गयी। चौथी दीवार के प्रति सजग इस समय के रंगचिन्तक निर्माता के परदा उठाने की चौथी दीवार का उठाया जाना मानते हैं। स्टेज प्रापर्टी के रूप में वस्तुओं के प्रतीकों के स्थान पर वास्तविक वस्तुओं को प्रयोग में लाया जाने लगा।

यथार्थवादी रंगमंच को सबसे अधिक सुविधा रंगदीप्ति के वैज्ञानिक प्रसाधनों से मिली। दिन का प्रकाश, चाँदनी, अँधेरी रात, घिरे हुए बादल आदि का यथार्थाभास बिजली की सहायता से सम्भव हो सका। विविध भावावस्थाओं तथा संवेगों की प्रभाव-वृद्धि में प्रकाश में अनेक रंगों के मिश्रण से अद्‌भुत सफलता मिली।

व्यावसायिक रंगशालाओं की प्रतिक्रिया में खड़ी होने वाली अव्यावसायिक रंगशालाएं में पेरिस में आन्द्रे एन्तोनी की रंगशाला, बर्लिन में आटो ब्रास की तथा लन्दन में जे. टी ग्रीन की रंगशाला प्रमुख थी। ग्रीन के 'इन्डिपेन्डेन्ट थियेटर' में इब्सन, मूर, येट्स तथा शा के नाटक अभिनीत हुए। तत्पश्चात् लन्दन में 'स्टेज सोसाइटी', डबल्नि में 'आयरिश लिटररी थियेटर' तथा 'एबी थियेटर' स्थापित हुए। अमेरिका में 'थियेटरगिल्ड' स्थापित हुआ। 'एबी थियेटर के आन्दोलन ने अंगरेजी के आधुनिक नाट्य-विकास में सर्वाधिक महत्वपूर्ण योगदान दिया। सेंट जान इरविन, येट्स, सीन ओ केजी आदि ने इस आन्दोलन में सक्रिय भाग लिया। आयरिश नाटक लेखकों में जे. एम. सिंज कलात्मक शक्ति एवं ओजस्विता के लिए महत्वपूर्ण हैं। आयरिश जीवन की वास्तविकताओं को उन्होंने काव्यात्मक गहनता प्रदान की।

बीसवीं शताब्दी के अन्य रंगमंचीय रूप

बीसवीं शताब्दी के नाटक को पिछली शताब्दी से यथार्थवाद की परम्परा उत्तराधिकार में मिली। कुछ प्रतिबद्ध लेखक इस परम्परा का निर्वाह वर्तमान शताब्दी के तीन-चार दशकों तक करते भी रहे। किन्तु वास्तविकता तो यह है कि समसामयिक शताब्दी में आकर रंगमंच की सारी पुरानी परिभाषाएँ विश्रान्त हो गयीं। जीवन-मूल्यों तथा युग-सन्दर्भों के बदलाव ने सम्पूर्ण पाश्चात्य सभ्यता में ऐसा आलोड़न उत्पन्न कर दिया कि रंगमंच का किसी निश्चित परिदृश्य में सिंहावलोकन कर उसकी रूपरेखा प्रस्तुत नहीं की जा सकती। पिछले युगों का रंगमंचीय खाका सीधा एवं स्पष्ट था, किन्तु आधुनिक युग में वह अनेक दायरों के बीच घिरा हुआ है। दो महासमरों ने जीवन के भौतिक वातावरण को विकीर्ण कर दिया। परमाणु-शक्ति के परिचालन के फलस्वरूप विध्वंस-विनाश ने पूरी पीढ़ी को अपने प्राचीन विश्वासों एवं धारणाओं, आशाओं एवं भ्रान्तियों को पुनः परीक्षित एवं पुनः संशोधित करने के लिए विवश कर दिया। नवीन सामाजिक विचारधाराओं के उदय के साथ-साथ रंगमंच को सामाजिक संस्था माना जाने लगा। नाट्यालोचन के क्षेत्र में नवीन दृष्टियाँ एवं प्रवृत्तियाँ आयीं। रंगमंच ने युद्ध पूर्व तक की चली आती हुई अपरिवर्तनशील रूढ़ियों एवं बन्धनों को तोड़ दिया। नाट्य-शिल्प एवं कथ्य दोनों ही अधिकाधिक स्वतन्त्र प्रयोगों के मैदान में उतर आये। नाटककारों ने अब कार्य-व्यापार को नाट्यवस्तु का अनिवार्य अंग मानना अस्वीकार कर दिया तथा पात्र की स्वीकारोक्ति को ही वस्तु-रूप में गृहीत किया। उदाहरणार्थ मर्सियू के नाटकों को देखा जा सकता है। आर्थर मिलर ने दावा किया कि 'डैथ आफ ए सेल्समेन' में यथार्थवाद की रूढ़ियों एवं नियन्त्रणों को तोड़ दिया गया है।[55] अब कथा-विकास में घटना-संयोजन, अंक विभाजन, व्यवस्था तथा निर्वहण आदि की सीधी परम्परा को लेखकों ने नगण्य सिद्ध कर दिया।

रंगमंच की सीमा अब असीम हो गयी। हास्यास्पद स्थितियों की चिन्ता किये बिना प्रयोगशील रंगकर्मी प्रत्येक दिशा में अति सूक्ष्म से सूक्ष्म की ओर बढ़ते गये—ऑस्टिन स्ट्रांग के नाटक 'प्ले विदाउट नेम' में रंगमंडप मनुष्य के कपाल के अन्तर्भाग का प्रतिनिधित्व करता है। हाफमैन के सामाजिक क्रान्तिपरक नाटक 'दि वीवर्स' में नायकों का एक सम्पूर्ण वर्ग है, शा का 'बैक टू मैथ्यूसेलाह' सम्पूर्ण मानवता का विकास प्रस्तुत करता है, स्ट्रिण्डबर्ग तथा काक्ट्यू के नाटकों में एक ही पात्र बोलता है, रूस तथा जर्मनी में समूह-नाटक लिखे गये, जिनकी पात्र-संख्या आठ दस हजार तक पहुँचती है, अभिव्यंजनावादियों ने मानव हृदय की तार्किक प्रवृत्ति को प्रस्तुत करने के लिए विलक्षण साधन अपनाये, प्रकृतिवादी यथातथ्य प्रस्तुतीकरण की झोंक में 'चौथी दीवार' के अभाव से इतने अधिक दुखी हुए कि

एक निर्देशक ने इसकी पूर्ति के लिए पाद प्रकाश के समक्ष एक जंगला तथा अग्नि-सन्दशिका रखी।[60] येट्स अपने नाटकों का प्रस्तुतीकरण सामान्य कमरे के एक किनारे पर बिछे गलीचे पर कराना चाहते थे तो मैक्स रोनहार्ट ने 'एव्रीमैन' का अभिनय साल्जबर्ग कैथेड्रल की सीढ़ियों पर ऐसे विराट रूप में प्रस्तुत कराया कि चारों ओर के निकटवर्ती चर्चों की मीनारों पर अभिनेताओं को रखा। गार्डन क्रेग रंगमंच पर विशुद्ध सौन्दर्य लाने के प्रयास में थे। वे यांत्रिकतावादी रंगमंच पर केवल मशीनों को ही रहने देना चाहते थे। डाडावादियों के रंग-प्रयोगों में प्रेक्षकों के ऊपर अभिनय-मण्डप से चीजें फेंकने की प्रथा चली। इस प्रकार सम्पूर्ण रंग व्यापार वादों के घेरे में घूमने लगा। अभिव्यंजनवाद (एक्प्रेशनिज्म), प्रभाववाद (इम्प्रेशनिज्म), प्रतीकवाद (सिम्बालिज्म), रंगमंचीयतावाद (थियेट्रिकलिज्म), प्रकृतिवाद (नेचुरलिज्म), यान्त्रिकतावाद (मैकनिज्म), भविष्यवाद (फ्यूचरिज्म), निर्माणवाद (कंस्ट्रक्टिविज्म), डाडावाद, रूपवाद (फारमेलिज्म), क्रियात्मकतावाद (फंक्शनलिज्म) आदि ने रंगमंच पर हर सम्भव प्रयोग कर डाला।

बीसवीं शताब्दी का चौथा दशाब्द काव्य-नाटक के लिए विशेष महत्व का अधिकारी है।[56] इस दिशा में टी. एस. इलियट, डब्ल्यू बी. येट्स, ओडेन, इशरबुड तथा क्रिस्टोफर फ्राइ का नाम महत्वपूर्ण है। इलियट के ईसाई धर्मपरक विषयों पर लिखे गये आरम्भिक काव्य नाटक 'मर्डर इन दि कैथेड्रल' तथा 'फैमिली रियूनियन' अत्यधिक प्रसिद्ध हुए। तत्पश्चात् 'दि कॉक्टेल पार्टी', 'दि कान्फीडेंशियल क्लर्क', 'दि एल्डर स्टेट्समैन' में उन्होंने कथावस्तु में नाटकीय प्रभावात्मकता का विशेष ध्यान रखा है। उनके नाटकों में युद्धोतर समाज की आध्यात्मिक रिक्तता एवं पराजय का भाव प्रदर्शित किये गये हैं। येट्स के काव्य-नाटकों में अर्थ की सम्पूर्ण गहनता संवादों द्वारा व्यक्त होती है। येट्स पर जापान के नोह नाटकों का प्रभाव होने के कारण उनकी रुचि रूढ़ शैलीकृत नाटकों में बढ़ती गयी। वह नाटकों को प्रस्तुति के योग्य बनाने तथा अपने ढंग से उनकी प्रस्तुति कराने का अधिकाधिक प्रयास करते, यद्यपि उनकी अधिक प्रस्तुति सम्भव न हो सकी। फिर भी येट्स की नाटकीय प्रतिभा एवं काव्यात्मक क्षमता निर्विवाद है। उनके नाटकों में 'दि रिसरेक्सन', 'आन वेल्स स्टेण्ड', 'दि डैथ आफ ए कुबुलेन' आदि प्रमुख हैं।

डब्ल्यू. एच. ओडेन तथा क्रिस्टोफर इशरबुड ने सहप्रयास (कोलेबोरेशन) से 'दि डान्स आफ डैथ', 'द डाग बिनीथ दि स्किन' तथा 'आन दि फ्रन्टियर' की रचना विशिष्ट दर्शकों के लिए की। उन्होंने नाटक को व्यावसायिक रंगमंच की निरर्थक कलाओं से बाहर निकाला। उन्होंने नृत्य तथा नकल (माइम) का प्रयोग कर नाटकों में जीवन्तता का संचार किया। इस प्रकार उन्होंने युक्तियों के प्रभावपूर्ण तथा उत्तेजक प्रयोग किये, यद्यपि उनके नाटकों का महत्व ऐतिहासिक ही अधिक है। स्टीफेन

स्पेन्डर ने भी नैतिक-राजनैतिक काव्य नाटकों की रचना की। उनके काव्य में सीधी वक्तृत्व कला एवं तुक अधिक है।

क्रिस्टोफर फ्राइ के काव्य-नाटक इलियट तथा येट्स से भिन्न प्रकार के हैं। उनकी शब्द-बहुल, विलक्षण, काल्पनिक, समृद्ध भाषा आधुनिक अंग्रेजी नाटक के लिए नवीन वस्तु है। यहाँ कवि मानो स्वयं अपनी कला-प्रवीणता का आनन्द ले रहा है। जिस उत्साह के साथ इस नाट्य भाषा का स्वागत हुआ, उससे यह स्पष्ट होता है कि दर्शक अब परिपक्वता की उस स्थिति पर पहुँच गया है कि रंगमंच पर काव्यात्मक उत्तेजना एवं उल्लास का भोग कर सके। आरम्भ में फ्राइ ने धार्मिक त्योहारों का विषय लेकर नाटक लिखे। इन पर इलियट तथा चार्ल्स विलियम्स का प्रभाव था। किन्तु फ्राइ की प्रसिद्धि का रहस्य उनकी कामदियों—'ए फोनिक्स टु फ्रीक्वेन्ट' तथा 'दि लेडी इज़ नाट फार बर्निंग' में निहित है। इन कामदियों की प्रमुख विशेषता वाग्वैदग्ध्य तथा कल्पना का उल्लास है। फ्राइ वास्तव में मौलिक-प्रतिभा सम्पन्न काव्य-नाट्य-लेखक हैं, जिन्होंने नाटक को एक बार पुनः ऐलिजाबेथन नाट्य-भाषा की सांकेतिकता, आकर्षण एवं जिन्दादिली प्रदान करायी, किन्तु उनका बिम्ब-विधान अव्यवस्थित तथा पुनरावृत्तियों से पूर्ण है।

बीसवीं सदी के चौथे-पाँचवें दशकों को महान नाटककारों की अपेक्षा महान अभिनेताओं का काल कहा जाता है। जान गिल्गुड, लारेंस आलिवर, रेल्फ रिचर्डसन आदि ने अद्वितीय नाट्याभिनय किये। इनमें शेक्सपियर के नाटकों के अभिनय अत्यधिक लोकप्रिय हुए।

द्वितीय-विश्व युद्ध ने रंगकर्म-विकास को धक्का दिया। युद्धोपरान्त 'रायल कोर्ट थियेटर', 'लन्दन थियेटर ग्रुप', जान लिलिवुड के 'लिटिल वर्कशाप' आदि ने रंगमंचीय सक्रियता दिखाई। 1956 में 'रायल कोर्ट थियेटर' में अभिनीत जान ओस्बोर्न के 'लुक बैक इन एंगर' ने समस्त पीढ़ी को ध्यानाकर्षित किया। ओस्बोर्न ने रंगमंच पर युद्धोतर समाज का वास्तविक चित्र उपस्थित कर दिया। उनका पात्र जिम्मी पोर्टर क्रोधित, उन्मत तथा आत्म-करुणा से पूर्ण नवयुवक है, जो समाज को निर्दय एवं अन्यायी पाता है, उसकी अपनी दुनिया अन्धकारमय केओस (Chaos) है। इस पात्र में दर्शक-वर्ग ने अपने जीवन का प्रतिरूप पाया। अंग्रेजी रंगमंच पर यह नये ढंग का नाटक था, जिसमें संवाद चटकीले तथा सामयिक थे और कार्य-व्यापार नाटकीय प्रभावात्मकता से पूर्ण था। ओस्बोर्न के अगले नाटकों—'दि एण्टरटेनर', 'एपीटाफ फार जार्ज गिल्गुड', तथा 'लुथर' में भौतिक तथा आध्यात्मिक अस्थिरता, आत्म-संघर्ष, आत्म-पीड़न, भ्रष्टाचार, सत्ता के प्रति चुनौती आदि के दर्शन होते हैं।

पिरान्डेलो का नाम पश्चिमी नाट्यसाहित्य में बहुत ही महत्वपूर्ण स्थान रखता है। उन्होंने आधुनिक नाटक को बौद्धिकता के स्थान पर भावावेश प्रदान किया।

यूजीन ओ नील के नाटक प्रकृतिवाद की श्रेणी में आते हैं। उनके अधिकांश नाटक भारी प्रयोगों के रूप में हैं, जिनमें नीत्शे, फ्रायड, युंग, एडलर आदि के सिद्धान्तों को नाटकीयता प्रदान करने का प्रयास किया गया है। परिमाणतः यह नाटक अपने ही अर्थभार से बोझिल हैं।

बर्टोल्ट ब्रेख्ट के रंगमंच का आधार ही नैतिक विरोधाभास है।[57] यह विरोधाभास नाटकों में सर्वव्याप्त है—कभी लक्ष्यों एवं साधनों के बीच, तो कभी इरादों एवं प्रभावों के बीच और कभी व्यक्ति एवं संसार के बीच। उनका उद्देश्य नाट्य-व्यापार के प्रति सामाजिक के रुख एवं रुझान को भावुकतापूर्ण न बनाकर बौद्धिक बनाना है ताकि वह नाटक के बारे में सोचे-विचारे और प्रश्न कर सके। इसलिए ब्रेख्ट रंगमंच पर वास्तविकता का आभास कराने की प्रक्रिया का अधिकाधिक निराकरण करते हैं; रंगोपकरणों तथा यन्त्रों को छिपाने के स्थान पर अधिकाधिक स्पष्ट दिखाते हैं, प्रत्येक दृश्य के सारांश को भित्तिपत्रक (प्लेकाड) पर प्रस्तुत कर देते हैं।

जाँ गिराडाक्स के नाटकों में बौद्धिकता, अति संवेदनशीलता तथा सभ्यता-संस्कृति के सम्पूर्ण साधन विलक्षणता के साथ प्रस्तुत हैं। जां पाल सार्त्र का नाटक 'दि फाइल्स' उनके अस्तित्ववादी दर्शन की सिद्धान्त-पुस्तक के रूप के प्रयुक्त हो सकता है। अन्य प्रमुख नाटककारों में, जेम्स ब्रिडी, जे. बी. प्रीस्टले, आर. सी. शेरिफ, क्लेमेन्स डेन, चार्ल्स मोर्गन, जां एनुइल, टेनेसी विलियम्स, आर्थर मिलर, बैकेट, आइनेस्को, जैनेट आर्डन, 'ह्विंटिंग, बोल्ट पिन्टर आदि का नाम उल्लेखनीय है। नाट्य संसार इन नवीन प्रतिभाओं से पर्याप्त आशाएँ रखता है।

ब्रेख्त के विपरीत ध्रुव पर खड़े एन्तोनिन आर्तो (जो कि सुररियलिस्ट आन्दोलन के सदस्य भी थे) 'निर्दयता के रंगमंच' (थिएटर ऑफ़ क्रुएल्टी) की बात करते है। उनका मानना है कि रंगमंच भाषा से आक्रान्त उपनिवेश है। इसलिए रंगमंच को लिखित आलेख यानी 'टेक्स्ट की सत्ता' से मुक्त होकर प्रकाश, गति, रंग, मुद्रा और स्पेस की भाषा में बोलना चाहिए। 'टेक्स्ट' के प्रति उनका यह विशिष्ट दृष्टिकोण— 'टेक्स्ट' और 'परफोर्मेंस' का तनाव—उत्तर आधुनिक रंगमंच का प्रमुख बिन्दु बन गया। जीन जेनेट, जर्जी ग्रोतोवास्की, पीटर ब्रुक की रंग-परिकल्पना उनसे प्रभावित रही है। जाक देरिदा और ल्योतार जैसे उत्तर आधुनिक विचारकों ने 'निर्दयता के रंगमंच' पर लेख लिखे। जोस्से फेरोल ने आख्यान (नैरेटिव) के अस्वीकार और रंगमंच के प्रतीकात्मक संगठन को उत्तर आधुनिक रंगमंच का असली रूप माना है। बर्नार्ड डाट ने 'निर्देशक' को शत्रु और दमनकारी शक्ति घोषित कर दिया।

आज उत्तर आधुनिक रंगमंच के सामने 'रिप्रेजेंटेशन' और 'प्रेजेंस' के रंगकर्म का द्वन्द्व खड़ा है। उत्तर आधुनिक रंगमंच की प्रवृत्ति कठोर सीमा रेखाओं को तोड़ने और उनकी राजनीतिक जटिलता की सम्भावनाओं को देखने की है। शक्ति का मूल

स्रोत बने 'प्रेजेंस' के रंगमंच को भीतर से तोड़ने के लिए प्रतिरोध का रंगमंच भी उदय हुआ है। यह सन्देह भी प्रकट किया जा रहा है कि कलाकृति को बाजार की 'कॉमोडिटी' के रूप में दुरुपयोग करने और जाल में फँसाने का षड्यन्त्र चल रहा है। बाजार जिस निहित स्वार्थ के साथ सत्ता और विशेषाधिकार से अपने को समृद्ध करता है, उसका प्रतिरोध भी किया जा रहा है। कला को अपने काबू में कर लेने वाली परजीवी 'मीडिया संस्कृति' का विरोध भी है।

सन्दर्भ

1. जयशंकर 'प्रसाद', 'काव्य और कला तथा अन्य निबन्ध', पृ. 31
2. A. Nicoll, 'The Development of the Theatre', p. 17
3. Charles Hastings, 'The Theatre', Translated by Francis A. Welby, p. 1
4. डॉ. रामअवध द्विवेदी, साहित्य सिद्धान्त, पृ. 21
5. Aristotle's Poetics, Edited by S. H. Butcher, p. 23
6. William K. Wimsott, 'Literary Criticism : A short History' p. 26
7. L. Abbercrombie, 'Principles of Literary Criticism', p. 81
8. Attrkins, 'The Poetics', p. 7
9. S.H. Butcher, 'Aristotle's Poetics', p. 27
10. Ibid., p. 23
11. डॉ. नगेन्द्र, 'अरस्तू का काव्यशास्त्र', पृ. 11, अनुवाद भाग
12. वही, पृ. 17, व्याख्या भाग
13. वही, पृ. 125-26
14. Charles Hastings, 'The Theatre', p. 56-57, translated by F. A. Welby
15. A Nicoll, 'The Development of the Theatre, p. 54
16. Ibid, p. 55
17. चेनी शेल्डान, 'रंगमंच', पृ. 120
18. A Nicoll, 'The Development of the Threatre', p. 80
19. Ibid., p. 80
20. Ibid., p. 105
21. चेनी शेल्डान, 'रंगमंच', पृ. 218
22. Ronald Peacock, 'The Art of Drama', p. 183-84
23. Sir Ifor Evans, 'A short History of English Literature', p. 103
24. E.K. Chambers, 'The Elizabethan Stage', Vol. I, p. 3
25. Ibid
26. Walter Releigh, 'Shakespeare', p. 120
27. Ibid, p. 127
28. Francis Fergusson, 'The Idea of Theatre', p. 17
29. A.c. Bradley, 'Shakespearean Tragedy', p. 30
30. Ibid.

31. Aristotle's Poetics', Butcher's edition, p. 45
32. Ronald Peacock, 'The Art of Drama', p. 226
33. Hudson, 'An Introduction to the Study of Literature', p. 240
34. Ibid, p. 243
35. Francis Fergusson, The Idea of Threatre', p. 14
36. Ibid, p. 15
37. Shakespeare. 'Hemlet', p. 117-18
38. Henri Fluchere, 'Shakespeare', p. 92
39. Sir Ifor Evans, 'A Short History of English Literature', p. 124
40. चेनी शेल्डान, 'रंगमंच', पृ. 350
41. Montague Summer, 'The Restoration Theatre', p. 94
42. चेनी शेल्डान, रंगमंच', पृ. 363-64
43. A. Nicoll, 'The Development of the Drama', p. 169
44. Essay by Mathew Arnold, 'Study of Poetry', collected in 'The Great Critices', by Cames Harry Smith and Edd Winfield Parks, p. 502-503
45. A. Nicoll, 'The Development of the Threatre', p. 170
46. Ibid, 185.
47. Calillo Pellizzi, 'English Drama', (The Last Great Phase), Trans. by Rowan Williams, p. 27
48. David Daiches, A Critical History of English Literature', Vol. II, p. 1101
49. Ronald Peacock, 'The Art of Drama', p. 210
50. Cleanth Brooks. 'Understanding Drama', p. 256
51. Camillo Pellizi, 'English Drama', p. 73
52. Frank Wadleigh Chandler, 'Aspects of Modern Drama', p. 2
53. Sir Ifor Evans, 'A Short History of English Literature, p. 138
54. Ibid, p. 151
55. Bamber Gascoigne, 'Twentieth Century Drama', p. 11
56. David Daiches, 'The Present Age', p. 154
57. Bamber Gascoigne, 'Twentieth Century Drama', p. 211

एशियाई रंग-परम्परा

पूर्व एशिया तथा दक्षिण पूर्व एशिया के रंगमंच की चर्चा यहाँ आवश्यक है। सबसे पहले तो इसलिए कि चीनी ओपेरा तथा जापान के नोह और काबुकी रंगमंच ने न केवल दुनिया भर का ध्यान आकृष्ट किया है बल्कि आधुनिक पश्चिमी रंगमंच को कई तरह से प्रभावित किया है, कई मामलों में नयी रंग-दृष्टि प्रदान की है; दूसरे ये रंग शैलियाँ प्राचीन भारतीय रंग-दृष्टि से न केवल कई तरह का साम्य रखती हैं बल्कि उससे प्रभावित भी दिखाई देती हैं। भारतीय रंगमंच की भाँति ये रंगमंच भी बुनियादी तौर पर कल्पनामूलक, रीतिपरक और प्रतीकात्मक हैं। इनमें यथार्थ की हू-बहू प्रस्तुति को नहीं, यथार्थ की अनुकृति को सम्प्रेषण व्यापार का माध्यम बनाया जाता है। कलात्मक युक्तियों को दर्शकों से छिपाया नहीं जाता बल्कि उनका अहसास कराया जाता है ताकि उन्हें यह बोध रहे कि वह नाटक देख रहे हैं। नाट्य-प्रस्तुति का लक्ष्य यहाँ दर्शक को यथार्थ को यथावत महसूस कराना न होकर यथार्थ के अनुकरण की प्रतीति करना होता है ताकि वे कलात्मक अभिव्यक्ति का आनन्द पा सकें, उसे सराह सकें। पश्चिमी यथार्थपरक रंग-परिकल्पना और भारतीय एवं एशियाई रंग-परिकल्पना का यह बुनियादी अन्तर समझना और महसूस करना आज हमारे लिए बहुत जरूरी है क्योंकि औपनिवेशिक इतिहास के चलते हमारी शिक्षा-दीक्षा और सांस्कृतिक परिवेश ने हमें बहुत समय तक पश्चिमोन्मुख बनाए रखा। यह देख पाने का लम्बे समय तक न तो हमें अवसर मिला न ही दृष्टि कि पश्चिम के बाहर भी बहुत कुछ है जो हमारी परम्परा का हमारी जातीय स्मृति का अविभाज्य अंग है। किन्तु अब वक्त बदला है। हमारे नाट्य-चिन्तक और रंगकर्मी पूर्व-पश्चिम, उत्तर-दक्षिण से सम्पृक्त होकर अपनी दृष्टि निर्मित करते हैं। राष्ट्रीय नाट्य विद्यालय और संगीत नाटक अकादेमी तथा इन्दिरा गाँधी राष्ट्रीय कला केन्द्र जैसी सरकारी तथा देश भर में सक्रिय अनेक अन्य संस्थाएँ इसी दिशा में प्रयासशील हैं।

जापानी रंगमंच

नोह रंगमंच

जापान के सुप्रसिद्ध नाट्यरूप नोह (नो) का विकास चौदहवीं शताब्दी में हुआ और तब से यह अपनी मूल प्रस्तुति पद्धति, अभिनय शैली, संगीत आदि को बहुत कुछ सुरक्षित रखे हुए है। इस अपेक्षाकृत अपरिवर्तनशील नाट्यशैली में दर्शक की बदलती सौन्दर्याभिरुचियों के साथ रूपान्तरित होने की बजाय दर्शक को अपने अनुकूल ढालने की, उसकी सौन्दर्याभिरुचियों का अपने ढंग से विस्तार कर लेने की क्षमता रही है जो इसकी जीवन्त प्रभावात्मकता का प्रमाण है। नोह रंगमंच के स्वरूप निर्माण में कन्नामी और उनके पुत्र जेआमी का प्रमुख योगदान रहा है। जेआमी ने न केवल श्रेष्ठ नोह नाटकों की रचना की बल्कि नोह का सौन्दर्य शास्त्र भी गढ़ा।

ज़ेआमी की ये कृतियाँ न केवल इस दृष्टि से रंग-कला के असाधारण दस्तावेज़ हैं कि ये एक अभिनेता का अपनी कला और अभिनय सिद्धान्तों के सम्बन्ध में आज तक प्राचीनतम सम्पूर्ण वक्तव्य हैं बल्कि अभिनय के विवेकपूर्ण, परिष्कृत, सूक्ष्म विवेचन में उनकी तुलना दुनिया के श्रेष्ठतम नाट्य-प्रबन्धों से की जा सकती है। भरतमुनि के 'नाट्यशास्त्र' में वर्णित अभिनय कला की अतिसूक्ष्म बारीकियों के विलक्षण विवेचन की भाँति ज़ेआमी ने नोह के हर पक्ष को अत्यन्त सूक्ष्म, गहन, स्पष्ट और सार्थक सन्दर्भ प्रदान करते हुए विश्लेषित किया है। आधुनिक समय में उनकी तुलना स्तानिस्लावस्की के रंग-कला सम्बन्धी विवेचन से की जा सकती है। जब ज़ेआमी 'अन्तर्ज्ञान' अथवा 'अन्तर्दृष्टिपरक बोध' और 'स्वयं को अभिनीत चरित्र का अंग बना देने' की बात करते हैं, 'स्वयं को पात्र को सौंप देने' की बात करते हैं अथवा महान अभिनेता बनने की जटिल और लम्बी प्रक्रिया की बात करते हैं तो हम पाते हैं कि उनके विवेचन में असाधारण कालातीत क्षमता है। जिस अभिनय कला की बात वह कर रहे हैं वह निश्चय ही आधुनिक ढंग के प्रतिमानों से नितान्त भिन्न है किन्तु अभिनय के शाश्वत तत्त्वों को पकड़ने में ज़ेआमी की प्रतिभा बेजोड़ है। आधुनिक ढंग के पश्चिमी यथार्थवादी थिएटर से नोह का कल्पनाशील रंगमंच पूर्णतया भिन्न है, किन्तु इसके अभिनय की अपील को कोई यथार्थपरक रंग-दृष्टि खारिज नहीं कर सकती।

कन्नामी के नाटकों का नाटकीय ढाँचा दो पात्रों के बीच मुकाबले की युक्ति के लिए प्रसिद्ध है। ज़ेआमी ने नोह को दूसरी दिशा प्रदान की। जन-समुदाय के पारम्परिक नायकों के स्थान पर वे अपने केन्द्रीय पात्रों के रूप में प्रसिद्ध अथवा हेइयन संस्कृति के क्लासिकल पात्रों को चुनते हैं। साथ ही नाटकीय तनाव की सृष्टि वे दो पात्रों के मुकाबले द्वारा करने की बजाय एक पात्र के मनोवेदनापूर्ण आभ्यान्तर

की जाँच-पड़ताल के द्वारा—आमतौर पर नायक के रूपान्तरण के द्वारा करते हैं। उदाहरण के लिए, ऐतिहासिक कथाओं का नायक योद्धा दो रूपों—प्रथम नायक और दूसरे नायक के रूप में प्रस्तुत होता है। सम्पूर्ण नाटक दो भागों में विभाजित होता है। पहले भाग में एक घूमते हुए भिक्षु की भेंट एक वृद्ध पुरुष (माई शिते अथवा प्रथम नायक) से किसी प्राचीन युद्ध-स्थल पर हो जाती है। भिक्षु वृद्ध से युद्ध की कथा सुनता है। दूसरे भाग में जब वह वृद्ध नायक योद्धा (नोची शिते अथवा दूसरा नायक) अपना वास्तविक रूप ग्रहण कर लेता है तो भिक्षु को पता चलता है कि वृद्ध पुरुष कौन है। नोची शिते यानी वृद्ध का अतीत अथवा प्रेत नृत्य करते हुए बताता है कि उसकी मृत्यु किसी प्रकार हुई और भिक्षु प्रेत को तुष्ट एवं शान्त करने के लिए मन्त्र-पाठ करता है। नोह नाटक का माई शिते कोई वृद्ध पुरुष अथवा वृद्ध स्त्री हो सकती है और नोची शिते एक प्रेत जो 'उन्मत्त नृत्य' करता है वह वास्तव में वृद्ध की स्मृति है जिसे आजकल की भाषा में फ्लैश बैक कह सकते हैं। इस तरह नाटक का पहला भाग इस संसार को प्रस्तुत करता है और दूसरा भाग प्रेतात्माओं के संसार को।

बुनियादी संसार 'कोई नो आनामी' (प्रेम का भार) जैसे नाटकों में भी नहीं बदलता जहाँ कथा-वस्तु निर्धन-बूढ़े आदमी से सम्बन्धित है जो उच्च घराने की महिला से प्रेम करने लगता है और जब वह उसका मज़ाक उड़ाती है तो वह आत्महत्या कर लेता है। नोची-शिते बूढ़े आदमी का प्रेत है जो 'उन्मत्त नृत्य' करता है और उस स्त्री की भर्त्सना करता है। इस तरह से ज़ेआमी के नाटकों के नायक लगभग हमेशा मानव से प्रेतआत्माओं में रूपान्तरित होते हैं, इस संसार से दूसरे संसार में, लौकिक संसार से अतिप्राकृत संसार में संचलन करते हैं।

कहने की ज़रूरत नहीं है कि कन्नामी के समय में ऐसे कोई नाटक नहीं थे और उनसे पहले के नाटक शिन्तो धर्म से सम्बन्धित नाटक थे जिनमें पहले भाग में देवता वृद्ध पुरुष के रूप में प्रकट होते थे और दूसरे भाग में अपने असली रूप में। लेकिन ध्यान देने की बात है कि ज़ेआमी ने देवताओं पर आधारित नाटक नहीं लिखे। उनके नाटकों में कहीं भी देवता अपने असली रूप में या अन्य किसी के वेश में प्रकट नहीं होते। ज़ेआमी ने वास्तविक मनुष्य को अपने नाटकों का विषय बनाया जो इस संसार को पार करके दूसरे संसार में पहुँच चुका है। ऐसा करके सम्भवतया उन्होंने नोह नाटक को निश्चित स्वरूप प्रदान कर दिया।

फूशिकादेन सहित ज़ेआमी की अधिकांश सैद्धान्तिक रचनाएँ उनकी सौन्दर्यबोधीय मान्यताओं का प्रतिपादन करने के साथ-साथ तकनीकी हिदायतें भी देती हैं कि किस ढंग से अभिनेता उन मान्यताओं को कार्यरूप में परिणत कर सकते हैं, नोह स्टेज़ पर साकार कर सकते हैं। दर्शक के समक्ष अभिनेता कैसा प्रभाव अपने अभिनय कौशल

से उत्पन्न करे इस विषय में अपनी केन्द्रीय संकल्पनाओं को निर्देशित करने के लिए ज़ेआमी ने 'फूल' (हाना) शब्द का प्रयोग किया है। उनके द्वारा प्रयुक्त दूसरा शब्द 'यूगेन' है जिसका आशय अभिनेता की आन्तरिक विशेषताओं से है जो चारु वेशभूषा और रूप-विन्यास, सुरुचि सम्पन्नता और वाणी की भद्रता से उत्पन्न होती है।

'फूल' का महत्त्व और दर्शक पर उसका सकारात्मक प्रभाव–अन्य नोह नाट्य-दलों की होड़ में ज़ेआमी की अपने और अपने नाट्य-दल की सफलता के प्रति चिन्ता को प्रकट करता है। 'यूगेन' पर दिया गया बल इस बात का सूचक है कि जेआमी के सौन्दर्यबोधक मूल्य हेइअन दरबार की अभिजात्य सांस्कृतिक परम्परा के सचेत अनुकरण में कल्पित और निर्मित हुए थे। नोह नाटक सम्बन्धी अपनी सैद्धान्तिक रचनाओं में ज़ेआमी बहुत सी बौद्ध शब्दावली और अवधारणाओं का प्रयोग करते हैं लेकिन वे बौद्धों के संसारपरक दृष्टिकोण और अपने नाटकों की सूचना के बीच बुनियादी रिश्ते की बात नहीं करते। यह रिश्ता तत्वतः अचेत और इतना गहरा है कि चर्चा का उन्हें ध्यान नहीं आता।

ज़ेआमी के समय विद्यमान नोह में अनुकरण की प्रवृत्ति का प्राबल्य था। अनुकरणमूलक नोह जिसमें सभी पात्र जीवित मानव होते हैं, ज़ेआमी द्वारा स्थापित नोह, वर्तमान नोह रंगमंडल की मुख्य धारा है, इसके प्रमुख पात्र अति-प्राकृत जीव होते हैं। यह काल्पनिक अथवा मायामय (मुगेन) नोह कहलाता है। ज़ेआमी ने इस अद्भुत शैली की सृष्टि की और इसे पराकाष्ठा पर पहुँचाया और यमोतो सरुगाकु में इसकी प्रस्तुति आरम्भ की। क्लासिक साहित्य से सामग्री का समावेश उन्होंने पहली बार नोह मंच पर किया।

ज़ेआमी के पिता कन्नामी के नोह समकालीन जीवन के निकट थे, समसामयिक जीवन को वे काफी मुक्त शैली में नाटकीयता प्रदान करते थे। उनके कथानकों के विकास में नाटकीय परिवर्तनों की प्रचुरता होती थी। उनका प्रसिद्ध नाटक 'जिनेन काजी' तत्कालीन जीवन के पर्याप्त निकट है क्योंकि मुरोमाची काल में दास व्यापार काफी सक्रिय था।

ज़ेआमी के समय के एक अन्य बहुत महत्त्वपूर्ण नोह लेखक मियामास थे। उनका अधिकांश समय विभिन्न प्रदेशों में नाट्य-प्रस्तुति दिखाते बीतता था और वे अपने दर्शकों की रुचि के अधिकाधिक निकट पहुँचने का प्रयास करते थे। मियामास और कन्नामी दोनों का ध्यान अपने नाटकों द्वारा न केवल शहरी बल्कि ग्रामीण दर्शकों की रुचियों की भी तुष्टि करना था। ज़ेआमी के समसामयिक होने पर भी उनकी यमोतो सारुगाकु की नाट्य-शैली पिछली परम्परा पर आधारित थी। आगे के लेखकों ने भी यह परम्परा कायम रखी। इस तरह अनगढ़ और समकालीनता पर आधारित नोह की परम्परा भी साथ-साथ चलती रही।

कन्नामी ने नोह में संगीत-नृत्य का समावेश करते हुए अनुकरण और संगीत-नृत्य का सुव्यवस्थित तालमेल स्थापित किया था। अतः ज़ेआमी को बचपन से ही यमोतो सरुगाकु की अत्यन्त नाटकीय शैली की शिक्षा मिली थी और वे इसमें इतने पारंगत हो गये कि नकलपरक अनुकरण की प्रधानता को नोह से अलग निकालते हुए इसे गीत-नृत्यात्मक कला का रूप दे सके। उन्होंने कलात्मक गुणवत्ता को परम महत्त्व देते हुए 'निश्चलता के रंगमंच' के लिए संघर्ष किया। इस अभिनय कलापरक सुधार-संशोधन ने उनकी काल्पनिक-मायामय शैली को जन्म दिया। उनके नाटकों का नायक 'शिते' अतीत के क्लासिक साहित्य के संसार का व्यक्ति होता है और 'वाकी' महन्त कोई जीवित व्यक्त होता है। इस तरह, महन्त और दर्शक एक ही आयाम पर खड़े होते हैं क्योंकि महन्त उन्हीं का प्रतिनिधित्व करता है। जो संसार मंच पर सृजित होता है वह महन्त और दर्शकों का स्वप्न और कल्पना का संसार होता है जिसके माध्यम से वे ऐतिहासिक हेइके मोनोगातारी (हेइके कथाओं) के संसार में प्रवेश कर जाते हैं। शिते के माध्यम से ज़ेआमी प्रेत की घृणा, ईर्ष्या और आवेशपूर्ण मनोग्रस्ति की पुनः सृष्टि करते हैं। महन्त के शान्ति पाठ से आवेग को शान्त करके प्राचीन धार्मिक-समारोहपरक नोह रचनाओं (वाकी नोह) को अपना मॉडल बनाते हुए ज़ेआमी उन्मूलन अथवा विलोपन का सौन्दर्यशास्त्र गढ़ते हैं। इसमें क्लासिकल प्रगीत तत्व और धार्मिक नीति तत्व दोनों सम्मिश्र हो जाते हैं।

ज़ेआमी का अभिनय एवं नाट्य-प्रस्तुतिपरक सौन्दर्यबोध 'ज़ेन-बौद्ध दर्शन' परम्परा पर आधारित था। 'ज़ेन' शब्द वस्तुतः भारतीय 'ध्यान' ही है जो चीन में 'जाज़ेन' कहलाया और जापान में पहुँचकर 'ज़ेन' हो गया।

नोह प्रस्तुतियों में ज़ेन कलाकारों और चित्रकारों की धारणाओं को काफी हद तक स्थान मिला है। रेखिक कलाओं की भाँति इसने नियन्त्रण और न्यूनीकरण को कलात्मक प्रभावोत्पादकता प्रदान की है। नोह का रंगमंच एक सादा, असज्जित चबूतरा होता है जिस पर कोई दृश्यपरक संकेत आम तौर पर नहीं होते। प्रस्तुति के समय रंगमंचीय साज-सामान (stage property) का कम से कम इस्तेमाल होता है और केवल तभी होता है जब वस्तु को अपने वास्तविक अर्थ से अधिक अर्थ प्रदान किया जा सके। अभिनेता चौदहवीं शताब्दी की दरबारी वेशभूषा को रंगमंचीयकृत रूप धारण किये बहुत धीमी गति में बिना पैर उठाए चलता है। उसकी गति किसी प्रतिमा के अस्थायी तौर पर जीवित हो उठने और चलने जैसी रूढ़ शैलीकृत प्रतिकृति होती है। उसके चेहरे पर मुखौटा होता है। पात्रों की संख्या निश्चित रूप से सीमित होती है। नोह में केवल दो प्रमुख भूमिकाएँ होती हैं—शिते (प्रमुख/प्रधान पात्र) और वाकी (गौण पात्र)। इन दोनों के अनुचर हो सकते हैं लेकिन वे स्वयं स्वतन्त्र पात्र नहीं होते, वे प्रमुख पात्रों के ही वाचिक अथवा आंगिक विस्तार होते हैं; नाट्य-रूप

में नोह दो पात्रीय नाटक होता है और संरचनात्मक रूप में यह एकपात्रीय नाटक के ज्यादा निकट बैठता है। वाकी और शिते प्रतिनायक और नायक नहीं हैं क्योंकि उनमें शायद ही कभी कोई संघर्ष होता हो। और यदि कभी संघर्ष मौजूद होता भी है तो उसी समय उसके बदले में शिते द्वारा नृत्य प्रस्तुति संघर्ष के बोध को कम कर देती है। शिते का वाचिक अभिनय भी उसके महत्व की वृद्धि करता है सर्वोत्तम काव्यात्मक संवाद पाठ—नाटक की सर्वोत्तम पंक्तियों का गायन—उसी के लिए होता है। फिर भी शिते एक त्रिआयामी, जटिल पात्र के रूप में उभरता क्योंकि वह भी नोह थिएटर के अन्य घटकों में निहित कलात्मक न्यूनीकरण का विषय होता है।

इस तरह अपनी प्रस्तुति शैली और नाट्य परिकल्पना में नोह ड्रामा पश्चिमी नाटक से बहुत दूर और लगभग विपरीत प्रतीत होता है। फिर भी समस्त नाट्य-कला (चाहे वह दुनिया में कहीं की भी हो) अपने स्वभाव में ही वरणशील होती है और अनावश्यक को छोड़ने की प्रवृत्ति उसमें निरन्तर विद्यमान रहती है। पश्चिम के यथार्थपरक रंगमच ने भी आवश्यक माना है कि स्टेज पर रखे जाने वाले साज-सामान की एक सीमा हो, नाटक का विस्तार सीमित हो और चरित्र-चित्रण नियन्त्रित हो। किसी भी नाटक की रंग-प्रस्तुति करना अपने-आप ही नाटक विशेष की ज़रूरत के अनुसार मंच पर प्रस्तुत किये जाने वाले साज-सामान की मात्रा और स्वरूप की सीमाएँ निर्धारित करता है। असज्जित चबूतरे, दृश्यबन्ध के अभाव, गति और चरित्र के अवरोधन को पश्चिमी रंगमंच में अभिव्यंजकता के ऊपर नियन्त्रण माना जाता है। लेकिन नोह में इन्हें सुनिश्चित कलात्मक मूल्य के रूप में स्वीकार किया जाता है। यह सहजता से निरूपित किया जा सकता है कि पश्चिमी थिएटर मंचीय साज-सज्जा के अभाव को धीरे-धीरे दूर करता गया और यथार्थता की सृष्टि के लिए स्टेज प्रॉपर्टी को ज्यादा से ज्यादा उपयोग में लाया जाने लगा। सिनेमा ने इस दिशा में सबसे बड़ी उपलब्धि प्राप्त की।

इसके विपरीत नोह में कलात्मक दिशा का वरण किया गया है। यथार्थ निरूपण के सभी प्रयासों का सायास बहिष्कार नोह की प्रधान विशेषता है। अतः नोह रंगमंच की अपनी स्थानिक पहचान है जिसको इसने कभी कतई नहीं खोया; प्रस्तोताओं को कभी यह अपर्याप्त और अपूर्ण नहीं लगा, उन्हें कभी इसे अपनी प्रस्तुति के लिए अक्षम कहने की बात ही नहीं सूझी क्योंकि यह वह सब कुछ प्रदान करता है जो एक अच्छा अभिनेता रंगमंच से चाहता है या चाह सकता है—प्रभावपूर्ण प्रवेश और प्रस्थान की प्रस्तुति के अवसर, गोलाकार वृत्त में दर्शकों द्वारा देखे जाने की क्षमता संगीतकारों और वृन्दगान समूह के निकट सम्पर्क और दृश्यबन्ध तथा दृश्यात्मक प्रभावों के उलझाव से मुक्ति।

सादगी और ठेठ जापानीपन को छिपाने या रूपान्तरित कर यथार्थ को सुसज्जित करने का नोह में कभी प्रयास नहीं किया गया। जापानी सरु की लकड़ी

पर सुन्दर चिकनी पालिश कर के बनाया गया नोह का स्टेज लकड़ी की चिकनी सतह पर अभिनेता की मूर्तिवत आकृति को धीरे से प्रतिष्ठित करता है। अभिनेता मंच के दायीं ओर बने दर्पण कक्ष से मंच पर प्रवेश करता है। प्रवेश से पहले वह आदमकद दर्पण के समक्ष कुछ देर खड़ा पात्र के वेश में अपना प्रतिबिम्ब निहारता है ताकि वह प्रतिबिम्बित आकृति को ध्यान से देख कर हृदय में उसका विश्लेषण करते हुए उसका परिशीलन कर सके, उसकी भूमिका में अपने को उतार सके। कहना चाहिए पात्र के भीतर प्रवेश कर सके। दर्पण कक्ष और स्टेज के बीच का पर्दा दो बांस के खम्भों पर नेपथ्य सहायकों द्वारा नीचे से ऊपर को उठाया जाता है और अभिनेता 'हाशीगाकारी' (मंच का ही एक भाग, जो पुल की शक्ल में बना रहता है) पर चलता है। यह पुल मंच के बायीं ओर बना होता है। इसकी चौड़ाई 6-1/2 फुट और लम्बाई 33 से 52 फुट के बीच होती है। मंच को प्रवेश द्वार से जोड़ने वाला यह पुल भी मंच की भाँति पटा हुआ छतदार होता है। मन्दिरों के प्रांगण में या नदी तट पर मुक्त आकाश में होने वाली रंग-प्रस्तुतियों के लिए बना नोह रंगमंच लगभग 18 फुट वर्गाकार का चबूतरा होता है। इसकी छत का आकार मन्दिर की छतरी जैसा होता है। इसे प्रवेशद्वार से जोड़ने वाले पुल की छत ढलवाँ होती है। आधुनिक रंग-भवनों में होने वाली प्रस्तुतियों में भी रंग-स्थली का यह स्वरूप यथावत रहता है। हॉल की स्टेज पर चबूतरानुमा मंच तैयार कर लिया जाता है। आरम्भिक मुक्ताकाशी प्रांगण में प्रस्तुत नोह नाटकों का दर्शक वर्ग चारों ओर खड़ा होकर नाटक देखता था। विशिष्ट लोग आसपास के भवनों की गैलरियों-बरामदों में बैठकर नोह का आनन्द उठाते थे। वर्तमान नोह स्टेज के पिछले हिस्से पर दीवार बनी होती है जिस पर बहुत सुन्दर कलात्मक ढंग से तराशा हुआ चीड़ का वृक्ष चित्रित होता है। यह दीवार और चित्र प्रतीकात्मक हैं। नारा की काशुगा देवस्थली के प्रांगण में बने मुक्तकाशी रंगमंच के पीछे खड़े चीड़ के वृक्षों का स्मरण कराने वाला यह वृक्ष रंगमंचीय सादगी को प्राकृतिक परिवेश प्रदान करता है। स्टेज के बाहर और उसे प्रवेशद्वार से जोड़ने वाले पुल 'हाशीगाकारी' के बाहर नीचे की ओर छोटे सफेद पत्थरों की तीन फुट चौड़ी पट्टी बनाई जाती है। 'हाशीगाकारी' के नीचे इन पत्थरों पर तीन छोटे-छोटे चीड़ के पेड़ समान दूरी पर लगाये जाते हैं जो देवस्थान के प्रांगण का स्मरण कराते हैं। मुख्य स्टेज के अग्रभाग में तीन छोटी-छोटी लकड़ी की सीढ़ियाँ होती हैं। ये सीढ़ियाँ सम्भवतया दर्शकों द्वारा अभिनेता की प्रशंसास्वरूप फूल (हाना) भेंट किये जाने के लिए प्रयुक्त हाती थीं।

अभिनेता दर्पण कक्ष से बाहर निकलकर पुल पर धीमी गति से चलकर (नोह में तेज़ गति से संचलन नहीं होता) मुख्य स्टेज की ओर बढ़ता है। उसके चलने का तरीका भी विशिष्ट हाता है। उसके सूती कपड़े के मोजों में लिपटे पाँव धरती

से उठते नहीं हैं। वह लगभग घसीटते हुए पाँव खिसकाता है। धीरे-धीरे पंजे का अगला हिस्सा हर कदम पर उचकाते हुए मुख्य स्टेज पर पहुँच कर वह मुख्य स्टेज को पुल (हाशीगाकारी) से जोड़ने वाले स्थान पर बने खम्भे के पास ठहर जाता है। यह खम्भा प्रधान पात्र का खम्भा कहलाता है। इस खम्भे के पास का इलाका प्रधान पात्र के नामोल्लेख और परिचय का इलाका होता है। परिचय देने वाला पात्र यहाँ खड़े होकर बताता है कि प्रधान पात्र कौन है, कहाँ से आया है, कहाँ जा रहा है। 'शिते' स्वयं अपना परिचय नहीं देता, परिचय देने वाला पात्र गौण पात्र 'वाकी' होता है। परिचय के बाद अभिनेता मंच के अग्रभाग की ओर बढ़ता है। यह सामान्यतया प्रधान अभिनेता का दूसरा संचलन (गतिविधि) होता है। चूँकि वह चेहरे पर लगे मुखौटे की पतली दरार में से मुश्किल से थोड़ा-बहुत ही देख पाता है, वह धरती की ओर और खम्भे के निचले भाग की ओर देखते हुए तय करता है कि उसे मंच पर किस भाग में और कितने कदम आगे बढ़ना है। इसलिए कहा जाता है कि यह अभिनेता का खम्भा है 'जिस पर वह अपनी दृष्टि केन्द्रित करता है' अथवा जिसकी 'ओर देखते हुए वह चलता है'। स्टेज के दूसरी ओर वाकी का खम्भा होता है। इसे 'वाकी' का खम्भा कहने का कारण है कि बहुत से नाटकों में प्रधान पात्र के प्रवेश के समय गौण पात्र इसके खम्भे के पास अपना स्थान ग्रहण किये रहता है।' मुख्य स्टेज के बायीं ओर चार फुट चौड़ा स्थान वृन्दगान गायकों-वादकों के समूह के बैठने के लिए होता है। गायकों की संख्या छह से आठ के बीच होती है। गायक समूह दायीं ओर बने छोटे दरवाज़े से मंच पर प्रवेश करते हैं। यह दरवाज़ा काफी नीचा होता है और मंच के बायीं ओर नेपथ्य की तरफ कोने में बना होता है। यह त्वरित द्वार कहलाता है। यह लघु पात्रों (अति-गौण भूमिका वाले पात्रों) के प्रवेश के लिए भी इस्तेमाल होता है क्योंकि हाशीगाकारी से जुड़ा दायीं ओर वाला मुख्य द्वार केवल प्रधान पात्र—शिते—के प्रवेश के लिए और जब कभी उसके साथ गौण पात्र वाकी तथा सेवक आएँ तब उनके प्रवेश के लिए इस्तेमाल होता है।

दृश्यात्मक संकेतों अथवा प्रभावों का मंच पर उपयोग विरल ही होता है, और जब होता भी है तो वस्तुओं को वास्तविक रूप में या वास्तविकता के अनुकरण के रूप में प्रस्तुत नहीं किया जाता। उदाहरण के लिए, नाव का संकेत देना है तो उसके बाह्याकार के आरेख या ढाँचे द्वारा यह संकेत दिया जा सकता है। समाधि का संकेत चार सीधे खड़े खम्भों पर हरियाली दिखाकर दिया जा सकता है। कुएँ का संकेत धन चिह्न के रेखाचित्र द्वारा दिया जा सकता है। 'कल्पित वस्तुएँ' कही जाने वाली ये कलाकृतियाँ स्टेज पर यथार्थपरक नाटक में रखी जाने वाली स्टेज प्रॉपर्टी की भाँति यथार्थ का भ्रम उत्पन्न करने के लिए खास ढंग से स्थान नहीं ग्रहण करतीं वरन खाके या नक्शे के रूप में एक किनारे पर रखी जाती हैं। वास्तव में वे प्रतीक

स्वरूप स्टेज पर मौजूद होती हैं यथार्थ वस्तु के रूप में नहीं। नोह के अन्य पक्षों की भाँति यहाँ भी वास्तविक वस्तुएँ अपने बाह्य लक्षणों से निरावृत्त मूल, तात्त्विक रूप में केवल खाके अथवा ढाँचे द्वारा संकेतित होती हैं और यथार्थ की निःसारता और क्षणभंगुरता को अप्रत्यक्ष रूप से संकेतित करती हैं।

नाट्य-प्रस्तुति के दौरान कभी-कभार इस्तेमाल की जाने वाली अधिकांश वस्तुएँ भी अक्सर प्रतीकात्मक होती हैं। सर्वाधिक प्रयुक्त होने वाली ऐसी विशिष्ट वस्तु है—जापानी मुड़वाँ पंखा। बन्द, अधखुला या पूरा खुला यह पंखा अपने रूप और पकड़ने के हस्त कौशल से किसी भी वस्तु को संकेतित कर सकता है। इस तरह यह पंखा तलवार, लालटेन या ट्रे का अर्थ भी दे सकता है और अभिनेता इसका पूर्णतया अवास्तविक उपयोग करते हुए इसके माध्यम से वर्षा अथवा बर्फ गिरने जैसी प्राकृतिक स्थितियों का प्रतीकात्मक संकेत भी दे सकता है। अन्य वस्तुएँ वास्तविक चीज़ों से मिलती-जुलती दिखाई देती है यद्यपि वे कमोबेश आदर्शीकृत रूप में प्रकट होती है। कोई भी रंगमंचीय प्रॉपर्टी कभी यथार्थपरक ढंग से नहीं इस्तेमाल की जाती चाहे वह वास्तविक वस्तु जैसे टोकरी, ढोल या बौद्ध भिक्षुओं की सुमिरनी (जपमाला) ही क्यों न हो—वह स्टेज पर वास्तविक वस्तु के रूप में इस्तेमाल नहीं की जाती। वह स्वयं वस्तु के रूप में न आकर उसे इस्तेमाल करने वाले पात्र की मनोदशा का ही विस्तार होता है जैसे शोकार्त माता के हाथ में थमी बाँस की टहनी उसकी विक्षिप्तता का संकेत है।

पश्चिम की नाट्य शैलियों की बजाय नोह भारतीय-लोक-नाट्य और शास्त्रीय नृत्य-शैलियों की रंग-परिकल्पना के ज्यादा निकट प्रतीत होता है जो अपनी प्रस्तुति शैली एवं अभिव्यक्ति में काफी सांकेतिक और प्रतीकात्मक हैं जिनमें आंगिक, वाचिक, सात्विक, अहार्य अभिनय द्वारा रंग-सृष्टि की जाती है। भरतनाट्यम, कथकली, यक्षगान, ओडिसी आदि में अभिनय के माध्यम से ही प्रेक्षक से हृदय संवाद स्थापित किया जाता है। भरतमुनि ने नाट्यशास्त्र में अभिनय का सूक्ष्म एवं विस्तृत विवरण दिया है। विभिन्न मुद्राओं, करण, अंगहार और रेचकों के माध्यम से जीवन की विविध स्थितियों-अवस्थाओं-मनोदशाओं के सजीव, सूक्ष्म और उत्कृष्ट अभिव्यक्ति की जाती है। भारतीय नृत्यों में गायक, वाद्य-वृन्द भी नोह की भाँति मंच पर ही गति-संगीत की प्रस्तुति करता है और अभिनय को वाचिक स्वरूप प्रदान करता है। उसी तरह यहाँ अभिनय की विभिन्न मुद्राओं का विशिष्ट रीतिपरक अर्थ होता है। पात्र पूरे मंच का उपयोग नहीं कराता। गति, शारीरिक चेष्टाएँ और मुद्राएँ भी सीमित हाती हैं। अन्य रंग-तत्त्वों की भाँति अभिनय भी गैर-यथार्थ और कल्पनाशील होता है—नियन्त्रित और सीमित।

लेकिन, फिर भी स्थान का नोह थिएटर में व्यापक महत्त्व होता है। इस तथ्य की पुष्टि दोनों से होती है : मौजूदा नोह नाटकों से और ज़ेआमी के इस कथन

से—"कभी-कभी मौलिक रचना से (जो प्रसिद्ध कथा पर आधारित नहीं है) वाहवाही लूटना सम्भव है, उसकी सेटिंग किसी प्रसिद्ध स्थान अथवा ऐतिहासिक स्थल में रखकर।" ज़ेआमी जानते थे कि उनके यहाँ के लोगों को प्रसिद्ध घटनास्थलों में काफी दिलचस्पी होती है। अधिकांश नोह नाटकों में गौण पात्र 'वाकी' पहले मंच पर आता है और यात्रा करता हुआ दिखाया जाता है। नाटक के आरम्भ में उसे मुक्त लापरवाह घूमते हुए दिखाया जाता है। वह अचानक किसी खास स्थान पर जाने का मन बनाता है और फिर दर्शकों के समक्ष उन सभी स्थलों का वाचिक दृश्य-पटल प्रस्तुत होता है जहाँ-जहाँ होता हुआ वाकी गुज़रता है। यह शब्द-चित्र दर्शक के मन पर लगभग सिनेमाई चित्र खींचते जाते हैं। गन्तव्य स्थल पर, जो कोई मन्दिर या देवालय होता है, पहुँचकर उसकी भेंट प्रधान पात्र एवं गौण पात्र से होती है। इस मिलन-बिन्दु से ही नाटक शुरू होता है। इस तरह, स्थान नाटक को निश्चित रूप देता है। यह स्थिति फिर से हमें भारतीय स्थितियों विशेषता सांस्कृतिक सन्दर्भों से जुड़ी कथाओं का ध्यान दिलाती है जिनमें पात्र कहता दिखाई देता है 'यह रही काशी नगरी। आह! कितनी भव्य है यह भगवान विश्वनाथ की नगरी! तरण तारणी गंगा के मनोहर घाट!' और दर्शक की कल्पना में काशी का चित्र सजीव हो उठता है।

नोह नाटकों को पाँच प्रमुख वर्गों में विभाजित किया जा सकता है—दैवीय चरित्र पर आधारित नाटक, पुरुष पात्र पर आधारित नाटक, स्त्री पात्र पर आधारित नाटक, मानसिक विक्षिप्तता के नाटक, पिशाचों अथवा दानवों-विषयक नाटक। इनमें से भी प्रत्येक वर्ग को आगे और विभाजित और उप-विभाजित किया जा सकता है। पारम्परिक नोह प्रस्तुति में इन वर्गों में से हर वर्ग के एक नाटक की प्रस्तुति की जाती थी और बीच में क्योगें की प्रस्तुति प्रहसन के रूप में की जाती थी। लेकिन आजकल तीन नाटकों का क्रम होता है—एक नोह—फिर एक क्योगें—फिर एक नोह। नोह-क्योगें क्रम की तुलना पारसी थिएटर के करुण नाटकों के बीच प्रस्तुत होने वाले प्रहसनों से कर सकते हैं। जापानी ढंग के वर्गीकरण के अनुसार (जो काफी गूढ़ प्रतीत होता है) नोह वास्तव में दो प्रकार के हैं—वे जिनका कथ्य पूर्णतया यथार्थ संसार से सम्बन्धित है और वे जिनमें देवता अथवा आधिभौतिक प्राणी प्रकट होते हैं। पहले के कथानक अधिकतर लम्बे समय से बिछुड़े माता-पिता और बच्चों, भाई-बहनों के मिलन से सम्बन्धित होते हैं। इन्हें मिलाने वाला अकसर महंत, भिक्षु या कभी-कभी देवता होता है। अधिकांश नोह नाटक दूसरे वर्ग के अन्तर्गत आते हैं और उन्हीं का बहुधा मंचन होता है। इस तरह के नाटक लगभग निपरवाद रूप से दो भागों में विभाजित होते हैं—पहले भाग में 'वाकी' (जो बहुधा भिक्षु या महन्त होता है) और शिते किसी विशिष्ट अर्थवत्ता अथवा महत्व वाले स्थान पर मिलते हैं। वे अतीत में घटित घटनाओं की चर्चा करते हैं और शिते, जो शुरू में तो सामान्य यहाँ तक कि

अनपकारी व्यक्ति प्रतीत होता है, घटना की असाधारण जानकारी प्रकट करता है। फिर शिते चला जाता है। छोटे से प्रहसन (क्योगें) की प्रस्तुति होती है। इस बीच, शिते अपनी वेशभूषा और मुखौटा बदलकर पुनः प्रकट होता है, दूसरे भाग के मंचन के लिए। दूसरा भाग शिते की मूलभूत पहचान कही जा सकती है। जापानी में इन्हें 'माई शिते' (पूर्व शिते) और 'नोची शिते' (उत्तर शिते) कहा जाता है। बहुधा ये दोनों पूर्णतया विपरीत होते हैं। अतः ये पूरी तरह से अलग-अलग भूमिकाएँ होती हैं। 'पूर्व शिते' कोई सुन्दर लड़की हो सकता है और 'उत्तर शिते' सर्प या गाँव की औरत और पिशाचिनी या फिर लड़का या योद्धा की आत्मा।

दोबारा प्रकट होने पर शिते वृन्द-गायकों की सहायता से अपने मूल रूप का विवरण देता है। यह विवरण शिते के प्रधन नृत्य द्वारा चरम सीमा पर पहुँचता है। उदाहरण के लिए शिकारी अपने जीवनकाल में चिड़िया को मारने की घटना का विवरण नृत्य एवं वृन्दगान द्वारा प्रस्तुत करता है तथा अपने उस पाप के लिए अब वह नरक में पा रहे दंड का बयान करता है। इसी तरह स्त्री, जो अपने जीवनकाल में एक महन्त के प्रति अवैध काम-वासना रखती थी, अपना वास्तविक पैशाचिक स्वभाव प्रकट करती है—पिशाच का मुखौटा और साँप की केंचुल जैसी विशिष्ट नमूने की शैलीकृत वेशभूषा पहनकर। योद्धा अपने अन्तिम युद्ध को पुनः दिखाता है। ऐसे सभी पात्र अपने सांसारिक भावों और आवेगों से बँधे होते हैं जो उन्हें लौकिक संसार से बाँधे रखते हैं और उनकी मुक्ति नहीं होने देते। महन्त या भिक्षु या कभी-कभी प्रार्थना करके बुलाया गया देवता ही आत्मा की शान्ति के लिए प्रार्थना कर सकता है, क्योंकि वह सभी जीवित वस्तुओं में विद्यमान अपरिहार्य समानता के बारे में जानता है। इसलिए महन्त न केवल मानवीय आत्माओं से बल्कि बर्फ, तितली आदि प्राकृतिक जीवों और वस्तुओं से मुक्ति और प्रबोधन का अनुरोध करता है। ये भूत-प्रेत छायाएँ उस एक मात्र भावावेग का अवास्तविक आह्वान हैं जो संतप्त आत्मा के पीछे पड़ा है, उसे तंग करता है।

'नोह' नाटक को प्रस्तुत करने की भौतिक तकनीकों की भाँति इसका नाटकीय व्यापार का क्षेत्र वास्तविक यथार्थ संसार से दूरी और अलगाव प्रकट करता है। इस दृष्टि से नोह नाटक की स्क्रिप्ट भी ज़ेन का प्रभाव प्रकट करती है। ज़ेन मूलभूत रूप से देश और काल (स्थान और समय) से अपने को मुक्त रखने में संलग्न होता है और नोह नाटक जीवन और मृत्यु के कगार पर धुँधले क्षेत्र में संचालित होता है। इन नाटकों की भाषा और इनमें इस्तेमाल होने वाली अननुवाद्य और अर्थातिक्रमण की तकनीकें भी ऐसी ही देशकाल की अनेकार्थता की प्रवृत्ति प्रकट करती हैं। पश्चिमी नाटक इस दृष्टि से नोह से तुलनीय नहीं हो सकते। नोह की मौलिक विशेषताओं ने पश्चिमी रचनाकारों को आकृष्ट किया। डब्ल्यू.बी. येट्स ने नोह के रूप-विधान

में प्रयोग किये। मेटरलिंक के 'दि इंटरल्यूड' जैसे नाटक में और उनके निबन्धों में नोह रंगमुच के संकेत तो मिलते ही हैं वे इसके सूक्ष्म, कल्पनाशील और सादगीपूर्ण विधान से बहुत प्रभावित थे। हिन्दी में अज्ञेय ने नोह नाटक से प्रभाव ग्रहण करते हुए 'उत्तर प्रियदर्शी' नामक काव्य नाटक लिखा।

पश्चिमी रंगमंच में देश और काल की वर्तमानता का महत्व होता है और भूत-प्रेत तथा छायाएँ केन्द्रीय महत्व की वस्तु नहीं होतीं, सुन्दर हाती हैं, उन्होंने इन विशेषताओं की परस्पर अनन्य के रूप में कल्पना की थी। पश्चिमी नाटक, मानवीय कार्यकलाप को पात्र के जटिल, अनेकार्थक कार्य-व्यापार के रूप में प्रस्तुत करता है। उसमें किसी व्यक्ति के जीवन को किसी एक अकेले आधार तक न्यूनीकृत करके उस बिन्दु पर झुलाया नहीं जाता जहाँ अब और अब के बाद स्पर्श करते हों और जहाँ अशान्त आत्मा की समस्या का कोई एकमात्र समाधान हो। पश्चिमी त्रासदी नाटक का केन्द्रीय बिन्दु वास्तविक समय में स्थापित होता है और उसका नायक जीवन की अनियमित विह्वलता में फँसा होता है। इसके विपरीत शिते इस संसार से मुक्ति की आवश्यकता प्रदर्शित करता है, जीवन के उस अंश को पूरा किये जाने की वांछनीयता प्रकट करता है जो अब भी उससे लिपटा हुआ है। जब ईदिपस का अन्त में देवताओं से सामना होता है, जब मैडकफ मंच पर मैकबेथ का सिर लेकर आता है तो नाटक समाप्त हो जाता है। नोह के सन्दर्भ में यही वह बिन्दु है जहाँ से नाटक शुरू हुआ है। यदि नोह नाटक का सम्पूर्ण अतीत पुनः सृजित किया जाए तो वह बहुधा द्वन्द्व, संघर्ष, पीड़ा और अत्यधिक आलोड़ित और भयंकर भावुक अति-नाटकीयता को प्रकट करता है। लेकिन रंगमंच पर यह सब दिखाई नहीं देता। वास्तविक घटनाएँ लुप्त और दूर हैं केवल उनकी अनुभूति का सार शेष है। जब शिते मंच पर हाशीगाकारी सेतु पर प्रकट होता है तो वह अतीत संसार का, दन्तकथाओं का, मृगमरीचिका की दुनिया का प्राणी दिखाई देता है। कभी-कभी वह नाटक के दूसरे भाग में सम्पूर्ण 'बोध' के साथ प्रकट होता है। (कभी-कभी यह अंश वाकी के स्वप्न के रूप में दिखाया जाता है) किन्तु अन्त में क्षण-भंगुर सूक्ष्म दृष्टि विलुप्त हो जाती है। वह व्यक्ति नहीं है बल्कि स्मृत भावावेग की छाया अथवा प्रेत है। यदि ईदिपस की आत्मा फिर से कोलोनस में आए और अपने महान भय के क्षणों का वर्णन करे अथवा यदि मैकबेथ का प्रेत नरक में अपनी यातनाओं का विवरण दे और डंकन द्वारा हत्या की सम्पूर्ण घटना को शैलीकृत नृत्य के माध्यम से पुनः जिये तो इस नाट्य का स्वरूप नोह के कथ्य के निकट होगा और उस रंगमंचीय कार्यकलाप के निकट होगा जो मैटरलिंक के शब्दों में "वास्तव में उस जीवन में त्रासद होगा जो साहसिक कार्यों, कष्टों और खतरों के गुज़र जाने के बाद के क्षण से आरम्भ होता है।"

अपनी प्रस्तुति में नोह अभिनेता की केन्द्रीय आकृति से जीवन्त-प्रायः और निर्जीव-प्रायः रूपाकार का प्रभाव उत्पन्न होता है जिसे हम अक्सर रैखिक कलाओं से जोड़ते हैं थिएटर से शायद ही कभी जोड़ते हों। यह रूपाकार शिते की भूमिका की भाँति (मनुष्य और आत्मा, दोनों रूपों में) जीवन और मृत्यु दोनों को समाहित किये होता है। शिते के निर्जीव, मृत्युपरक मुखौटे को भी अभिनेता सूक्ष्म क्षणिक जीवन प्रदान कर देता है, जबकि मुखौटा-रहित अन्य अभिनेताओं के चेहरे इतनी दृढ़ता से भावविहीन होते हैं कि वे मुखौटावत् हो जाते हैं। स्वर में बोलचाल की ध्वनि और लय नहीं होती बल्कि प्रगीतात्मक ढंग से वाणी और गीत का मिला-जुला रूप होता है जो अभिनेता के व्यक्तित्व के प्रकटन की बजाय संगीतात्मक वातावरण की सृष्टि करता है। महिला पात्र की भूमिका करने वाला अभिनेता अपनी आवाज़ को स्वर के फैलाव में नहीं बदलता, बल्कि अपने स्वर के लहजे की विशेषता द्वारा महिला स्वर को संकेतित करता है। उसकी चेष्टाएँ गम्भीर, सीमित, भाव-प्रवण और जीवन के हर संकेत से शून्य होती हैं। ज़ेआमी ने भावी नाटक लेखकों को सावधान किया था कि वे ऐसे दृश्य न लिखें जिनमें बिछुड़े बच्चे और माता-पिता मिल जाने पर गलदश्रु भावुकता में बह जाएँ क्योंकि ऐसे दृश्य अपनी यथातथ्यता के कारण दर्शकों में जुगुप्सा जगाएँगे। अभिनेता की मुद्राएँ भी दर्शकों की संवेदनशीलता का इसी तरह लिहाज करती प्रतीत होती हैं। पात्र धीमी गति से चलता है, ज़ेआमी के समय में जितनी गति से चलता था उससे भी धीमे। उसकी अभिव्यक्ति के सर्वाधिक महत्त्वपूर्ण क्षण निश्चल ठवन द्वारा सम्प्रेषित होते हैं जो मूर्ति की भाँति 'गतिहीन अचल कार्यकलाप' को संकेतित करती है। उसका चलना भी धीमी गति की फिल्म (स्लो मोशन फिल्म) में चलती आकृति की भाँति हाता है जो मानवीय शरीर की चेष्टाओं को वास्तविक जीवन में देखी जाने वाली उन चेष्टाओं की अपेक्षा अधिक उभारते हुए प्रदर्शित करता है। उसकी गति वास्तव में नृत्य के रूप में होती है। किन्तु यह नृत्य पारम्परिक रूढ़ शैली में होता है और इतना शान्तिमय, नियन्त्रित और निर्जीव होता है कि यह दर्शक की कल्पना को इसके अर्थगर्भित बिम्बों के प्रति सक्रिय कर देता है। इस तरह नोह का रैखिक कलाओं से साम्य किसी भी अन्य रंगमंच की तुलना में अधिक है। सभी कलाओं को कालातीत होना चाहिए। नोह ने रेखा-चित्रकला की भाँति दिक्काल पर विजय पा ली है और उसे अपने सौन्दर्यपरक प्रयोजनों के लिए इस्तेमाल किया है। मैटरलिंक ने ऐसे ही रंगमंच को "शान्ति के रंगमंच और अश्रुविहीन सौन्दर्य के रंगमंच" के रूप में कल्पित किया था।

काबुकी रंगमंच

जापानी नाट्य रूपों में काबुकी की ख्याति दुनिया-भर में सबसे ज्यादा है। यहाँ तक कि इसे जापानी-संस्कृति, जीवन-मूल्यों और अभिव्यक्तियों को जानने-समझने का एक सशक्त माध्यम माना जाता है। काबुकी देखना और सराहना प्रेक्षक से विशिष्ट रंग-संस्कार की अपेक्षा करता है। इसके संगीतात्मक, मनोहर, आकर्षक, रोमांचक और अनूठे रंग-शिल्प से साक्षात्कार एक अद्‌भुत एवं कौतूहलपूर्ण रंगानुभव है जिसे प्राप्त करने में काबुकी रंग-प्रक्रिया के विविध पक्षों की जानकारी विशेष रूप से सहायक होती है। समग्र-रंग-प्रक्रिया में काबुकी रंगशाला के विशिष्ट स्वरूप और वातावरण की खास भूमिका है। चार सौ वर्षों के इतिहास में काबुकी नाट्य शैली ने अपने रूप-निर्माण की प्रक्रिया में तरह-तरह के परिवर्तन-परिवर्धन देखे हैं तथा मध्ययुगीन जापानी जनता की चित्तवृत्तियों को प्रतिबिम्बित करने के साथ ही साथ उनका रंजन भी किया है। इस तरह, जापानी जन-समाज का इतिहास और समाजशास्त्र गढ़ने और ढालने की प्रक्रिया में काबुकी ने क्लासिक परम्परा के तत्त्वों को तलाशा और तराशा है। काबुकी रंगशाला की जानकारी इस क्लासिक परम्परा को समझने-सराहने में काफी हद तक सहायक होती है। इससे पता चलता है कि रंगमंच की विशिष्ट बनावट, सजावट, युक्तियाँ, प्रविधियाँ, रीतियाँ और रूढ़ियाँ मिलकर नाट्य-कर्म और सम्प्रेषण को नये अर्थ एवं आयाम प्रदान करने में किस प्रकार सक्षम हैं। किस प्रकार वे अयथार्थ और नितान्त काल्पनिक के भीतर यथार्थ की सृष्टि करती हैं और विलक्षण कल्पनाशीलता के माध्यम से गहन मानवीय मनोरागों को उद्‌घाटित करती हैं।

पारम्परिक काबुकी रंगशाला—जैसे तोक्यो के 'काबुकी-जा' या क्योतो के 'मिनामी-जा'—के सामने पहुँचते ही हमें एक विशेष प्रकार का उमंगपूर्ण वातावरण दिखाई देता है। सर्वप्रथम हमारी निगाह जिस चीज़ पर जाती है वह है हर तरफ के सजे कन्दीलनुमा अंडाकार 'यागुरा'। लाल रंग के इन कन्दीलों के चारों ओर रंगशाला की आधिकारिक कलगी काले सफेद रंगों से अंकित हाती है। हवा में झूलते ये गुब्बारेनुमा यागुरा ध्वजाओं की तरह उत्सव का वातावरण पैदा करते हैं। सामन्तीय युग (1603-1867) में यह यागुरा रंगकर्म के लिए विशेष सरकारी अनुमति प्राप्ति के सूचक होते थे।

दूसरी ध्यानाकर्षक वस्तु रंगशाला के द्वार और दीवारों पर सजे 'नोबोरी' नामक लम्बे-लम्बे बैनर होते हैं जिन पर नाटक के प्रमुख अभिनेता/अभिनेताओं का नाम अलंकृत ढंग से अंकित होता है। अभिनेताओं के प्रशंसकों द्वारा अपने प्रिय अभिनेताओं को 'नोबारी' भेंट किये जाने की परम्परा बहुत पुराने समय से चली आ रही है। पुराने जमाने में इन बैनरों की संख्या बहुत अधिक होती थी अब उतनी नहीं है।

काबुकी रंगशाला के भीतर प्रवेश करते ही जो चीज़ सर्वप्रथम हमारा ध्यानाकृष्ट करती है वह है पारम्परिक तिरंगा—काले, गेरुआ और हरे रंग की खड़ी-चौड़ी धारियों वाला—खिंचवाँ परदा और प्रस्तुति मंच का विशिष्ट स्वरूप। तिरंगी पट्टियोंदार खिंचवा परदे का प्रयोग काबुकी की निजी विशेषता है जो एक तरह से काबुकी प्रस्तुतियों के प्रतीक अथवा मार्का के रूप में पहचानी जाती है। 'जोशिकिमाकु' नामक यह परदा पश्चिमी ड्रॉप कर्टेन (ऊपर से नीचे गिरने वाले पर्दे) से इस अर्थ में भिन्न होता है यह गिराया नहीं जाता, दायीं से बायीं ओर खींचा जाता है। ड्रॉप कर्टेन की तुलना में यह थोड़ा हल्का होता है। अतः नाटक शुरू होने से पहले मंच पर चल रही तैयारी की चहल-पहल से धीरे-धीरे लहराता रहता है। काबुकी दर्शक इसके लहराने से अच्छी तरह परिचित होते हैं। बल्कि इसका लहराना दर्शकों के बीच उत्साह और उत्सुकता की सृष्टि करता है। एदो काल में जोशिकिमाकु काबुकी का औपचारिक रूप से अधिकृत परदा था। उस समय केवल सरकारी लाइसेंस प्राप्त थियेटर ही इस परदे का इस्तेमाल कर सकते थे। उस समय की तीन प्रमुख रंगशालाओं—नाकामुरा-जा, इचिमुरा-जा और मोरिता-जा—में जोशिकिमाकु का प्रयोग होता था और तीनों ने अपने-अपने तिरंगे के अलग-अलग रंग निर्धारित कर रखे थे। किन्तु आजकल रंगों की विविधता नहीं है काबुकी प्रस्तुति कहीं भी हो परदा काली-गेरुआ और हरी पट्टियों की धारियों का ही होता है।

जोशिकिमाकु के खींचे जाने के साथ ही 'ह्योशिगी' (लकड़ी की खड़ताल) तेज़ी से बजाई जाती है जो इस बात का प्रतीक है कि नाटक शुरू हो रहा है। खड़ताल की गति को धीरे से शुरू करके फिर शनैः-शनैः तेज किया जाता है। यह खड़ताल ध्वनि काबुकी रंग-प्रस्तुति का अनिवार्य अंग होती है और सम्पूर्ण प्रस्तुति में एक तरह से पृष्ठभूमि संगीत के रूप में कई बार प्रयुक्त होती है। इसकी विभिन्न गतियाँ अभिनय की विभिन्न स्थितियों की अलग-अलग ढंग से संगत करती हैं। जोशिकिमाकु को आम तौर पर काफी तेज़ी से खींचा या बन्द किया जाता है ताकि अधिकतम प्रभाव की सृष्टि कर सकें। इसके खींचे जाने से सरसराहट की आवाज़ होती है। केवल एकमात्र नाटक *कानादेहोन चूशिंगूरा* (सैंतालीस स्वामी राहित समुराई) ऐसा है जिसके आरम्भ में जोशिकिमाकु तेज़ी से नहीं खींचा जाता। जापानी लोग *चूशिंगूरा* की कथा का इतना संवेदनापूर्ण सम्मान करते हैं कि परदा अत्यन्त धीरे-धीरे बहुत पवित्रतापूर्ण गाम्भीर्य के साथ खिसकाया जाता है। पूरा परदा खिंचने में लगभग पाँच मिनट का समय लगता है।

वस्तुतः जोशिकिमाकु का प्रयोग काबुकी की शैलीबद्धता का एक अंग है जिसे भिन्न-भिन्न ढंगों से इस्तेमाल किया जा सकता है। पात्र के मंच से प्रस्थान करते समय भी इसे खड़ताल ध्वनि के साथ खींचा जाता है। प्रस्थान करते हुए पात्र किसी

एक अभिनय मुद्रा में हानामिची पर खड़ा होता है तो जोशिकिमाकु विशिष्ट पृष्ठभूमि का निर्माण करता है। कभी-कभी नाटक का अन्त पात्र हानामिची पर विशिष्ट ढंग के अभिनय से करता है जैसे सुप्रसिद्ध नाटक *कान्जिन्चो* (चन्दे की पंजी) में बेंकेई का पहले खास मुद्रा में विजय भाव से खड़े होना और फिर 'तोबीरोप्पो' (उछलते हुए प्रस्थान)। ऐसी स्थिति में मंच के दायीं ओर बैठे संगीतकारों को अभिनेता दिखाई देता रहना चाहिए ताकि वे अपने संगीत को अभिनेता की गतियों के साथ सम्बद्ध कर सकें। इसलिए पूरा पर्दा खींचने की बजाय थोड़ा-सा हिस्सा खुला रहने दिया जाता है ताकि संगीतवादकों को अभिनेता दिखाई देता रहे।

पश्चिमी नाट्य-प्रस्तुतियों में पर्दा उठने या गिरने का निश्चित अर्थ होता है। नाटक का आरम्भ अथवा अन्त या अंक का आरम्भ और अन्त। लेकिन काबुकी में पर्दे से नाट्यारम्भ और अन्त के साथ-साथ नाटक के बीच में कई तरह के काम लिए जाते हैं।

काबुकी रंगशाला में प्रवेश करने पर तिरंगे पर्दे के अलावा, दूसरी जिस चीज पर विदेशी दर्शक का ध्यान तेजी से जाता हे वह है—दर्शक दीर्घा के बीच से गुजरता हुआ एक तरह का ढालू पथ जो प्रस्तुति मंच और रंगशाला के आखिर में दर्शक प्रवेश स्थल के पास बनी नेपथ्यशाला को जोड़ता है। दर्शकों के बैठने की सीटों के बीच बायीं ओर लम्बी पगडंडी के रूप में फैला हुआ मंच का यह विस्तार 'हानामिची' यानी पुष्प-पथ कहलाता है। प्रमुख अभिनेता इसी पुष्प-पथ से होकर मंच पर प्रवेश या प्रस्थान करते हैं। हानामिची कब और कैसे काबुकी रंगमंच का अभिन्न अंग बना इसको लेकर पर्याप्त विवाद है। लेकिन इतना तो निर्विवाद है कि दो सौ वर्ष से अधिक समय से यह काबुकी का अनिवार्य अंग बना हुआ है। सत्रहवीं शताब्दी के अन्त तक आते-आते हानामिची और जोशिकिमाकु दोनों ही काबुकी रंगशाला में प्रयुक्त होने लगे थे और तब से आज तक ये काबुकी रंगशाला की विशिष्टता और रंग-युक्ति के रूप में विद्यमान हैं। सामन्तयुगीन ताकुगावा कालीन छोटे रंग-भवनों में—जहाँ दर्शक धरती पर 'ततामी' (चटाई) पर बैठकर नाटक देखते थे—मुख्य अभिनेता दर्शकों के बीच हानामिची से होते हुए मंच पर आते थे और आजकल आधुनिक ढंग की बनी भव्य रंगशालाओं में भी वे हानामिची पर से ही मंच पर आते हैं।

काबुकी की प्रस्तुति चाहे कहीं भी हो, जापान की पारम्परिक स्थानीय या ग्रामीण रंगशाला में या महानगरों की आधुनिक पश्चिमी ढंग की सुसज्जित रंगशालाओं में या फिर विदेशों की रंगशालाओं अथवा अन्य प्रयोगशील नाट्य-गृहों में, हानामिची निरपवाद रूप से विद्यमान होती है। दुनिया-भर में जहाँ भी काबुकी का मंचन होता है, हानामिची बनाई जाती है—भले ही रंगशाला की दर्शक दीर्घा छोटी हो या बड़ी, दर्शकों के बैठने का स्थान छोटा या संकुचित करना पड़े। दुनिया के अधिकांश देशों

में काबुकी के सफल मंचन हुए हैं। इन मंचनों के दौरान हानामिची की व्यवस्था की गयी है। कुछ पश्चिमी थियेटरों जैसे इंगलैंड के सैडलर्स वेल्स थियेटर (Sadler's Wales Theatre) ने तो काबुकी मंचन के लिए अति-विशिष्ट हानामिची तैयार कर ली। 1920 के दशक में रूसी नाट्य-निर्देशक मेयरहोल्ड हानामिची के प्रयोग से इतने प्रभावित हुए थे कि इसे थोड़ा रूपान्तरित करके उन्होंने अपने देश में अपनी नाट्य-प्रस्तुतियों में शामिल किया था। उनके अलावा, और कई पश्चिमी रंग-निर्देशक हानामिची को एक प्रयोगशील रंग-युक्ति के रूप में अपनाते रहे हैं।

कुछ लोगों का मानना है कि हानामिची नोह रंगमच के प्रभावस्वरूप काबुकी में आई। नोह रंगमंच में सामने की ओर लकड़ी की तीन छोटी-छोटी सीढ़ियाँ होती हैं जो नोह प्रस्तुति मंच को दर्शक दीर्घा से जोड़ती हैं। माना जाता है कि दर्शक लोग इन सीढ़ियों से जाकर अपने प्रिय अभिनेताओं को 'हाना' यानी फूल भेंट करते थे। फूल शब्द भेंट और धन के लिए भी प्रतीकात्मक रूप में प्रयोग हो सकता था। नोह मंच पर अभिनेता के प्रवेश प्रस्थान के लिए बायीं ओर 'हाशिगाकारी' नामक पुलनुमा पथ होता है जो मंच और नेपथ्य को जोड़ता है। संभवतया नोह मंच की सीढ़ियाँ और हाशिगाकारी काबुकी मंच पर मिल कर हानामिची के रूप में एक हो गये और इसका इस्तेमाल दोनों कार्यों—अभिनेता के आवागमन और दर्शकों द्वारा अभिनेता को 'हाना' भेंट किये जाने के लिए होने लगा।

किन्तु हानामिची अभिनेता के प्रवेश-प्रस्थान का मार्ग मात्र नहीं है क्योंकि इसके लिए तो आधुनिक रंगशालाओं में मंच के दायीं-बायीं ओर बने पार्श्व का उपयोग ही पर्याप्त हो सकता है। वस्तुतः हानामिची मंच का ही एक विस्तार और अपने ढंग का विशिष्ट अभिनय स्थल है। इसका उपयोग काबुकी प्रस्तुति में कई तरह से किया जाता है, अनेक प्रकार के महत्त्वपूर्ण नाटकीय प्रभावों की सृष्टि की जाती है। हानामिची से होकर मंच पर जाते हुए अभिनेता एक निश्चित स्थान पर रुकता है। यह स्थल 'सिचि-सान' (सात-तीन) कहलाता है क्योंकि यह नेपथ्य से दो-तिहाई की दूरी पर और मंच से एक-तिहाई की दूरी पर (यानी 1/10 और 3/10 की दूरी पर) होता है। इस तरह, सिचि-सान हानामिची पर अभिनय-स्थल है। यहाँ खड़े होकर अभिनेता तीव्र गहन भाव से परिचयात्मक भाषण देता है, या मौन मुद्रा में खड़े होकर अपना परिचय देता है। स्त्री-पात्र का अभिनय करने वाला अभिनेता नृत्य-विशेष की कोई मुद्रा बनाता है या लास्य मुद्रा में खड़ा होता है। दूसरे शब्दों में कहा जा सकता है कि रंगशाला में हानामिची से गुज़रते हुए अभिनेता 'सिचि-सान' पर खड़े होकर दर्शकों के पर्याप्त निकट पहुँचकर उनकी उपस्थिति की अभिस्वीकृति करता है, उन्हें अपने ढंग से अभिवादन करता है।

अभिनेता के इस विशिष्ट अभिवादन का दर्शक-वृन्द अपने ढंग से प्रत्युत्तर देता

है—'काकेगोए' द्वारा (प्रशंसात्मक आवाजें लगाकर)। काकेगोए आवाजें विदेशी दर्शक को चकित कर सकती हैं लेकिन ये काबुकी रंगशाला की सुपरिचित आवाज़ें हैं। इनमें दर्शक लोग अभिनेता के अभिनय घराने का नाम (यागो) पुकारते हैं (जैसे नारिता-या ओतोवा-या आदि) या फिर 'मात्ते इमाशिता' (मुझे इसी की प्रतीक्षा थी) अथवा 'निप्पन इचि' (जापान का सर्वश्रेष्ठ) पुकारते हैं। काकेगोए की आवाज़ें अभिनेता के प्रवेश-प्रस्थान के समय तो सुनाई देती हैं अभिनय के दौरान भी समय-समय पर विशिष्ट अवसरों पर सुनाई देती हैं। रंगशाला में दर्शक और अभिनेता के बीच जीवन्त सम्प्रेषण के वातावरण का परिणाम ये आवाज़ें काबुकी नाटक का अनिवार्य अंग हैं। अभिनेता और दर्शक के बीच की यह संवादात्मकता जापानी लोकप्रिय रंगमंच की महत्त्वपूर्ण विशिष्टता है और मध्ययुगीन जापान में शहरी व्यापारियों और शिल्पकारों के मनोविनोद के रूप में काबुकी के तात्त्विक स्वरूप को समझने की कुंजी हैं। दर्शकों और अभिनेता के बीच यह निकटता बहुत कुछ हानामिची के कारण सम्भव होती है। इस तरह हानामिची अभिनय को मुख्य रंगपीठ से दर्शकों के बीच ले जाता है और दर्शकों तथा अभिनेता के बीच एक विशिष्ट नज़दीकी और जीवन्त संवादात्मकता उत्पन्न करता है। परिणामस्वरूप समग्र नाट्यानुभूति में एक निजी आत्मीयता की सृष्टि होती है। पश्चिमी प्रोसीनियम आर्च (Proscenium Arch) वाले रंगमच पर होने वाले नाटक में एक ही प्रस्तुति का हिस्सा होने पर भी नाट्यकर्मी और प्रेक्षक दो भिन्न-भिन्न वर्ग के होते हैं जिनके बीच प्रस्तोता और द्रष्टा की दूरी अवश्य बनी रहती है। वहाँ दर्शकों और अभिनेताओं के बीच वह हृदय-संवाद लगभग असम्भव है जो काबुकी में हानामिची प्रदान करता है।

काबुकी रंगशाला की एक अन्य उत्कृष्ट विशिष्टता है—'मावारी बुताई' (यानी चक्रिल रंगमंच)। इसके आविष्कार का श्रेय ओसाका के अग्रणी नाट्य-लेखक शाजो नामिकी (1730-1773) को है। हानामिची की भाँति मावारी बुताई भी काबुकी का अद्भुत एवं अत्यन्त युक्तिपूर्ण घटक है। समकोणीय (rectangular) आकार के मंच के मध्य सेट किया गया यह चक्रिल मंच तीन सौ साठ डिग्री के कोण पर घुमाया जा सकता है। मावारी बुताई (चक्रिल मंच) का उद्देश्य त्वरित और प्रभावपूर्ण दृश्य परिवर्तन की सुविधा प्रदान करना है। किन्तु रोचक बात यह है कि यह दृश्य परिवर्तन पर्दे के पीछे नहीं किया जाता बल्कि मंचन की एक प्रविधि के रूप में और दर्शक के समक्ष किया जाता है। फलतः इसमें दर्शकों को स्थान परिवर्तन तो दिखाई देता ही है साथ-साथ भिन्न-भिन्न दृश्यबन्धों के सेटों के स्वरूप, वातावरण, प्रकाश व्यवस्था आदि को देखने, उनकी भिन्नता और अन्तर को पहचानने और सराहने का अवसर भी मिलता है। दूसरे शब्दों में कहा जा सकता है कि चक्रिल मंच एक-साथ ही दो उद्देश्यों को पूरा करता है—पहला, व्यावहारिक यानी दृश्य परिवर्तन के लिए अलग से

समय नहीं लगाना पड़ता जब तक एक दृश्य चलता है तब तक मंच के पीछे दूसरे दृश्य के लिए दृश्यबन्ध की साज-सज्जा होती रहती है और एक दृश्य समाप्त होने पर दूसरा दृश्य-परिवर्तन तुरन्त हो जाता है। दूसरे, यह कलात्मक उद्देश्य की भी पूर्ति करता है। तुरन्त परिवर्तित नये और भिन्न दृश्य दर्शकों के लिए काफी रोचक और प्रभावपूर्ण होते हैं। एक विशिष्ट तरह का चित्रावली का-सा प्रभाव प्रस्तुत करते हुए मंच पर उपस्थित दृश्य का घूमना दर्शक में एक खास तरह के कौतूहल और विशिष्ट आनन्द की सृष्टि करता है विशेष रूप से तब और जब चक्रिल मंच के भीतर एक और चक्रिल मंच विपरीत दिशा में घूमता है। चक्रिल मंच से न केवल प्रस्तुति के दृश्यात्मक प्रभाव में वृद्धि होती है वरन स्थान-परिवर्तन और वातावरण-परिवर्तन को बड़े ही सहज और रोचक तरीके से प्रस्तुत कर लिया जाता है। जटिल और परस्पर विरोधी परिवेश के दृश्यों को भी एक के बाद एक त्वरित ढंग से प्रस्तुत किया जा सकता है।

दृश्यबन्ध परिवर्तन की विशिष्ट यान्त्रिक युक्ति 'मावारी बुताई' का प्रयोग 1758 में बुनराकु (कठपुतली नाटक) में शुरू हुआ और 1793 में यह काबुकी नाट्य-प्रस्तुतियों में प्रयुक्त हुआ। मावारी बुताई की प्रस्तुति क्षमताओं को अद्भुत विविधता 1827 में प्राप्त हुई जब इसमें 'जनोमे मावाशी' का समावेश हुआ। जनोमे मावाशी का शाब्दिक अर्थ होता है—'साँप की आँख'। जब बड़े चक्रिल मंच के बीच एक छोटा चक्रिल मंच और बनाया गया, जो बड़े मंच से विपरीत दिशा में घूम सकता है तो इस छोटे चक्रिल मंच को प्रतीकात्मक नाम दिया गया 'जनोमे मावाशी' (साँप की आँख)। इसके द्वारा अनोखे दृश्यात्मक प्रभावों की सृष्टि सम्भव हो गयी जैसे नदी में दो विपरीत दिशाओं में चली आती नावें दिखाना।

आजकल चक्रिल मंच का प्रयोग दुनिया भर में होता है। पश्चिमी रंगमंच पर इसके माध्यम से विविध प्रकार की नयी युक्तियाँ विकसित हुई हैं। माना जाता है कि चक्रिल मंच पश्चिम को जापान की देन है। सामंतीय जापान की इस कलात्मक युक्ति ने पश्चिमी रंगकर्मियों को बहुत चमत्कृत किया और 1905 में जर्मन निर्देशक मैक्स रीनहार्ट (Max Reinhart) ने इसका अपने मंचनों में उपयोग किया। बाद में चक्रिल मंच विभिन्न देशों के रंगमंचों में प्रयुक्त होने लगा।

नामिकी शोजो के आविष्कारों ने काबुकी रंगमंच को बड़े दिलचस्प और चमत्कारपूर्ण दृश्यात्मक प्रभावों की युक्तियाँ दी हैं। चक्रिल मंच के अतिरिक्त, उनकी खोजी हुई एक और युक्ति है 'सेरिआगे' नामक चबूतरा जिसे उत्थापक लिफ्ट द्वारा मंच की धरती के नीचे से उठाया जा सकता है अथवा धरती में प्रवेश करता हुआ दिखाया जा सकता है। यह 'सेरिआगे' दोनों चक्रिल मंचों—मावारी बुताई और जनोमे मावाशी के अग्रभाग में लाया जाता है। इस चबूतरे से न केवल पात्रों को

धरती से प्रकट होते अथवा धरती में समाते दिखाया जा सकता है वरन किसी भी चीज़–भवन, महल मन्दिर, वन, पर्वत–को धरती में से उठता या समाता दिखाया जा सकता है। इतना ही नहीं, कई मंज़िला इमारत प्रस्तुत हो सकती हैं–मुख्य मंच एक तल के रूप में नीचे से उठी इमारत दूसरे-तीसरे तल के रूप में।

इस तरह के दृश्यात्मक प्रभावों की नयी-नयी रोचक और चमत्कारपूर्ण उद्‌भावनाओं और उपलब्धियों में काबुकी दुनिया का अद्वितीय रंगमंच है। मुख्य प्रस्तुति मंच पर छोटे दृश्यबन्धों के संचालन के लिए चौपहिया चल रंगमंचों का प्रयोग यहाँ अठारहवीं शताब्दी के आरम्भ से ही होने लगा था। लिफ्ट स्टेजों की शुरुआत 1736 में हुई और थोड़े ही दिनों में न केवल उनका आकार काफी बड़ा हो गया बल्कि उन्हें भाँति-भाँति के कार्यों के लिए इस्तेमाल किया जाने लगा। कहना चाहिए कि उनका प्रयोग बहुमुखी हो गया। प्रोफेसर अर्ल अर्नस्ट का मानना है कि ''पश्चिमी रंगमंच की परिदृश्य-परिवर्तन की ऐसी कोई पद्धति नहीं है जिसकी समकक्ष पद्धति काबुकी के पास न हो बल्कि काबुकी में अनेक ऐसी पद्धतियों का प्रयोग किया जाता है जिनकी जानकारी पश्चिमी थियेटर को नहीं है। आधुनिक पश्चिमी थियेटर की सामान्य पद्धति के विपरीत यहाँ विभिन्न मशीनी युक्तियों के संचालन प्रक्रिया को दर्शक से छिपाया नहीं जाता, बल्कि मशीनी युक्तियों के संचालन से सम्पन्न हुई उपलब्धि से प्राप्त होने वाले आनन्द में भागीदारी का अवसर दर्शक को प्रदान किया जाता है। मंच के नीचे से विशाल भवन या मन्दिर ऊपर उठकर प्रकट हो जाते हैं; अभिनेता घूमते हुए चक्रिल मंच के एक किनारे पर चलता दिखाया जाता है और दृश्यबन्ध उसके विपरीत दिशा में घूमता है। इस तरह, दृश्य बदलकर दूसरे स्थान पर पहुँच जाता है। मंच के तल के भीतर से दृश्य की सेटिंग (दृश्यबंध) ऊपर उठाई जाती है ताकि मंच पर दो-तीन मंज़िलों को प्रदर्शित किया जा सके। पश्चिमी रंगमंच का कोई भी रूप यहाँ तक कि रेनेसाँ थियेटर भी काबुकी से अधिक मात्रा में दृश्यबन्ध का इस्तेमाल नहीं करता और न ही अपने दृश्य-परिवर्तनों को इससे अधिक अथवा आश्चर्यजनक शीघ्रता के साथ प्रस्तुत कर पाता। यह दृश्यबन्ध भी अपेक्षाकृत यथार्थपरक हैं जिन्हें जापानी पारम्परिक नोह रंगमंच हेय समझता है और जो कठपुतली रंगमंच के लिए अकल्पनीय है।'' (Earle Ernst–'Three Japanese plays from the Traditional Theatre')

काबुकी रंगशाला और रंग-युक्तियों सम्बन्धी विविधता को देखकर ऐसा भ्रम हो सकता है कि प्रचुर दृश्यात्मक नाटकीय सजावटों के बीच अभिनेता फीका अथवा नगण्य रह जाता होगा। लेकिन अद्‌भुत विचित्र किन्तु सत्य बात यह है कि ऐसा नहीं होता। अभिनेता की प्रारम्भ से ही काबुकी मंच पर केन्द्रीय स्थिति रही है। शारीरिक और मनोवैज्ञानिक, दोनों ही रूपों से वह शुरू से ही अग्रमंच पर छाया

रहा है और तकनीकी एवं दृश्यात्मक साधनों के विकास के बावजूद उसने अपना प्रभुत्व नहीं खोया है। बल्कि रोचक तथ्य यह है कि शेष समस्त मंचीय उपादान उसके नाटकीय व्यक्तित्व और अभिनय कौशल के साधक एवं पूरक रूप में आते हैं, स्वयं अपनी स्वतन्त्र सत्ता के रूप में नहीं। सम्पूर्ण दृश्यबन्ध पृष्ठभूमि के रूप में रहता है, तथा अभिनेता का प्रस्तुति-स्थल मंच का अग्रभाग ही रहता है। आम आदमी के जीवन से सम्बन्धित 'सेवामोनो' नाटकों में भी, जहाँ दृश्यों की सेटिंग लोगों के घरों के भीतर की होती है, दृश्यबन्ध इस तरह व्यवस्थित किया जाता है और अभिनय की ऐसी युक्तियाँ नियोजित की जाती हैं कि अभिनेता दृश्यबन्ध के भीतर 'समाविष्ट' नहीं होता। समग्र नाट्य-प्रक्रिया के बीच अपनी केन्द्रीय स्थिति का प्रभाव वह मंच के अग्रभाग पर सीधे दर्शक के सामने अभिनय द्वारा प्रस्तुत करता है, सम्पूर्ण दृश्यबन्ध पीछे पृष्ठभूमि के रूप में मौजूद रहता है। इस तरह काबुकी अभिनय-प्रक्रिया सेटिंग से यथार्थवादी रूप से सम्बद्ध होने की किसी भी सम्भावना को न्यूनतम बनाती हुई चलती है।

अभिनेता और दर्शक के बीच की जो निकटता आरम्भिक काबुकी प्रस्तुतियों का विशिष्ट गुण रही है, बढ़ते हुए विस्तृत-अलंकृत दृश्यबन्धों से समाप्त नहीं हुई। बल्कि आरम्भिक काबुकी के अभिनेता की तुलना में आगे के अभिनेता को एक महत्त्वपूर्ण अभिनय-स्थल हानामिची और मिल गया। हानामिची पूर्ण रूप से अभिनेता का क्षेत्र है और यहीं पर दर्शकों के बीच चलते हुए वह पात्र को (अपनी उस भूमिका को) तीक्ष्ण, प्रगाढ़, सुस्पष्ट एवं अन्तरंग रूप में एकाग्रता से फोकस में लाता है। मंच पर होने वाली नाटकीय स्थितियों में प्रवेश अथवा उनके होने के बाद प्रस्थान दर्शक और अभिनेता के बीच आत्मीयता और सम्प्रेषणीयता का महत्त्वपूर्ण बिन्दु होते हैं। दर्शक पर अभिनेता के पहले और अन्तिम प्रभाव के दो महत्त्वपूर्ण क्षण उनके लिए सर्वाधिक महत्त्व के, दिलचस्पी के क्षण होते हैं। और इन दोनों क्षणों में 'वह-केवल वह' दर्शकों के बीच होता है, अभिनय करता हुआ, उनके सम्पूर्ण अवधान को आकृष्ट करता हुआ। इस तरह अभिनेता और दृश्यबन्ध दोनों की काबुकी में अपनी-अपनी भूमिका होती है, दोनों अपने-अपने ढंग से दर्शकों की रुचि को आकृष्ट करते हैं और दोनों को दर्शकों के अविभाज्य अवधान का अपना-अपना हिस्सा मिलता है।

काबुकी के चार सौ वर्षों का इतिहास नीचे के तबके से ऊपर उठकर अपनी जगह बनाने का इतिहास रहा है। सत्रहवीं सदी में नाच-गाने की मंडलियों के रूप में उभरी घटिया तबके के लोगों की यह कला अठारहवीं शताब्दी में नागर समाज के मुख्य मनोरंजन का साधन ही नहीं बनी बल्कि अत्यन्त लोकप्रिय एवं कलात्मक नाट्य-विधा के रूप में विकसित हो गयी और उन्नीसवीं शताब्दी के मध्य तक न

केवल लगातार परिष्कृत होती रही बल्कि इसने चित्रकला की एक विशिष्ट पद्धति 'उकिएओ' (लड़की के ठप्पों पर पच्चीकारी द्वारा चित्रांकन) के विकास ओर विस्तार का मार्ग प्रशस्त किया। आरम्भिक काबुकी रंग-स्थल नोह रंगमंच के ढंग के और अस्थायी अहाते में होते थे। इन्हें अपनी प्रस्तुतियाँ क्योतो के शिजो इलाके में नदी के किनारे पर ही सीमित रखने के सरकारी आदेश थे। प्रस्तोताओं को कभी-कभी मज़ाक में 'नदी तट के अभिनेता' भी कहा जाता था। नोह रंगमंच में केवल प्रस्तुति मंच ही छतदार होता है, दर्शक खुले में बैठकर नाटक देखते हैं। आरम्भिक काबुकी दर्शक भी खुले अहाते में बैठकर नाट्य-प्रस्तुति देखते थे। ऐसी स्थिति में प्रस्तुतियाँ पूर्णतया मौसम पर आधारित होती थीं। तेज़ वर्षा या बर्फबारी में नाट्य प्रस्तुति और दर्शकों के लिए नाटक देखना लगभग असम्भव होता था। किन्तु अठारहवीं शताब्दी का आरम्भ होते-होते काबुकी नाट्य-गृह स्थायी और पूर्णतया छतदार बनने लगते थे। इनमें प्रकाश की व्यवस्था के लिए मोमबत्तियों का प्रयोग होता था। दीवारों में छत के पास दिल्हेदार रोशनदान होते थे जिन्हें खोलने पर सूरज का प्रकाश अन्दर पहुँचता था। दिल्हों को आवश्यकतानुसार खोला-बन्द किया जा सकता था। अठारहवीं शताब्दी के उत्तरार्द्ध, विशेष रूप से अन्तिम वर्षों में काबुकी का स्वर्ण-युग शुरू हो गया। अब उसने राष्ट्रीय नाट्य-कला का रूप ले लिया था। परम्परागत जापानी रंगशालाओं में दर्शक धरती पर 'ततामी' (जापानी घरों/भवनों के फर्श पर लगाई जाने वाली चटाई) पर बैठकर नाटक देखते थे। पूरी रंगशाला वर्गाकार स्थलों में सलाखों द्वारा अलग-अलग बाँट दी जाती थी। यह वर्गाकार स्थल 'मासु' कहलाता था। समस्त दर्शक दीर्घा मासुओं में विभाजित होती थी। एक मासु पर चार-पाँच लोग घुटनों के बल बैठ सकते थे। जापानी लोग हमेशा धरती पर घुटनों के बल ही बैठते हैं, पालथी मारकर या अन्य किसी तरह नहीं। इनकी यह मुद्रा योगाभ्यास के 'सिंह आसन' से मिलती-जुलती होती है। मेइजी युग (1868-1912) में रंगशालाओं के स्वरूप पर पश्चिमी प्रभाव पड़ने लगा, यद्यपि प्रभाव अक्सर बाहरी ही रहा। इसी समय, थियेटरों में गैस और फिर बिजली के प्रकाश की व्यवस्था हुई। पश्चिमी ढंग की सीटों की बैठने की व्यवस्था काबुकी रंगशालाओं में बीसवीं शताब्दी में, विशेष रूप से 1923 के कान्तो महाभूकम्प के बाद और फिर, 1932 के भयानक अग्निकांड के बाद हुई। इन भयानक आपदाओं में तोक्यो की सभी रंगशालाएँ ध्वस्त हो गयीं। इनमें से कई का पुनर्निर्माण किया गया। इसी दौरान मासु के स्थान पर पश्चिमी ढंग की सीटों की व्यवस्था की गयी। एदोकालीन प्रमुख विशाल रंगशालाएँ—नाकामुरा-जा, मोरिता-जा, इचिमुरा-जा—इन्हीं प्राकृतिक विपदाओं के साथ समाप्त हो गयीं। बीसवीं शताब्दी में तोक्यो की प्रमुख रंगशाला काबुकी-जा रही है। यद्यपि द्वितीय विश्व-युद्ध की बमबारी में यह भी ध्वस्त हो गयी थी और लगभग सात-आठ वर्ष बन्द रही।

1951 में इसका पुनःनिर्माण कर इसे फिर से चालू किया गया। इसका स्टेज विशाल है—27 मीटर चौड़ा। तीन मंज़िली दर्शक दीर्घा है। प्रदर्शन वर्ष भर होते हैं।

तम्बू-कनात के अस्थायी मंच पर भी काबुकी प्रस्तुतियाँ आयोजित की जाती हैं, विशेष रूप से उन इलाकों में जहाँ रंगशालाएँ नहीं हैं। 'हेइएइ नाकामुरा जा' (नया टेंट थियेटर) ऐसा ही एक थियेटर मिलेनियम (वर्ष 2000) के दौरान निर्मित किया गया। 1999 में क्यूशू इलाके में हकाता-जा नामक थियेटर निर्मित किया गया।

काबुकी रंगमंच का अन्य महत्त्वपूर्ण तत्त्व है—संगीत वाद्य प्रस्तुति के दो विशिष्ट स्थल। संगीत गायन और वाद्य काबुकी रंग-प्रस्तुति का अभिन्न अंग है। मंच के बायीं ओर एक किनारे पर एक कक्ष बना होता है जिस पर काली ग्रिलनुमा चिक पड़ी होती है। यहाँ संगीतकार दर्शकों की दृष्टि से छिपे रहकर पृष्ठभूमि संगीत प्रदान करते हैं। पृष्ठभूमि संगीत सभी काबुकी नाटकों का मूलभूत अंग होता है। दूसरा संगीत स्थल, मंच के दाएँ छोर पर होता है। यह 'युका' (मंज़िल या तल्ला) कहलाता है। यह प्रमुख मंच से कुर्सी जितना ऊँचा खिड़कीनुमा मंच का तल्ला होता है। यह भी चक्रिल होता है। इसमें कथा-गायक और शामिसेन वादक बैठते हैं। कथागायक 'तायु' कहलाता है। कथागायक की भूमिका यद्यपि काबुकी नाटक में सदैव नहीं होती, फिर भी अधिकांश काबुकी नाटक कठपुतली नाटक 'बुनराकु' के लिए लिखी गयी नाट्य-कृतियों का मंचीय रूपान्तर होने के कारण कथागायक की परम्परा उनमें विद्यमान है। कठपुतली नाटक का समस्त वाचिक भाग कथागायक द्वारा ही प्रस्तुत होता है बुनराकु नाटकों के काबुकी रूपान्तरों में कथागायक मौजूद है लेकिन उसकी भूमिका काफी कम हो गयी है। दृश्यारम्भ में तथा पात्रों के भावों और संवेगों पर टिप्पणी के रूप में वह गायन प्रस्तुत करता है। बहुधा मंच पर चल रहे संवाद के साथ शान्त स्वरों में शामिसेन वादन पृष्ठभूमि से चलता है। दृश्य शुरू होने पर या नये पात्रों के मंच पर आगमन के समय अल्पकालिक गीत होते हैं जो मंच पर विशिष्ट मानसिकता की सृष्टि करते हैं। इसके अलावा, कभी-कभी तायु पात्र के संवादों का भी गायन करता है और पात्र आंगिक अभिनय और अनुभावों के साथ विशिष्ट मुद्राओं का अभिनय करते हैं। शामिसेन वादन के साथ कथागायन 'गिदायू' कहलाता है क्योंकि सत्रहवीं शतादी में इसकी शुरुआत ताकेमोतो गिदायू ने की थी। इसे 'चोबा' या 'जोरी' संगीत भी कहा जाता है। वास्तव में संगीत काबुकी नाटक का ऐसा अनिवार्य और अविभाज्य तत्व है कि काबुकी को एक अर्थ में 'संगीत नाटक' कहा जा सकता है। चोबा प्रस्तोता दर्शकों को मंच पर दिखाई देते हैं। वे 'क़ामिशोमो' नामक सामन्तकालीन वेशभूषा धारण करते हैं। गायक के समक्ष एक छोटे डेस्क (केन्दाई) पर नाट्य-कृति खुली होती है। वह अत्यन्त नाटकीय ढंग से काफी शैलीकृत आवाज में कथा का पाठ करता है। संगीत वाद्य—'देबायाशी'—का प्रयोग

नृत्य के समय होता है। इसके संगीत प्रस्तोताओं की संख्या नृत्य की आवश्यकता के अनुरूप होती है। ये मंच पर बैठकर (मध्य में या दायीं-बायीं ओर) नगुऔता, तोकीवाजु और कियोमोतो संगीत प्रस्तुत करते हैं। ये सभी भावपरक संगीत हैं। जिन्हें शामिसेन की संगत पर प्रस्तुत किया जाता है।

अपने प्रारम्भिक रूप में काबुकी दृश्यबन्ध और मंच-सज्जा में नोह रंग-परम्परा की कल्पनाशीलता थी। लेकिन जल्दी ही बुनराकु कठपुतली रंगमंच की दृश्यबन्धीय नवीन उद्‌भावनाओं का अनुकरण करते हुए काबुकी ने न केवल अपनी दृश्यबन्ध तकनीकें विकसित कीं बल्कि उनमें निरन्तर विकास, विस्तार, और नयी-नयी खोजें करता रहा। अठारहवीं शताब्दी के आरम्भ में इसने नोह रंगमंच से मुक्त होते हुए अपना निजी रूप प्राप्त कर लिया और प्रस्तुतिपरक आयामों में निरन्तर नूतनता एवं प्रभावपरकता की ओर बढ़ता रहा।

काबुकी अभिनय

काबुकी रंगमंच पूर्णतया पुरुषों का रंगमंच रहा है, वहाँ स्त्रियों का प्रवेश वर्जित है। स्त्री-भूमिकाएँ भी पुरुषों द्वारा की जाती हैं। रंगमंच पर अपनी केन्द्रीय स्थिति के चलते कला-मर्मज्ञ अभिनेताओं ने अभिनय की बारीकियों की अत्यन्त सम्पन्न प्रविधियाँ निर्मित कीं जो धीरे-धीरे सुव्यवस्थित परम्पराओं में बदल गयीं। प्रस्तुति की ये पारम्परिक विशिष्ट रीतियों अथवा प्रविधियाँ 'काँता' कहलाती हैं। 'काँता' का अर्थ है—रूप, बानगी, शैली, रीति और कुछ हद तक रूढ़ि भी। संगीत-नृत्य काबुकी का अभिन्न अंग है। सुविख्यात काबुकी विद् अर्ल अर्न्स्ट मानते हैं, "काबुकी में अभिव्यक्ति के प्राथमिक माध्यम के रूप में लयबद्ध गति का प्रयोग नृत्य के प्रति अब तक मौजूद जातीय तन्मयता और लगाव प्रतिबिम्बित करता है...अशिक्षित जापानी किसान भी काबुकी नृत्यकार की कला निपुणता को तुरन्त पहचान लेता है क्योंकि उसे स्वयं उसी ढंग की शारीरिक अभिव्यक्ति का अनुभव होता है।" कथागायक द्वारा गाए शब्दों को अभिनेता अपनी अभिनय-मुद्राओं, गतियों और शारीरिक चेष्टाओं के द्वारा रूपायित करता है। शब्द और शारीरिक अभिव्यक्तियों के मेल से जीवन के तथ्यपरक एवं भाव परक बिम्ब रूपायत होते हैं। शब्द, मुद्राएँ और भाव सदैव सुनिश्चित होते हैं इसलिए अभिनय में अस्पष्टता अथवा संदिग्धता की कोई गुंजाइश नहीं होती। काबुकी नृत्य की अभिनय मुद्राओं को समझना और सराहना पश्चिमी दर्शकों की बजाय भारतीयों के लिए अपेक्षाकृत ज्यादा सहज है क्योंकि वे अपनी यक्षगान, कथकली आदि नाट्य शैलियों, ओडिसी, कथक, भरत नाट्यम आदि नृत्यों में लयबद्ध गतियाँ देखने के आदी होते हैं। चूँकि नृत्यपरक चेष्टाएँ आरम्भ से ही काबुकी प्रस्तुतियों की शक्ति बनी रहीं इसलिए वहाँ नृत्यकार और अभिनेता के बीच वैसी दूरी नहीं रही जैसी यथार्थवादी रंगमंच पर

आमतौर पर देखने को मिलती है। काबुकी अभिनेता की समस्त प्रस्तुति में अभिनय और नृत्य परस्पर अनुस्यूत होते हैं। समस्त काबुकी प्रस्तुति गीत-संगीत-वाद्य-लय युक्त होती है। शारीरिक चेष्टाएँ और वाचिक प्रस्तुतियाँ दोनों ही लयपरक होती हैं। नृत्य में लालित्यपूर्ण तरलता और गति के सौष्ठव की परिणति गतिहीन विशिष्ट भंगिमा में होती है जो 'मिए' कहलाती है। यह गतिहीन मुद्रा ही काबुकी नृत्य का सर्वाधिक अर्थवान साकार क्षण होता है। सुप्रसिद्ध नाट्य निर्देशक गौर्डन क्रेग मानते हैं कि अभिनेता का सर्वाधिक अर्थवान क्षण वह होता है जब वह यथातथ्य चेष्टाएँ और ठवन को पूर्णतया छोड़कर एक जीवन्त व्यक्ति होते हुए भी कठपुतलीवत् हो जाता है। काबुकी में यह स्थिति दोनों हालातों में घटित होती है उस गति में भी जो बुनियादी तौर पर नृत्यपरक होती है और उस गति में भी जिसे काबुकी ने पुतली नाट्य (बुनाराकु) से ग्रहण किया है। काबुकी और जापानी कठपुतली नाट्य बुनराकु का विकास समानान्तर हुआ और काबुकी अभिनेता ने पुतली से बहुत कुछ सीखा है। काबुकी अभिनेता की समस्त चेष्टाएँ शारीरिक अभिव्यक्ति की परम स्थिति 'मिए' (निश्चेष्ट मुद्रा) की ओर प्रवृत्त होती हैं। काबुकी की व्यापक और सूक्ष्म, बड़ी-छोटी ठवन स्थितियों में दिक्काल के भीतर अभिनेता का तनाव, संयतता और पृथक्करण दिखाई देता है। 'मिए' वह स्थिति है जब नाटक की चरमावस्था के क्षण में अभिनेता चित्रोपम और असाधारण मुद्रा में पुतलीवत खड़ा हो जाता है।

इंडोनेशियाई रंगमंच

इंडोनेशिया के विभिन्न छोटे-छोटे द्वीपों की अपनी स्थानीय नृत्य शैलियाँ रही हैं। किन्तु वहाँ की नृत्य-नाट्य परम्परा की प्रमुख पहचान जावा और बाली द्वीपों के मन्दिरों में प्रस्तुत होने वाले वायांग-वोंग नृत्य नाटकों से है। वायांग इंडोनेशियाई भाषा का अनेकार्थी शब्द है जो पुतली, छाया और अभिनय प्रस्तुति सभी के लिए प्रयुक्त होता है। जावा की रामायण पर आधारित नृत्य-नाट्य के लिए तकनीकी शब्द है 'सेन्द्रातारी'। जावा और बाली द्वीपों का भारत से दो हजार साल पुराना सम्पर्क रहा है जो उनकी भाषा-संस्कृति में दिखाई देता है। आठवीं-नवीं शताब्दियों में बने बोरोबिदुर के स्तूप में हिन्दू और बौद्ध दोनों संस्कृतियाँ मौजूद हैं। यहाँ उत्कीर्ण पट्टिकाओं पर अनेक आकृतियाँ दरबार में नृत्य करती हुई नर्तकियों की हैं। इनसे पता चलता है कि भारतीय कलाएँ जावा पहुँची और वहाँ की प्रमुख परम्परा बन गयीं। नर्तकियों के अलावा यहाँ नृत्य गुरुओं की आकृतियाँ भी हैं। जावा सबसे बड़े हिन्दू मन्दिर प्राम्बनान की बाहरी दीवारों पर 62 नृत्य मुद्राओं की मूर्तियाँ उँकेरी गयी हैं जो 'नाट्यशास्त्र' में वर्णित करणों को प्रस्तुत कराती मुद्राएँ हैं।

रामायण महाभारत के इंडोनेशियाई पाठ पर आधारित नृत्य-नाट्य की प्रस्तुतियाँ

योग्याकार्ता स्थित नवीं सदी के प्राम्बनान मन्दिर तथा बाली के विभिन्न मन्दिरों में नियमित रूप से होती हैं। भारतीय रंग-परम्परा की स्पष्ट झलक भी इन प्रस्तुतियों में दिखाई देती है। नर्तकियों की गति, यति, लय मुद्राओं पर भारतीय प्रभाव पहचाना जाता है।

दरबारी नृत्य-परम्परा और मन्दिरों में होने वाले नृत्यों की अपनी-अपनी विशिष्ट पहचान है। जावा के दरबारी नृत्य सौम्य और मन्द गतिपरक होते हैं और बाली के दरबारी नृत्य स्पष्ट गतियों वाले। जावा का आनुष्ठानिक नृत्य बेधाया शिव, ब्रह्मा और विष्णु की स्तुति का नृत्य है। बाली में नृत्य हिन्दू अनुष्ठानों का अभिन्न अंग है। विशेषज्ञों का मानना है कि बाली के नृत्यों में जावा की प्राचीन परम्पराएँ मौजूद हैं, अलग-अलग अनुष्ठानों के लिए अलग-अलग नृत्य निर्धारित हैं। बाली का हर नृत्य एक कार्य विशेष से जुड़ा होता है, जैसे बाली के मन्दिरों के पवित्र आयोजनों से सम्बद्ध सध्यांग देदारी तथा बरोंग नृत्य जिसमें नाचते-नाचते पात्र मूर्च्छित हो जाता है; या फिर पुरा कथाओं और लोक कथाओं को पुनर्प्रस्तुत करने वाले लेगौंग और केकाक नृत्य; या पंजी कथाओं पर आधारित तोपेंग नृत्य जिसमें जेंगाला के राजकुमार पंजी और केदिरी की राजकुमारी गलुह चन्द्र किरण की प्रेम कथाएँ मंचित की जाती हैं। इनके अलावा पेदान्त जैसे आतिथ्यपरक नृत्य और जोगेद जैसे युवाओं के सामूहित नृत्य भी हैं।

खमेर रंगमच (कम्बोडियाई रंगमंच)

खमेर शास्त्रीय नृत्य

कम्बोडिया में सीएम रीप क्षेत्र के प्राचीन मन्दिरों—अंगकोर वाट, प्रेआह खन, ता प्रोहम , बेओन—की दीवारों पर उंकेरे हुए उभारदार मूर्ति शिल्प तथा अन्य विभिन्न मूर्तियाँ अभिनय और नृत्य मुद्राओं को प्रस्तुत करती हैं जो नाट्यशास्त्र में वर्णित भारतीय मुद्राओं का ही विस्तार प्रतीत होती हैं।

कम्बोडिया में नृत्य अनुष्ठान का अंग है। देवताओं को, पितरों को, गुरु को भेंट चढ़ाते हुए नृत्य की प्रस्तुति की जाती है।

अंगकोर काल में नृत्य मन्दिर के अनुष्ठानों और राजाओं के अन्तिम अनुष्ठानों का अंग होता था; मन्दिर की नर्तकियाँ अप्सरा कहलाती थीं जो देवताओं की सेविकाएँ होती थीं। 15वीं सदी में स्याम देश के अयुथ्या के राजा द्वारा अंगकोर विजय के बाद यह परम्परा क्षीण हो गयी।

खमेर शास्त्रीय नृत्य में अभिनय मुद्राओं गतियों के माध्यम से कथा प्रस्तुति की जाती है। नृत्य-नाट्य में संक्षिप्त संवाद भी होते हैं। हस्त मुद्राएँ और गति

'क्बाच' (शैली अथवा रीति) कहलाती हैं जिनके माध्यम से विविध वस्तुओं, भावों, मनःस्थितियों, कार्यों की अभिव्यक्ति की जाती है। चार प्रकार के पात्रों की भूमिकाएँ होती हैं—नेअय रोंग (पुरुष पात्र), नेयांग (स्त्री-पात्र), येक (असुर) और स्वा (बानर)। इसके अतिरिक्त अप्सरा, किन्नरी (मनोहरा), गरुड़, जटायु, हरिन, सिंह, अश्व आदि की भूमिका होती है। अभिनय के साथ गीत-संगीत और विविध वाद्य-यन्त्रों की संगति होती है, कम्बोडियाई रोयेउंग (नृत्य नाट्य) में अनेक कथाओं की प्रस्तुति होती है। थाई लाकोन खोन में केवल रामकथा प्रस्तुत की जाती है किन्तु कम्बोडियाई रोयेउंग में 'रियेमकर' (रामकीर्ति अथवा रामायण) के अलावा अनेक बौद्ध कथाएँ, पौराणिक कथाएँ मंचित की जाती हैं, उदाहरण के लिए रावण द्वारा कैलाश उठाने की कथा, प्रेआ अनोरुथ-ने-आंग उषा (अनिरुद्ध-उषा) कथा, सोफिएफ़ लेअक (चन्द्रलेखा), काकेई (काकति जातक) आदि।

अप्सरा नृत्य

आधुनिक समय में प्रस्तुत किया जाने वाला काम्बोडियाई रोबम अप्सरा (अप्सरा नृत्य) समुद्र मन्थन की पौराणिक कथा पर आधारित है। इसे 1940 के दशक में महारानी कोस्सामक द्वारा तैयार कराया गया था। अप्सरा नृत्य की रूप-सज्जा और वेशभूषा अंगकोर मन्दिरों के मूर्ति शिल्प पर आधारित होती है। समकालीन कम्बोडियाई नृत्य की गतियाँ, पद संचालन और हस्त मुद्राएँ भी अंगकोर मूर्ति शिल्प से ग्रहण की गयी हैं। अप्सरा नृत्य प्रस्तुति देखते हुए ऐसा प्रतीत हाता है मानो मूर्तियाँ जीवन्त हो नाच उठी हैं।

खमेर शास्त्रीय नृत्य की शुरुआत को लेकर विद्वानों में मतभेद है। कम्बोडियाई विद्वान इसे अंगकोर युग से चली आती परम्परा का विस्तार मानते हैं। अन्य विद्वानों का मत है कि ये स्यामी (थाईलैंड की) नृत्य परम्परा लाकोन खोन से प्रभावित हैं।

थाई रंगमंच

थाईलैंड की रंग-परम्परा में नृत्य और नाट्य परस्पर अनुस्यूत हैं। शास्त्रीय नृत्य-नाट्य 'नटासिन' थाई इतिहास के अयुथ्या काल (1350-1767) के दौरान विकसित हुआ माना जाता है। इस पर भारतीय नृत्य-नाट्य परम्परा का गहरा प्रभाव है। कुछ लोगों का मानना है कि ये प्रभाव भारत और स्याम देश (थाईलैंड का पुराना नाम) के सांस्कृतिक सम्बन्धों के चलते सीधे पहुँचे, कुछ का मानना है कि ये कम्बोडिया के खमेर कालीन मूर्ति शिल्प के माध्यम से और श्रीलंका के माध्यम से पहुँचे। स्याम भारतीय भाषा और संस्कृति से गहराई से जुड़ा रहा है। 'नाट्यशास्त्र' का थाई भाषा में 'नटसात्र' शीर्षक से अनुवाद भी हुआ है। थाई नृत्य की गति, लय और ठवन में

भारतीय नृत्यों से काफी समानता दिखाई देती है, जैसे संचलन की तीन अलग-अलग गतियाँ अथवा 'नाट्यशास्त्र' में वर्णित 108 करणों की भाँति 108 बुनियादी संचलन अथवा चेष्टाएँ। हालाँकि भारतीय गतियाँ और मुद्राएँ थाई नृत्य में काफी सरलीकृत हो गयी हैं किन्तु नृत्य-संकेतों ('फा ता') के साथ मिलकर ये अभिनेताओं के मनोभावों और कार्यकलाप को रूपायत करने में पर्याप्त सक्षम हैं। थाई नृत्यों का गति-संचालन भारतीय नृत्यों की तुलना में धीमा होता है।

क्लासिकल थाई नाट्य रूप तीन प्रकार के हैं—1. लिकय, 2. खोन और 3. लाकोन। इन तीनों में कथा-प्रस्तुति नृत्य के माध्यम से होती है। लाकोन खोन में थाई रामायण 'रामकिएन' की कथाएँ मंचित की जाती हैं। लाकोन नाई बौद्ध कथाओं और लोक कथाओं पर आधारित दरबारी नृत्य-नाट्य था इसमें केवल स्त्रियाँ ही भाग लेती थीं। लाकोन नोक पुरुषों का नृत्य था जिसकी सार्वजनिक प्रस्तुति होती थी यह थाईलैंड की कथाओं पर आधारित होता था।

कुछ नाट्य शैलियों में—खास तौर पर खोन में—मुखौटा पहन कर मूकाभिनय किया जाता है। 'रामकिएन' के पात्रों—बानरों, राक्षसों की भूमिकाएँ मुखौटों को धारण कर प्रस्तुत की जाती हैं। सैंकड़ों अभिनेताओं, कथावाचक, गायक तथा वृन्दगान और 'पीफड' ऑर्केस्ट्रा को शामिल किया जाता है। नृत्य परक गतियों के साथ मुखौटों और वेशभूषा की कलात्मकता खोन को चमत्कारिक भव्यता प्रदान करती है। समय के साथ खोन नृत्य नाटकों का काफी विस्तार हुआ है। इनमें नये और ठेठ थाई विषयों का समावेश होने के साथ-साथ प्रस्तुति स्वरूपों में भाँति-भाँति के चमत्कारिक प्रयोग हुए हैं। मूलतः पुरुषों द्वारा प्रस्तुत किये जाने वाली इस नाट्य शैली में अब स्त्रियों का भी प्रवेश हुआ है।

नांग थाई थाईलैंड का सुप्रसिद्ध पुतली नाटक है जिसे छाया पुतलियों के माध्यम से प्रस्तुत किया जाता है। चमड़े की आदम कद पुतलियों की सफेद मलमल पर छाया नारियल की लकड़ियों के प्रकाश में दिखाई जाती है। पुतली नाट्य के विषय रामकिएन। की कथाओं पर आधारित हैं।

समकालीन थाई रंगकर्म में नृत्य और नाटक का स्पष्ट विभाजन है। उन्नीसवीं सदी में थाईलैंड में पश्चिमी ढंग के रंगमंच की शुरुआत हुई। बीसवीं सदी तक आते-आते पश्चिमी ढंग के संवादपरक यथार्थवादी नाटक लाकोन फुद का प्रचालन हो गया।

चीनी रंगमंच

चीन में प्राचीन काल से चली आ रही विभिन्न प्रस्तुतिपरक कलाओं—गीत-संगीत, नृत्य, कलाबाजी, शस्त्र-विद्या आधारित कलाओं के संगम शीक्यू में 13वीं में सुंग

शासन काल में ही कथा-तत्व का समावेश हो चुका था। युआन काल (13वीं-14वीं सदी) में स्त्री-पुरुष पात्रों तथा विदूषक की भूमिकाओं का समावेश हुआ। मिंग काल में गाओ मिंग ने 'पीपा की कथा' नामक लोकप्रिय गीति-नाट्य की रचना की। क्विंग काल में कुंकू और चुआन्की नाटक विकसित हुए जो आगे चलकर सिचुआन गीति नाट्य का अंग बने। चीनी गीति नाट्य के 368 भिन्न-भिन्न रूप प्रचलित हैं जिनमें पेइचिंग गीति नाट्य (बीजिंग ओपेरा) सर्वोत्तम है। इसका विकास क्विंग काल में हुआ।

चीनी गीति-नाट्य में जीवन के विविध कार्य-कलापों की अभिव्यक्ति आंगिक अभिनय—गति-यति, मुद्राओं चेष्टाओं द्वारा की जाती है। संगीत और वाद्य की संगति अभिनय को प्रभावपूर्ण बनाती है। संवाद गीतात्मक और बोलचाल के गद्य में विभाजित होते हैं। गम्भीर पात्र संवाद गायन करते हैं। युवा स्त्रियाँ, विदूषक आदि बोलचाल की भाषा में बातचीत करते हैं। पात्रों की भूमिकाएँ सुनिश्चित रूप से परिभाषित होती हैं। अधिकांश गीति नाट्यों का कथ्य राजनीतिक और सैन्य संघर्षों पर आधारित उपन्यासों से ग्रहण किया गया है।

बीसवीं सदी का चीनी रंगमंच पश्चिमी रंगमंच से प्रभावित हुआ, हालाँकि चीनी संवेदना अभिन्न अंग न बन सका। चीनी गणराज्य की स्थापना के बाद अनेक गीत नाट्य ऐतिहासिक और आधुनिक विषयों को लेकर लिखे गये और पुराने गीति नाट्य भी प्रचलन में रहे। चीनी सरकारी नीतियों को प्रस्तुत करके कला राजनीति से जुड़ गयी। 1950 के दशक में 'शत पुष्प अभियान' का लाभ उठा कर जीलिन ओपेरा शुरू हुआ। इसी तरह नवम्बर 1965 में बु हान हुई के ऐतिहासिक नाटक 'हाई रुई अपने पद से बर्खास्त' में चीनी सांस्कृतिक क्रान्ति की शुरुआत के संकेत मिलते हैं।

सांस्कृतिक क्रान्ति के दौरान गीति नाट्य मंडलियाँ भंग हो गयीं, प्रस्तोता और नाट्य लेखकों को दंडित किया गया। जिआंग क्विंग द्वारा स्वीकृत आठ ओपेराओं को छोड़कर सभी ओपेरा पर बन्दिश लगा दी गयी। पश्चिमी शैली के नाटकों को 'मृत नाटक' और 'खर पतवार' घोषित करते हुए उनकी प्रस्तुति पर पाबन्दी लगा दी गयी। 1976 में 'गैंग ऑफ फोर' के पतन के बाद बीजिंग ओपेरा पुनः शुरू हुआ और लोकप्रिय मनोरंजन के रूप में मौजूद है। इक्कीसवीं सदी में गीति नाट्य की प्रस्तुति सार्वजनिक न रह कर ओपेरा हाउसों तक सीमित हो गयी है। सार्वजनिक प्रस्तुति केवल पितृ उपासना के अवसर ही होती है। चीनी कलेंडर के सातवें मास में पितृ उपासना के अवसर पर शीक्यू की प्रस्तुति पितरों और दर्शक समाज के मनोरंजन के लिए की जाती है।

लोक-नाट्य परम्परा का रंग-संस्कार

संस्कृत रंगमंच के पतन के पश्चात् विदेशी आक्रमणों के कारण भारतीय जीवन में अस्त-व्यस्तता आ गयी। राजाश्रय का अभाव हो गया तथा भारतीय रंगपरम्परा मध्य काल में केवल लोक-नाटकों के रूप में ही जीवित रह सकी। रंगमंच नामक अपने निबन्ध में ऐतिहासिक राजनीतिक, परिस्थितियों पर विचार करते हुए 'प्रसाद' जी ने महत्वपूर्ण मत प्रस्तुत किया है—"मध्यकालीन भारत में जिस आतंक और अस्थिरता का साम्राज्य था, उसने यहाँ की सर्व-साधारण प्राचीन रंगशालाओं को तोड़-फोड़ दिया। धर्मान्ध आक्रमणों ने जब भारतीय रंगमंच के शिल्प का विनाश कर दिया तो देवालयों से संलग्न मण्डपों में छोटे-मोटे अभिनय सर्व साधारण के लिए सुलभ रह गये।"[1]

यहाँ 'प्रसाद' जी का मत सिद्ध करता है कि किस प्रकार राजनीतिक एकता खण्डित हो जाने के अन्य कारण भी थे। उदाहरणार्थ संस्कृत नाटक अधिकतर उच्च वर्ग, प्रमुखतः राजन्य वर्ग, का ही प्रतिबिम्ब बन कर रह गया था। अतः भरतमुनि की नाटक को पंचमवेद मानने वाली बात मात्र सिद्धान्त के रूप में शेष रह गयी थी। सुप्रसिद्ध नाट्य-सर्जक एवं रंग-आलोचक जगदीशचन्द्र माथुर ने संस्कृत नाटकों के पतन के कारणों की छान-बीन करते हुए कहा है कि यहाँ विचार-तत्त्व, आध्यात्म-विश्लेषण, जीवन-दर्शन, मनोरंजन और नीति तथा धर्म का उपदेश आदि का अभाव सा है।[2]

आधुनिक भारतीय नाटकों को संस्कृत-नाट्य से जोड़ने वाली मूल श्रृंखला विविध क्षेत्रीय नाटकों की है। वस्तुतः यह लोक-नाट्य परम्परा भारतीय जनसाधारण के बीच संस्कृत नाटकों के चरमोत्कर्ष काल में ही विद्यमान थी। इसका स्पष्ट संकेत 'नाट्यशास्त्र' में वर्णित लोक-धर्मी नाट्य-परम्परा के सन्दर्भ में मिलता है। रासलीला, अंकिया नाट, जात्रा, भागवत-मेल आदि आधुनिक आँचलिक नाट्य-विधाओं का उद्भव श्री जगदीशचन्द्र माथुर संस्कृत नाट्य-काल में उपस्थित सांगीतक (संगीत-नृत्य-संवाद मिश्रित शैली) मानते हैं।[3] उनके विचार से लक्षणकारों ने यद्यपि इस नाट्यशैली का उल्लेख नहीं किया, तथापि नाटककारों तथा लेखकों ने 'सांगीतक' शब्द का व्यवहार किया है।[4]

संस्कृत रंगकला के मध्याह्न से चली आती होने के कारण श्री माथुर लोक-नाट्य

शैली को 'परम्पराशील नाट्य' नाम देना अधिक उचित समझते हैं।[5] परन्तु मेरे विचार से यहाँ इन विविध नाट्य-रूपों को लोक-नाट्य कहना ही अधिक समीचीन होगा, क्योंकि इन नाटकों की मूलभूत विशेषता इनका लोक-जीवन तथा लोक-मानस से सम्पृक्त होना ही है। अपनी इसी विशेषता के कारण शताब्दियों से इन नाटकों की अविरल धारा अबाध रूप से प्रवाहित होती चली आ रही है। राजनैतिक अस्थिरता तथा धार्मिक उथल-पुथल के काल में इन्होंने सदैव समयानुकूल रूप लेकर जनरुचि को अभिव्यक्ति दी। लोक-नाट्य अपनी प्रवृत्ति में बहुरंगी तथा प्रयोगशील था एवं बदलती हुई परिस्थितियों में अपने को ढालता रहा। साथ ही लोक-चेतना एवं लोक जीवन के विषादोल्लास का सीधा एवं अकृत्रिम रूप यहाँ मुखर है। इसीलिए इन नाट्य-रूपों का हमारे रंग-जीवन में अत्यधिक महत्वपूर्ण स्थान है तथा आधुनिक काल का प्रत्येक सजग रंग चिन्तक इस तथ्य से परिचित है। श्री नेमिचन्द्र जैन की राय है—"कई दृष्टियों से उसमें संस्कृत-रंगमंच से कहीं अधिक विविधता है। सबसे बड़ी बात है कि वह आज भी जीवित है। यद्यपि जीवन्तता कई स्तरों पर है। कोई गम्भीर शहरी रंगकर्मी बहुत दिनों तक लोक-नाट्य की उपेक्षा नहीं कर सकता और कभी न कभी उसे रंग-कार्य के इस पक्ष के साथ अपना कोई न कोई सम्बन्ध बनाना पड़ता है।"[6]

देश की असंख्य जनता के अधिक समीप होने के कारण ही इस विधा को श्री माथुर पंचमवेद की संज्ञा की वास्तविक अधिकारिणी मानते हैं।[7] रंगमंचीय निरन्तरता बनाये रखने के साथ-साथ ही ये नाट्य-शैलियाँ विभिन्न आंचलिक क्षेत्रों को एक सूत्र में बाँधती हैं, क्योंकि इनमें न केवल प्रायः एक ही प्रकार के सांस्कृतिक-पौराणिक कथानक प्रयुक्त हुए हैं, बल्कि ये निरन्तर संस्कृत रंग-परम्परा की प्रेरणा और प्रभाव ग्रहण करते रहे हैं। लोक-प्रचलित नृत्य-गान-संगीत तथा शास्त्र-सम्मत संगीत-नृत्य-मिश्रित यह नाट्यरूप सहज स्वाभाविक स्थानीय तथा संस्कृत रंगमंच के समन्वित रूप की देशव्यापी प्रवृत्ति को प्रकट करता है।

भारत के विभिन्न क्षेत्रों में लगभग चौबीस प्रकार की नाट्य शैलियाँ उपलब्ध हैं—रामलीला, रासलीला, बंगाल में जात्रा, असम में अंकिया नाट, बिहार में अंकिया नाट और कीर्तनियाँ नाट तथा बिदेसिया, गुजरात में भवई, मध्य प्रदेश में मांच, राजस्थान में खयाल तथा रम्मत, महाराष्ट्र में तमाशा, उत्तर प्रदेश, हरियाणा तथा पंजाब में नौटंकी, सांग तथा कश्मीर में भाण्डजशन, हिमाचल प्रदेश में करियाला, केरल में कुडियाट्टम और चविट्ट, तमिलनाडु में भागवतमेल, मैसूर में यक्षगान, आन्ध्र प्रदेश में कुचिपुडि।

इनमें यात्रा (जात्रा) लोक-रंगमंच का सर्वाधिक सशक्त एवं सुगठित नाट्य रूप है, जिसने आधुनिक परिस्थितियों के अनुरूप परिवर्तित एवं समृद्ध रूप ग्रहण करते हुए पर्याप्त परिष्करण प्राप्त किया है।

मध्यकाल में प्रचलित विविध नाट्य-रूपों की प्रवृत्ति दो प्रकार की होती है—लौकिक तथा धार्मिक। धार्मिक जननाटक की पाँच भिन्न शैलियाँ दृष्टिगत होती हैं—राजस्थान में रासक, ब्रज में रासलीला, काशी तथा अयोध्या में रामलीला, मिथिला में कीर्तनियाँ नाट तथा असम में अंकिया नाट। तेरहवीं शताब्दी में हिन्दी-क्षेत्र की विभिन्न प्रादेशिक भाषाओं में लोक-नाट्य परम्पराएँ गतिशील हो उठीं। सर्वप्रथम राजस्थान तथा गुजरात में लोकनाट्यरूप उभरते हुए दृष्टिगत होते हैं। डॉ. दशरथ ओझा ने अपनी खोज के अनुसार हिन्दी का प्रथम नाटक 'गयसुकुमाररास' माना है। अपभ्रंश तथा राजस्थानी भाषा में सृजित इस नाटक में रास के सभी तत्त्व विद्यमान हैं तथा संस्कृत नाटक का मंगलाचरण तथा आशिर्वचन भी मिलता है। उस समय रास, रासक, प्रेक्षणक, हल्लीसक तथा सांगीतक का प्रचार था। मुनि जिनविजय ने ऐसे सैकड़ों नाटकों का पता लगाया था जिनमें अब्दुल रहमान का सन्देश रासक बहुत महत्वपूर्ण है। डॉ. ओझा ने इस रचना को दृश्यकाव्य के अन्तर्गत रखने का अनेक तर्कों से आग्रह किया है क्योंकि बहुरूपिये अथवा अभिनेता रासकों का प्रदर्शन कथोपकथनों के रूप में किया करते थे।[9] रासक संगीत एवं नृत्य से परिपूर्ण होते थे। संगीत-रूपकों का आदि रूप मानते हुए आचार्य हजारीप्रसाद द्विवेदी ने इन्हें लोक-नाटकों का शक्तिशाली रूप माना है।[10] रासो-ग्रन्थ धार्मिक, पौराणिक, ऐतिहासिक, नैतिक आदि सभी विषयों पर उपलब्ध है। रास के साथ खयाल नाटक चल पड़े। इस प्रकार राजस्थान में रंग-बिरंगे खुले रंगमंच की परम्परा मिलती है।

सभी प्रकार के मध्ययुगीन लोक-नाटकों के मूल उद्गम स्रोत 'सांगीतक' में श्री जगदीशचन्द्र माथुर के मतानुसार पाँच तत्त्व होते हैं—गीत, वाद्य, नृत्य, रंगशाला तथा नट-नटी।[11] भाषा सांगीतकों की रचना सर्वप्रथम मिथिला नेपाल तथा असम में हुई। संस्कृत में मालविकाग्निमित्र[12] तथा अन्य ग्रन्थों में सांगीतक का उल्लेख है। उमापति का 'पारिजात हरण' सर्वप्रथम सांगीतक माना जाता है। तत्पश्चात् ज्योतिरिश्वरी ठाकुरी ने 'भाषा धूर्त्तसमागम' तथा विद्यापति ने 'गौरक्ष विजय' की रचना की। इनमें संस्कृत-प्राकृत संवादों के साथ राग-रागिनीबद्ध लोकभाषा के गीत समाविष्ट हैं। विद्यापति ने अपने इस नाटक की शैली को रंग-प्रदर्शन के लिए 'सांगीतक' कहा है। इसमें उन्होंने दक्षिण के नटों तथा उनकी नृत्य-विधि को समाविष्ट किया है। यह नाटक राजा शिवसिंह की आज्ञा से अभिनीत हुआ था।

मध्ययुग में वैष्णव धर्म के आन्दोलन के फलस्वरूप जन-नाट्य-रंगमंच उभरता हुआ दिखाई देता है। मुख्यतः इस समय कृष्ण तथा राम के जीवन सम्बन्धी लीलाओं का प्रदर्शन हुआ। चैतन्य महाप्रभु के कृष्णलीलापरक अभिनयों के सम्मोहक रूप ने सम्पूर्ण बंगाल में जात्रा को लोकप्रिय बना दिया। मिथिला के कीर्तनियाँ नाट तथा असम के अंकिया नाट के पीछे भी यही प्रेरणा रही। पन्द्रहवीं से लेकर अठारहवीं शताब्दी

तक मैथिली में इस प्रकार के लगभग 106 नाटक वैष्णव रंगमंच की पूर्वी शाखा से प्रस्तुत हुए, जिनको राज दरबारों (ओइनवाट वंश तथा खाण्डवकुल) ने स्थायी तथा सजीव रूप दिया।[13] राज दरबारों के आश्रय के बावजूद भी इन अंकिया नाटकों के दर्शक भी होते थे। महाभारत, हरिवंशपुराण तथा श्रीमद्भागवत आदि से लिए गये कथानकों में गद्य, संवाद तथा संकेत अधिकतर संस्कृत तथा प्राकृत में ही होते थे। मैथिली में गीत विद्यापति की शैली में होते थे। यह पूर्वी वैष्णव रंगमंच मिथिला के जनजीवन का जीवन्त अंग था, क्योंकि यहाँ समाज में प्रचलित रीति-रिवाजों तथा उत्सवों को नाटक में प्रस्तुत किया जाता था। संगीत-वाद्य का विशेष महत्व था। श्री माथुर इन कीर्तनियाँ नाटकों की रूपरेखा पाश्चात्य ओपेरा के समकक्ष मानते हैं।[14]

मन्दिरों में पल्लवित धार्मिक रंगमंच के दो रूप मध्ययुग से चले आ रहे हैं—रामलीला तथा रासलीला। श्री बलवन्त गार्गी इसे 'जलूस-झांकियों वाला नाटक' कहते हैं।[15] श्री जगदीशचन्द्र माथुर 'सूरदास की पदावली' को (dramatic lyric) तथा तुलसीदास के प्रबन्धकाव्य को नाट्य आख्यान (dramatic narrative) तथा 'रामचरितमानस' के संवादों को 'छोटे-छोटे एकांकी के संवाद' मानते हैं।[16] वैष्णव आचार्यों तथा कवियों की प्रेरणा से सम्पूर्ण उत्तरी भारत में रामलीला का प्रचार हुआ। रासलीला के आरम्भ एवं विकास का क्षेत्र प्रमुख रूप से कृष्ण की जन्मस्थली वृन्दावन है। प्रमुखतः रास देवमन्दिरों में ही होता है, कभी-कभी अन्य सार्वजनिक स्थानों या किसी के घर में भी आयोजन किया जाता है।

कुछ लोग सौराष्ट्र के नरसी मेहता को रासलीला का प्रथम संस्थापक मानते हैं।[17] श्रीमद्भागवत रासलीला का विस्तार से वर्णन है तथा 'गीतगोविन्द' रासलीला के अनुकरण की रचना है। डॉ. सोमनाथ गुप्त रासलीला का आरम्भ महाप्रभु वल्लभाचार्य की मृत्यु के बाद मानते हैं।[18] एक मत यह भी है कि वल्लभाचार्य एवं संगीतज्ञ हरिदास ने रासलीला का आरम्भ किया और इसमें नारायण भट्ट ने पर्याप्त सहयोग दिया।[19] डॉ. दशरथ ओझा[20] तथा डॉ. विजयेन्द्र स्नातक[21] रासलीला के आरम्भ का श्रेय महात्मा हितहरिवंश को देते हैं, जिन्होंने घमण्डी-लाल और स्वामी हरिदास जी की सहायता से रासलीला का आरम्भ किया। श्रीकृष्णदास भी हितहरिवंश को रासलीलानुकरण का प्रथम प्रवर्त्तक मानते हैं।[22] किन्तु कुँवर चन्द्रप्रकाश सिंह इन विद्वानों के मत से सहमत नहीं हैं तथा ऐतिहासिक एवं परम्परासिद्ध प्रमाणों के आधार पर वह नारायण भट्ट को रासलीला की अनुकरणात्मक परम्परा का प्रवर्त्तक मानते हैं।[23]

भावरूप में रासलीला के प्रति गहन आस्था एवं निष्ठा प्रत्येक कृष्ण-भक्ति सम्प्रदाय में उपलब्ध है। अतः रासलीला की अभिनय-परम्परा विशिष्ट शैली के लीला नाटकों के रूप में विकसित हुई। अभिनय तथा रंगमंच का विलक्षण विकास होने के

साथ-साथ भाव, राग, तथा ताल में निष्णात भाटों की एक ऐसी जाति बन गयी जो वंशानुक्रम से उस परम्परा के संरक्षण के लिए उत्तरदायी रही है।[24]

रासलीला का अभिनय वृन्दावन के देवालय, कुंज अथवा यमुना तट पर खुले रंगमंच के रूप में होता था। तत्कालीन रंगमंच के वातावरण का संकेत हित हरिवंश जी ने इस प्रकार दिया है :

"रास रच्यो बन मांही।
विमल कल्पतरु तीर सुपेसल सरद रैन वरचन्दा।
सीतल मन्द सुगन्ध पवन बहे, तहं खेलत नन्द नन्दा।
अद्‌भुत ताल मृदंग मनोहर, किंकन सबद कराहीं।
जमुना पुलिन रसिक रस-सागर, रास रच्यो बन माहीं॥"[25]

आधुनिक काल में प्राप्त होने वाली रासलीला में भी जटिलता का अभाव होता है। रासमण्डल (रास के लिए निर्धारित स्थान) के एक सिरे पर चौकी रख कर उस पर सिंहासन रखकर मंच तैयार कर लिया जाता है। दूसरे सिरे पर समाजी (गीत-वाद्य-वादक आदि) बैठते हैं। रास के आरम्भ में मंगलाचरण के रूप में सूर अथवा अन्य किसी सन्त का पद गाया जाता है। पात्रों को 'सरूप' कहा जाता है। आरम्भ तथा अन्त युगल की सिंहासन पर झांकी के साथ होता है। एक बार सखियाँ सरूप युगल की आरती भी करती हैं। 'नेपथ्य का यद्यपि एक सूक्ष्म रूप रासलीला में रहता है, लेकिन उसका प्रयोग केवल झाँकी सजाने अथवा आरती के लिए श्रृंगार करने के लिए ही किया जाता है।'[26] नृत्य करते हुए समस्त पात्र मण्डल बनाते हैं। यह रास (नृत्य) लगभग एक घण्टे तक होता है, तत्पश्चात् लीला का आरम्भ होता है। प्रायः विशुद्ध ब्रज-लीलाओं अर्थात् कृष्ण के मथुरा-प्रवास से पूर्व की लीलाओं का ही अभिनय रासलीला में होता है। कभी-कभी भ्रमरगीत प्रसंग भी अभिनीत किया जाता है। संवाद-रूप में सूरदास, नन्ददास आदि के पदों तथा ब्रजभाषा गद्य का ही प्रयोग होता है। छह-सात अभिनेता होते हैं—'स्वामिनी-सरूप' (राधा), 'प्रभुसरूप' (कृष्ण) तथा चार 'सखी-सरूप'। सखा-सरूप, नन्द, यशोदा आदि का अभिनय सखा-सरूपों का कोई पात्र अथवा समाजियों में से कोई उठकर कर लेता है। स्त्रियों का अभिनय भी पुरुष ही करते हैं।

पात्रों की वेशभूषा सुनिश्चित होती है, जैसे कृष्ण की कटि-कांछनी तथा पटुका, पीठ पर झूलती हुई कृत्रिम लम्बी चोटी, मस्तक पर ब्रजरत्न तथा मोर का पंख, कानों में कुण्डल तथा नाक में बुलाक। मंसुखा रासलीला का विदूषक होता है।

दृश्य-विधान बड़ा ही सरल होता है। युगल की झाँकी के लिए दो व्यक्ति एक चादर तान कर खड़े हो जाते हैं। झरोखे के दृश्य में ऐसे ही पर्दे के पीछे से गोपियाँ झाँकती हैं। कुंज के दृश्य के लिए एक शाखा लगाकर उस पर रंग-बिरंगे वस्त्र तान दिये जाते हैं।

कृष्ण के बाल-किशोर जीवन-सम्बन्धी इन लीलाओं की कथावस्तु का नाटकीय विन्यास भी अत्यन्त सरस होता है। कुँवर चन्द्रप्रकाश सिंह के मत से 'यद्यपि इनका कथानक छोटा होता है, पर उनमें कार्य की तीन अवस्थाएँ—प्रारम्भ, प्रत्याशा और फलागम स्पष्ट रूप से मिलती हैं।'[27] ब्रजभाषा-साहित्य में नाटक तथा लीला शब्द पर्याय हैं। रासलीला नाटकों में नन्ददास की रास पंचाध्यायी, गोवर्धनलीला, स्याम-सगाई लीला, परमानन्ददास की उद्धवलीला, चतुर्भुजदास की दानलीला, ध्रुवदास की तेंतालीस लीलाएँ, चाचा वृन्दावनदास की चालीस लीलाएँ, नागरीदास की रासलीला, अलिजीकृत राधिका महारास, दामोदर स्वामी कृत महारासलीला, ब्रजवासीदास का प्रबोध चन्द्रोदय तथा ब्रजविलास में संग्रहीत चौहत्तर लीलाएँ तथा सूरदास के 'सूरसागर' में लीलागम के प्रकरण प्रमुख हैं। इस परम्परा में ब्रजवासीदास ने पुरानी शैली में परिवर्तन कर छन्द-वैविध्य के साथ नाटकीयता की प्रतिष्ठा की। आधुनिक काल में भारतेन्दु की 'चन्द्रावली' नाटिका तथा वियोगी हरि की 'छद्म योगिनी' नाटिका इस परम्परा में लिखी गयी। डॉ. श्याम परमार अमानत की 'इन्दर सभा' को भी ऐसी ही रचना मानते हैं।[28]

अतः रासलीला की प्रमुख विशेषता उसका नृत्य, नृत्त तथा संगीत प्रधान होना है। प्रायः सभी पात्र आरम्भ से अन्त तक सक्रिय रहते हैं। पात्रों के प्रवेश आदि की कोई रूढ़ि नहीं होती। गायक जिन पदों का गायन करते हैं, अभिनेता या तो उनका भावाभिनय करते हैं या अभिनय तथा कथन द्वारा उनका विश्लेषण प्रस्तुत करते हैं। प्रवेशक, विष्कम्भक तथा अंकावतार इसमें नहीं होते। रासलीला का उद्देश्य सदैव ही भक्तिपरक होता है तथा प्रेक्षकों से आशा की जाती है कि वे सरूपों में भगवद्बुद्धि रखें। आजकल रासलीला को जो रूप प्राप्त होता है, उसका एक रूप व्यावसायिक भी होता है। अठारहवीं शताब्दी के मध्य में रासलीला के पतन के लक्षण स्पष्ट रूप से दीखने लगे थे। आधुनिक काल में दो-एक रचनाओं को छोड़कर इस परम्परा में कोई महत्वपूर्ण कृति न आ सकी।

वैष्णव रंगमंच का दूसरा शक्तिशाली रूप रामलीला है। काशी की प्रसिद्ध रामलीला की स्थापना स्वयं तुलसीदास ने की थी।[29] किन्तु डॉ. श्याम परमार का मत है कि रामलीला प्रदर्शन के अनेक प्रमाण भक्ति-आन्दोलन से पूर्व ही प्राप्त होते हैं। हरिवंश पुराण में रामलीला पर एक नाटक अभिनीत किये जाने का स्पष्ट उल्लेख है।[30] रामायण तथा महाभारत-काल में 'कुशीलव' शब्द गायक तथा अभिनेता का पर्याय था। इस मत की प्रतिष्ठा विद्वान् बहुत समय से कर चुके हैं। तुलसी ने रामलीला को इतना जनप्रिय रूप प्रदान किया कि समस्त उत्तरी भारत 'सियाराम मय' हो गया। यही नहीं, एशियाई देशों—कम्बोडिया, इण्डोनेशिया, जाबा, सुमात्रा, बोर्नियो थाइलैण्ड, फिजी, मारिशस आदि में रामलीला के मंच काफी समय से प्रतिष्ठित हैं। स्थान भेद के अनुसार रामलीला की शैलियों में भेद है। 'रामचरितमानस' ऐसा

ग्रन्थ है, जिसमें रामलीला के लोक-रंगमंच का साहित्यिक रूप रक्षित रहा है। मन्दिर, मैदान, जलाशय अथवा नहर के किनारे किसी भी स्थान पर रामलीला की जाती है। संवादों की इसमें प्रधानता होती है। काशी तथा अयोध्या में रामलीला के मंच ने दो रूप ग्रहण किये, जिनका अनुकरण समस्त उत्तरी भारत में किया गया। प्रथम रूप वह है, जिसमें लीलाभिनय एक ही स्थान अथवा भिन्न-भिन्न स्थानों तक फैला होता है। दूसरा रूप वह है जिसमें एक विशाल खुले स्थल को घेर कर रंगमंच तैयार किया जाता है। यहाँ एक ओर लंका तथा अयोध्या का स्थान निर्धारित किया जाता है, विमान तथा पंचवटी बनाये जाते हैं। रामलीला-मैदान के तीन ओर अथवा चारों ओर दर्शक बैठते हैं। अयोध्या में आज भी अनेक रामलीलाएँ होती हैं। राम-विवाह, धनुष-यज्ञ तथा भरत-मिलाप का आयोजन रामलीला में विशेष होता है।

इस प्रकार से रामलीला का रंगमंच जितना विशाल तथा खुला है, रासलीला का उतना ही लघु तथा सीमित।[31] रामलीला में पात्रों की वेशभूषा तथा विषय आदि सभी पर बहुत ध्यान रखा जाता है। 'आनन्द रामायण' में रामलीला के मंचन का विस्तारपूर्वक वर्णन है। रामलीला-परम्परा में प्राणचन्द ने 'रामायण-महानाटक', हृदयराम ने 'हनुमन्नाटक' तथा महाराज विश्वनाथ सिंह ने 'आनन्दरघुनन्दन' नाटक की रचना की।

पारसी नाटक के प्रभाव में आकर रामलीला का मंच स्थिर हो गया। किन्तु यह सत्य है कि रामलीला मंच ने हिन्दी नाटक को सदैव जीवित रखा। अंकिया नाट तथा जात्रा पर भी रामलीला का प्रभाव पड़ा प्रतीत होता है। रासलीला भी रामलीला से प्रभावित हुई। व्यवसायी मण्डलियाँ सुदृढ़ मंच बना कर ही रामलीला करती हैं, खुले मैदान में नहीं। दशहरे के अवसर पर प्रत्येक स्थान पर रामलीला होती है। बड़े शहरों में प्रत्येक बस्ती की अलग रामलीला की जाती है। स्थानीय रंग ग्रहण कर यह जनरुचि को प्रदर्शित करती है। सभी प्रस्तुति रूपों में जो समानता पायी जाती है, वह यह है कि कथावाचक प्रत्येक रामलीला मंडली में होता है। संगीत मिश्रित शैली में कथोपकथन तथा अभिनय साथ-साथ चलते हैं। आलेख की प्रतिबद्धता नहीं होती। मूल 'रामचरितमानस' के आधार पर मुख्य घटनाओं को प्रस्तुत करना ही इनका उद्देश्य होता है।

लौकिक आख्यानों पर आधृत लोक नाटकों के नौटंकी, स्वांग, सांग, भगति, बहुरूपिया आदि रूप तथा हरियाणा, पंजाब आदि में उत्तर प्रदेश प्रचलित हैं। नौटंकी का स्वरूप अभी तक संगीतपरक है। कुछ विद्वानों का मत है कि यह एक प्रकार का गीतनाट्य है।[32] नौटंकी, भगति, स्वांग आदि का रूप एक सा ही होने के कारण इनसे एक ही अर्थ ग्रहण किया जाता है। स्वांग का दूसरा नाम संगीत नाटक भी है।[33] कुछ स्थानों में इसी को भगति कहा जाता है। पंजाब में नौटंकियों को रासधारी भी कहते

हैं। नौटंकी तथा भांड़ की चर्चा 'प्रसाद' जी ने भी की है तथा इन्हें लोक-नाट्यों में प्रमुख माना है।[34] वस्तुतः नौटंकी काफी प्राचीन विधा है। डॉ. सोमनाथ गुप्त ने अपनी खोज के आधार पर औरंगजेब के समय के मौलाना गनीमत की मसनवी 'नेरंगे इश्क' में नौटंकी का उल्लेख पाया है।[35] कुँवर चन्द्रप्रकाश के मतानुसार भक्ति और रीतिकाल में भी इस धारा का अस्तित्व था।[36] ध्रुव, प्रह्लाद, मोरध्वज, गोपीचन्द, भतृहरि, पूरनमल आदि जैसे महात्मा तथा ऐतिहासिक योद्धा अमरसिंह राठौर, सुच्चासिंह, सुल्ताना डाकू, रूपमती-बाजबहादुर तथा ढोला-मारु तक इन नौटंकियों का विस्तार है। मध्यकाल में इस प्रकार के कथानकों को लेकर कई रचनाएँ हुईं, जिनमें नरोत्तमदास का 'सुदामाचरित' सर्वाधिक प्रसिद्ध है। इन सभी रचनाओं का गुण है इनमें अभिनेयता तथा साहित्यिकता का समन्वय। आधुनिक काल में भारतेन्दु की 'नीलदेवी' में नौटंकी का समृद्ध रूप प्राप्त होता है। उन्होंने स्वयं इसे 'गीतिरूपक' कहा भी है। इस परम्परा की अन्य महत्वपूर्ण कृति प्रतापनारायण मिश्र का 'संगीत शाकुन्तल' है। कुछ लोग अमानत की 'इन्दरसभा' को इस श्रेणी की उत्तम रचना मानते हैं। किन्तु कुँवर चन्द्रप्रकाश सिंह इस बात का घोर विरोध करते हैं।[37] क्रमशः नौटंकी का रूप विकार-ग्रस्त होता गया। मुसलमानी प्रभाव से नौटंकी में जो स्त्रैणता आयी उसका सबसे उपयुक्त प्रमाण कुँवर साहब के मत से 'इन्दरसभा' में मिलता है।[38] बाद में उस्ताद इन्दरमन छीपी तथा चिरंजीलाल छीपी ने इस परम्परा के सुधार तथा परिष्कार का पर्याप्त प्रयास किया।

वर्तमान काल में नौटंकी पर सिनेमा आदि का प्रभाव बढ़ा है। श्री नेमिचन्द्र जैन का विचार है—'कलात्मक और सांगठनिक दोनों दृष्टियों से नौटंकी, स्वांग, भगति आदि उत्तरभारत के सभी लोक-नाट्य प्रकार बड़ी शोचनीय स्थिति में हैं।'[39] आजकल नौटंकी में संवादों तथा गीतों की भाषा प्रादेशिक होती है। लोक-धुनों का प्रयोग होता है। संवाद पद्यात्मक होते हैं। संवादों के साथ भी संगीत प्रयुक्त होता है। नृत्य का प्रयोग किया जाता है। सम्पूर्ण नौटंकी की व्यवस्था करने वाले गुरू को 'रंगा' कहा जाता है। वही संवादों की बीच में व्याख्या करता है, कथासूत्रों को जोड़ता है। आठ-दस अभिनेता ही पच्चीस पात्रों का अभिनय कर लेते हैं। नान्दी, सूत्रधार, विदूषक तथा नायक-नायिका आरम्भ से अन्त तक रंगमंच पर विद्यमान रहते हैं। रंगमंच पर धूम्रपान आराम से चलता है। तख्तों को जोड़ कर तैयार किये गये मंच पर परदे आदि की आवश्यकता नहीं होती। संगीत-वाद्य-वादक मंच पर ही बैठते हैं।

इन नाटकों की सबसे बड़ी विशेषता यह है कि दुखान्त नाटकों का प्रचलन यहाँ पर्याप्त मात्रा में है। डॉ. दशरथ ओझा ने उचित ही कहा है—'यह तो निस्सन्देह कहा जाता है कि हिन्दी साहित्य में त्रासदी की जितनी अधिक रचना लोक-नाटकों में हुई है, उतनी कदाचित अन्यत्र नहीं।'[40] संस्कृत नाटकों के विदूषक की भाँति यहाँ

भी विदूषक व्यंग्यात्मक शैली प्रयुक्त करता है। सामाजिक कुरीतियों तथा अधिकारी वर्ग एवं उच्च वर्ग की कमजोरियों पर छींटे कसता है। इन नाटकों में आध्यात्मिक शक्तियों को महत्व अधिक दिया जाता है, तर्क को कम।

स्वांग का एक अन्य रूप भांड़ों का तमाशा है। यह एक प्रकार का प्रहसन है। इसका अस्तित्त्व भी लोक नाटकों में काफी पुराना है। 'नाट्य-शास्त्र' में वर्णित 'भाण' की परम्परा समय के साथ-साथ विकृत होती गयी और मुस्लिम समय में भांड़ों की अश्लील भड़ैंती में परिवर्तित हो गयी।[41] आजकल यह तमाशा दो भांड़ करते हैं—एक स्त्री तथा दूसरा पुरुष का वेश धारण करता है।

एक अन्य प्रदर्शन 'बहुरुपिया' के नाम से प्रचलित है। यहाँ एक पुरुष अपने ऊपर अनेक पात्रों का आरोप करता हुआ सभी के अभिनय करता है। यह कला भी मध्य युग से चली आती प्रतीत होती है, क्योंकि सत्रहवीं शताब्दी में बरकत उल्ला रचित 'प्रेम-प्रकाश' में इसका उल्लेख है।

मध्य प्रदेश तथा राजस्थान में दो लोकनाट्यरूप प्रचलित हैं—खयाल तथा मांच। राजस्थान में गुजरात के भवई से मिलता-जुलता एक अन्य नाट्य-रूप प्रचलित है—बोरा-बोरी।[42] मांच में अन्य नाट्य-रूपों से भिन्न कुछ विशेषताएँ हैं, जैसे हाथों में लम्बी-लम्बी बहियाँ लेकर मांच के प्रेरक अभिनेताओं के पीछे-पीछे चलते हैं। अपनी बहियों से प्रेरक जितना अंश पढ़ते हैं अभिनेता उसी का अभिनय करते हैं। मांच के इस रूप के निर्माता बालमुकुन्द गुरु हैं।

गुजरात के भवई में गुजराती के साथ-साथ हिन्दी भाषा भी प्रयुक्त होती है। साहित्यिक गुणों से युक्त लगभग 360 भवई नाटक गुजराती में उपलब्ध हैं। इसमें प्रायः 14 कलाकार होते हैं। गीत-नृत्य-संवाद-युक्त इस नाटक में गद्य का प्रयोग बड़े ही नाटकीय ढंग से होता है। खुले मैदान में गोलाकार बैठे हुए प्रेक्षकों के बीच की गोल रंगस्थली चाचर कहलाती है।

बंगाल की जात्रा का रूप भी संगीत-नाट्यपरक होता है। इसका विषय अधिकतर धार्मिक, वीर-रस-युक्त तथा प्रेम-परक होता है। नाटकीय गुणों से पूर्ण जयदेव, चण्डीदास तथा विद्यापति की कविताएँ इसमें प्रयुक्त होती हैं। कथाकार कलाकारों के तालबद्ध संवादों की बीच-बीच में व्याख्या करता हुआ कथा को आगे बढ़ाता है। जात्रा का मंच आज भी बहुत ही सुगठित एवं समृद्ध पर्यटक मंच है।

अन्य प्रमुख लोकनाटक रूपों में अवध के संफेड़ा, छत्तीसगढ़ के नाचा, बिहार के बिदेसिया आदि का विशेष महत्व है। कुँवर चन्द्रप्रकाश सिंह ने एक अन्य लोक-नाट्य-रूप 'वाद' अथवा 'चर्चा' का भी उल्लेख किया है।[43] इन पद्यात्मक नाटकीय संवादों की परम्परा मध्यकाल में चली। नरहरि कृत 'धन और विद्या कौ वाद' तथा दुलारे कवि का 'सोने लोहे कौ झगरौ' इस प्रकार की कृतियाँ हैं।

इस ढंग के गद्य संवाद भारतेन्दु ने 'हरिश्चन्द्र मैगजीन' में निकाले—'दो मित्रों का वार्तालाप'[44] तथा 'सबै जात गोपाल की।'[45]

समग्रतः कहा जाता है कि लोक-रंगमंच की निरन्तर प्रवाहित जीवन्तता का रहस्य उसमें निहित नाट्य-सृजन एवं रंगकर्म की वे शाश्वत पद्धतियाँ, रूढ़ियाँ एवं मान्यताएँ हैं, जो जनजीवन में घुली-मिली हैं तथा समय एवं परिस्थितियों के अनुरूप अपने आपको ढालती रही हैं। वस्तुतः यह नाट्य-रीतियाँ युगों से चले आ रहे अभिनेता-प्रेक्षक सहयोग का परिणाम हैं। मुक्त वायुमंडल में अभिनीत इन नाटकों में यथार्थ का भ्रम तोड़कर उत्पन्न होने वाला सरस काव्यमय संगीत विद्यमान है, जो कृत्रिम बन्धनों को तोड़ता हुआ सहज भावों को मुखरित करता रहा है। रंग-सज्जा आदि की कृत्रिम रूढ़ियों के अभाव में पूरा बल अभिनय-पक्ष पर होने के कारण प्रेक्षक एवं अभिनेताओं के मध्य विशेष आत्मीय तन्मयता का भाव यहाँ उत्पन्न हुआ है, जो युगों से लोक-जीवन को अपने में सराबोर किये है।

इसी समय मध्ययुगीन ब्रजभाषा नाटकों पर दृष्टि डालना भी अपेक्षित है। अधिकांश तो संवाद-रूप होने के कारण ही नाटक कहे गये हैं, जैसे प्राणचन्द चौहान का 'रामायण महानाटक' अथवा हृदयराम का 'हनुमन्नाटक', तथा व्यास जी के देव नामक शिष्य द्वारा रचित 'देवमाया प्रपंचनाटक' (ज्ञानवार्ता)। रघुराम नागर के 'सभासार नाटक' तथा कवि बनारसीदास के 'समय सार नाटक' में संवाद तथा कथा-तत्त्व दोनों का ही अभाव है। गुरु गोविन्दसिंह का 'विचित्र नाटक' भी केवल नाम का ही नाटक है। लछीराम के 'करुणाभरण' के प्रारम्भ में कहा गया है कि यह नाटक के वेशभूषा पहन कर तथा नृत्य में निपुण और स्वरों में गाने वालों के लिए लिखा गया है।

मध्यकाल में सर्वांगपूर्ण लिखा गया नाटक केवल 'गोविन्द हुलास नाटक' ही है। इसकी खोज कुँवर चन्द्रप्रकाश सिंह ने 1956 में की थी। 'गोविन्द हुलास नाटक' की प्राप्ति से पूर्व यही माना जाता था कि मध्यकाल में नाट्य परम्परा सर्वथा विच्छिन्न हो गयी थी। किन्तु कुँवर साहब के प्रयास से 'गोविन्द हुलास' की उपलब्धि ने हिन्दी की साहित्यिक नाट्य-परम्परा के प्रवाह को निर्विवाद सिद्ध कर दिया। कुँवर साहब के इस योगदान के परिणामस्वरूप हिन्दी के साहित्यिक नाटकों का आरम्भ भारतेन्दु युग से न मानकर लगभग ढाई सौ वर्ष पूर्व (विक्रम की अठारहवीं शताब्दी) से माना जाने लगा है। उन्होंने 'गोविन्द हुलास' नाटक को सम्पादित करके प्रकाशित कराया है। उनके मत से इस नाटक का लेखक अहिन्दी-भाषी रहा होगा।[46] इस नाटक का आधार रूपगोस्वामी का प्रसिद्ध नाटक 'विदग्ध-माधव' है। कुँवर साहब की खोज के आधार पर सिद्ध हुआ है कि 'गोविन्द हुलास' नाटक के प्रणेता रूपगोस्वामी अथवा जीवगोस्वामी में से कोई एक है।[47]

अठारह सौ तीस में रचित रीवां नरेश महाराज विश्वनाथ सिंह का 'आनन्द रघुनन्दन' नाटक तो 'गोविन्द-हुलास' की उपलब्धि से पूर्व तक हिन्दी का प्रथम संस्कृत-शैली में लिखित नाटक माना जाता रहा है।[48] इस नाटक का प्रमुख महत्व इस बात में है कि इसमें रामलीला-परम्परा को साहित्यिक रूप मिला है। सात अंकों के इस नाटक में रंगमंचीय गुणों का पर्याप्त समावेश हुआ है।

सन्दर्भ

1. जयशंकर 'प्रसाद', 'काव्य और कला तथा अन्य निबन्ध', पृ. 101
2. जगदीशचन्द्र माथुर, 'परम्पराशील नाट्य', पृ. 4
3. वही, पृ. 10
4. जगदीशचन्द्र माथुर, 'परम्पराशील नाट्य', प्रस्तावना।
5. वही, पृ. 5
6. नेमिचन्द्र जैन, 'रंगदर्शन', पृ. 80
7. जगदीशचन्द्र माथुर, 'परम्पराशील नाट्य', पृ. 5
8. डॉ. दशरथ ओझा, 'हिन्दी नाटक : उद्भव और विकास', पृ. 93
9. वही, पृ. 70
10. आचार्य हजारीप्रसाद द्विवेदी, 'हिन्दी साहित्य का आदिकाल', पृ. 99
11. जगदीशचन्द्र माथुर, 'परम्पराशील नाट्य', पृ. 11
12. मालविकाग्निमित्र 1/1/2
13. जगदीशचन्द्र माथुर, निबन्ध : 'हिन्दी रंगमंच और नाट्य-रचना का विकास', 'आलोचना', जनवरी 1953, पृ. 22-23
14. वही, पृ. 24
15. बलवन्त गार्गी, 'रंगमंच', पृ. 94
16. जगदीशचन्द्र माथुर, 'आलोचना', पृ. 21
17. Mankad, 'Types of Sanskrit Drama', p. 142
18. डॉ. सोमनाथ गुप्त, 'हिन्दी नाटक साहित्य का इतिहास', पृ. 15
19. पोद्दार अभिनन्दन ग्रंथ : श्री कन्हैयालाल का निबन्ध, 'रासलीला का उद्भव और विकास', पृ. 881
20. डॉ. दशरथ ओझा, 'हिन्दी नाटक : उद्भव और विकास', पृ. 90-91
21. डॉ. विजयेन्द्र स्नातक, 'राधावल्लभ सम्प्रदाय : सिद्धान्त और साहित्य', पृ. 289
22. श्रीकृष्ण दास, 'हमारी नाट्य-परम्परा'
23. कुँवर चन्द्रप्रकाश सिंह, 'हिन्दी नाट्य साहित्य और रंगमंच की मीमांसा', पृ. 100
24. वही, पृ. 117
25. 'हित चौरासी'।
26. 'हिन्दी साहित्य', तृतीय खण्ड, निबन्ध : लक्ष्मीकान्त वर्मा, 'हिन्दी रंगमंच', पृ. 455
27. कुँवर चन्द्रप्रकाश सिंह, 'हिन्दी नाट्य-साहित्य और रंगमंच की मीमांसा', पृ. 59
28. डॉ. श्याम परमार, 'भारतीय लोक साहित्य', पृ. 175
29. 'नयी धारा', रंगमंच विशेषांक 1952, निबन्ध, डॉ. विश्वनाथ प्रसाद, 'हिन्दी नाटक और रंगमंच'।

30. डॉ. श्याम परमार, 'लोकधर्मी नाट्य-परम्परा', पृ. 24
31. कुँवर चन्द्रप्रकाश सिंह, 'हिन्दी नाट्य-साहित्य और रंगमंच की मीमांसा', पृ. 141
32. श्री बलवन्त गार्गी, 'रंगमंच', पृ. 92
33. सेठ गोविन्ददास अभिनन्दन ग्रन्थ, डॉ. दशरथ ओझा, निबन्ध, 'हिन्दी लोक नाट्य का शैली-शिल्प', पृ. 481
34. जयशंकर 'प्रसाद', 'काव्य और कला तथा अन्य निबन्ध', पृ. 71
35. डॉ. सोमनाथ गुप्त, 'हिन्दी नाट्य साहित्य का इतिहास', पृ. 17-18
36. कुँवर चन्द्रप्रकाश सिंह, 'हिन्दी नाट्य-साहित्य और रंगमंच की मीमांसा', पृ. 38
37. वही, पृ. 39
38. वही, पृ. 39
39. श्री नेमिचन्द्र जैन, 'रंगदर्शन', पृ. 88
40. सेठ गोविन्ददास अभिनन्दन ग्रन्थ, निबन्ध, डॉ. दशरथ ओझा, 'हिन्दी लोक नाट्य का शैली-शिल्प', पृ. 482
41. कुँवर चन्द्रप्रकाश सिंह, 'हिन्दी नाट्य-साहित्य और रंगमंच की मीमांसा', पृ. 39
42. डॉ. श्याम परमार, निबन्ध, 'लोक रंगमंच का विदूषक : एक सम्पर्क सूत्र', 'साप्ताहिक हिन्दुस्तान', 14 मार्च 1976, पृ. 26
43. कुँवर चन्द्रप्रकाश सिंह, 'हिन्दी नाट्य-साहित्य और रंगमंच की मीमांसा', पृ. 42
44. 'हरिश्चन्द्र मैगनीज', 15 अक्टूबर 1873
45. वही, 15 नवम्बर 1873
46. कुँवर चन्द्रप्रकाश सिंह, 'हिन्दी नाट्य-साहित्य और रंगमंच की मीमांसा', भूमिका, पृ. 162
47. वही, पृ. 174
48. आ. रामचन्द्र शुक्ल, बाबू भारतेन्दु, बाबू गुलाबराय, बाबू ब्रजरत्नदास, डॉ. दशरथ ओझा, वासुदेवनन्दन प्रसाद आदि विद्वानों का यही मत है।

पारसी हिन्दी-रंगमंच

पारसी नाटक का आरम्भ उन्नीसवीं शताब्दी के सातवें-आठवें दशक से होता है। अठारहवीं शताब्दी में प्लासी के युद्ध के समय में अंगरेजों ने थियेटर का आरम्भ सैनिकों के मनोरंजन के लिए किया था। यह पर्यटक कम्पनी स्थान-स्थान पर अंगरेजी नाटक खेलती थी। कम्पनी के संस्थापक विशेष रूप से पारसी थे। उन्होंने भारतीय भाषाओं में नाटक-प्रदर्शन करना आरम्भ किया, और उनके नाटक 'पारसी नाटक' कहलाये। अन्य प्रादेशिक भाषाओं की तुलना में सर्वाधिक नाट्य लेखन तथा प्रस्तुतीकरण इन्होंने हिन्दी में ही किया। इसी कारण इस रंगमंच को 'पारसी-हिन्दी रंगमंच' की संज्ञा भी दी गयी। पारसी-हिन्दी रंगमंच तथा कलकत्ता में स्थापित व्यावसायिक बंगला रंगमंच समसामयिक थे।

सर्वप्रथम पेस्टनजी और फरोमजी ने 'ओरिजनल थियेटर' की स्थापना की। कम्पनी ने मुंशी मदारीलाल से 'इन्दर सभा' नामक एक नाटक लिखवाया और प्रस्तुत किया। अन्य लेखकों में मोहम्मद मियाँ रौनक तथा हुसैन मिया जरीक का स्थान प्रमुख है। कम्पनी के प्रमुख अभिनेता थे—खुर्शीदजी, कावसजी खटाऊ, सोहराबजी, जहाँगीरजी तथा पारनिसजी।

1877 में खुर्शीदजी बालीवाला ने विक्टोरिया थियेट्रिकल कम्पनी तथा कावसजी खटाऊ ने एल्फ्रेड कम्पनी की स्थापना की। 1890 में मुहम्मद अली जगबुदा तथा सोहराबजी ने न्यू एल्फ्रेड कम्पनी खोली।

वस्तुतः क्रमबद्ध रूप से पारसी-हिन्दी रंगमंच काल सन् 1874 से सन् 1940 तक है। डॉ. लक्ष्मीनारायण लाल ऐतिहासिक दृष्टि से पारसी-हिन्दी रंगमंच का आरम्भ मुंशी विनायक प्रसाद तालिब के 'गोपीचन्द' से ही मानते हैं।[1] उनके मत से इस रंगमंच का जीवनकाल 1969 तक चला, क्योंकि तभी तक कलकत्ता में मूनलाइट थियेटर चला है।[2] आचार्य नन्ददुलारे वाजपेयी के मत से 'सन् 1860 से लेकर 1930 तक पारसी रंगमंच ही हिन्दी का एकमात्र रंगमंच बना रहा।[3]

पारसी थियेटर के नाटक लेखकों में मुंशी विनायक प्रसाद 'तालिब', मेंहदी हसन अहसन, नारायण प्रसाद 'बेताब', पं. राधेश्याम कथावाचक, आगा हश्र कश्मीरी,

कृष्णचन्द्र 'जेबा', ज्वालाप्रसाद 'वर्क', हुसैन मिया 'जरेफ', हाफिज मुहम्मद आदि का नाम प्रतिनिधि नाटककारों के रूप में लिया जाता है।

इन नाटकों के कथानक पौराणिक, ऐतिहासिक, प्रसिद्ध चरित्रों, दंत-कथाओं, आख्यान कथाओं आदि पर आधारित होते थे। इनकी प्रवृत्ति रोमानी, शौर्यपरक, त्याग-बलिदानपरक, उपदेश, शिक्षा आदि से पूर्ण तथा पुनरुत्थानवादी होती थी। 'लैला-मजनूं', 'शीरीं-फरहाद', 'रुस्तम ओ सोहराब', 'यहूदी की लड़की', 'आँख का नशा', 'भूलभुलैया', आदि जैसी प्रेमकथाओं पर लिखे गये नाटक काफी प्रसिद्ध हुए। आगा हश्र ने 'रुस्तम ओ सोहराब' में सशक्त शैली, चुस्त संवादों, तीव्र कार्य-व्यापार तथा सूक्ष्म दृश्य-रचना के साथ-साथ मानवीय आवेगों का सुन्दर समन्वय किया है। इस काल में पौराणिक नाटकों का विशेष महत्व है। श्री देवर्षि सनाढ्य ने हिन्दी के रंगमंचीय पौराणिक नाटककारों में 'बेताब' का बहुत ही श्रेष्ठ स्थान माना है। वस्तुतः पं. राधेश्याम कथावाचक तथा 'बेताब' पौराणिक नाटकों के प्रमुख लेखक थे। राधेश्याम का 'उषा-अनिरुद्ध', 'वीर अभिमन्यु', 'बेताब' का 'महाभारत', विश्वम्भरनाथ 'व्याकुल' का 'बुद्धदेव', आगा हश्र का 'बिल्वमंगल', मुंशी विनायक प्रसाद 'तालिब' का 'विक्रम-विलास', 'गोपीचन्द', 'हरिश्चन्द्र' आदि इस प्रवृत्ति के प्रमुख नाटक हैं। इन नाटकों की प्रवृत्ति मनोरंजन-प्रधान होने के साथ-साथ ही हिन्दू धर्म विषयक एवं उपदेश-प्रधान अवश्य होती थी, जैसे सती-गौरव-प्रतिष्ठा विषयक 'सती अनुसूया' अथवा 'पत्नी-प्रताप'। अतः इनकी प्रवृत्ति पौराणिक होने के साथ-साथ ही पुनरुत्थानवादी होती थी। इसी कारण पारसी नाटकों में एक साथ ही कई संवदेनाओं एवं उद्देश्यों की प्रतिष्ठा की जाती थी। प्रत्येक नाटक में इतिहास, पुराण, देशभक्ति, त्याग, बलिदान, शौर्य तथा रोमांस मिले-जुले रहते थे। अतः किसी प्रवृत्ति को एक दूसरे से निस्संग रूप में यहाँ नहीं देखा जा सकता। प्रसिद्ध दंतकथाओं अथवा महान चरित्रों में पुनरुत्थानवादी भावना भरते हुए रंगमंच पर बड़े-बड़े उपदेश दिलवाये जाते थे, ताकि जनता वाह-वाह करके तालियाँ बजाये। उदाहरणार्थ पं राधेश्याम के 'भक्त प्रहलाद' में भक्ति-भावना, गाँधी जी की अहिंसा तथा सत्याग्रह के सिद्धान्त तथा स्त्री-शिक्षा सभी कुछ मिले-जुले रूप में उपस्थित हैं। इन सभी नाटकों में अतिनाटकीय प्रसंगों की भरमार होती थी। देवयोग, संयोग आदि के द्वारा कथानक में आकस्मिकता उत्पन्न की जाती थी। डॉ. लक्ष्मीनारायण लाल ने इस प्रवृत्ति का विवरण देते हुए लिखा है—"हर दृश्य के अन्त में 'वन्स मोर' की पुकार जब तक दर्शक समाज में न हो जाये, तब तक न नाटक श्रेष्ठ माना जाता है, न अभिनेता, न रंगशिल्पी, न गायक, न नर्तक।"[4]

रंगमंच पर शौर्य, साहसिकता (एडवेंचर), आश्चर्यमूलक चमत्कार आदि की स्थितियाँ पैदा करना ही पारसी रंगमंच की व्यावसायिक सफलता की कुंजी थी।

भावुकतापूर्ण, सपाट कथानक को सजाने के लिए ही तरह-तरह के मनोहारी दृश्यों की योजना होती थी। नाटक के बीच-बीच में कई स्थलों पर नृत्य तथा चित्रवत् झांकी प्रस्तुत करना लेखक के कमाल की कसौटी थी। कथा में चटपटे गीत, फड़कते हुए संवाद तथा स्थान-स्थान पर शेर फिट करके उसे मनोरंजक बनाया जाता था।

नाटक-प्रस्तुति के आरम्भ में संस्कृत नाटकों की भाँति मंगलाचरण होता था। नाट्यारम्भ सूत्रधार तथा नटी के वार्तालाप द्वारा करने की पुरानी परम्परा भी प्रयुक्त होती थी। किन्तु अपने पूरे रंगमंच विधान तथा प्रस्तुतीकरण पद्धतियों में पारसी-हिन्दी रंगमंच भारतीय तथा पाश्चात्य रंगपद्धतियों का मिला-जुला रूप है। सर्वप्रथम इसी काल में हिन्दी नाटक पश्चिम से प्रभावित हुआ। डॉ. लक्ष्मीनारायण लाल का विचार है—'रूपक' और 'ड्रामा' इन दो विरोधी नाट्य-परम्पराओं के गड्डमड्ड से इन नाटकों के शिल्प और रंग पर कुछ अजब तरह का बहुउद्देशीय प्रभाव पड़ा है। एक ओर इन से हाइ मेलोड्रामा, भयावह दृश्यों और कार्यों की रचना होती है, दूसरी ओर इनसे उपदेश, समाज-सुधार और धर्म की झाँकी, रामलीला, कृष्णलीला की चौकी का आभास मिलता है।[5] बलवन्त गार्गी के मत से "पारसी नाटक यूरोप की नाटकीय तकनीकों और भारतीय लोकनाटकों, स्वांगों, जुलूस, झाँकियों की खिचड़ी था। रंग-सज्जा और पोशाकें इस प्रकार की थीं, जो उस समय पश्चिम में बैठे लोग भारत के रहन-सहन के बारे में कल्पित कर लेते थे।"[6] डॉ. श्रीमती विद्यावती लक्ष्मणराव 'नम्र' ने पारसी नाटककार 'बेताब' पर शोध कार्य करते हुए पारसी रंगमंच में भारतीय तथा पश्चिमी पद्धतियों के मिले-जुले रूप के बारे में अपने विचार इस प्रकार प्रकट किये हैं—"पारसियों ने अपना रंगमंच शेक्सपियरियन रंगमंच के आधार पर भारतीय रंगमंच के उपयुक्त निर्मित किया था। नाटकों में रस के स्थान पर कथा-वैचित्र्य ही मनोरंजन का माध्यम था।"[7]

पारसी नाटकों की अभिनय-शैली पर शेक्सपियर व विक्टोरिया युगीन नाटककारों का प्रभाव था। संगीत-प्रयोग का रूप भी मिला-जुला था। शास्त्रीय संगीत, लोकधुनों तथा पश्चिमी संगीत सभी का प्रयोग होता था। 'अति अभिनय' (ओवर-एक्टिंग) पारसी अभिनय-पद्धति की प्रमुख विशेषता है। चमत्कारिक, अतिभावुक स्थिति-प्रधान नाटकों के अभिनेता को गायन, नृत्य तथा तलवार चलाने की कला में निपुण होना आवश्यक था। प्रमुख बल वाचिक अभिनय पर दिया जाता था। अभिनेता संवादों तथा गानों की पूरी रिहर्सल करते थे।[8] स्वर का विशेष ध्यान रखा जाता था। अभिनेताओं का स्वर तीव्र तथा करारा होता था, जिससे कि पंडाल में बैठे हजारों दर्शकों तक पहुँच सके। अभिनय में गति का प्रयोग केवल आने-जाने अथवा घूम-घूम कर बोलने में होता था। भावाभिनय की आवश्यकता नहीं थी। हाथ, पैर, सिर आदि को संवाद और कार्यों के अनुकूल परिचालित करके आंगिक अभिनय-विधि पूर्ण हो

जाती थी। पारसी थियेटर के कुछ अभिनेता किन्हीं-किन्हीं विशिष्ट पात्रों के अभिनय के लिए प्रसिद्ध थे। वैसे एक-एक पार्ट के लिए दो-दो अभिनेता तैयार कराये जाते थे, ताकि कभी एक अभिनेता के अस्वस्थ अथवा रुष्ट होने पर दूसरे से काम लिया जा सके। अच्छी कम्पनियों के पास सौ डेढ़ सौ तक कलाकार होते थे। कुछ प्रमुख पारसी अभिनेता इतने अधिक सुप्रसिद्ध थे कि उनके अभिनय में ही नाटक की ख्याति निहित रहती थी, जैसे पृथ्वीराज, आगा महमूद, रहीम बख़्श, सोहराबजी ओग्रा, मास्टर भगवानदास, मास्टर नारायण भाई, मास्टर फिदा हुसैन, मास्टर फूलचन्द, मास्टर नैनू राम, मोहनलाल, कन्हैयालाल पवार, मास्टर खेमराज, मोहनलाल, मिस गौहर, शरीफा, पेंशस कपूर, बेगम अख़्तर, जहाँआरा बेगम, रोशनारा, सुशीला बाई, सरस्वती देवी, मिस मेरी फेनटन आदि। इन अभिनेताओं का वेतन भी काफी अधिक होता था।

पारसी नाटकों में कुछ वर्ग-चरित्रों की सृष्टि की जाती थी, जैसे धूर्त, शत्रु, मित्र, मसखरा आदि। अति दुःखान्त नाटक के बीच में भी कोई न कोई प्रहसन चिपका दिया जाता था। इन प्रहसनों में अश्लील दृश्य-प्रदर्शन को अनुचित नहीं माना जाता था। कुछ तीखे यथार्थपरक प्रहसन भी रचे गये।

इस तरह पारसी नाटक का पूरा विधान फार्मूलाबद्ध होता था। नाट्य-रचना अभिनेता को ध्यान में रखते हुए की जाती थी। कम्पनियों में प्रायः वैतनिक नाटककार होते थे, जो लेखन के लिए स्वतन्त्र न थे।[9]

इन नाटकों की भाषा उर्दू से प्रभावित बोलचाल की हिन्दी होती थी। गद्य भी अनुप्रासयुक्त होता था। सहगान (कोरस) का प्रचलन था।

अब प्रश्न यह उठता है कि हिन्दी रंगमंच अथवा हिन्दी रंग-अवधारणा को पारसी रंगमंच का क्या योगदान मिला? इस सम्बन्ध में डॉ. श्रीकृष्णलाल तो प्रशंसा की इस सीमा तक पहुँचे हैं कि उनके मत से "प्रथम वैज्ञानिक रंगमंच हमें पारसियों ने दिया है।"[10] किन्तु सत्य तो यह है कि पारसी रंगमंच का महत्व ऐतिहासिक अधिक है, रंग-अवधारणा सम्बन्धी कम। क्योंकि जहाँ तक भारतीय रंग-बोध के अन्तर्गत वैज्ञानिक रंगमंच का प्रश्न है, 'नाट्य-शास्त्र' में वर्णित रंगमंच का स्वरूप-विश्लेषण अपने आप में पर्याप्त पूर्ण एवं वैज्ञानिक है। साथ ही संस्कृत नाट्य-परम्परा इस बात का प्रमाण है कि भरत-कल्पित रंग-अवधारणाएँ मात्र सैद्धान्तिक न होकर पूरी तरह से व्यावहारिक थीं तथा रंगकला-दृष्टिपरक पूरी की पूरी व्यवस्था वैज्ञानिक आधारों पर खड़ी थी। इसके अतिरिक्त भारतीय लोकधर्मी नाट्य परम्परा साक्षी है कि लोक-नाट्यों के खुले रंगमंच ने पारसी रंगमंच को प्रभावित किया। संस्कृत नाटकों से कुछ प्रभाव तो पारसी नाटक के लिए ही थे, साथ ही अनेक स्तरों पर लोक-रंगकला का ग्रहण पारसियों ने किया, जैसे प्रत्येक अंक के अन्त में मौन झाँकी दिखाने की प्रथा रामलीला तथा रामलीला की झाँकियों से प्राप्त हुई।

वस्तुतः पारसी रंगमंच ने सबसे बड़ा योगदान हिन्दी भाषा-भाषियों को अपनी नाट्य-परम्परा की ओर आकृष्ट कराने में दिया। इस प्रकार इसने नाटक की परम्परा को प्रचलित रखा। सभी भारतीय भाषाओं के रंगमंच को प्रभावित करना पारसी नाटक की बहुत बड़ी सिद्धि है। इससे प्रेरणा पाकर विभिन्न शहरों में नाटक-क्लब बने। डॉ. भानुदत्त शुक्ल का मत है, "पारसी कम्पनियों ने अभिनय-कला को शिक्षित तथा उनसे भी अधिक अशिक्षित जनता के मनोविनोद का सर्व-प्रमुख साधन बना दिया।"[11] श्री जयनाथ नलिन भी स्वीकार करते हैं—"रंगमंचीय नाटकों ने पारसी रंगमंच पर हिन्दी की प्रतिष्ठा करने में प्रशंसनीय कार्य किया, जनता में हिन्दी नाटकों के लिए रुचि उत्पन्न की, उनसे किसी सीमा तक हिन्दी-प्रचार को भी गति मिली।"[12]

यद्यपि अधिकांश विद्वत्जन पारसी-हिन्दी नाटक को असाहित्यिक घोषित करते हैं तथा यह समझते हैं कि—"इन कम्पनियों का कोई विशेष धनात्मक मूल्य न आँक कर इनके निषेधात्मक मूल्यों पर ही विचार करना अधिक संगत है।"[13] समकालीन कवि-लेखक मण्डली ने भी इन्हें घटिया, बाजारू एवं रंग-बिरंगे सीन-सीनरियों वाला रंगमंच कहकर इनके प्रस्तुतीकरण के स्तर पर ही इनका मूल्य आँका है, तथापि यह तो मानना ही पड़ेगा कि पारसी थियेटर में रंगमंचीय तड़क-भड़क एवं नाटकीय सूझ थी। दर्शक को आकृष्ट करने का फार्मूला इनके पास था और जनरुचि से इनका सम्पर्क बना रहा। इसमें सन्देह नहीं कि इस सफलता की प्राप्ति के लिए यह सस्ते मनोरंजन के साधनों के प्रयोग में कसर नहीं छोड़ते थे, किन्तु एक सीमा तक यह बात गलत नहीं है कि "यह बहु मन्तव्यी तथा विविध पक्षीय नाटक हर प्रकार के दर्शकों की तृप्ति करता था।"[14]

पारसी रंगमंच की एक अन्य विशेषता यह है कि इसके अन्तर्गत राष्ट्रीय तथा जातीय गौरव सम्बन्धी नाटकों का सृजन एवं प्रस्तुतीकरण खूब हुआ। अतः यह रंगमंच आंतरिक रूप से शुद्ध भारतीय परम्परा से जुड़ा है। प्राचीन भारतीय जीवन एवं सभ्यता-संस्कृति की गौरव-गरिमा के प्रदर्शन का जैसा अद्वितीय कार्य भारतेन्दु एवं 'प्रसाद' के नाटकों ने किया, वैसा एक सीमा तक पारसी नाटकों में भी हुआ। विदेशी शासन से संघर्षरत भारतीय मन की अपराजेयता का यह स्वरूप पारसी रंगमंच में भी अभिव्यक्त था—डॉ. लक्ष्मीनारायण लाल ने लिखा है—"आगा हश्र कश्मीरी, राधेश्याम कथावाचक, नारायण प्रसाद 'बेताब' तथा अन्य तथाकथित मुंशियों ने राष्ट्रीयता की दमित भावनाओं से भरपूर नाटकों को लोकप्रिय बनाया।"[15]

पारसी नाटकों में प्रयुक्त पौराणिक-धार्मिक घटनाओं के चित्रण में विकृति एवं कृत्रिमता थी, किन्तु यह भी सत्य है कि पारसी नाटकों ने हिन्दी के जागरूक बुद्धिजीवी नाटककारों को एक साथ अपने अस्तित्व की मूलभूत शक्तियों एवं स्रोतों की ओर उन्मुख होने की दिशा दी[17], चाहे वह सब कुछ प्रतिक्रिया रूप में ही क्यों न हुआ हो।

पारसी रंगमंच की सबसे बड़ी सीमा प्रस्तुतीकरण के स्तर पर थी। सस्ते मनोरंजन के स्तर पर उतर कर जब पारसी नाटक फूहड़ अश्लील अभिनय प्रस्तुत करते थे तो भारतेन्दु अथवा 'प्रसाद' जैसे जागरूक साहित्यकारों का प्रतिक्रिया व्यक्त करना स्वाभाविक ही था। यही कारण है कि हिन्दी साहित्य के सभी नाटककारों में पारसी थियेटर से बचकर चलने का सजग प्रयास है। यद्यपि यह भी सत्य है कि "भर्त्सना करने पर भी भारतेन्दु ने पारसी रंगमंचीय शैली और नाट्यकला के आवश्यक तत्त्वों को अपना कर अपने नाटकों को प्रस्तुत किया।"[18] प्रसाद के नाटकों पर भी पारसी रंगमंच की मूलभूत रूढ़ियों, पद्धतियों और शैलियों की स्पष्ट छाप है।

समग्रतः व्यावसायिक सफलता एवं अर्थलाभ का लक्ष्य दोनों ही पारसी-रंगमंच को वहाँ ले गये, जहाँ नाटक का उद्देश्य मात्र प्रेक्षक को रंगभवन में लाकर बैठाना ही रह गया। व्यावसायिक दृष्टि से सफलता की कामना ने पारसी थियेटर के कलात्मक अनुभूतिपरक श्रेष्ठ रूप को ग्रस्त कर रखा था। अभिनय कला के क्षेत्र में पारसी रंगमंच का योगदान श्रेयस्कर नहीं कहा जा सकता। डॉ. शशि शेखर नैथानी का मत है—"हाँ, अभिनय के क्षेत्र में ये कम्पनियाँ हिन्दी नाटक को कुछ न दे सकीं... अश्लीलता तथा कामुकतापूर्ण भाव-विलास में ये नौटंकियों से भी आगे बढ़ी हुई थीं।"[19]

अतः पारसी रंगमंच का महत्व इस बात में है कि इसने हिन्दी-नाट्य-परम्परा को जीवित रखा। पूर्ण रूप से व्यावसायिक रंगमंच होने के कारण हिन्दी-रंगमंच के विकास में किसी नयी रंगदृष्टि की खोज करने में यह असमर्थ रहा। हिन्दी-नाट्य-सृजन-क्षेत्र में भी इनका योगदान महत्त्वपूर्ण नहीं कहा जा सकता। कारण, इनके नाटककार वैतनिक थे, जो निर्देशक-मैनेजर की आज्ञा एवं इच्छा के अनुरूप ही कृति तैयार करते थे, किसी समर्थ सक्षम नाट्यानुभूति को प्रस्तुत कर जीवनानुभूति को सार्थक रूप देने का उद्देश्य तथा स्वतन्त्रता इनके पास नहीं थी।

सन्दर्भ

1. डॉ. लक्ष्मीनारायण लाल, 'पारसी-हिन्दी रंगमंच', पृ. 18
2. वही, पृ. 18
3. आचार्य नन्ददुलारे वाजपेयी, 'आलोचना', नाटकांक, सम्पादकीय
4. डॉ. देवर्षि सनाढ्य, 'हिन्दी के पौराणिक नाटक', पृ. 221
5. डॉ. लक्ष्मीनारायण लाल, 'पारसी-हिन्दी रंगमंच', पृ. 78-80
6. वही, पृ. 101
7. श्री बलवन्त गार्गी, 'रंगमंच', पृ. 171
8. डॉ. श्रीमती विद्यावती लक्ष्मणराव नम्र, 'हिन्दी रंगमंच और पंडित नारायण प्रसाद 'बेताब', पृ. 43
9. Shymala Shiveshwarkar, Arcticle, 'The Rise and Decline of Parsi Theatre', 'The Hindustan Times', Sunday Magazine, 21 March, 1976
10. Ibid.

11. डॉ. श्रीकृष्णलाल, 'आधुनिक हिन्दी साहित्य का विकास', पृ. 271
12. डॉ. भानुदत्त शुक्ल, 'भारतेन्दुयुगीन नाट्य साहित्य', पृ. 304
13. श्री जयनाथ नलिन, 'हिन्दी नाटककार', पृ. 36
14. डॉ. बच्चनसिंह, 'हिन्दी नाटक', पृ. 173
15. श्री बलवन्त गार्गी, 'रंगमंच', पृ. 173
16. 'साप्ताहिक हिन्दुस्तान', 30 जनवरी 1972, पृ. 27
17. 'हिन्दी साहित्य', तृतीय खण्ड, श्री लक्ष्मीकान्त वर्मा, निबन्ध, 'हिन्दी रंगमंच', पृ. 471
18. डॉ. देवर्षि सनाढ्य 'हिन्दी के पौराणिक नाटक', पृ. 262
19. डॉ. शशिशेखर नैथानी, 'जयशंकर प्रसाद और लक्ष्मीनारायण मिश्र के नाटकों का तुलनात्मक अध्ययन', पृ. 14

आधुनिक हिन्दी-रंगमंच

युगीन चेतना तथा प्रेरक स्रोत

नाट्य-दृष्टि को समझने के लिए युगीन चेतना के परिप्रेक्ष्य को सही सन्दर्भों में ग्रहण करना नितान्त अपेक्षित है। युग-परिप्रेक्ष्य की सही समझ न होने पर युगीन यथार्थ तथा रचनाकार के सृजनात्मक व्यक्तित्व के बीच सम्बन्ध का अन्वेषण प्रायः नहीं होता। सही दृष्टि के अभाव में साहित्यिक मूल्यांकन अनेक प्रकार की ऐसी संकीर्णताओं और विसंगतियों में भटकने लगता है, जिनसे रचनाकार तथा पाठक दोनों के स्खलित होने की स्थिति आ जाती है। श्रेष्ठ साहित्य युग के सम्पूर्ण बोध को प्रत्यक्ष-अप्रत्यक्ष, मूर्त्त-अमूर्त्त संकेतों-प्रतीकों से रेखांकित करता है। यही कारण है कि प्रत्येक युग के साहित्य की अपनी अलग विशेषता होती है, जो बहुत कुछ उस युग के प्रभाव-दबाव या युग की सामाजिक परिस्थितियों से उत्पन्न होती है। युग सत्य के साथ यदि लेखक तीव्रता से साक्षात्कार नहीं करता तो वह मार्मिक और सार्थक साहित्य का सृजन नहीं कर पाता। कहना न होगा कि लेखक की अनुभूति उसकी परिवेशगत सीमाओं से बाहर नहीं हो सकती। इसीलिए बड़े लेखक अपनी परिस्थिति के साथ शाश्वत का सामयिक के साथ मौलिक परिपार्श्विक स्तरों पर सम्बन्ध रखते हैं। युगीन वास्तविकता की उपलब्धि बहुत सरल नहीं है। कलाकार को वास्तविक अनुभव के बीच के अन्तर्विरोध तथा संघर्ष को जीवन-दर्शन से प्राप्त सामाजिक-नैतिक परिकल्पनाओं में ढालना पड़ता है। इसी बिदु पर उसका साहित्य कलात्मक सृजन की प्रभावोत्पादक व्यापकता के साथ सांस्कृतिक सृजन-प्रक्रिया बन जाता है। परिप्रेक्ष्य के इन्हीं बृहत् स्तरों की विशालता एवं गहराई के कारण 'प्रसाद' के नाटक मात्र ऐतिहासिक न होकर ऐतिहासिक-सांस्कृतिक अथवा राष्ट्रीय-सांस्कृतिक नाटक हैं, जिनमें युगीय चेतना अत्यन्त प्रबल एवं प्रखर है।

आधुनिक काल हिन्दी साहित्य की विचार-क्रान्तिमूलक परम्परा का सर्वाधिक महत्त्वपूर्ण काल है। इस प्रकार से उन्नीसवीं-बीसवीं शताब्दी भारतीय जनजीवन और

साहित्य के क्षेत्र में नवजागरण (रिनेसां) नवोत्थान एवं आधुनिकता के उत्तरोत्तर विकसित होते हुए प्रभाव की शताब्दी है।[1] राजनीतिक, सामाजिक, सांस्कृतिक और धार्मिक दृष्टियों से 19वीं शताब्दी का उत्तरार्द्ध और बीसवीं शताब्दी का आरम्भ इतना विशिष्ट है कि इस युग के साहित्य में पुनरुत्थान की प्रवृत्ति मुखर है। विश्व के विभिन्न देशों की विचारधाराओं से पुष्ट भारतवर्ष के देशव्यापी आन्दोलनों और परिवर्तनों से प्रेरित यह काल राष्ट्रीय चेतना की प्रेरणा के प्रसार से जगमग शतक है। स्वतन्त्रता आन्दोलन का उद्देश्य मात्र राजनीतिक नहीं रहा, एक सीमा पर वह देशव्यापी नवजागरण का आन्दोलन कहा जा सकता है। राष्ट्रीयता और पुनरुत्थान की चेतना इतनी तीव्रता के साथ परिव्याप्त हो गयी कि सजग कलाकार उसको व्यक्त करने के माध्यम बन गये। देश में अंग्रेजों की साम्राज्यवादी नीति का भण्डाफोड़ होने के कारण राष्ट्रीय चेतना में नयी धारा पैदा हो गयी तथा स्वतन्त्रता एवं स्वायत्तता की प्राप्ति के लिए जनमानस पूरी तरह तैयार हो गया। पाश्चात्य संस्कृति के सम्पर्क से नवीन ज्ञान के वातायन खुले और भारतीय जीवन का ठहराव उस चेतना के धक्के से गतिशील हो उठा। रीतिवाद के स्थान पर बुद्धिवाद, मायावाद के स्थान पर मानववाद-मानवतावाद, भावना के स्थान पर यथार्थवाद और तर्कवाद की स्थापना हुई। मध्यकालीन बोध छँटने लगा तथा नवीन सांस्कृतिक आन्दोलनों की जीवन्तता और जीवट ने जनजीवन, धर्म-दर्शन तथा समाज और साहित्य में युगान्तर उत्पन्न कर दिया। नवीन शिक्षा-पद्धति ने वैज्ञानिक और व्यापक अन्तर्दृष्टि के प्रभाव-दबाव से जर्जरित, मृतप्राय, जड़ता-ग्रस्त, रूढ़िवादी, अन्धानुगामी रीतियों पर प्रबल आघात किये। प्राचीन व्यवस्था छिन्न-भिन्न होकर लुप्त होने लगी। भगवान को केन्द्र से हटाकर मनुष्य को केन्द्र में स्थापित किया गया।

भारत में यूरोप के लोगों के आगमन से दो भिन्न संस्कृतियों की टकराहट फलस्वरूप एक नवीन चेतना का उदय हुआ जिससे हमारे आधुनिक काल को नयी दृष्टि तथा नया दृश्य प्राप्त हुआ। संस्कृतियों के सम्पर्क से एक सामासिक संस्कृति का जन्म हुआ—'अतएव भारत में नवोत्थान का जो आन्दोलन हुआ, उसका लक्ष्य अपने धर्म, अपनी परम्परा और अपने विश्वासों का त्याग नहीं, प्रत्युत यूरोप की विशिष्टताओं के साथ उनका सामंजस्य बिठाना था।[2] ईसाई पादरी तथा अंग्रेजी पढ़े लोग आरम्भ में भारतीय संस्कृति की निन्दा कर रहे थे। किन्तु भारतीय संस्कृति ने अपने को हेय मानकर यूरोप के सामने घुटने नहीं टेके। न ही वह अपने को भूलकर यूरोप की अनुकृति में पड़ गयी। पाश्चात्य चेतना से उत्पन्न नवीन प्रभाव को डॉ. रमेश कुन्तल मेघ ने भारतीय संस्कृति में पाँचवें रेनेसां की प्रबल भूमिका कहा है।[3] किन्तु अधिकांश विद्वान भारतीय नवोत्थान का सम्बन्ध वेदान्त से जोड़ते हैं—'वेदान्त ने बुद्ध का साथ दिया, वेदान्त ने शंकर को चमकाया, वेदान्त के आधार पर कबीर और

नानक सत्य सिद्ध हुए, वेदान्त की नयी व्याख्या करके रामानुज ने भक्ति का मार्ग प्रस्तुत किया, जब ईसाइयत तथा विज्ञान भारत पहुँचे तो फिर भारत ने वेदान्त का सहारा लिया। जिस नवोत्थान का आरम्भ राजा राममोहन राय, दयानन्द, विवेकानन्द, तिलक और गाँधी ने किया, वेदान्त उस आन्दोलन की रीढ़ है।[4]

यूरोप की अधिभौतिकता की टक्कर से भारत की नींद उड़ गयी। उसने अपनी प्राचीन संस्कृति का पुनर्मन्थन किया तथा उसे ज्ञात हुआ कि सब कुछ है, परन्तु नयी दृष्टि नहीं है। सांस्कृतिक नवोत्थान के नेताओं ने मध्ययुगीन-बोध के ऊपर प्रहार कर नवीन आधुनिक चेतना का आरम्भ किया। मानव मुक्ति, स्वतन्त्रता, स्वायत्तता, लोकतन्त्र और राष्ट्रीयता के लिए संघर्ष का संकल्प दृढ़ किया। इसी संकल्प से राष्ट्रीय सांस्कृतिक क्रान्ति का जन्म होता है, सन् 1857 की क्रान्ति के बाद ही जीवन के सभी क्षेत्रों में नवजागरण के संकेत मिलते हैं।[5] 1857 की क्रान्ति में अंग्रेजों के साथ भारतीय पूँजीवादी शक्तियों का चरित्र स्पष्ट हो गया। ब्रिटेन की साम्राज्यवादी-उपनिवेशवादी नीति का परिणाम यह हुआ कि भारतीय जनता ने अपना शत्रु ठीक से पहचान लिया। इसी पहचान ने भारतीय जनमानस के राष्ट्रीय आन्दोलन की भूमिका को तैयार किया। देश की सम्पूर्ण मानसिकता का यह बदलाव मानव-मुक्ति आन्दोलन का सबसे बड़ा रूप है।[6] ब्रिटेन की शोषण-नीति जितनी उग्र होती गयी, भारतीय राष्ट्रीयता उतनी ही सावधानी से उसका सामना करती रही। विश्वविद्यालय ऐक्ट पास करके लार्ड कर्जन ने रही-सही स्वतन्त्रता भी छीन ली। यह भी स्पष्ट कर दिया कि भारतीय उच्च पदों पर नहीं रखे जाएँगे। प्रेस पर नियन्त्रण लगा दिया। हिन्दू-मुसलमानों के मध्य फूट डालने की नीति में असफल लार्ड कर्जन ने बंगभंग का काम किया। अंग्रेजों का विचार था कि बंगाल की राजधानी कलकत्ता अनेक दृष्टियों से बौद्धिक, सामाजिक, सांस्कृतिक और राजनीतिक शक्तियों का केन्द्र है। इसी दृष्टि से राष्ट्रीय आन्दोलन को गुमराह करने का उपाय बंगभंग सोचा गया। साथ ही अंग्रेजों ने यह भी फैलाया कि मुसलमान उन्हें हिन्दुओं से अधिक प्रिय हैं। इसी सलाह से मुसलमानों ने राजनैतिक अधिकारों की माँग की, जिसे लार्ड मिन्टो ने स्वीकृति प्रदान की।[7]

सन् 1914 से 1918 तक चले प्रथम विश्व-युद्ध ने भी भारतीय राजनीति पर गहरा प्रभाव डाला। भारतीयों से सहयोग लेकर अंगरेजों ने उन्हें धोखा दिया। भारत का व्यापार तो चौपट हुआ ही, देशव्यापी मन्दी भी फैल गयी। किन्तु जन-नायक गाँधी ने स्वतन्त्रता की धारा को गुमराह नहीं होने दिया। गाँधी के नेतृत्व में पूरे देश ने 'रौलट ऐक्ट' का विरोध किया और प्रथम बार राष्ट्रीय स्तर पर जन-आन्दोलन चला। जलियाँवाला बाग की विशाल सभा में नृशंसतापूर्वक चलायी गयी गोली से देश का सम्पूर्ण वातावरण फुफकार उठा। पंजाब में 'मार्शल ला' लागू किया गया

तथा जनता ने खुले रूप से सरकारी बैंकों की लूट की। देश के नेताओं, विद्यार्थियों तथा जनता ने तन-मन-धन से गाँधी के आदेश का पालन किया। इस आन्दोलन से देश की चेतना में उत्पन्न जागरण के प्रमाण तत्कालीन साहित्य में उपलब्ध होते हैं।

सन् 1927 में साइमन कमीशन का बहिष्कार किया गया तथा 1929 में लाहौर कांग्रेस अधिवेशन में जवाहरलाल नेहरू द्वारा स्वाधीनता का घोषणा-पत्र रखा गया। इसमें कहा गया–'अंगरेजी सरकार ने भारतवासियों की स्वतन्त्रता का अपहरण ही नहीं किया, बल्कि उसका आधार भी गरीबों के रक्त-शोषण पर है और उसने आर्थिक, राजनीतिक, सांस्कृतिक और आध्यात्मिक दृष्टि से भारतवर्ष का नाश कर दिया है। अतः हमारा विश्वास है कि भारतवर्ष को अंगरेजों से सम्बन्ध-विच्छेद करके पूर्ण स्वराज्य या स्वाधीनता प्राप्त कर लेनी चाहिए।'[8]

देश में स्थान-स्थान पर सभाएँ हुईं। अंगरेजों के विरुद्ध नारा बुलन्द करते हुए युवा पीढ़ी ने संकल्प किया कि पूँजीपतियों तथा जमींदारों से साठ-गांठ रखने वाली फिरंगी सरकार को उखाड़ कर दम लेंगे।

हिन्दी साहित्य में आधुनिकता की ओर उन्मुखता का सूत्रपात भारतेन्दु-युग में ही हो गया था। आचार्य शुक्ल ने ठीक ही कहा है कि भारतेन्दु जी ने 'हिन्दी साहित्य को भी नये मार्ग पर लाकर खड़ा कर दिया'[9] तथा 'हमारे साहित्य को नये-नये विषयों की ओर प्रवृत्त करने वाले भारतेन्दु ही हुए।'[10] इस प्रकार हमारे जीवन तथा साहित्य के बीच जो सम्बन्ध-विच्छेद हो गया था, उसमें घनिष्ठता स्थापित हुई। 'धन पक्ष में पहिली उल्लेखनीय प्रवृत्ति सांस्कृतिक चेतना ही है। मूलतः इस काल में यह भी राष्ट्रीय जाग्रति के साथ सम्बद्ध रही। भारतेन्दु से लेकर मैथिलीशरण गुप्त और उनके शिष्यों तक की परम्परा, एक साथ ही राष्ट्रीय चेतना और सांस्कृतिक चेतना के विकास की परम्परा थी।'[11]

इस समस्त पीढ़ी के मानसपट के ताने-बाने राष्ट्रवाद के प्रमुख सूत्रों से बने हैं। हमारे पुनरुत्थान का यह साहित्य हमारी राष्ट्रीय चेतना का ही अंग है। नयी परिस्थिति और नये परिवेश का मूल भारतीय संस्कृति के प्राचीन स्रोतों में खोज निकालने की हवा फिर बहने लगी और हमारा प्राचीन मानवतावाद अन्वेषण से सिद्ध हुआ। जातीय जीवन के प्रति एक प्रबल उदारतावाद उदित हुआ और जातीय क्रान्ति-चेष्टाएँ राष्ट्रीय क्रान्ति-चेष्टाओं में बदल गयीं। व्यक्तिवाद का उदय स्वयं व्यक्ति-स्वातंत्र्य या स्वच्छन्दतावाद का आग्रह था। एक प्रकार से यह प्रवृत्ति अंगरेजी साहित्य से परिचय से ही आरम्भ हो गयी थी। यह एक संयोग है कि हमारा अंगरेजी साहित्य से परिचय उस समय हुआ, जबकि यह प्रवृत्ति वहाँ अत्यन्त प्रबल थी। परिस्थितियों के प्रभाव ने ही यहाँ स्वच्छन्दतावादी दृष्टि को महत्त्व दिया। "छायावाद ने काव्यात्मक ढंग से नर-नारी दोनों की पुरानी सामाजिक और नैतिक रूढ़ियों की दासता से मुक्त होने की कामना को वाणी दी,

किस प्रकार उसने जड़ सामूहिकता में बँधे हुए व्यक्ति की वैयक्तिकता के लिए संघर्ष किया और फिर उसके विकास में सहयोग दिया और किस तरह छायावाद ने मानव मन में सार्वभौम भावना का बीजारोपण करके उसका विस्तार किया। इन सभी बातों का सम्बन्ध समकालीन सामाजिक जीवन से है।"[12] एक मोहभंग यह भी हुआ कि प्राचीनता की प्रतिमा ही खण्डित हो गयी और नवीन प्रतिभाओं के निर्माण में प्राचीनता के भीतर से नवीनता को अन्वेषित किया गया। स्वाधीनता-प्राप्ति से पूर्व का काल रूढ़ियों के टूटने के लिए विशेष रूप से उल्लेखनीय है। सामन्तकालीन जीवन पद्धति की जो रूढ़ियाँ फिरंगी शासन से दृढ़ हुई थीं, वह यदि कड़-कड़ाकर टूटी नहीं तो उनमें दरार अवश्य पड़ गयी। यह सब इस युग की पूरी की पूरी साहित्यिक पीढ़ी के मानसिक गठन में स्पष्ट परिलक्षित होता है। जिन लेखकों में यह प्रभाव दिखाई न दे, उन्हें युगीन चेतना से शून्य तथा युग-परिवेश एवं समस्या के प्रति अबोध समझना चाहिए। राष्ट्रीय-सांस्कृतिक आन्दोलन के प्रति जागरूक सभी लेखक सामन्तों की शृंगार-भाषा ब्रजभाषा से मुक्ति पाकर खड़ी बोली पर आ गये थे और अन्ततः यही मानव-मुक्ति की भाषा बनी। बदली हुई संवेदना पुरानी भाषा में अभिव्यक्ति पाने में असमर्थ थी। जिस नवीन संस्कृति की उद्भावना हो रही थी, उसके प्रतिमान खड़ी बोली में ही उपस्थित किये जा सकते थे। इस काल के बुद्धिमान एवं जागरूक लेखक प्राचीन इतिहास-पुराण के भण्डार में इसलिए उतर गये कि वह नये जीवन मूल्यों के प्रतिमानों को समय की सम्पूर्ण प्रासंगिकता के साथ सम्पूर्ण सांस्कृतिक बोध से उपस्थित कर सकें।

युगीन चेतना की महत्वपूर्ण रचनात्मक प्रवृत्ति एक विशिष्टतामूलक सामाजिक चेतना भी थी। इसके लिए विदेशी प्रभाव तो उत्तरदायी था ही, भारत का ऐतिहासिक विकास तथा घटनाक्रम भी उत्तरदायी था—"यह कहना कदाचित् अप्रासंगिक नहीं होगा कि बीसवीं शती के आरम्भ में सामाजिक सुधार और परिवर्तन की प्रवृत्तियाँ जितनी तीव्र थीं, उतनी बाद के राजनीतिक संघर्ष-युग में नहीं रहीं।"[15] सामाजिक चेतना ने सांस्कृतिक चेतना को प्रकट किया तथा राजनीतिक चेतना भी इसी का अंग है। यह भाषा सम्बन्धी चेतना का भी काल है। आचार्य महावीर प्रसाद द्विवेदी ने जन-मानस की अभिव्यक्ति की भाषा के रूप को स्थिर करने में जो कार्य किया, उसके बारे में नन्ददुलारे वाजपेयी ने लिखा—"नये विचार और नयी भाषा—नया शरीर और नयी पोशाक दोनों ही नयी हिन्दी को द्विवेदीजी की देन है। इसी कारण वे नयी हिन्दी के प्रथम और युग-प्रवर्त्तक आचार्य माने जाते हैं। द्विवेदीजी और उनके साथियों का महत्त्व नये निर्माण के लिए प्रचुर और अनेकमुख सामग्री भेंट करने में है। साहित्य के क्षेत्र में किसी एक व्यक्ति पर इतना बड़ा उतरदायित्व इतिहास की शक्तियों ने कदाचित पहली बार रखा था...।"[14]

हिन्दी अपनी मूल परम्परा में ही जन-विद्रोह, जन-विश्वास, जन-चेतना और जनहित की भाषा रही है। उसके निर्माण एवं संस्कार में द्विवेदी युग के पश्चात् छायावाद के कवि एवं नाटककारों ने सर्वाधिक महत्वपूर्ण योगदान दिया। भाषा सम्बन्धी जाग्रति का काल छायावाद अपनी ग्रहणशीलता और निर्माणशीलता में अद्भुत भूमिका प्रस्तुत करता है। इन पुनरुत्थानवादी युग की सम्पूर्ण चेतना ने 'प्रसाद' जैसे व्यक्तित्व को जन्म दिया। 'कंकाल' एवं 'तितली' में यथार्थवाद के संकेत हैं तथा उनके नाटक एवं काव्य प्रतिमानों की एक विशेष अवस्था में राष्ट्रीय एवं सांस्कृतिक दृष्टि के सर्वोपरि विजय-चिह्न हैं। कहना न होगा कि राजनीतिक क्षेत्र में जो काम गाँधीवाद कर रहा था, साहित्यिक-सांस्कृतिक क्षेत्र में वही छायावाद कर रहा था।

प्रसादयुगीन नाट्य-चेतना में राष्ट्रीयता तथा नवजागरण की भावनाओं पर गहराई से दृष्टिपात किया जाना चाहिए, क्योंकि शताब्दियों के पश्चात् देश के समस्त राजनीतिक जीवन में राष्ट्रीयता का संचरण उन्नीसवीं शताब्दी के उत्तरार्द्ध एवं बीसवीं शताब्दी के पूर्वार्द्ध की इतनी बड़ी घटना है कि इसने जीवन का पुराना नक्शा ही बदल दिया। इस शताब्दी पर प्रकाश डालते हुए पंडित जवाहरलाल नेहरू ने लिखा है—'इस शताब्दी का अध्ययन कोई आसान काम नहीं है। यह एक विशाल दृश्य है, एक महान चित्र है और चूँकि हम उसके इतने नजदीक हैं, इसलिए यह हमें पहिले की सदियों के बनिबस्त ज्यादा बड़ी और घनी मालूम होती है। जब हम इस सदी को गूँथने वाले हजारों धागों को सुलझाने की कोशिश करते हैं तो उसकी यह विशालता और उलझन कभी-कभी तो हमें घबड़ा देती है। ...इसी सदी में योरोपीय साम्राज्यवाद एशिया और अफ्रीका की छाती पर जम कर बैठ चुका था।'[5]

इसी शताब्दी में योरोपीय पूँजीवाद की कोख से राष्ट्रीयता को जीवन मिला। समस्त विश्व में राष्ट्रीय आन्दोलन इस शताब्दी में उठ खड़े हुए। देश की धरती ने योरोपीय शक्तियों के साथ इसी शताब्दी में राजनीतिक संघर्ष किये। इस काल ने विश्व भर में जहाँ भी महान साहित्यकारों को जन्म दिया है, वे विश्व बन्धुत्व और जनतन्त्र की स्थापना, मानवीय विचार-स्वातंत्र्य की मान्यता, मध्यवर्ग का अभ्युदय, नये जीवन-मूल्यों के लिए संघर्ष तथा राष्ट्रीयता की भावना से ओत-प्रोत है। नवीन विचारधाराओं के जन्म से मानव-चिन्तन की दिशा में क्रान्ति हुई है। पश्चिम में मार्क्स, रूसो, डार्विन, टालस्टाय के साथ भारत में भी ऐसे अनेक युग-पुरुषों का जन्म हुआ है, जिन्होंने हमारे इतिहास में युगान्तर उपस्थित किया। हिन्दी साहित्य के इतिहास में आधुनिक युग में प्रथम बार साहित्यकार ने मुक्त मन से युग-चेतना को अनुभूति की ईमानदारी एवं अभिव्यक्ति की प्रामाणिकता के साथ प्रकट किया है। पुराने ढांचे से असन्तुष्ट सुधारक एवं साहित्यिक एक ऐसा संसार निर्मित करना चाहते थे, जिसमें मानवीय गरिमा एवं औदात्य की महत्व-प्रतिष्ठा हो।

विदेशी आक्रान्ताओं, ने भारतीय आत्मगौरव को कुचलने का हर सम्भव प्रयास किया। भारतीय इतिहास को विकृत करने में उनके प्रयत्न छिपे नहीं रहे हैं। समस्त जनता में एक हीन मानसिकता एवं दयनीय दशा का संचार देखकर जागरूक साहित्यकार की दृष्टि भारत के अतीत की ओर गयी। गौरवमय अतीत के उद्घाटन के माध्यम से आत्मगौरव तथा आत्मविश्वास को स्थापित करने का भरपूर प्रयास उन्होंने किया। उन्हें प्रतीत हुआ कि अतीत के माध्यम से युगानुकूल सत्य तथा आदर्श पुनः सृजित किया जा सकता है। ऐसा करने के लिए अतीत को आँख मूँद कर अपना लेने के पक्ष में वह न थे, क्योंकि उनके मन में अतीत एवं वर्तमान के समन्वय की भावना थी। अतीत और वर्तमान के बीच जो सम्बन्ध सेतु उड़ गया था, उसे निर्मित करने का कार्य भारतेन्दु से आरम्भ हो गया था और छायावाद-युग तक लगातार चलता रहा। 'प्रसाद' ने इस क्षेत्र में सर्वाधिक महत्वपूर्ण कार्य किया। युगीन अन्तर्मानसिकता में प्रत्यावर्तन के लिए उनका मन गहरे संघर्ष कर रहा था। यही कारण है कि भारतेन्दु की तरल सामाजिक राष्ट्रीय चेतना 'प्रसाद'-साहित्य में प्रबल एवं प्रगाढ़ हो जाती है।

सामाजिक प्रवृत्तियों एवं धार्मिक वितंडावाद के जो आन्दोलन चल रहे थे, उनका प्रभाव भी साहित्य पर पड़ना सहज ही था। गलित परम्पराओं को मिटाकर अथवा नया उपचार करके योरोपीय विशिष्टताओं के साथ भारतीय आदर्शों का समन्वय भी करना था। इसी दृष्टि का परिणाम है कि 'प्रसाद' के नाटक भारतीय विशिष्टताओं के साथ पाश्चात्य प्रभावों का भी समन्वय करते हैं। भारतीय इतिहास के नव-निर्माण की उत्कट लालसा उनके मन में थी। 'विशाख' की भूमिका में उन्होंने लिखा है—'इतिहास का अनुशीलन किसी भी जाति को अपना आदर्श संगठित करने के लिए अत्यन्त लाभदायक होता है....क्योंकि हमारी गिरी दशा को उठाने के लिए हमारी जलवायु के अनुकूल जो हमारी अतीत सभ्यता है, उससे बढ़कर उपयुक्त और कोई भी आदर्श हमारे अनुकूल होगा कि नहीं, इसमें हमें पूर्ण सन्देह है।.... मेरी इच्छा भारतीय इतिहास के अप्रकाशित अंश में से उन प्रकाण्ड घटनाओं का दिग्दर्शन कराने की है, जिन्होंने हमारी वर्तमान स्थिति को बनाने का बहुत कुछ प्रयत्न किया है।[15] इतिहास की परिधि में वास्तविक घटनात्मक तथ्यों को ही स्वीकृति मिलती है। इस दृष्टि से इतिहास अतीत से वर्तमान का संवाद है। इसे यों भी कह सकते हैं कि यह सामूहिक संचेतना बौद्धिक प्रत्ययों की अवधारणा और भावात्मक प्रवृत्तियों की अन्तर्दृष्टि है, जिसमें 'विकास प्रक्रिया'[18] और 'अनुभवों की कथा' का तथ्यात्मक आलेखन होता है। भारतीय मनीषियों की दृष्टि परिवर्तनशील अतीत में से उन प्रवृत्तियों के अनुसंधान की रही है, जो जीवन को उदात्त वृत्तियों से मंडित करती है। व्यक्ति की अपेक्षा समष्टि को प्रधानता मिली है। इसीलिए इतिहास के

अविच्छिन्न घटना-प्रवाह में से सत्यशोधन की प्रक्रिया ही अपनायी गयी है। इतिहास की कलात्मक अभिव्यक्ति का नाम है साहित्य, जिसे आचार्य शुक्ल 'जनता की चित्तवृत्ति का संचित प्रतिबिम्ब' मानते हैं।[19] राष्ट्र की अखंड चेतना का पुँजीभूत इतिहास है। इसीलिए समर्थ साहित्यकार का यह दायित्व है कि वह राष्ट्र-निर्माण चेतना में उसे नये जीवन-मूल्यों से दुर्निवार इकाई बना कर जोड़ दे। इसी दृष्टि में पूर्ण निष्ठा रखने के कारण प्रसाद ने प्राचीन ऐतिहासिक और सांस्कृतिक स्रोतों से प्रेरणा ग्रहण करते हुए नाट्य-सृजन किया है। पराधीन देश की आत्मा को अतीत के गौरवशाली अंश सुनाकर ही पुनर्जाग्रत किया जा सकता है। यह उद्देश्य भी प्रसाद के उपरोक्त कथन में प्रतिध्वनित है। राष्ट्र की सुप्त आत्मा जगाने के साथ ही उन्होंने स्कन्दगुप्त और चन्द्रगुप्त जैसे ऐतिहासिक नायकों को आदर्श के रूप में उपस्थित किया, जो देश और जाति के लिए प्राण न्यौछावर करने में ही अपने को धन्य समझते हैं। 'मेरी इच्छा भारतीय इतिहास....' वाले लम्बे उद्धरण का मूल तात्पर्य यही है कि 'प्रसाद' ने वर्तमान की जटिल समस्याओं को सुलझाने का उपचार अतीत के गौरवमय पृष्ठ को पलट कर ही किया है। इसलिए प्रेरणा का मूल अतीत में न होकर वर्तमान में निहित है, जिसे वह अपने अनुभवों की तात्कालिकता से युगीन जीवन्तता प्रदान करते हैं। ऋषि व्यक्तित्व वाले प्रसाद भारतीय संस्कृति के त्रिकालदर्शी व्याख्याता होने के साथ शैवानन्दवाद के उपासक तथा छायावाद के महारथी हैं। वह सभी ओर अन्तर्मुखी, आदर्शवादी और रोमाण्टिक आवरण डाल देते हैं, किन्तु नकली यथार्थवाद और थोथे बुद्धिवाद से समझौता करने को तैयार नहीं हैं।

भारतेन्दु युगीन रंगमंच

भारतेन्दु बाबू का आगमन हिन्दी-रंगमंच के क्षेत्र में एक युगान्तकारी घटना है। यह ऐसा युग था, जब नाटक से तात्पर्य खेल-तमाशे आदि से लिया जाता था। पारसी रंगमंच का ध्येय मनोरंजन कराना था। नवाबी रंगमंच का 'रहस्य' शाही महलों के भीतर की रंगरेलियों तक ही सीमित था। नाट्यकला की सामाजिक स्थिति भी सम्मान्य न थी। भारतेन्दु ने नाट्यलेखन तथा प्रदर्शन की नवीन परम्परा को आरम्भ करते हुए हिन्दी-रंगमंच के क्षेत्र में एक नवीन सार्थक नाट्यान्दोलन को जन्म दिया।

नवाबी रंगमंच की सर्वोत्तम रचना अमानत की 'इन्दरसभा' (गीत-नाट्य) का रंगमंचीय इतिहास में विशेष महत्व है। इसे पर्याप्त प्रसिद्धि मिली तथा यह माना जाता है कि 'इन्दर सभा' के अभिनय के लिए पहला हिन्दी रंगमंच केसर बाग में बना, जिसमें लखनऊ के 'रंगीले मियाँ' वाजिद अली शाह ने स्वयं अभिनय किया।[20] भारतेन्दु ने इसे भ्रष्ट नाटक माना। कुँवर चन्द्रप्रकाश सिंह, लक्ष्मीकान्त वर्मा[22] आदि ने भी इसके स्तर की कटु आलोचना की है। किन्तु इस नवाबी रंगमंच ने स्वयं

भारतेन्दु के कुछ नाटकों को प्रभावित किया था। डॉ. गोपीनाथ तिवारी ने 'इन्दर सभा' तथा भारतेन्दु की 'चन्द्रावली' नाटिका की तुलना करते हुए लिखा है—'इन्दर सभा' की जोगिन की 'आँखें' 'भये इश्क से लाल' है तो 'चन्द्रावली' की 'जोगिन की आँखें प्रेम खुमारी से लाल है।' 'इन्दर सभा' का छन्द 'गजल' भारतेन्दु जी के नाटकों—'नील देवी', 'भारत-दुर्दशा'—में प्राप्त होता है। यह प्रभाव पारसी थियेट्रिकल नाटकों तथा 'इन्दर सभा' का ही कहा जा सकता है।'[23]

भारतेन्दु-साहित्य की मूल प्रेरक शक्ति तत्कालीन देश तथा समाज है। देशव्यापी क्रान्तिकारिता, जागरण तथा व्यवस्था के प्रति विद्रोह की प्रवृत्तियों की प्रतिच्छाया तद्‌युगीन रंगमंच में व्यंजित होती है। भारतेन्दु उच्च कोटि के अभिनेता एवं निर्देशक थे। समकालीन नाटक से परिचित होने के साथ ही भारतेन्दु नाटक की प्रभाव-क्षमता से भी परिचित थे। अतः नाट्‌य को उन्होंने युगधर्म की शिक्षा का माध्यम बनाया। 'नाटक' नामक पुस्तक में उन्होंने उल्लेख किया है कि किस प्रकार वह 'नाचघर' में पारसी नाटक शकुन्तला को देखकर क्षुब्ध हुए—'काशी' में पारसी नाटकवालों ने नाचघर में जब शकुन्तला नाटक खेला और उसमें धीरोदात्त नायक दुष्यन्त खोमचेवालियों की तरह कमर पर हाथ रखकर मटक-मटक कर नाचने और 'पतली कमर बल खाय' गाने लगा तो डॉ. थीवो, बाबू प्रमदा दास मित्र प्रभृति यह कहकर उठ आये कि 'अब देखा नहीं जाता, ये लोग कालिदास के गले पर छुरी फेर रहे हैं।'[24]

यही समय था जब भारतेन्दु ने हिन्दी रंगमंच के परिष्कार का संकल्प किया। नाटक की सार्वजनिकता तथा सार्ववर्णिकता को ध्यान में रखते हुए अपने समय में प्राप्त सभी रंगमंचीय प्रवृत्तियों का सामंजस्य कर भारतेन्दु ने नवीन रंगमंच की स्थापना से प्रेक्षक की रुचि को सम्पन्न एवं जागरूक बनाने का कार्य किया। एक प्रकार से उन्होंने लम्बे काल से चली आती हुई रंगमंचीय परम्परा के दुर्भेद्य व्यवधान को स्वयं सेतु बनकर अनेक धरातलों से पाटना और एक नयी परम्परा को पाना चाहा।[25]

'नाटक' नामक निबन्ध में भारतेन्दु ने हिन्दी भाषा का प्रथम नाटक 'नहुष' को माना है तथा राजा लक्ष्मण सिंह के 'शकुन्तला नाटक' को हिन्दी का दूसरा नाटक।'[26] भारतेन्दु के पिता गिरिधरदास कृत 'नहुष' (सं. 1914) नाटक नाट्‌यशास्त्र में वर्णित नाट्‌य-वर्जनाओं को पूरी तरह से अस्वीकार करता है। डॉ. गोपीनाथ तिवारी के मत से इस नाटक में पूर्वी-पश्चिमी परम्पराओं को मिलाने का प्रथम प्रयास हुआ है।[27]

राजा लक्ष्मण सिंह द्वारा गद्य में अनूदित 'अभिज्ञानशाकुन्तलम्' का महत्व इसलिए भी अधिक है कि इसने भावी हिन्दी गद्य के संकेत दिये। स्वयं भारतेन्दु इस गद्य से प्रभावित हुए।[28] विलक्षण बात यह है कि आधुनिक गद्य साहित्य की परम्परा का प्रवर्तन नाटकों से हुआ।[29]

भारतेंदु-युग आधुनिकता का प्रवेश-द्वार है। पुनर्जागरण के इस युग में नये

विषयों तथा नवीन नाट्य-शैली की खोज समय तथा समाज की आवश्यकताओं को ध्यान में रखकर की गयी। अनुकृति तथा अनुवाद की प्रवृत्ति के साथ ही स्वतन्त्र साहित्यिक नाटकों का अभ्युदय हुआ। नाट्यधर्मी रंगमंचीय परम्पराएँ बलवत्तर रूप में यहाँ दृष्टिगत होती हैं। पाश्चात्य सम्पर्क से उत्पन्न नवीन चेतना ने सृजनशील साहित्यिकार को आन्दोलित किया। अंगरेजी साम्राज्यवाद की पराधीनता में कराहता हुआ देश नेत्रोन्मीलन करने लगा। तत्कालीन परिवेश द्वारा दी गयी चुनौतियों को सभी भारतेन्दु युगीन लेखकों ने स्वीकार किया है। यही कारण है कि इनके नाटकों में राष्ट्रीय-सांस्कृतिक दृष्टि की विशेष प्रतिष्ठा हुई है। इससे पूर्व हमारे नाट्य-साहित्य में समाज-सुधार की भावना तो थी, किन्तु साहित्य और समाज के संस्कार की इतनी प्रबल प्रेरणा विद्यमान न थी। साहित्य को नवीन मार्ग पर प्रेरित करना सरल कार्य न था। इसीलिए भारतेन्दु ने देश-विदेश के साहित्य से अपनी दृष्टि निर्मित की तथा जनजागरण की चेतना से सम्पन्न साहित्य का सूत्रपात किया। नवीन साहित्यादर्श ने प्राचीन साहित्यादर्श को बदलने के लिए मजबूर किया। अतः इस काल के लेखकों ने विषयभेद और स्वरूप की दृष्टि से नवीन नाट्य-प्रयोग किये। भारतेन्दु के लिए परम्परा से लिपट कर जीना न तो सम्भव ही था और न उनकी प्रतिभा के अनुकूल ही।'[30] अतः प्राचीन नाट्य परम्परा को उन्होंने उतने ही अंशों में ग्रहण किया, जितने अंशों में वह उपयुक्त एवं नवीन भावबोध को व्यक्त करने में सक्षम थी। उनकी दृष्टि के निर्माण में संस्कृत, बंगला, अंगरेजी परम्पराओं के साथ ही लोकधर्मी नाट्य-परम्पराओं ने एक साथ कार्य किया। डॉ. रामविलास शर्मा अंगरेजी प्रभाव स्वीकार करने के लिए तैयार नहीं हैं। उनकी धारणा है कि अंगरेजी प्रभाव का उनके नाट्य-साहित्य में कोई स्पष्ट प्रमाण अभी तक नहीं मिला।'[34] वस्तुतः नवीन रंगदृष्टि की सार्थक खोज में भारतेन्दु ने एक लम्बी तलाश-यात्रा तय की। उनकी सबसे बड़ी विशेषता यह है कि किसी भी परम्परा का अन्धानुकरण उनमें नहीं है। इसलिए आचार्य शुक्ल भी यह मानते हैं—'भारतेन्दु का प्रभाव भाषा और साहित्य दोनों पर बड़ा गहरा पड़ा। उन्होंने जिस प्रकार की गद्य की भाषा को परिमार्जित करके उसे बहुत चलता, मधुर और स्वच्छ रूप दिया, उसी प्रकार हिन्दी साहित्य को भी नये मार्ग पर लाकर खड़ा कर दिया।[32]

भारतेन्दु ने अपने अनूदित तथा मौलिक नाटकों द्वारा एक साथ ही कई स्तरों पर साहित्य का उद्धार किया—हिन्दी गद्य को सुनिश्चित तथा लोकप्रिय रूप दिया, पारसी रंगमंच का विरोध करते हुए प्राचीन भारतीय नाट्य-परम्परा का उद्धार किया, सरस एवं रचनात्मक अनुवादों का प्रचलन किया तथा रीतिकालीन साहित्यिक रूढ़ियों को पीछे छोड़ते हुए रचनात्मक स्तरों पर राष्ट्रीय-सांस्कृतिक चेतना को भूषण के लगभग दो सौ वर्ष बाद पुनः एक बार अभिव्यक्ति दी।

परम्परा को नवीन सन्दर्भों में परिभाषित करने की दृष्टि से भारतेन्दु युग में पौराणिक नाटकों का सृजन हुआ। यद्यपि पौराणिक विषयों पर नाट्य रचनाएँ तथा प्रस्तुति पारसी रंगमंच पर हो चुकी थी, तथापि पारसी रंगमंच का योगदान केवल वातावरण निर्माण के क्षेत्र में ही था, क्योंकि भारतीय संस्कृति से पारसी रंगमंच का कोई रागात्मक सम्बन्ध न था। पं. राधेश्याम कथावाचक अथवा 'बेताब' की रंगदृष्टि का निर्माण कम्पनियों के मैनेजर की रुचि तथा इच्छा के अनुकूल ही होता था। अतः यह कथन गलत नहीं है कि 'पारसी थियेटर ने हिन्दू पुराणों की कथाओं को परम्पराहीन रूप में बाजारू बना कर रक्खा।[33] पौराणिक कथाओं को सांस्कृतिक सन्दर्भ में दृष्टिगत कराने तथा साहित्यिक स्तर पर देश की संवेदनाओं को मार्मिक अभिव्यक्ति देने का कार्य प्रथम बार भारतेन्दु युगीन नाटककारों ने ही किया। पौराणिक नाटकों में विशेष उल्लेखनीय है—भारतेन्दु की 'चन्द्रावली' नाटिका, 'सती-प्रताप', 'सत्य हरिश्चन्द', देवकीनन्दन त्रिपाठी का 'नन्दोत्सव', द्विज कृष्णदत्त का 'युगल विहार', रघुवरदयाल पाण्डेय का 'कृष्णानुराग', विद्याधर त्रिपाठी का 'उद्धव वसीठिका', गोवर्धन गोसाई का उद्धवलीला' नाटक, हरिऔध का 'रुक्मिणी-हरण', गजराज सिंह का 'द्रौपदी-वस्त्राहरण', माधव शुक्ल का 'महाभारत पूर्वार्द्ध', दामोदर शास्त्री का 'रामलीला' 'ध्रुव चरित्र', बन्दोदीन दीक्षित का 'सीता स्वयंवर', देवकी नन्दन त्रिपाठी का 'सीताहरण', शालिग्राम वैश्य का 'अभिमन्यु' देवराज का 'सावित्री', बालकृष्ण का 'दमयन्ती स्वयंवर' आदि। यह सभी पौराणिक सन्दर्भों में जनजागरण को संकेतित करते हैं। डॉक्टर गोपीनाथ तिवारी ने इस काल के पौराणिक नाटकों की विभिन्न धाराओं का विभाजन किया है[34]—(1) रामधारा के नाटक, (2) कृष्णधारा के नाटक, (3) महाभारतधारा के नाटक, (4) पतिव्रता स्त्री सम्बन्धी नाटक, (5) भक्तिधारा के नाटक, (6) सन्तधारा के नाटक, (7) अन्य नाटक।

भारतेन्दु-युगीन सभी नाटककारों की मूल दृष्टि रंगमंच पर टिकी है। सुखान्त तथा दुखान्त दोनों प्रकार का नाट्य-सृजन इस समय हुआ। स्वयं भारतेन्दु ने तीन मौलिक सुखान्त नाटकों की रचना की—'प्रेम जोगिनी', 'चन्द्रावली' तथा 'विद्यासुन्दर'। शुक्ल जी 'विद्यासुन्दर को अनुवाद मानते हैं।[35] डॉ. सोमनाथ[35] तथा वीरेन्द्र कुमार शुक्ल[37] इसे रूपान्तरित नाटक कहते हैं। डॉ. रामविलास शर्मा भी इसे छायानुवाद ही मानते हैं।[38] किन्तु डॉ. गोपीनाथ तिवारी इसे मौलिक नाटक स्वीकार करते हैं।[39] अन्य नाटक लेखकों के ग्रन्थों में विन्ध्येश्वरी प्रसाद त्रिपाठी कृत 'मिथिलेश कुमारी', राजा खड़गबहादुर मल्ल कृत 'रति कुसुमायुध', शालिग्राम कृत 'माधवानल-कामकन्दला' किशोरीलाल गोस्वामी कृत 'मयंक-मंजरी' आदि प्रमुख हैं।

दुःखान्त नाटकों में श्रीनिवासदास कृत 'रणधीर प्रेम मोहिनी', बाल मुकुन्द पाण्डेय का 'गंगोत्री' आदि विशेष रूप से चर्चित हैं।

भारतेन्दुयुगीन धार्मिक-सामाजिक नाटकों में संक्रातिकालीन संघर्षशील जीवन का सच्चा प्रतिबिम्ब मुखरित होता है। विषय वैविध्य के साथ शैली वैविध्य भी यहाँ विद्यमान है। बाल-विवाह, विधवा-विवाह, स्वच्छन्द प्रेम विवाह, पर्दा-प्रथा आदि के अनेक पक्षों पर सजगतापूर्वक प्रकाश डाला गया है। प्रहसनों में सामाजिक रूढ़ियों, धर्माडम्बरों, पाखण्डियों, रईसों, धूर्तों, पाश्चात्य सभ्यता के रंग में रंगे शिक्षित नवयुवकों तथा वेश्याओं पर तीखा तथा मार्मिक व्यंग्य है। प्रहसन के जन्मदाता भारतेन्दु हैं। उनका 'वैदिक हिंसा हिंसा न भवति' हिन्दी का प्रथम आधुनिक प्रहसन है। जटिल समस्याओं को हास्य-व्यंग्य के माध्यम से अभिव्यक्त करना इस युग की तथा भारतेन्दु स्वयं की प्रमुख विशेषता है। इस प्रकार के नाटकों में भारतेन्दु का 'अँधेर नगरी', पं. बालकृष्ण भट्ट का 'जैसा काम वैसा परिणाम', देवकीनन्दन त्रिपाठी का 'रक्षा बन्धन', 'वेश्या विलाप', राजा खड्गबहादुर मल्ल का 'भारत आरत', 'किशोरीलाल गोस्वामी का 'चौपट चपेट' राधाचरण गोस्वामी का 'बूढ़े मुँह मुहासे' आदि प्रमुख स्थान रखते हैं। डॉ. वासुदेवनन्दन प्रसाद के अनुसार इन प्रहसनों में हास्य की अपेक्षा उपहास की मात्रा बहुत अधिक है।[40]

देशोद्धार की कामना ने भारतेन्दु युगीन रंगमंच पर राजनीतिक चेतना-प्रधान नाटक प्रस्तुत किये। देश-प्रेम तथा राष्ट्रीय जागरण की भावना से ओत-प्रोत इन नाटकों में 'विषस्य विषमौषधम्', 'भारत-दुर्दशा', 'भारत जननी' आदि उल्लेख्य हैं। अंगरेजी शासन से असन्तुष्ट नाटककार परिवर्तन के लिए किस प्रकार छटपटा रहे थे, यह इन नाटकों में प्रयुक्त प्रतीकों से सहज ही अनुमानित होता है। नाटककार प्राचीन महापुरुषों तथा अतीत गौरव को याद कर विलाप कर उठे। 'भारत दुर्दशा' ऐसी ही मनःस्थिति में रचित कृति है। भारतेन्दु कृत 'नीलदेवी', श्री निवासदास कृत 'संयोगिता स्वयंवर', राधाचरण गोस्वामी कृत 'अमर सिंह राठौर', राधाकृष्ण दास कृत 'महाराणा प्रताप' आदि नाटक इसी पुनर्जागरण प्रवृत्ति का परिणाम है। शौर्य, त्याग तथा बलिदान युक्त इन नाटकों में नये रंगमंच के अभिनय संकेत छिपे हैं।

भारतेन्दु-युगीन नाटककार पाठ्य अथवा दृश्य जिस रूप में भी सम्भव हो सके, अपने नाटकों को जनता तक पहुँचाने के लिए प्रयत्नशील था। भारतेन्दु ने रंगमंच पर विचार किया, नाट्य-मंडली की स्थापना की, अभिनय किया, नाट्य निर्देश किया। अनेकों परम्पराओं को आत्मसात करते हुए जीवन का यथार्थ रूप प्रस्तुत कर 'अँधेर नगरी' जैसे नाटक की रचना की, जो अपने समूचे रूपबन्ध तथा भाषा के साथ मौलिक कृति के रूप में सामने आयी। डॉ. दशरथ ओझा ने ठीक ही लिखा है—'भारतेन्दु ने परम्परागत भारतीय नाट्य पद्धति के प्रवाह में यूरोपीय नाट्यकला की नयी धारा संयुक्त कर दी।'[41] इस सब का परिणाम यह हुआ कि नवीन रंगमंचीय आयाम खुल पड़े। इस युग के सभी नाटककार अच्छे अभिनेता थे। हिन्दी के प्रथम अभिनीत नाटक

'जानकी मंगल' (सन् 1868) में स्वयं भारतेन्दु ने अभिनय किया। शुक्ल जी ने लिखा है—'यह अभिनय देखने काशी नरेश महाराज ईश्वरी नारायण सिंह जी पधारे थे और इसका विवरण 8 मई, 1968 के इण्डियन मेल में प्रकाशित हुआ था। प्रताप नारायण मिश्र का अपने पिता से अभिनय के लिए मूँछ मुड़ाने की आज्ञा माँगना प्रसिद्ध ही है।[42]

प्रतापनारायण मिश्र, बालकृष्ण भट्‍ट, बदरी नारायण चौधरी 'प्रेमधन' जैसे प्रतिभाशाली नाट्य लेखक भारतेन्दु की प्रेरणा से रंगमंच क्षेत्र में उतरे। पं. मदनमोहन मालवीय तथा राजर्षि पुरुषोत्तम दास टण्डन भी अभिनय के लिए उत्साहित हुए। मालवीय जी ने पं. बालकृष्ण भट्‍ट द्वारा स्थापित हिन्दी नाट्य-परिषद द्वारा अभिनीत 'शकुन्तला' नाटक में अभिनय किया।[43]

अभिनय की दृष्टि से अच्छे नाटक उपलब्ध कराने के लिए इस काल के नाटककारों ने भरपूर प्रयास किये। अनूदित नाटक इसी इच्छा का परिणाम हैं। संस्कृत बांग्ला तथा अंगरेजी से अनूदित इन नाटकों का अपना महत्व है। 'प्रबोध चन्द्रोदय' के इस समय में पाँच अनुवाद हुए। 'मृच्छकटिकम्' तथा उत्तररामचरित' के भी पाँच-पाँच अनुवाद हुए। 'अभिज्ञान शाकुन्तलम्' के भी अनेक अनुवाद किये गये जिनमें सर्वोत्तम राजा लक्ष्मणसिंह का है। लाला सीताराम ने 'मालविकाग्निमित्र', 'महावीर चरित', 'मालती माधव', तथा 'नागानन्द' का अनुवाद किया। भारतेन्दु ने 'रत्नावली', 'मुद्राराक्षस' तथा 'कर्पूर मंजरी' के अनुवाद प्रस्तुत किये। गदाधर मालवीय ने 'विक्रमोर्वशीयम्' का अनुवाद किया। 'मुद्राराक्षस' का अनुवाद के लिए चयन, डॉ. रामविलास शर्मा के मत में शृंगारी नाटकों के प्रति भारतेन्दु के असन्तोष का परिचायक है।[44] 'मुद्राराक्षस' ही उनका सर्वाधिक सफल एवं लोकप्रिय अनुवाद है। इसका महत्व आधुनिक सांस्कृतिक जीवन की दृष्टि से भी है।

बांग्ला की अनवरत रंगमंचीय परम्परा से प्रेरणा लेने के साथ ही इन लोगों ने बांग्ला नाटकों के अनुवाद भी प्रस्तुत किये। 'भारत जननी' बांग्ला से अनूदित है। विद्यासुन्दर' पर बांग्ला के उन्नत रंगमंच का प्रभाव है। बालकृष्ण भट्‍ट ने माइकेल मधुसूदन दत्त के 'पद्मावती' तथा 'शर्मिष्ठा' का अनुवाद किया। उपेन्द्र नाथ दास के बांग्ला नाटक—'शरद सरोजिनी' तथा 'सुरेन्द्र विनोदिनी' बहुत प्रसिद्ध हुए।

अंगरेजों से अनूदित नाटकों में प्रमुख हैं—भारतेन्दु का 'मर्चेन्ट आफ वेनिस' का 'दुर्लभ बन्धु' (वंशपुर का महाजन) नाम से अनुवाद, तोताराम का ओसफ एडीसन के 'केटों' नाटक का 'केटो वृत्तान्त' नाम से अनुवाद, 'साहसेन्द्र साहस' नाम से 'मैकबेथ' का अनुवाद, बद्री नारायण का 'किंग लियर' का अनुवाद, पुरोहित गोपीनाथ का 'रोम्यो एण्ड जूलियट' का अनुवाद 'प्रेम लीला' नाम से। 'मर्चेन्ट आफ वेनिस' के तीन अन्य अनुवाद किये गये। इन अनुवादों के प्रभाव से पश्चिमी रंगमंच हिन्दी में आया।

इस काल में लोकधर्मी परम्परा भी सक्रिय रही। रंगमंच ने लोकधर्मी परम्परा से नवजीवन ग्रहण किया। शालिग्राम जी ने 'इश्क चमन' नामक स्वांग लिखा तथा उस्ताद इंदर ने 'सांगीत गोपीचन्द्र', जिसकी चर्चा राजस्थान के गाँव-गाँव में हुई। प्रतापनारायण मिश्र ने स्वांग शैली में 'सांगीत शाकुन्तल' की रचना की। इसके अतिरिक्त 'हरीचन्द्र', 'रूपवसन्त,', 'पद्मावत', 'गुलफाम', 'चित्रमुकुट', 'गुलबकावली' इत्यादि अनेक स्वांगों की रचना हुई। डॉ. गोपीनाथ तिवारी ने ठीक ही लिखा है–'यह स्वांग गीतिबद्ध नाटक ही है। अभिनेयता तो इनमें भरी पड़ी है। यह खेलने के लिए ही लिखे गये थे और प्रायः सब खेले भी गये।'[45]

वस्तुतः भारतेन्दु युग में समस्त नाट्य रूपों तथा लोक शैलियों में रचना करके नाट्यधर्मी तथा लोकधर्मी नाटकों तथा परम्पराओं को रंगमंचीय रूप प्रदान किया गया। सम्पूर्ण नाट्य साहित्य में अभिनय के संकेत प्राप्त होते हैं। नाटकों में विद्यमान रंग-संकेत तथा मंचीय व्यवस्था-निर्देश इन नाटकों की रंगमंचीयता की कहानी आज भी कह रहे हैं। 'भारत-दुर्दशा', 'भारत जननी' तथा 'सत्य हरिश्चन्द्र' में यह संकेत पाद-टिप्पणियों के माध्यम से दिये गये हैं। 'भारत दुर्दशा' में भारत 'शिथिल अंग का अभिनय करता हुआ प्रवेश करता है।'[46] वेशभूषा-सम्बन्धी रंग संकेत भी बहुतायत में दिये गये हैं। उदाहरणार्थ 'सत्य हरिश्चन्द्र' में वेशभूषा के लिए पाद टिप्पणियाँ दी गयी हैं। रंगमंच व्यवस्था का इन नाटककारों ने पूरा ध्यान रखा है। नदी, वन पर्वत, सागर, नगर, आदि के दृश्यों को रंगमंच पर दिखाने का विशेष विधान है।[47] पर्दों का पर्याप्त प्रयोग उस समय होता था। 'चन्द्रवली' में स्थान-स्थान पर पर्दों के संकेत हैं। प्रकाश सम्बन्धी संकेत 'भारत जननी' में भारतेन्दु ने स्थान-स्थान पर दिये हैं। 'सर्राफी' नाटक में रंगमंच में रंगमंच-व्यवस्था का विस्तृत वर्णन है। रंग-संकेत दो प्रकार के हैं–लघु रंग-संकेत तथा दीर्घ रंग-संकेत।

भारतेन्दु-युगीन नाटककार रंगमंचीय आयामों के प्रति सजग हैं। वे रंगमंच निर्माण, रंगदीपन, प्रेक्षास्थल आदि की पूर्ण जानकारी देते हैं। बालकृष्ण भट्ट ने लिखा है–'भाषा जब उन्नतावस्था को प्राप्त होती है, तब नाटक बनता है–नाटक देखने और पढ़ने दोनों में आनन्द आता है।[48] अभिनय और रंगमंच से अपना घनिष्ठ सम्बन्ध व्यक्त करते हुए भारतेन्दु ने लिखा है–'नाटकों के अभिनय करने में जो स्वच्छन्दता होती है, उसे छोड़कर उससे देश का कितना उपकार हो सकता है कि हम लिख नहीं सकते।'[49]

अपने नाटकों को अभिनय योग्य बनाने के लिए इन नाटककारों ने उन्हें लघु तथा सरल रूप दिया। अंक-दृश्य योजना पर पारसी रंगमंच का प्रभाव अवश्य है, किन्तु यह नाटककार स्वतन्त्र दृश्य योजना के लिए छटपटा रहे थे। इस काल में अधिक से अधिक दस और कम से कम तीन अंक के नाटक ही अधिक सफलता

से अभिनीत हो सके। नवीन दृश्य-योजना पर प्रकाश डालते हुए भारतेन्दु ने लिखा है—'प्राचीन की अपेक्षा नवीन की परम मुख्यता बार-बार दृश्यों के बदलने में है। इसीलिए एक-एक अंक में अनेक-अनेक गर्भांकों की कल्पना की जाती है, क्योंकि ऐसे समय में नाटक के खेलों के साथ विविध दृश्यों का दिखलाना भी आवश्यक समझा जाता है।[50]

यवनिका, दृश्यपट तथा नेपथ्य पर भी भारतेन्दु ने विचार प्रगट किये। नेपथ्य को वह आधुनिक 'ग्रीन रूम' के रूप में ग्रहण करते हैं तथा यवनिका को 'ड्रापसीन' के अर्थ में। 'नाट्य-शास्त्र' में वर्णित दृश्य वर्जनाओं की इस युग में अवहेलना की गयी है, स्नान तथा मैथुन को छोड़कर सभी दृश्य रंगमंच पर प्रस्तुत किये जाते थे। संगीत वाद्य यन्त्रों का प्रयोग खूब होता था। नाटक काव्य प्रधान थे।

पारसी रंगमंच की कृत्रिम अभिनय पद्धति से असन्तुष्ट ये नाटककार भावाभिनय को अपने ढंग से विशेष महत्व दे रहे थे। रंगमंच पर पात्रों के चलने-फिरने के बारे में भारतेन्दु लिखते हैं—'हर्ष, शोक और क्रोध में स्वर को घटाना-बढ़ाना तो उचित ही है, हिलने या जाने के समय जहाँ तक हो सके, पात्रगण अपनी पीठ दर्शकों को बहुत कम दिखलावें, पीठ दिखलाने की आवश्यकता हो तो वहाँ भी न दिखलावें।'[51]

अतः डॉ. बच्चनसिंह का कथन सारगर्भित है कि भारतेन्दु-युग में और उसके बाद भी हिन्दी रंगमंच का जो भी इतिहास है, वह पारसी रंगमंच के प्रति प्रतिक्रिया का इतिहास है।[52] अनुभव ने इन नाटककारों को पारसी रंगमंच से दूर रहने की सलाह दी थी। डॉ. वासुदेव नन्दन प्रसाद ने लिखा है—'भारतेन्दु जी बनारस के नाचघर में, पं. बालकृष्ण भट्ट प्रयाग के पारसी थियेटरों में, गोपालराम गहमरी कलकत्ता के एल्फ्रेड थियेटर में, पण्डित केशवराम भट्ट पटना में आये एलिफिंस्टन थियेटर में पारसी अभिनय के नंगे नाच देख चुके थे।[53]

अतः यह अव्यावसायिक रंगमंच पारसी थियेटर की सस्ती रंगविधियों का विरोध तथा जनरुचि का परिष्कार कर रहा था। सम्पूर्ण हिन्दी प्रदेश में नवीन रंगमंच का उदय हुआ तथा हजारों की संख्या में नाट्य प्रस्तुतीकरण हुए। इन नाटकों की सबसे बड़ी विशेषता यह है कि इनकी रचना रंग-प्रक्रिया के अन्तर्गत हुई है। इनकी नाट्य-रचना-प्रक्रिया में अभिनेयता का तत्त्व इतना घुला-मिला है कि अपने आप में एक नवीन रंगदृष्टि की तलाश का बोध प्रस्तुत करता है। यह रंगदृष्टि नाटक तथा रंगमंच की पारस्परिकता को दृढ़ सूत्र प्रदान करती है। भारतेन्दु के रंगमंच-सम्बन्धी प्रगतिशील विचारों ने साहित्यिक नाटक तथा रंगमंचीय नाटकों के कृत्रिम आरोपित विभाजन को समाप्त कर दिया। जन संघर्ष की भाषा हिन्दी को पूरे जीवट के साथ नवीन रंग दिशा का निर्देश मिला है।

द्विवेदीयुगीन रंगमंच : दशा, दिशा और सम्भावनाएँ

शुक्ल जी ने द्विवेदी-युग को गद्य प्रसार का द्वितीय उत्थान-काल कहा है। इस काल में उन्हें अनेक क्षेत्रों में साहित्यिक समृद्धि के चिह्न दिखाई दिये, किन्तु नाटक के क्षेत्र में ठहराव शुक्ल जी को अत्यधिक कष्टप्रद प्रतीत हुआ। भारतेन्दु युग में नाटक की समृद्धि के पश्चात् कुछ समय के लिए हिन्दी नाटक का तेज बुझता हुआ देखकर उन्होंने लिखा—'खेद के साथ कहना पड़ता है कि भारतेन्दु के समय में धूम के साथ चली आती हुई नाटकों की यह परम्परा आगे चलकर बहुत शिथिल पड़ गयी। बाबू बालकृष्ण वर्मा बंग भाषा के नाटकों, जैसे 'वीर नारी', 'पद्मावती', 'कृष्णकुमारी' आदि का अनुवाद करके नाटकों का सिलसिला कुछ चलाते रहे।'[54]

नाटक के प्रति लेखकों की उदासीनता के शुक्ल जी को दो कारण दिखाई दिये—

(अ) रुचि-सम्पन्न अभिनयशालाओं का अभाव।

(आ) उपन्यासों की ओर बढ़ती हुई रुचि।[55]

भारतेन्दु युग के तो अधिकांश नाटककार उद्योग करके अभिनय का प्रबन्ध किया करते थे। उनका प्रयास पूरी तरह से जनता की रुचि का परिमार्जन कर उसे नाटक की ओर प्रवृत्त कराने का रहता था। भारतेन्दु की अल्पायु में मृत्यु का सबसे घातक प्रभाव हिन्दी नाटक एवं रंगमंच पर पड़ा। उनके बाद नाटक के क्षेत्र में वैसी उन्नति नहीं दिखाई पड़ी। बाबू राधाकृष्णदास के 'महाराणा प्रताप' ('राजस्थान केसरी') की कुछ दिनों धूम रही और उसका अभिनय भी बहुत बार हुआ। रायदेवीप्रसाद पूर्ण ने 'चन्द्रकला-भानुकुमार' नामक एक बहुत बड़े डील-डौल का नाटक लिखा, पर वह साहित्य के विविध अंगों से पूर्ण होने पर भी वस्तु-वैचित्र्य के अभाव तथा भाषणों की कृत्रिमता आदि के कारण उतना प्रसिद्ध न हो सका।....इससे नाटक की गति बहुत मन्द रही। हिन्दी-प्रेमियों के उत्साह से स्थापित प्रयाग और काशी की नाटक मंडलियों (जैसे भारतेन्दु नाटक मण्डली) के लिए रंगशाला के अनुकूल दो एक छोटे-मोटे नाटक अवश्य लिखे गये, पर वे साहित्यिक प्रसिद्धि न पा सके।[56]

इतना सब होने पर भी द्विवेदी-युग नाट्य-साहित्य एवं रंगमंच की दृष्टि से पूर्णतया महत्वहीन नहीं है। इसी समय में बांग्ला से द्विजेन्द्रलाल राय तथा रवीन्द्रनाथ के अनेक नाटकों के अनुवाद किये गये। इन नाट्यानुवादों का प्रभाव हिन्दी रंगमंच पर पर्याप्त दूरगामी रहा है। इस काल में लेखकों ने स्वतन्त्र नाटक इसलिए भी बहुत कम लिखे कि निबन्ध, कहानी तथा उपन्यास को लेकर आगे बढ़ने वाले इस युग के अधिकांश साहित्यकार खड़ी बोली कविता के प्रति चुनौतियाँ झेलने में ही व्यस्त रहे। भाषा-परिवर्तन के इस काल ने नाटक जैसी रम्य एवं रचनातन्त्र की दृष्टि से विशेष टेकनीक प्रधान विधा की ओर उन्हें बढ़ा ही नहीं पाया। स्वयं मैथिलीशरण गुप्त के नाटक नाटकीयता के अभाव में ख्याति न पा सके। माखनलाल चतुर्वेदी

ने इसी काल में 'कृष्णार्जुन युद्ध' नामक नाटक लिखा, जिसकी रंगमंचीय सफलता बार-बार सराही गयी। जबलपुर में 'हिन्दी साहित्य सम्मेलन के अवसर पर इसका अभिनय बहुत ही सफलतापूर्वक किया गया।[57] पंडित रामनरेश त्रिपाठी ने इसी समय पाँच नाटकों की रचना की–'जयन्त', 'प्रेमलोक', स्वप्नों के चित्र', 'पैसा परमेश्वर' तथा 'अजनबी'। ये सभी नाटक अभिनीत हुए। 'पैसा परमेश्वर' तो प्रयोगकुशलता के कारण हिन्दी का पहला समस्या-नाटक कहलाने का अधिकारी है।

इस काल के नाटककार स्वयं आचार्य महावीर प्रसाद द्विवेदी की दृष्टि में कोई अपनी विशिष्ट मूर्ति न उभार सके। 'नाट्यशास्त्र' नामक अपनी पुस्तक में द्विवेदी जी ने लिखा है–'अभाग्यवश हिन्दी में दो-चार को छोड़कर कोई अच्छे रूपक ही नहीं हैं। नाटक लिखना तो लोगों ने खेल समझ रखा है।'[58] अनधिकारी लेखकों की उन्होंने कड़े शब्दों में निन्दा की है–'नाटक लिखने की प्रणाली का जिन्हें अत्यल्प भी ज्ञान नहीं है, उन्होंने भी हिन्दी में नाटक लिखने की कृपा की है। ऐसे लोगों को समझना चाहिए कि इस प्रकार ऊट-पटांग लिख कर उसे प्रकाशित करने से हिन्दी की ही नहीं, स्वयं उनकी भी हानि है। नाटक लिखना सबका काम नहीं, उसके लिए उपयुक्त विद्या-बुद्धि के अतिरिक्त मनुष्य-प्रकृति का पूरा-पूरा ज्ञान होना चाहिए।'[59] उन्होंने अपनी सुधारवादी दृष्टि के संकेत इस क्षेत्र में भी दिये। इस काल की प्रतिभाओं पर द्विवेदी जी के इन संकेतों का गहरा प्रभाव पड़ा। द्विवेदी युगीन नाट्य साहित्य पर सर्वप्रथम गहराई से विचार करने वाले विद्वान कुँवर चन्द्रप्रकाश सिंह का कहना है–'अतएव भारतेन्दु युग की परिसमाप्ति के बाद हिन्दी नाटक की विकास-दिशा में जो परिवर्तन लक्षित होता है, उसका सम्यक् श्रेय आचार्य द्विवेदी जी को प्राप्त होना चाहिए।'[60] द्विवेदी जी का प्रभाव हिन्दी नाटक साहित्य पर उन्होंने कई रूपों में स्वीकार किया है–

1. आचार्य के आतंक के कारण अनधिकार लेखक हिम्मत हार बैठे, जिसके परिणामस्वरूप उस कूड़े-कचरे की बाढ़ रुक गयी, जो नाटक-साहित्य के नाम पर हिन्दी के कलेवर को मलिन बना रहा था।
2. मौलिक नाटक-रचना की सहज क्षमता वाले इने-गिने लोग ही नाटक के क्षेत्र में दृष्टिगत हुए।
3. हिन्दी-नाटक साहित्य को समृद्ध करने की सच्ची लगन रखने वाले लोग संस्कृत, बांग्ला तथा अंगरेजी आदि भाषाओं की श्रेष्ठ कृतियों के सफल अनुवाद में लग गये। सफल अनुवादों के कारण ही यह काल नाटक के क्षेत्र में 'अनुवाद-काल' भी कहलाता है।
4. व्यवसायी पारसी रंगमंच की ओर से प्रेक्षकों ने अपने को थोड़ा परान्मुख किया।

5. पारसी रंगमंच पर अभिनयों में थोड़ा सुधार हुआ। राधेश्याम कथावाचक जैसे लेखकों को स्थान मिला, जिनकी रचनाओं में हिन्दीपन के साथ भारतीय आचार की मर्यादा का निर्वाह भी दिखाई पड़ता है। एक प्रकार से भारतीय आदर्शवाद और नीतिवाद से व्यवसायी रंगमंच प्रभावित हुआ।[61]

वस्तुतः द्विवेदी-युग का योगदान नाट्य-रचना के क्षेत्र में न होकर नाट्य प्रस्तुति के क्षेत्र में अधिक है। हिन्दी-रंगमंच के व्यावहारिक पक्ष की सक्रियता का संगठित प्रयास लगातार किया गया। भारतेन्दु के पद चिह्नों पर चलनेवाली अनेक नाटक मंडलियाँ स्थान-स्थान पर सक्रिय हुईं। हिन्दी नाटकों के अभिनय का ऐसा संगठित प्रयास उससे पूर्व अथवा उसके पश्चात् दिखाई नहीं दिया। प्रयाग में 'हिन्दी नाट्य समिति' तथा 'हिन्दी नाट्य मंडली', कलकत्ता में 'नागरी नाटक मण्डली' तथा 'भारतेन्दु नाट्य-समाज', जबलपुर के सप्तम हिन्दी साहित्य सम्मेलन के अवसर पर स्थापित 'नाट्य समिति', आरा की 'मनोरंजन नाटक मण्डली', मुजफ्फरपुर की 'नवयुवक समिति', वाराणसी की 'ब्वाइज़ ड्रामोटिक क्लब', 'जैन नाटक मण्डली', 'ड्रामेटिक क्लब', 'नागरी नाट्य-कला संगीत प्रवर्त्तक मण्डली' (जो बाद में 'भारतेन्दु नाटक मण्डली' तथा 'नागरी नाटक मण्डली' दो शाखाओं में विभक्त हो गयी), 'आदर्श भारतेन्दु नाटक मण्डली', झालावाड़ की 'भवानी नाट्यशाला' आदि के प्रयास से हिन्दी रंगमंच के अभ्युत्थान का कार्य किया गया। अतः द्विवेदीयुगीन रंगमंच को हिन्दी नाट्य एवं रंगकला के क्षेत्र में उपयुक्त स्थान प्रदान होना चाहिए। इस काल को नाट्य साहित्य के इतिहास में निष्क्रिय समय समझने की भूल के कारण ही हिन्दी नाटक का सही ऐतिहासिक परिप्रेक्ष्य उभरकर नहीं आ सका। विदेशी सरकार की कड़ी दृष्टि तथा पारसी थियेटर के प्रभाव-दबाव के इस काल में उद्योगी साहित्य-प्रेमियों की इन अव्यावसायिक मण्डलियों ने लोक-रूचि के परिष्कार एवं संस्कार का भरसक प्रयत्न करते हुए हिन्दी रंगमंच को लोकप्रिय बनाने का पूर्ण प्रयास किया। नाट्योद्धार के इस प्रयास में मदनमोहन मालवीय, राजर्षि पुरुषोत्तमदास टण्डन, पं. जगन्नाथप्रसाद चतुर्वेदी तथा क्रान्तिकारी महाकवि 'निराला' भी अभिनय-क्षेत्र में उतरे।[62] राधाकृष्णदास के 'महाराणा प्रताप', माधव शुक्ल के 'महाभारत' (पूर्वार्द्ध), गोविन्द शास्त्री दुगवेकर का 'हर हर महादेव', भारतेन्दु के 'सत्य हरिश्चन्द्र', 'विद्या सुन्दर', 'नीलदेवी', 'अँधेर नगरी' तथा जयशंकर प्रसाद के 'चन्द्र गुप्त', 'स्कन्द गुप्त, 'ध्रुवस्वामिनी' आदि नाटकों के सफल अभिनय इन मण्डलियों द्वारा किये गये। 'नागरी नाटक मण्डली' तथा झालावाड़ की 'भवानी नाट्यशाला' साधन-सम्पन्न मण्डलियाँ थीं, जिनके द्वारा अनेक प्रस्तुतीकरण किये गये। 'भवानी नाट्यशाला' को कुँवर साहब उस समय देश के सर्वोत्तम रंगमंचों में से एक मानते हैं।[63] झालावाड़ के महाराजाओं के संरक्षण में पोषित इस रंगमंच के पास अपने कुशल कलाकार थे। उर्दू, अंगरेजी के अनेक नाटक यहाँ अभिनीत हुए।

महाराजा राजेन्द्रसिंह द्वारा रचित हिन्दी का 'अभिमन्यु' नाटक अभिनीत हुआ। और भी कई हिन्दी के नाटक प्रस्तुत किये गये, किन्तु इस नाट्यशाला ने हिन्दी रंगमंच के विकास में कोई रचनात्मक योग नहीं दिया।

इस काल की सबसे बड़ी देन के रूप में पंडित माधव प्रसाद शुक्ल जैसे प्रतिभाशाली उत्साही अभिनेता, निर्देशक, लेखक का नाम उल्लेखनीय है। आचार्य शुक्ल ने इनसे प्रभावित होकर लिखा है—"प्रयाग में पण्डित शुक्लजी और काशी में पण्डित दुगवेकरजी अपनी रचनाओं और अनूठे अभिनयों द्वारा बहुत दिनों तक दृश्य-काव्य की रुचि जगाये रहे।"[64] मूलतः माधव शुक्ल राष्ट्रीय भावनाओं से ओत-प्रोत नाटककार और अभिनेता थे, जो विदेशी साम्राज्यवाद के विरुद्ध जन-जीवन में नया जागरण लाना चाहते थे। इनके नाटकों से स्पष्ट होता है कि वह राष्ट्र धर्म को नाट्य-धर्म का पर्याय मानते थे। उमंग के साथ कलकत्ता, लखनऊ, जौनपुर आदि में उन्होंने नाट्य-मण्डलियाँ स्थापित करने का प्रयास किया। किन्तु अनेक कारणों से लगातार सफल न हो सके। रंगमंच निर्माण इतना व्यय-साध्य कार्य था कि इसको लगातार चलाये रखने की लगन एवं साधना होने पर भी यह सुचारू रूप से चल नहीं पा रहा था। एक ओर आर्थिक कठिनाइयाँ तथा दूसरी ओर राजनीतिक प्रतिबन्ध इनकी सफलता मार्ग में बाधा बने हुए थे। साथ ही व्यावसायिक रंगमंच (पारसी थियेटर) उस समय पूरी शक्ति के साथ जमा हुआ था। उसकी टक्कर में बिना किसी सशक्त सहायता, समर्थन एवं सहयोग के यह महाप्राण आन्दोलन अपनी धारा चलाये हुए था। पर्याप्त सफलता के न प्राप्त होने के बावजूद भी यह नाट्य प्रयास आगे आने वाली पीढ़ियों के लिए आदर्श छोड़ गये। ऐसा प्रतीत होता है कि इन अभिनेताओं एवं नाटककारों को द्विवेदीजी ने भी बहुत प्रश्रय नहीं दिया। उनकी मूल रूचि निबन्ध, आलोचना एवं कविता की ओर रही। अपनी पुस्तक में वह प्राचीन नाट्य-सिद्धान्तों को स्थापित तो करते रहे, किन्तु नाटक की सार्थक भूमि रंगमंच पर उनका ध्यान केन्द्रित नहीं हुआ। सन् 1900 के आसपास 'हिन्दी नाट्य समिति' की स्थापना हुई, जिसके संचालक माधव शुक्ल थे। सन् 1916 के आसपास यह समिति समाप्त हो गयी। समाप्त होने का प्रमुख कारण यह था कि इसके अधिकांश सदस्य राजनीतिक कार्यकर्ता थे। सन् 1916 में इस समिति ने लोकमान्य तिलक को 'महाराणा प्रताप' का अभिनय करके दिखाया था। इस नाटक का आरम्भ तिलक की वन्दना से हुआ—"जय-जय श्री तिलकदेव भारतहितकारी"। परिणामस्वरूप समिति को तत्कालीन सरकार का भयंकर कोपभाजन बनना पड़ा। प्रमुख कार्यकर्ता माधव शुक्ल को मजबूर होकर प्रयाग छोड़ना पड़ा। उनके जाते ही समिति जैसे प्राणशून्य हो गयी।

इस काल के नाटक लेखकों में माधव शुक्ल, पं. बदरीनाथ भट्ट, मिश्र बन्धुओं तथा प्रहसनकारों में भट्टजी एवं जी. पी. श्रीवास्तव का नाम प्रमुख रूप से लिया

जाता है। अनूदित नाटकों की परम्परा इस काल में बड़ी तीव्रता से चली। संस्कृत, बांग्ला, मराठी तथा अंग्रेजी से बड़े सरस अनुवाद प्रस्तुत किये गये।

'प्रसाद' जी की रंगमंच सम्बन्धी अवधारणा

'प्रसाद' जी की रंगमंचीय अवधारणाओं की अन्तरंगता में अवगाहन करने की दृष्टि से 'काव्य और कला तथा अन्य निबन्ध' में संकलित उनके—रंगमंच', 'नाटकों का आरम्भ', 'रस' तथा 'नाटकों में रस का प्रयोग' नामक निबन्ध अनेक दृष्टियों से महत्वपूर्ण हैं। इन निबन्धों में सम्पूर्ण भारतीय तथा पाश्चात्य रंगदृष्टि का सार या निचोड़ प्रस्तुत किया गया है। अपने से पूर्व की रंगमंचीय परम्पराओं से उनका कितना गहन और सूक्ष्म परिचय था, इस तथ्य को भलीभाँति ग्रहण करने पर ही उनकी दृष्टि को सम्पूर्णता में समझा जा सकता है। इन निबन्धों में ऐसे अन्तर्सूत्र परिव्याप्त हैं जिनकी उदात्त संस्थिति पारस्परिक अभिन्नता में ही संग्रथित है। यह चारों निबन्ध भले ही एक दूसरे से स्वतन्त्र अस्तित्व रखते हों, इन सभी की दृष्टि से पावन त्रिवेणी की उस समरसता का प्रवाह है जिसे ठीक से विवेचित-विश्लेषित किये बिना हम 'प्रसाद' के रंगमंच सम्बन्धी सृजनात्मक स्तरों को पर्त-दर-पर्त खोल नहीं सकते। इसका प्रमुख कारण यह है कि प्रसाद रंगमंचीय कला-सृजन की व्याख्या करते समय सौन्दर्य-शास्त्रीय सिद्धान्तों को अपनाते हैं और वस्तुनिष्ठ तथा आत्मनिष्ठ दृष्टियों को एकाकार करते चलते हैं। नाट्य का सामूहिक चेतना-सिद्धान्त उनके लिए रंगमंच के यथार्थवादी सिद्धान्त से दूरी रखता है। 'प्रसाद' की रंगमंचीय दृष्टि के स्तर इस प्रकार है :

1. प्रसादजी के लिए नाटक अनुकृति मात्र नहीं है। वह एक पूर्ण 'विजन' है, जिसकी स्वायत्तता और अभिनय-दृष्टि की समग्रता केन्द्रीय दृष्टि पर निर्भर करती है, न कि इधर-उधर बिखरते हुए प्रभावों पर। पाश्चात्य परम्परा के अनुकरण पर वह बहुत ध्यान देते हैं, किन्तु अत्यधिक अनुकरण उन्हें स्वीकार्य नहीं है। वे मानते हैं कि परम्परा विच्छिन्न होकर हम कहाँ रहेंगे—"अनुकरण में फैशन की तरह बदलते रहना साहित्य में ठोस अपनी वस्तु को निमंत्रण नहीं करता।"[65] 'ठोस' और 'अपनी वस्तु' को सही सन्दर्भों में प्रस्तुत करने की दृष्टि से उन्होंने यह भी कहा है—"केवल नयी पश्चिमी प्रेरणाएँ हमारी पथ-प्रदर्शिका न बन जाएँ।"[66] यदि हम पश्चिम का अन्धानुकरण करेंगे तो अपनी मूल भारतीय नाट्य-परम्पराओं और नाट्य-दृष्टि से स्खलित हो जाएँगे। अतः आवश्यकता अपनी प्राचीन गौरवशाली परम्पराओं के नवीन पुनराख्यान की है, जिससे वह अपनी समसामयिक सार्थकता सिद्ध कर सकें। अनुकरण के अनेक खतरे उस बिन्दु पर भी उपस्थित हो जाते हैं जहाँ से सृजन-धर्मिता की मौलिकता आरम्भ होती है। कला का सत्य अत्यधिक अनुकरण से धूमाकुलित हो

जाता है और प्रकारान्तर से नाट्यविधा की रंगमंचीय प्रक्रिया ही अपनी व्यावर्त्तक विशिष्टताएँ गृहीत नहीं कर पाती।

2. परम्परा के भीतर से उपजी आधुनिकता को ध्यान में रखने पर ही प्रसाद जी की रंगदृष्टि सही आधारों पर समझी जा सकती है। अपनी सांस्कृतिक परम्पराओं से कट जाने पर नाटककार वह सब कुछ सृजित नहीं कर सकता, जिसकी उसके देशकाल को अपेक्षा होती है। 'अपने समय की समस्याओं और प्रेरणाओं से जूझ कर ही सही दृष्टि का निर्माण हो सकता है—साहित्य में युग की प्रेरणा भी आदरणीय है, किन्तु इतना ही अलम् नहीं। जब हम यह समझ लेते हैं कि कला को प्रगतिशील बनाये रखने के लिए हमको वर्तमान सभ्यता का जो सर्वोत्तम है—अनुसरण करना चाहिए तो हमारा दृष्टि भ्रमपूर्ण हो जाता है। अतीत और वर्तमान को देखकर भविष्य का निर्माण होता है, इसलिए हमको साहित्य में एकांगी लक्ष्य नहीं रखना चाहिए।'[67] सम्पूर्ण लक्ष्य की सिद्धि के लिए अपनी परम्पराओं का इतिहास-बोध ही महत्व का होता है। उनके मत से इस सन्दर्भ में हमें पश्चिमी नाट्य एवं रंगमंच की परम्परा को देखने एवं समझने की अपेक्षा है—'क्योंकि पश्चिम ने भी अपना सब कुछ छोड़ कर नये को नहीं पाया है।'[68] पश्चिम के नाटककार अपनी परम्पराओं पर लगातार दृष्टि रखे हुए हैं। किन्तु ऐसा हिन्दी में हो ही नहीं सका, क्योंकि नाट्य-परम्पराएँ समय-समय पर खण्डित होती रही हैं। हमारा वर्तमान रंगमंच अनेक प्रभावों से निर्मित हुआ है—'क्योंकि विप्लव और आतंक के कारण प्राचीन विशेषताएँ नष्ट हो चुकी थीं। मुगल दरबारों में जो थोड़ी सी संगीत-पद्धति तानसेन की परम्परा में बच रही थी, उसमें भी बाह्य प्रभाव का मिश्रण होने लगता था। अभिनयों में केवल भाण ही मुगल दरबारों में स्वीकृत हुआ था; वह भी केवल मनोरंजन के लिए।'[69] यह कथन स्पष्ट करता है कि विदेशी आक्रान्ताओं ने किस प्रकार हमारी रंग-परम्पराओं को झकझोरा तथा प्रभावित किया। आधुनिक काल का व्यावसायिक पारसी रंगमंच भी अनेक प्रकार के पश्चिमी तथा भारतीय प्रभाव लिए हुए था। 'प्रसाद' की बड़ी इच्छा थी कि हिन्दी को पश्चिम के नाट्य-निर्देशक की भाँति कोई चतुर निर्देशक प्राप्त हो, जो प्राचीन भारतीय परम्पराओं को परिवर्तन एवं परिवर्द्धन के साथ पुनरुज्जीवित कर सके।[70]

3. प्रसाद जी के नाट्य एवं रंगपरम्परा सम्बन्धी नियम उनके भारतीय तथा पाश्चात्य रंगमंच के गम्भीर ज्ञान के परिचायक हैं। भरत कल्पित रंग-मण्डप निर्माण विधि से लेकर रंग-सज्जात्मक अभिनव, प्रकारों तक फैली हुई पूरी रंग-प्रक्रिया 'रंगमंच' नामक निबन्ध में उपस्थित है। रंगशाला-निर्माण-विधि की विस्तृत जानकारी देने के पश्चात् वह अभिलेखों में उपलब्ध उन नाट्य-मन्दिरों का भी उल्लेख करते हैं, जो पर्वतगुफाओं को खोद कर मन्दिरों के ढंग पर बनते थे। दो खण्डों के बने

शैल गुहाकार नाट्य-मण्डपों का आकार विमान का-सा होता था। अभिनय के लिए काठ के बने रंगमंच रामलीला आदि में प्रयुक्त होते थे, जो विमान कहलाते थे। रंगशिल्प विषयक 'प्रसाद' जी की जानकारी अपने आप में पूर्ण है। रंगशीर्ष, रंगपीठ, मत्तवारणी, यवनिका आदि के बारे में दिये गये उनके मत ठोस आधारों पर स्थित हैं। स्थिर रंगमंच तथा चलते विमान जैसे आकार का रंगमंच दोनों ही अभिनय की आवश्यकतानुसार निर्मित हुए थे। प्राचीन रंगमंच पर किसी प्रकार के दृश्य प्रस्तुत करना असम्भव न था। इन परम्पराओं को गिनाते हुए मानो 'प्रसाद' कहना चाहते हैं कि नाट्य-निर्देशक यदि समझदारी से काम ले तो किसी भी नाटक में अभिनय की कठिनाइयों का निवारण हो सकता है। स्वयं 'प्रसाद' के नाटकों पर दृश्य सम्बन्धी आक्षेप करने वाले आलोचकों को उनके नाटकों पर आक्षेप करते समय इस दृष्टि का ध्यान अवश्य रखना चाहिए। प्राचीन रंगकला के समुचित ज्ञान के अभाव में ही प्रायः 'प्रसाद के नाटकों की रंगमंचीयता व्यर्थ में ही विवादास्पद ठहराई गयी है। प्राचीन अभिनय प्रणाली को ही नये सिरे से पुनरुज्जीवित करने पर 'प्रसाद' के नाटक अभिनीत हो सकते हैं। इस सम्बन्ध में मानो 'प्रसाद' यह संकेत देते हैं कि हमें अपनी प्राचीन रंगपरम्परा से दिशा एवं दृष्टि ग्रहण करनी चाहिए। प्राचीन काल में मृच्छकटिक, शाकुन्तलम्, विक्रमोर्वशीय का अभिनय सफलता से हो सकता था। रंगमंच पर आकाशगामी सिद्ध विद्याधरों के दृश्य भी दिखलाये जा सकते थे। प्राचीन रंगमंच इतना पूर्ण एवं विस्तृत होता था कि उसमें बैलों से जुते हुए रथ, घोड़ों के रथ तथा हेमकूट पर चढ़ती हुई अप्सराएँ दिखाई जा सकती थीं।[71] प्रसाद द्वारा दिये गये इन संकेतों से प्रत्यक्ष है कि उनके द्वारा किये गये सम्पूर्ण रंगोपकरणों पर गहराई से चिन्तन का आधार उनकी प्राचीन रंगमंच सम्बन्धी ठोस जानकारी है।

संस्कृत अभिनय पद्धतियों, नृत्य के विविध अंगों–रेचक, अंगहार, करण, चारियों तथा पिण्डीबन्ध, अभिनेता की समस्त क्रियाओं की सूक्ष्मता–गति प्रचार (मूवमेण्ट), वस्तु निवेदन (डिलीवरी), सम्भाषण (स्पीच) आदि का विवरण देते हुए वह वेश-सज्जा में प्रयुक्त सामग्री तथा दृश्य विधान के ढंगों की चर्चा करते हैं।[72] मुखैटे (सरूप) तथा रंगमंचों के अनुकूल कक्ष्या विभाग और उनमें दृश्यों के लिए प्रयुक्त शैल, विमान, यान तथा कृत्रिम प्रासाद-यन्त्र पटों का उल्लेख है।[73] प्राचीन रंगमंच पर विकसित व्यंजना-प्रधान अभिनय प्रणाली के संकेत 'प्रसाद' जी ने दिये हैं। इस प्रकार उनकी दृष्टि भारतीय आचार्यों द्वारा दिये गये समस्त नाट्य रचना एवं प्रस्तुति सम्बन्धी सिद्धान्तों पर रही है। रंगकला का विवेचन करने के उपरान्त 'प्रसाद' ने नाटक के अंक-विभाजन, नाटक के समय, प्रवेशक, अंकावतार, अपटीक्षेप, नाट्य-सन्धियों एवं स्वगत कथन, आकाशभाषित पर भी प्रकाश डाला है। संस्कृत की लोकधर्मी एवं नाट्य-धर्मी परम्पराओं के महत्व पर बल दिया है।[74]

4. विदेशी आक्रमणों से पैदा हुई बाधाओं के कारण प्राचीन भारतीय रंगमंच के ध्वस्त हो जाने के उपरान्त मन्दिरों में शेष लोकनाट्य रूपों का 'प्रसाद' जी की दृष्टि में विशेष महत्व है। 'रंगमंच नामक निबन्ध में उन्होंने नौटंकी, भाण, रामलीला, जात्राओं तथा दक्षिण भारत के कथकलि नृत्य का उल्लेख किया है। नौटंकी को वह प्राचीन राग-काव्य का रूप मानते है।[75] उनके मत से, 'ये प्राचीन रागकाव्य ही आजकल की भाषा में गीति नाट्य कहे जाते है।'[76] दक्षिण के कथकलि नृत्यों तथा भावाभिनयों ने 'प्रसाद' को प्रभावित किया था। दक्षिण में होते रहने वाले संस्कृत नाटकों के अभिनय का भी उन्होंने उल्लेख किया है तथा स्वयं अपने ऊपर उसका प्रभाव भी स्वीकार किया है—'30 बरस पहले जब काशी में पारसी रंगमंच की प्रबलता थी, तब भी मैंने किसी दक्षिण नाटक-मण्डली द्वारा संस्कृत-मृच्छकटिक का अभिनय देखा था। उसकी भारतीय विशेषता अभी मुझे भूली नहीं है। कदाचित उसका नाम ललित कलादर्श मण्डली था।[77] संस्कृत नाटकों के प्रति यही दृष्टि 'प्रसाद' के नाट्य सृजन के मूल में निहित है। विभिन्न बाह्य प्रभावों के बावजूद भी उनके नाटकों की अन्तश्चेतना पर भारतीयता का गहरा रंग है।

5. अपने समसामयिक रंगमंच पारसी थियेटर की सम्पूर्ण दृष्टि से 'प्रसाद' जी असहमत थे। उनके मत से दृश्यान्तर और चित्रपटों की अधिकता के साथ पारसी स्टेज ने अभिनय के अनेक भयंकर ढंग पैदा किये। बांग्ला ने पश्चिमी ढंग का मिश्रण सुरुचि के साथ किया था, किन्तु पारसी स्टेज ने यहाँ भी कुरुचि का परिचय दिया। दृश्यों एवं परिस्थितियों के संकलन, वस्तु-विन्यास की शिथिलता, प्रभावोत्पादन के लिए असम्बद्ध फूहड़ भड़ैती से प्रसाद जैसे गम्भीर व्यक्तित्व का समझौता कैसे हो सकता था। अतः उनके नाटककार की हार्दिक इच्छा हिन्दी नाटक की मुक्ति एवं उद्धार की थी।

6. नाटककार प्रसाद के समक्ष सबसे गम्भीर एवं ज्वलन्त समस्या व्यावहारिक रंगमंच की रही है। हिन्दी में रंगमंच के अभाव की समस्या का वह स्वयं बहुत अधिक तीव्रता से अनुभव कर रहे थे। इस बात का उन्हें पूरा अहसास था, 'हिन्दी का कोई अपना रंगमंच नहीं है।'[78] भारतेन्दु ने जिस रंगमंच की स्थापना की थी, वह उनकी मृत्यु के उपरान्त समाप्तप्राय हो गया था। द्विवेदी-युगीन साहित्य-प्रेमियों द्वारा किये गये अमेच्योर प्रयत्न पर्याप्त लगन एवं साधना से पूर्ण होने पर भी पर्याप्त साधनों के अभाव में आगे न बढ़ सके थे। 'प्रसाद' जी के नाट्यरचना काल के समय उन्हें केवल पारसी थियेटर ही सामने दिखाई दिया, जिसकी 'फूहड़', 'भड़ैती' से उनकी श्रेष्ठ एवं परिष्कृत साहित्यिक अभिरुचि का कोई तालमेल नहीं बैठता था। वे उससे बचने के भरसक प्रयास में थे। उन्हें इस बात का अत्यधिक कष्ट था—'रंगमंच की तो अकाल मृत्यु हिन्दी में दिखाई पड़ रही है। कुछ मण्डलियाँ कभी-कभी साल में एकाध बार वार्षिकोत्सव मनाने के अवसर पर कोई अभिनय कर लेती हैं। पुकार

होती है आलोचकों की, हिन्दी में नाटकों के अभाव की। रंगमंच नहीं है, ऐसा समझने का कोई साहस नहीं करता, क्योंकि दोष-दर्शन सहज है।'[79]

यह कथन स्पष्ट करता है कि 'प्रसाद' जी अनुभव कर रहे थे कि किस प्रकार रंगमंच का अभाव नाट्य-रचना के विकास मार्ग की सबसे बड़ी बाधा बना हुआ है। उन्हें नाट्य एवं रंगकर्म के अन्योन्याश्रित सम्बन्ध का पूरा-पूरा बोध था तथा हिन्दी रंगमंच के समुचित विकास की उनकी हार्दिक इच्छा थी। उन्होंने बार-बार संकेतित किया है—'रंगमंच के सम्बन्ध में यह भारी भ्रम है कि नाटक रंगमंच के लिए लिखे जायँ। प्रयत्न तो यह होना चाहिए कि नाटक के लिए रंगमंच हो, जो व्यावहारिक है।'[80] अपने समय के रंगसंकट को भोगते हुए वह अपने नाटकों के लिए उपयुक्त रंगमंच की माँग कर रहे थे। बार-बार वह स्पष्ट कर रहे थे कि उनके नाटक पारसी थियेटर जैसे घटिया रुचिवाले रंगमंच के लिए नहीं हैं और नाटकों के स्वभाव के अनुकूल रंगमंच होने पर इन नाटकों का सही-सही सम्प्रेषण सम्भव हो सकेगा। किन्तु दुर्भाग्य सदैव हिन्दी नाटक का रहा कि 'प्रसाद' के इस वक्तव्य को सूझ-समझ तथा नाट्य-दृष्टि से विहीन आलोचकों ने सदैव सन्दर्भ से काट कर ही उद्धृत किया। अपनी पूर्वाग्रहपूर्ण दृष्टि के सहारे उन्होंने इस कथन की व्याख्या भी मनमाने ढंग से की और यह सिद्ध करने के प्रयास में लगे रहे कि 'प्रसाद' के मतानुसार नाटक रंगमंच से अलग की कोई वस्तु है। इसी बात को लेकर वे 'प्रसाद' जी की सम्पूर्ण रंगदृष्टि को ही गलत ठहराते रहे, 'प्रसाद' के नाटकों में निहित रंगमंच के बारे में 'प्रसाद' के विद्यार्थी को सदैव गुमराह करते रहे।

किन्तु किसी भी आधार पर नाटककार की अपनी कृतियों के अनुकूल रंगमंच की माँग अनुचित नहीं ठहराई जा सकती। 'रंगमंच' नामक निबन्ध में 'प्रसाद' जी पहले भी इस बात पर ध्यान दिलाते हैं कि रंगमंचीय रूढ़ियाँ नाटक के विकास में एक सीमा तक ही साधक होती है तथा नाटककार के नवीन प्रयोगों के साथ-साथ ही नाट्य-निर्माता को प्रयोग करने पड़ते हैं, क्योंकि नियमबद्धता की कठोरता नाट्यानुभूति की तीव्रता एवं प्रखरता में बाधक बन जाती है।

'रंगमंच' की बाध्य-बाधकता का जब हम विचार करते हैं, तो उसके इतिहास से यह प्रगट होता है कि काव्यों के अनुसार प्राचीन रंगमंच विकसित हुए और रंगमंचों की नियमानुकूलता मानने के लिए काव्य बाधित नहीं हुए। अर्थात् रंगमंचों को ही काव्य के अनुसार अपना विस्तार करना पड़ा और यह प्रत्येक काल में माना जाएगा कि काव्यों अथवा नाटकों के लिए ही रंगमंच होते हैं। काव्यों की सुविधा जुटाना रंगमंच का काम है, क्योंकि रसानुभूति के अनन्त प्रकार नियमबद्ध उपायों से नहीं प्रदर्शित किये जा सकते और रंगमंच ने सुविधानुसार काव्यों के अनुकूल समय-समय पर अपना स्वरूप परिवर्तन किया है।'[81]

'प्रसाद' जी के इस कथन में ध्वनित है कि नाटकों में निहित काव्यात्मकता को अक्षुण्ण रखते हुए रंगमंच को अपना स्वरूप निर्मित करना चाहिए, क्योंकि काव्यात्मकता विहीन नाटक अपनी कलात्मक क्षमता में कमजोर हो जाता है। जीवन की गहन एवं सघन अनुभूतियाँ अपने सम्पूर्ण आयामों में प्रगट नहीं हो पातीं। इसीलिए प्रत्येक देश एवं काल में रंगमंच ने सृजनात्मक कृति के अन्तर्विस्तार का ध्यान रखा है। 'काव्यों की सुविधा जुटाना रंगमंच का काम है' उक्ति अपने आप में अनेक गम्भीर प्रश्नों को समेटे हुए है। रसानुभूति से सम्बद्ध भारतीय दृष्टि भाव के अनन्त प्रकारों को संजोती रही है, जिसके माध्यम से शास्त्रीय सैद्धांतिकता स्वतः पराजित होती रही है। रससिद्धान्त के द्वारा भारत ने इसी गहन दार्शनिक सत्य को मूर्त रूप दिया कि आत्मचैतन्य में विश्रान्ति पा जाने पर अनेक प्रकार के भाव ही रस होते हैं। अनेकता में अभेद स्थापित करने वाली साधारणीकरण प्रक्रिया कवि, नट और सामाजिक का अभेद स्थापित करती हुई काव्यानुभूति या रसानुभूति के स्वरूप को निर्मित करती है। निम्न कोटि की रसानुभूति की कल्पना नाटकों को लेकर नहीं की गयी। परिणामतः काव्यानुभूति के सफल मंचन के लिए रंगमंचों को मोड़ा गया। इस महत्वपूर्ण दृष्टि की ओर भी 'प्रसाद' वर्तमान में हमारा ध्यान आकृष्ट करना चाहते हैं।

उन नियमबद्ध रूढ़ियों की ओर भी प्रसाद जी की दृष्टि है, जो कृति के साहित्यिक सौन्दर्य को निगल जाती हैं। रचनाशील व्यक्तित्त्व परिवेश के समस्त मूल्यों एवं उसकी विशिष्ट मानसिक संरचना से अपने को मुक्त करता है। इसलिए वह रूढ़िविरोधी होकर एक ऐसी रचनात्मक पृष्ठभूमि निर्मित करता है जो प्रायोगिकता के क्रम से जीवन्तता के साथ विकसित होती है। 'प्रसाद' जी की दृष्टि से रंगमंचों को चाहिए कि वह नाटक से विकसित होते हुए नवीन मूल्यों का साथ दे सकें। जब रंगमंच नाटक में अन्तर्निहित नवीन रंगदृष्टियों की अपेक्षाओं का साथ नहीं दे पाता तो पूरे नाट्य-सृजन को धक्का लगता है, जैसा कि हिन्दी में हुआ। कृति के स्वरूप, प्रकृति एवं संरचना के साथ-साथ जब रंगमंच अपना विस्तार नहीं कर पाता तो कृति की मूल दृष्टि का अभिव्यक्तीकरण अथवा प्रकाशन असम्भव हो जाता है। अतः 'प्रसाद' जी के अपने नाटकों को समझने की दृष्टि में भी उनका यह कथन विस्मृत नहीं किया जाना चाहिए कि "काव्यों की सुविधा जुटाना रंगमंच का काम है" तथा "काव्यों के अथवा नाटकों के लिए ही रंगमंच होते हैं।" प्राचीन नाटक की समृद्ध परम्परा का इतिहास साक्षी है कि रंगमंच का विकास नाटक के अनुसार हुआ, क्योंकि प्रत्येक कृति अपने ढंग का रंगमंच माँगती है। बने बनाये रंगमंचीय ढाँचों को तोड़ती हुई परिवर्तन की माँग करती है। ऐसी स्थिति में प्रसाद के नाटकों की रंगमंचीयता के सम्बन्ध में लगाये गये आरोप स्वतः निराधार सिद्ध हो जाते हैं, क्योंकि नाटककार स्वयं यह मानकर चले हैं कि उनके नाटकों के अनुकूल रंगमंच

को अपना विस्तार करना चाहिए तथा इन नाटकों में निहित रंगदृष्टि का सार्थक उपयोग करना चाहिए।

काव्यात्मक कल्पना के सम्मूर्त्तन विधान एवं प्रतीकों को प्रेक्षक तक सम्प्रेषित कराने के लिए रंगमंच को काव्यानुकूल मोड़ लेना अपेक्षित है और तब ही कृति की आत्मा के साथ न्याय हो सकता है। आज जब आधुनिक आलोचना स्वीकार कर चुकी है कि कविता के ऊपर अलग से प्रतिमान आरोपित न किये जाएँ, अपितु प्रतिमानों को कृति के भीतर से ही अन्वेषित किया जाय, तब फिर नाटक के मूल्यांकन के समय बाह्य आरोपित प्रतिमानों के स्थान पर नाट्य-कृति के भीतर से ही प्रतिमान खोजने चाहिए। ऐसा करने पर ही नाटककार की अनुभूति से सही साक्षात्कार कराया जा सकता है। 'प्रसाद' जैसे उद्दाम प्रतिभा-सम्पन्न एवं विद्रोही प्रवृत्ति के नाटककार के साथ हम एकदम बहुत बड़ा अन्याय न कर जाएँ, इसलिए उनकी कृतियों में अन्तर्निहित प्रतिमानों को खोजें तो समय-समय पर उनके विरुद्ध कही गयी अनर्गल बातों का निराकरण सम्भव है।

7. 'प्रसाद' जी की दृष्टि में हिन्दी रंगमंच के नवोदय के समय में ही कुछ ऐसी घटनाएँ घटीं जिन्होंने उसका मार्ग अवरुद्ध कर दिया—"हिन्दी का कोई अपना रंगमंच नहीं है, जब उसके पनपने का अवसर था, तभी सस्ती भावुकता लेकर वर्तमान सिनेमा में बोलने वाले चित्रपटों का अभ्युदय हो गया और फलतः अभिनयों का रंगमंच नहीं-सा हो गया। साहित्यिक सुरुचि पर सिनेमा ने ऐसा धावा बोल दिया कि कुरुचि को नेतृत्व करने का सम्पूर्ण असर मिल गया है। उन पर भी पारसी स्टेज की गहरी छाप है।"[82] इस कथन से स्पष्ट है कि 'प्रसाद' जी वर्तमान सिनेमा की सस्ती भावुकता एवं कुरुचि का नेतृत्व करने वाली अभिनय पद्धतियों से बहुत क्षुब्ध थे। 'साहित्यिक सुरुचि' से ही श्रेष्ठ साहित्य पनपता और फूलता है और श्रेष्ठ संस्कार वाले प्रमाता या सहृदय ही उसे परिष्कार की ओर अग्रसारित करते हैं। संस्कृत काव्य-शास्त्र में काव्य-सृजन प्रक्रिया में साहित्यिक सुरुचि को लेकर गम्भीर विचार किया गया है तथा समय-समय पर ये निष्कर्ष निकाले गये हैं कि बिना श्रेष्ठ प्रमाताओं के उत्कृष्ट सृजन को प्रोत्साहन ही नहीं मिल पाता। सर्जक चित्त सचेत और अचेत अवस्था में अपने परिवेश के इतने प्रभाव-दबाव में होता है कि उससे मुक्त नहीं हो पाता। उस परिवेश से ही उसकी अनुभव राशि संचित होती है। भारतीय धारणा रही है कि विषय पक्ष में जो नाट्यार्थ अथवा काव्यार्थ है, विषयी पक्ष में वही सहृदयत्व है। भरत मुनि का प्रेक्षक अथवा सामाजिक नाट्य का अपरिहार्य अंग था। मुनि की नाट्य-सम्बन्धी धारणा में कवि, काव्य, नायक आदि के साथ-साथ नट और सामाजिक का भी सम्पूर्णता में समावेश है। यदि लोकरुचि का पतन हो जाएगा तो कलाकार उदात्त कृतियों का सृजनकर्म किसके लिए करेगा? इसी दृष्टि से 'प्रसाद' जी

ने यहाँ सहृदयत्व के प्रश्न को उठाया है। प्रतिभा के बिना सामाजिक को व्यंग्यार्थ की प्रतीति ही नहीं हो सकती। इसलिए जो सवासन हैं, उन्हीं को नाट्यादि में रस की प्रतीति होती है। जो निर्वासन अथवा प्रतिभाविहीन हैं, वे नाट्यगृह के पाषाण एवं दीवारों के समकक्ष हैं।[83] कालिदास के श्रेष्ठ नाटकों के रचनाकाल में श्रेष्ठ साहित्यिक सुरुचि का परिवेश था। इसी से उन्होंने अपने 'प्रयोगविज्ञान' को विद्वानों के परितोष के लिए चुनौती के रूप में स्वीकार किया।[84] साहित्यिक संस्कार विशेष से ही कवि और सहृदय की प्रतिभा का सम्बन्ध है, क्योंकि नाट्य का व्यंजना-व्यापार उसी पर निर्भर है। वस्तुतः 'प्रसाद' जी व्यंजना-प्रधान रंगमंच की खोज में थे, जो उन्हें मिल नहीं रहा था। नाट्य-साक्षात्कार के समय हृदय में न तो किसी विजातीय तत्त्व का मिश्रण हो और न ही मन किसी प्रकार विभक्त अथवा पूर्वाग्रहयुक्त अथवा लौकिक वासना से मलिन हो। पारसी थियेटर तथा सिनेमा ने सामाजिक को लौकिक वासना से मलिन कर दिया था। अतः श्रेष्ठ कृति के दर्शकों का अकाल सा पड़ गया था।

8. प्रसाद जी को उपयुक्त अभिनेताओं एवं बुद्धिमान निर्देशकों का अभाव बहुत खटक रहा था—'हाँ रंगमंच पर सुशिक्षित और कुशल अभिनेता तथा मर्मज्ञ सूत्रधार के सहयोग की आवश्यकता है। देशकाल की प्रवृत्तियों का समुचित अध्ययन भी आवश्यक है। फिर तो पात्र रंगमंच पर अपना कार्य सुचारु रूप से कर सकेंगे। इन सबके सहयोग से ही हिन्दी रंगमंच का अभ्युत्थान सम्भव है।''[85] वह अंगरेजी रंगमंच की ओर ध्यान भी दिलाते हैं कि किस प्रकार उन्नीसवीं शताब्दी के उत्तरार्द्ध में कीन ने नाट्य निर्देशन की परम्परा में नवीन प्रयोग करके प्राचीन नाटकों का प्रस्तुतीकरण नवीन पद्धतियों पर किया।[86] हेनरी इर्विंग के अभिनय-चातुर्य के प्रति भी 'प्रसाद' जी सजग हैं। इससे उनकी पाश्चात्य नाटक के प्रति जागरूक दृष्टि लक्षित होती है। सन् 1911 में गार्डन क्रेग अपनी पुस्तक 'आन द आर्ट आफ द थियेटर' लिखते समय इर्विंग के कुशल अभिनय एवं अभिनेता के रूप में उनके कार्य की लगन एवं साधना की प्रशंसा करते हुए लिखते हैं : "But you can remember that as actor he was unfailingly right, and that he studied all nature in order to find symbols for the expression of his thoughts"[87] इधर 'प्रसाद' जी भी इर्विंग की अभिनय-कला से भली-भाँति परिचित हैं और उनकी हार्दिक इच्छा है कि हिन्दी में कीन तथा इर्विंग सदृश प्रयत्नशील नाट्य-निर्माता एवं अभिनेता हों। हिन्दी में नाटकों के अभाव की समस्या को उठाते हुए वह इस बात पर बल देते हैं कि वास्तविक अभाव हिन्दी में रंगमंच एवं रंगकर्मियों का है तथा हिन्दी नाट्यालोचक इस तथ्य से अनभिज्ञ हैं। आलोचकों के इस अज्ञान पर 'प्रसाद' जी दुःख प्रगट करते हैं—"पुकार होती है आलोचकों की, हिन्दी में, नाटकों के अभाव की। रंगमंच नहीं है, ऐसा समझने का कोई साहस नहीं करता। क्योंकि दोष-दर्शन सहज है। उसके

लिए वैसा प्रयत्न करना कठिन है, जैसा कीन ने किया था। युग के पीछे हम चलने का स्वांग भरते हैं, हिन्दी में नाटकों का यथार्थवाद अभिनीत देखना चाहते हैं और यह नहीं देखते कि पश्चिम में अब भी सवाक्-चित्र बनाने के लिए प्रयत्न होता रहता है। ऐतिहासिक नाटकों के सवाक्-चित्र बनाने के लिए उन ऐतिहासिक व्यक्तियों की स्वरूपता के लिए टनों मेकअप का मसाला एक-एक पात्र पर लग जाता है।"[88] पश्चिम के इस उदाहरण को देते हुए वह हिन्दी आलोचक की अपरिपक्वता तथा रंगमंच की साधन-विहीनता को बार-बार रेखांकित करते हुए कुशल रंग-निर्देशकों एवं अभिनेताओं की माँग करते हैं।

'प्रसाद' जी की दृष्टि में अभिनेत्रियों के अभाव ने भी हिन्दी रंगमंच को नहीं पनपने दिया—"...किन्तु रंगमंचों की असफलता का प्रधान कारण है स्त्रियों का उनमें अभाव; विशेषतः हिन्दी रंगमंच के लिए। बहुत से नाटक मंडलियों द्वारा इसलिए नहीं खेले जाते कि उनके पास स्त्री-पात्र नहीं हैं।"[89] इसी कारण उच्च सृजनात्मक स्तर के संस्कृत-नाटकों का अभिनय भी असम्भव प्रतीत होने लगा। इन नाटकों की नायिकाएँ रूप-सौन्दर्य का अक्षय भंडार होने के साथ-साथ काव्यमयी हैं, जिनका अभिनयात्मक रूप किसी भी निर्देशक के लिए चुनौती है। स्वयं 'प्रसाद' के नारी पात्रों ने भी संस्कृत नायिकाओं के ये गुण पाये हैं। देवसेना, ध्रुवस्वामिनी, कोमा, कल्याणी अथवा मालविका के चरित्र इतने विशिष्ट, सूक्ष्म एवं सुकुमार भाव-सन्तुलन पर झूलते हैं कि इनके अभिनय की क्षमता की अपेक्षा किसी साधारण अभिनेत्री से करना अनुचित है। इन्हें ग्रहण करने के लिए विशिष्ट संवेदनशीलता, सूक्ष्म-कलाबोध, कल्पनाशील व्यक्तित्व एवं विशिष्ट प्रतिभा-सम्पन्न मंजी हुई अभिनेत्रियाँ अपेक्षित हैं।

9. भारतीय रंग-परम्पराओं एवं रंगदृष्टियों को पूरी तरह आत्मसात करने के साथ-साथ 'प्रसाद' जी की दृष्टि पाश्चात्य रंगमंच पर भी जमी हुई है। पश्चिमी परम्पराओं का उन्हें गम्भीर ज्ञान है। पूर्वी एवं पश्चिमी दृष्टियों के ऐतिहासिक एवं सांस्कृतिक बोध उनकी दृष्टि में समाविष्ट है। पाश्चात्य दृष्टि के उपयोगी एवं अनुपयोगी पक्षों को वह अपने निबन्धों में विवेचित करते हैं। पाश्चात्य रंग-दृष्टियों के विकास, रंग परम्पराओं में परिवर्तन के इतिहास आदि को उन्होंने गहराई से समझने का प्रयास किया है तथा इस बात का ध्यान रखा है कि आज ज्ञान-विज्ञान के विनिमय के युग में किस सीमा तक हमें पाश्चात्य दृष्टि को ग्रहण करना चाहिए। पश्चिमी विकास से हमें प्रेरणा लेनी चाहिए, उसका अनुसरण करना चाहिए, किन्तु अन्धानुकरण नहीं। 'प्रसाद' जी की दृष्टि में—"इस सचेतनता के परिणाम में हमें अपनी सुरुचि की ओर प्रत्यावर्तन करना चाहिए। क्योंकि हमारे मौलिक ज्ञान-प्रतीक दुर्बल नहीं हैं।"[90] अपनी परिस्थितियों, परम्पराओं, परिवेश तथा सीमाओं को ध्यान में रखते हुए पश्चिम की प्रेरणा एवं प्रभाव ग्रहण उन्हें अपेक्षित है—"अनुकरण में

फैशन की तरह बदलते रहना, साहित्य में ठोस अपनी वस्तु का नियन्त्रण नहीं करता।"[91] तथा "केवल नयी पश्चिमी प्रेरणाएँ हमारी पथ-प्रदर्शिका न बन जाएँ।"[92] यही कारण है कि हिन्दी नाटक में जब धूमधाम के साथ यथार्थवाद की माँग की गयी तो 'प्रसाद' ने उसका डटकर विरोध किया—"हिन्दी के कुछ अकाल-पक्व आलोचक जिनका पारसी स्टेज से पिंड नहीं छूटा है, सोचते हैं स्टेज में यथार्थवाद। अभी वे इतने भी सहनशील नहीं कि फूहड़ परिहास के बदले, जिससे वह दर्शकों को उलझा लेता है, तीन चार मिनिट के लिए काला पर्दा खींच कर दृश्यान्तर बना लेने का अवसर रंगमंच को दें।"[93] हिन्दी नाटक एवं रंगमंच के उत्थान काल में ही उसे यथार्थवाद के रेगिस्तान में धकेल देना 'प्रसाद' जी को दूरदृष्टिविहीन दिखाई दिया। उन्हें इस बात का पूरा विश्वास है कि पश्चिमी यथार्थवाद वहाँ की नाट्य-कला के निश्चित क्रमविकास का परिणाम है। विभिन्न ऐतिहासिक परिवर्तनों-प्रत्यावर्तनों एवं आन्दोलनों से गुजरता हुआ नाटक सामाजिक, आर्थिक, भौतिक, धार्मिक, वैज्ञानिक एवं मनोवैज्ञानिक प्रभावों, दबावों के भीतर से यथार्थवाद की ओर उन्मुख हुआ था। किन्तु हिन्दी में अचानक ही यथार्थवाद की नकल आरम्भ कर देना अपरिपक्वता एवं अदूरदर्शिता का सूचक है। अतः—"अधिक उछलने में पदस्खलन का भय भी है।"[94] क्योंकि "युग की मिथ्या धारणा से अभिभूत नवीनतम की खोज में इब्सनिज्म का भूत वास्तविकता का भ्रम दिखाता है। समय का दीर्घ अतिक्रमण करके जैसा पश्चिम ने नाट्यकला में अपनी सब वस्तुओं को स्थान दिया है, वैसा क्रम-विकास कैसे किया जा सकता है, यदि हम पश्चिम के आज को ही सब जगह खोजते रहेंगे।"[95]

'प्रसाद' जी के नाट्यकाल में ही लक्ष्मीनारायण मिश्र अपने नाटकों में बुद्धिवाद एवं यथार्थवद का नारा बुलन्द करने लगे थे। 'प्रसाद' जी की सम्पूर्ण दृष्टि को झुठलाते हुए मिश्र जी ने उनके वस्तु, शिल्प, दृष्टि, दृश्य एवं नाट्य-सिद्धान्तों में निहित जीवन मूल्यों की भर्त्सना की। अपने नाटकों की भूमिकाओं में जीवनगत यथार्थ, सच्चाई एवं समस्याओं के प्रति ईमानदारी के नये से नये नारे दिये। 'हिन्दी के कुछ अकालपक्व' आलोचकों से प्रसाद जी का तात्पर्य सम्भवतया इसी प्रकार के व्यक्तियों से था। वह भली भाँति समझ रहे थे कि तत्कालीन हिन्दी नाटक को कलात्मक बोध, काव्यात्मकता, राष्ट्रीय सांस्कृतिक दृष्टि की प्रगाढ़ता, परिवेश की स्वचेतनता, पुनरुत्थानवादी दृष्टि तथा जीवन की सूक्ष्म, गहन, सघन अनुभूतियों के साथ प्रासंगिक और आधुनिक जीवन मूल्यों की घोर अपेक्षा है। किन्तु यथार्थवाद की नकल की झोंक में आकर नाटककार 'प्रसाद' जी की इस दृष्टि को समझने में असमर्थ रहे। परिणामतः हिन्दी नाटक की अन्तःसलिला धारा जो पूरी तरह रसवती और वेगवती हो रही थी, अचानक ही शुष्क, निरर्थक, क्षुद्र, कृत्रिम यथार्थ की मरुभूमि में जा पड़ी। आज जब हम इतिहास के विद्यार्थी की दृष्टि से प्रसादोत्तर हिन्दी नाटक

को देखते हैं तो यह मानने को बाध्य हो जाते हैं कि समस्या नाटकों को लेकर चलने वाली धारा के मूल स्रोत भारतीय जीवन में थे ही नहीं। पश्चिमी जीवन की समस्याएँ वहाँ के भौतिकतापरक जीवन की उपज थीं, जो उनके लिए पूर्णतया वास्तविक थीं। किन्तु हिन्दी में वह पूर्णतया आरोपित, अविचारित एवं ऊपर से थोपी हुई प्रतीत हुईं, क्योंकि हमारे जीवन के मौलिक प्रश्न ही दूसरे हैं और उनका सही समाधान 'प्रसाद' की ऐतिहासिक-सांस्कृतिक दृष्टि में निहित है। इसीलिए 'प्रसाद' मानते हैं कि हमारी दृष्टि केवल पश्चिम के वर्तमान पर ही टिक कर नहीं रह जानी चाहिए। अपितु पश्चिमी परंम्पराओं के क्रम विकास का सर्वेक्षण करना नितान्त आवश्यक है। इन परम्पराओं के सर्वेक्षण-परीक्षण, चिन्तन-मनन के उचित दृष्टिकोण के आधार पर ही ठोस एवं श्रेष्ठ सृजनात्मक साहित्य का निर्माण सम्भव है।[96] अतीत और वर्तमान को देखकर भविष्य का निर्माण होता है; इसलिए हमको साहित्य में एकांगी लक्ष्य नहीं रखना चाहिए।[97] इसलिए वह स्मरण दिलाते हैं—"पश्चिम ने भी अपना सब कुछ छोड़ कर नये को नहीं पाया है।"[98]

10. पाश्चात्य साहित्य में प्रचलित व्यक्ति-वैचित्र्यवाद के स्थान पर 'प्रसाद' ने भारतीय रस-दृष्टि की प्रतिष्ठा की। इस दृष्टि में भी उनके ऊपर अभिनव गुप्त की रस-दृष्टि का विशेष प्रभाव है। भरत के मत से आत्म-चैतन्य में विश्रान्ति पा जाने पर भाव रस-रूप में परिणत होते हैं। 'प्रसाद' जी लिखते हैं—'जैसे विश्व के भीतर से विश्वात्मा की अभिव्यक्ति होती है, उसी तरह नाटकों से रस की।'[99] प्रसाद' जी की दार्शनिक दृष्टि यह मान कर चली है कि जैसे आत्मा की और इदं की भिन्नता मिटाने में अद्वैतवाद का प्रयोग है, उसी प्रकार एक ही प्रत्यगात्मा के भाव-वैचित्र्यों का अभेद या साधारणीकरण भी रस में है। इस रस में आस्वाद का रहस्य है। कवि में साधारणीभूत जो संवित् है, वही नाट्य-व्यापार में नियोजित होकर रस है। रस-विवेचना में संवित् का साधारणीकरण त्रिवृत्त है—कवि, नट और सामाजिक का साधारणीकरण। इस सन्दर्भ में उन्होंने भारतीय रस-दृष्टि से पश्चिमी दृष्टि को अलगाते हुए लिखा है—'वर्तमान काल में नाटकों के विषयों के चुनाव में मतभेद है। कथावस्तु भिन्न प्रकार से उपस्थित करने की प्रेरणा बलबती हो गयी है। कुछ लोग प्राचीन रस सिद्धान्त से अधिक महत्व देने लगे हैं चरित्र-चित्रण पर। उनमें भी अग्रसर हुआ है दूसरा दल जो मनुष्यों के विभिन्न मानसिक आकारों के प्रति कुतूहलपूर्ण है अथवा व्यक्ति-वैचित्र्य पर विश्वास रखने वाले ये लोग अपनी समझी हुई कुछ विचित्रता मात्र को स्वाभाविक चित्रण कहते हैं, क्योंकि पहला चरित्र-चित्रण तो आदर्शवाद से बहुत घनिष्ठ हो गया है, चारित्र्य का समर्थक है, किन्तु व्यक्ति वैचित्र्य वाले अपने को यथार्थवादियों में ही रखना चाहते है।'[100] 'प्रसाद' को पश्चिम के इन दोनों पक्षों में रस-दृष्टि का सम्बन्ध नहीं दिखाई देता। क्योंकि वे यह मानते

हैं कि पश्चिम में त्रासदी का जन्म ही इसलिए हुआ कि दुर्गम भूभागों में उपनिवेशों की खोज में उन लोगों ने अपने को विपरीत स्थिति में ही भाग्य से लड़ते-जूझते हुए पाया। जीवन की इस कठिनाई पर ध्यान देने के कारण उन लोगों ने इस जीवन को दुःखमय (ट्रेजेडी) ही समझ लिया। उनका बुद्धिवाद उनकी दुःख-भावना के द्वारा अनुप्राणित रहा। इसलिए ग्रीक तथा रोमन लोगों का बुद्धिवाद भाग्य से और उसके द्वारा उत्पन्न दुःखपूर्णता से संघर्ष करने के लिए अधिक अग्रसर रहा। यह भाग्य या नियति की विजय थी। अपने घर में सुव्यवस्थित रहने वाले आर्यों के लिए यह सब आवश्यक न था। भारत के ही एक दल ने बुद्धिवाद को अपनाकर दुःख सिद्धान्त का प्रचार किया, किन्तु साहित्य में उसे स्वीकार नहीं किया गया। भारतीय आर्यों को निराशा न थी, करुण रस था जिसमें दया, सहानुभूति, कल्पना से अधिक थी रसानुभूति। उन्होंने प्रत्येक भावना में अभेद, निर्विकार आनन्द पाने में अधिक सुख माना। इसीलिए भारतीय दृष्टि चरित्र और व्यक्ति-वैचित्र्य को रस का साधन मानती है, साध्य नहीं। पश्चिम की साहित्य-दृष्टि मानवीय वासनाओं को संशोधित करने वाले सिद्धान्त-व्यापारों में चरित्र निर्माण की पक्षपाती है। उसका ध्येय है दया और सहानुभूति उत्पन्न करना। इसलिए 'प्रसाद' जी कहते हैं—'वर्तमान साहित्यिक प्रेरणा जिसमें व्यक्ति-वैचित्र्य और यथार्थवाद मुख्य हैं, मूल में संशोधनात्मक ही है। कहीं व्यक्ति से सहानुभूति उत्पन्न करके समाज का संशोधन है, और कहीं समाज की दृष्टि से व्यक्ति का। किन्तु दया और सहानुभूति उत्पन्न करके भी वह दुःख को अधिक प्रतिष्ठित करता है, निराशा को अधिक आश्रय देता है। भारतीय रसवाद में मिलन, अभेद सुख की सृष्टि मुख्य है।'[101]

भारतीय रसवाद में लोक-मंगल की कल्पना प्रत्यक्ष और प्रच्छन्न है। रसवाद में वासनात्मक मनोवृत्तियाँ, जो चरित्र की सृष्टि करती हैं, साधारणीकरण के द्वारा आनन्दमय बना दी जाती हैं। क्योंकि रस के मूल में तन्मयी भाव मुख्य है। साधारीकरण एक ऐसी निर्वेयक्तिक भावभूमि है, जिसमें विभिन्नता हटाकर अभिन्नता उत्पन्न होती है। व्यक्ति की विभिन्नता और विशिष्टता हट जाती है और रस की सृष्टि होती है। साधारणीकरण के माध्यम से रसास्वाद की प्रक्रिया में रस सामूहिक रूप में अनुभूयमान रहता है, वह एक व्यक्ति की अनुभूति न रह कर सामूहिक अनुभूति है, इसलिए भावकत्व ही साधारणीकरण है। शुक्ल जी के शब्दों में—'साधारणीकरण में रसमग्न पाठक के मन में यह भेदभाव नहीं रहता कि आलम्बन मेरा है या दूसरे का, थोड़ी देर के लिए पाठक या श्रोता का हृदय लोक का सामान्य हृदय हो जाता है।'[102] शुक्ल जी के निबन्ध 'साधारणीकरण और व्यक्ति वैचित्र्यवाद' तथा 'प्रसाद' जी की दृष्टि में पर्याप्त समानता मिलती है।

अपने नाटकों में 'प्रसाद' जी ने व्यक्ति-वैचित्र्य की प्रवृत्ति को पाश्चात्य रूप में

गृहीत किया है। किन्तु इसका प्रयोग सदैव साधन रूप में हुआ है। उनका चरम साध्य रस ही रहा है, क्योंकि लोक-हृदय की अभिन्नता रस में निहित है। अतः नाटकों में विशेष रूप से 'स्कन्दगुप्त' में भारतीय रस-विधान तथा पाश्चात्य शील-वैचित्र्य का समन्वय हुआ है। इससे नाटक का स्वरूप-गठन भी प्रभावित हुआ है।

11. 'प्रसाद' जी के मत से प्राचीन भारतीय लोकधर्मी अभिनय परम्परा तथा नाट्यधर्मी अभिनय परम्परा का वर्तमान काल में सांस्कृतिक धरोहर के रूप में उपयोग होना चाहिए। पश्चिमी देशों ने समय और आवश्यकता के अनुसार अपनी परम्पराओं का (उनकी एक विशेष प्रासंगिकता को ध्यान में रखते हुए) सदैव नवीनीकरण किया है। इस प्रकार नाट्य-प्रयोग के नवीन आयाम उद्घाटित किये गये हैं। पश्चिम के इस इतिहास ने भारतेन्दु को एक समन्वयपरक नवीन दृष्टि प्रदान की थी। परिणामतः आधुनिकता के समर्थक उस नाटककार ने अपने समय के रंगमंच की उस अव्यवस्था को देख कर जिस हिन्दी-रंगमंच की स्थापना की थी, उसमें भारतीय लोकधर्मी एवं नाट्य धर्मी परम्पराओं का समन्वय था। ऐसा प्रयोग करने से उन्हें नवीन रंगदृष्टि प्राप्त हुई, जिसे 'सत्य हरश्चिन्द्र, 'नीलदेवी', 'चन्द्रावली', 'भारत-दुर्दशा' आदि नाटकों में स्पष्ट देखा जा सकता है—'हिन्दी रंगमंच को स्वतन्त्र चेतना को सजीव रखकर रंगमंच की रक्षा करनी चाहिए।'[102] अर्थात् अपनी प्राचीन धरोहर का सार्थक उपयोग करने में हमें भारतेन्दु द्वारा प्रदर्शित पथ पर चलना चाहिए। ऐसा न करने पर 'प्रसाद' जी के मत से पथभ्रष्ट होने की सम्भावना है। हमारी मूल्यवान परम्पराओं से नया नाट्य-साहित्य कट न जाय, इसलिए परम्पराओं का पुनर्निर्माण एवं पुनर्योजना सर्जक का सबसे बड़ा दायित्व है।

12. सर्जक कलाकारों के साथ-साथ नाट्यालोचकों को चिन्तन-मनन की गम्भीर पद्धतियों से अवगत होना चाहिए। नाट्यालोचना देखकर 'प्रसाद' को ऐसा प्रतीत हुआ कि आलोचक प्राचीन नाट्य-परम्पराओं के सांस्कृतिक स्रोतों का पूरा ज्ञान नहीं रखते क्योंकि वे वर्तमान के खण्डित व्यक्तित्व को ओढ़े हुए हैं। इसलिए नवीन नाट्य-विकास की जो दिशा उन्हें सुझानी चाहिए, उस दिशा की ओर वे नाट्य-सृजन को प्रवृत्त ही नहीं कर पाते। फलतः फैशन में उछाले गये नारे उनकी दृष्टि की सीमा बने हुए हैं। उदाहरणार्थ इब्सनिज्म का नाम लेकर वह अत्यधिक प्रगतिशील बनने का दम्भ तो भरते हैं, किन्तु उन्हें इस बात की समझ नहीं है कि तत्कालीन भारतीय परिवेश में नाट्य एवं रंगमंच की कौन-कौन सी गम्भीर अपेक्षाएँ हैं। इसी कारण 'प्रसाद' जी समसामयिक आलोचकों की परवाह न करके उनके द्वारा किये गये सम्पूर्ण प्रहारों को सहन करते और झेलते हुए अपनी नवीन नाट्य एवं रंग-दृष्टि का निर्माण करते हैं। इसे उनके आलोचक न समझ पाये और 'प्रसाद' का घोर विरोध करते रहे। यह सत्य है कि सृजनशील कलाकार की समस्याएँ आलोचक की

समस्याओं से सदैव भिन्न होती हैं। वह किसी के दिखाये हुए मार्ग पर न चलकर स्वयं पथनिर्माण करता है। 'प्रसाद' जी का सृजन इस बात का अपवाद नहीं है।

अज्ञान में फँसे आलोचकों की समझ को सही दिशा देने के लिए 'प्रसाद' ने उनके द्वारा किये गये प्रहारों का उत्तर दिया। 'रंगमंच' नामक निबन्ध में बड़े धैर्य के साथ उन्होंने सभी आक्षेपों का समाधान दिया है। हिन्दी आलोचना का सबसे बड़ा दुर्भाग्य यही रहा कि आलोचक सृजनात्मक साहित्य से पिछड़ा रहा। लेखक एवं आलोचक की यह दूरी अनेक भ्रान्तियों का मूल कारण रही है। आलोचक की समझ में बहुत दिनों तक न 'छायावाद' आया था न 'नयी कविता'।' किन्तु अनेक विरोधों को सहकर ये धाराएँ रुकी नहीं और आलोचक को उनके समक्ष झुकना पड़ा। फिर प्रसाद तो अपने युग से बहुत आगे के साहित्यकार हैं। उन्हें पिछड़ी समझ के आलोचक समझ भी कैसे सकते थे।

13. आलोचकों द्वारा प्रसाद जी पर सर्वाधिक प्रहार उनकी नाट्य-भाषा को लेकर किये गये। इस सम्बन्ध में प्रसादजी की अपनी दृष्टि से हमें परिचित होना चाहिए कि वह स्वयं सरल भाषा एवं क्लिष्ट भाषा के बारे में क्या लिखते हैं। आलोचकों का कहना था—'आधुनिक युग की रंगमंच की प्रवृत्ति के अनुसार भाषा सरल हो और वास्तविकता भी हो।'[103] 'प्रसाद' जी के मत से आलोचकों को यह भली-भाँति ज्ञात ही नहीं कि अपने कथन से उनका क्या तात्पर्य है। भाषा सरल अथवा कठिन नहीं होती, वह तो माध्यम होती है। नाटक में महत्व नाट्य-प्रभाव का होता है, उनके सम्प्रेषणीय व्यापार का होता है, क्योंकि भाषा स्वयं सम्प्रेषण-व्यापार का माध्यम है।[104] इसीलिए प्रसाद जी लिखते हैं—'प्रभाव का असम्बद्ध स्पष्टीकरण भाषा की क्लिष्टता से भी भयानक है।'[105] आलोचकों द्वारा उल्लिखित 'वास्तविकता' का उपहास उन्होंने एक उदाहरण देकर किया है, जिसमें वास्तविकता के नाम पर फटे परदे, मकड़ी के जाले आदि के दृश्य रंगस्थल पर प्रमुखता पाते हैं। पूरा नाटक एक मदारी का तमाशा बन जाता है और नाट्य प्रभाव बिखर जाता है। 'प्रसाद' जी की दृष्टि में प्रभाव की सुसम्बद्धता नितान्त आवश्यक है।

संस्कार-विहीन दर्शक भाषा की समझ नहीं रखता। उदाहरणार्थ पारसी रंगमंच पर प्रयुक्त बोलचाल की भाषा भी सभी दर्शकों की समझ में तो नहीं आती।[106] सृजनशील भाषा संवेदनशील रचनाकार के आत्मसंघर्ष की भाषा होती है, जिसमें वह अनुभवों को कई स्तरों पर व्यक्त करता है। भाषा-प्रयोग विधि का अनिवार्य कार्य यह है कि वह अमूर्तन से मूर्तन विधान की ओर जाय, क्योंकि नाट्य के कथ्य एवं भाषा का आन्तरिक सम्बन्ध है। यदि कथ्य सपाट एवं सरल है तो भाषा उनकी अनुवर्तिनी होनी चाहिए। किन्तु यदि कथ्य में ऐतिहासिक-सांस्कृतिक चेतना का निर्वाह निहित है तो भाषा उस कथ्य की प्रमाणिकता का अनुभूति की ईमानदारी के साथ

निर्वाह करने के लिए सृजन के जटिल स्तरों से टकराएगी। ऐसी स्थिति में वह जटिल अवश्य होगी, क्योंकि नाट्य-भाषा के संघटन में केन्द्रीय तत्त्व नाट्य-प्रभाव का है। इसकी रक्षा करने के लिए भाषा में वक्रता या अनेक प्रकार की भंगिमाएँ विकसित होती हैं। नाट्य-भाषा में लहजा (टोन) सर्वाधिक महत्वपूर्ण होता है।

14. नाटक को चाक्षुष्य यज्ञ कहा गया है। रंगमंच पर भावाभिनय से ही अनेक स्थितियाँ स्पष्ट हो जाती हैं, जैसे कि कथकलि में मूक अभिनय ही भावों को स्पष्ट करता है। नाटक का मूल बल अभिनय पर ही होता है। अभिनय सुरुचिपूर्ण शब्दों के अर्थ को रंगमंच पर पूरी तरह खोल कर अधिकाधिक स्पष्ट कर सकता है। नाट्य-व्यापार की सम्पूर्ण सार्थकता अभिनय पर निर्भर करती हैं। शब्द गौण हो जाते हैं, अर्थ-गतियाँ तथा उनकी झंकृतियाँ प्रमुख हो जाती है। अतः सरल अथवा क्लिष्ट भाषा की बात गौण होती है, प्रमुख होती है अभिनयाभिव्यक्ति। इस बात को न समझने वाले नाट्य-भाषा के प्रारूप को ही नहीं समझते। कोई भाषा रंगमंचीय नहीं होती, अभिनय से उसमें रंगमंचीय प्रभावोत्पादकता उत्पन्न की जाती है।

15. आलोचकों की नाटककार से एक माँग और भी रही कि 'भाषा स्वाभाविकता के अनुसार पात्रों की अपनी होनी चाहिए।[107] प्रसाद जी का विचार है कि यह माँग नितांत अविवेकपूर्ण है। उन्होंने लिखा है कि आधुनिक नाटक को यह प्रेरणा संस्कृत नाटकों से मिली है, जहाँ स्त्री पात्र प्राकृत भाषा बोलते हैं और ग्रामीण पात्र देहाती बोली में बातचीत करते हैं। 'किन्तु ऐसा करने में समस्या अधिकाधिक गम्भीर बन जाने की सम्भावना है, क्योंकि इस स्थिति में असभ्य पात्र जंगली बोली बोलें, राजपूत राजस्थानी तथा अन्य पात्र अपनी-अपनी स्थानीय भाषा में वार्तालाप करें।'[108] अतः नाटक भाषाओं का अजायबघर बन जाएगा 'और इतने पर भी क्या वह नाटक हिन्दी का ही रह जाएगा।'[109] संस्कृत नाटकों के सामने यह समस्या इस रूप में नहीं थी। अतः संस्कृत एवं प्राकृतों से संवाद अधिक स्वाभाविक बना दिये गये। किन्तु आधुनिक प्रान्तीय भाषाओं, बोलियों तथा विदेशी पात्रों की विदेशी भाषाओं के बीच खींचतान का अब कोई लाभ नहीं, क्योंकि परिणाम हास्यास्पद स्थिति के सिवाय और कुछ नहीं हो सकते।

भाषा की यह समस्या ऐतिहासिक नाटकों में और भी अधिक गम्भीर हो जाती है। ऐतिहासिक नाटकों में देशकाल की सीमा होती है। अतः मुगलकालीन नाटक के पात्रों का आधुनिक उर्दू में बोलना अस्वाभाविक प्रतीत होगा। 'प्रसाद' जी के मत से भाषा का प्रयोग मूल ऐतिहासिक पात्र के व्यक्तित्व पर निर्भर करता है। इस सन्दर्भ से उनका यह कथन द्रष्टव्य है—'मैं तो कहूँगा कि सरलता और क्लिष्टता पात्रों के भावों और विचारों के अनुसार भाषा में होगी ही, और पात्रों के भावों और विचारों के आधार पर भाषा का प्रयोग नाटकों में होना चाहिए; किन्तु इसके लिए भाषा की

स्वतन्त्रता नष्ट करके कई तरह की खिचड़ी भाषाओं का प्रयोग हिन्दी नाटकों के लिए ठीक नहीं। पात्रों की संस्कृति के अनुसार उनके भावों और विचारों में तारतम्य होना भाषाओं के परिवर्तन से अधिक उपयुक्त होगा। देश और काल के अनुसार भी सांस्कृतिक दृष्टि से भाषा में पूर्ण अभिव्यक्ति होनी चाहिए।[110]

नाट्य-भाषा की सृजनशीलता की मूल समस्या, यदि नाटक ऐतिहासिक है, तो पात्र और कथ्य के सांस्कृतिक स्तरों से जुड़ी हुई है। गम्भीर भाव और विचार का पात्र गम्भीर विचार को व्यक्त करने में विशेष प्रकार की भाषा बोलेगा ही। उसके शब्द किसी मूर्त्त वस्तु अथवा स्थिति के अमूर्त्त संकेत भर होते हैं। एक प्रकार से सम्पूर्ण नाट्य-भाषा अमूर्त्तन एवं प्रतीकन की प्रक्रिया है। नाट्य-भाषा-प्रक्रिया जीवित एवं गतिशील रहे, इस संघर्ष के लिए नाटककार का सम्पूर्ण अस्तित्व संकट के चरम बिन्दुओं का स्पर्श करता रहता है। अतः नाट्य-लेखक जिस युग का कथ्य लेता है, उस युग के बोध को उसी तरह से पाठक को साक्षात्कार करा सके, इसके लिए वह युग-विशेष के बोध के कई स्तरों को पकड़ता है। ऐसी स्थिति में वह बोलचाल की भाषा के पास कैसे आ सकता है? उसका पात्र अपनी युग-चेतना से विहीन न हो जाय अथवा एकदम ऐतिहासिक व्यक्तित्व ही न खो दे या उसकी पहचान ही खतरे में न पड़ जाये, इन सभी बातों का ध्यान उसे रखना पड़ता है। भाषा पात्रों के भावों एवं विचारों के अनुकूल बनती है, क्योंकि भाषा ही पात्रों के अनुभव संसार को सामयिक परिप्रेक्ष्य से जोड़ कर सामने लाती है। अनुभूति की रासायनिक प्रक्रिया में नाटककार नाट्यभाषा की मूल प्रकृति को परिवर्तित कर देता है। यहाँ कवि का अपना सर्जनात्मक व्यक्तित्त्व भी आड़े आता है, जिसके अनुसार भाषा निर्मित होती है। इसलिए स्थितियों के कठिन प्रतीक क्लिष्ट भाव-चित्रों अथवा बिम्बों की बिम्बमाला में ग्रथित होते हैं। पात्र के जटिल व्यक्तित्व के साथ भाषा जटिल होती जाती है। और फिर नाटककार वैयक्तिक अर्थ-स्तर को सामाजिक अर्थ-स्तर तक पहुँचाने में बहुत शक्ति लगाता है, ऐसी स्थिति में काल-विशेष का पूरा सांस्कृतिक साक्षात्कार भाषा को ही प्रायः कराना है। यदि नाटककार ऐसा नहीं करा पाता तो ऐतिहासिक नाटक कई स्तरों पर अविश्वसनीय हो जाता है।

नाटक अथवा प्रबन्ध-काव्य में 'मूर्त्त सार्वभौम' का रूप 'जटिल-चरित्रों' (राउण्ड केरेक्टर्स) के रूप में पाया जाता है। जटिल चरित्र में अनेक विशेषताएँ होती हैं। एक प्रकार से यहाँ परस्पर विरोधी विशेषताओं का संश्लेषण होता है। ऐसे पात्र प्रायः रूपक (मेटाफर) में बोलते हैं। रूपक प्रकृति से मिश्रित और जटिल वस्तु है, जो मुश्किल से पकड़ में आती है। इसमें व्यंजना का प्राधान्य होता है। 'प्रसाद' जी की भाषा भी रूपकों से चलती है। यह व्यंजना प्रधान भाषा है। बुद्धिमान सामाजिक के हृदय में भाषा कई प्रकार के अर्थ-वलय का निर्माण करती है। भट्टनायक ने

साधारणीकरण की चर्चा करते हुए स्पष्ट रूप से काव्यात्मक भाषा के प्रश्न को उठाया और रसानुभूति के लिए उन्होंने अन्य शब्दों से विलक्षण काव्यात्मक शब्द को आवश्यक माना है।[111]

अभिनव गुप्त ने 'अभिज्ञानशाकुन्तलम्' के 'ग्रीवाभंगाभिराम' श्लोक के छन्द का उदाहरण देते हुए कहा है कि समर्थ काव्य-भाषा के द्वारा यहाँ भयाक्रान्त मृग के साक्षात्कार का बिम्ब-ग्रहण होता है।[112] अर्थ-ग्रहण के साथ-साथ बिम्ब-ग्रहण भाषा की काव्यात्मक सामर्थ्य के कारण ही सम्भव हो सका है। असमर्थ भाषा से यह अपेक्षा नहीं की जा सकती थी। इसलिए संस्कृत आचार्यों ने नाट्य में काव्यात्मक तत्त्व पर बहुत बल दिया है। पाश्चात्य विचारकों ने भी त्रासदी के सन्दर्भ में भाषा की काव्यात्मकता का महत्व प्रत्येक काल में रेखांकित किया है। जार्ज सेन्टाइना ने तो यहाँ तक कहा है कि विषय नहीं, अपितु कलात्मक निर्वाह ही त्रासदी को त्रासदी का गौरव देता है।[113] हेमलेट के स्वगत कथनों की ओर संकेत करते हुए कहा गया है कि काव्यात्मक गुण के कारण ही उस त्रासदी में हमारी रुचि रहती है। इसीलिए काव्यात्मक अथवा नाटकीय भाषा वह है जो सीधे वक्तव्य से भिन्न होती है।[114] वह सरल और सपाट तो नहीं हो सकती। ऐसी स्थिति में भाषा में क्लिष्टता का आ जाना स्वाभाविक होता है।

प्रसाद की भाषा नाटकीय एवं काव्यात्मक भाषा है, जिसमें सरलता अथवा क्लिष्टता का विचार नहीं है। पात्र के ऐतिहासिक-सांस्कृतिक बोध का देशकाल के साथ सही सन्दर्भों में साक्षात्कार कराना उन्हें इष्ट रहा है। अतः उनकी भाषा पर लगाये गये आलोचकों के आक्षेप स्वयं 'प्रसाद' जी के द्वारा ही निराधार सिद्ध कर दिये गये हैं। 'प्रसाद' जी के तर्क इतने प्रबल हैं कि कोई भी समझदार व्यक्ति उनसे असहमति व्यक्त नहीं करना चाहेगा।

समग्रतः 'प्रसाद जी की रंगमंचीय अवधारणाओं को बृहत् परिप्रेक्ष्य में विश्लेषित करने के पश्चात् हम कह सकते हैं कि उनके मन में नवीन नाट्य-शैली एवं रंगमंच की खोज की प्रेरणा बलवत्तर रही है। उनकी दृष्टि का मूल आधार प्राचीन भारतीय परम्पराएँ रही हैं। पश्चिमी रंग-परम्पराओं को एक जागरूक एवं सचेतन कलाकार की भाँति उन्होंने गृहीत किया है। पश्चिमी नाटककारों में उन्हें विशेष रूप से शेक्सपियर ने प्रभावित किया है। आधुनिक यथार्थवादी नाट्य का प्रभाव-ग्रहण उन्हें काम्य नहीं हुआ। वह सचेतन एवं उत्तरदायी साहित्यकार थे और यह समझ रहे थे कि उन रंगमंचीय परिस्थितियों में हिन्दी नाट्य की क्या अपेक्षाएँ हैं तथा क्या सीमाएँ हैं। अपने समय में विद्यमान पारसी रंगमंच से दूर रहने का उनका सचेतन प्रयास होने पर भी अकेला समसामायिक रंगमंच जीवित होने के कारण वह पारसी रंगमंच के प्रभाव से अछूते नहीं रह सके हैं। यह नितान्त स्वाभाविक भी था

क्योंकि व्यावहारिक रंगमंच सर्जक कलाकार को किसी न किसी स्तर पर प्रभावित अवश्य करता है। इतना होने पर भी 'प्रसाद' जी ने पारसी थियेटर के समक्ष घुटने नहीं टेक दिये, अपितु निर्भ्रान्त शब्दों में घोषणा की, 'नाटकों के लिए रंगमंच हों।' उनके नाटकों के उपयुक्त हिन्दी का रंगमंच न बन पाया इसमें उनका क्या दोष? किन्तु बाद में नाट्यकर्मी वास्तविक स्थिति के प्रति जागरूक हुए हैं और स्वीकार करने लगे हैं—'संकुचित यथार्थवादी पश्चिमी ढंग के मंच के लिए उनके नाटक नहीं थे। इनके प्रस्तुतीकरण के लिए किसी कल्पनाशील निर्देशक की आवश्यकता है, जो हमारी प्राचीन और लोकनाटक परम्परा को समझ कर और वर्तमान मंच-शैली को ग्रहण करके इनका उपयोग कर सके। 'प्रसाद' का यह कथन कि 'उनके नाटकों के लिए एक नवीन और विशेष मंच की आवश्यकता है, एकदम उचित है।'[115]

नवीन नाट्य-शैली एवं रंगमंच की खोज

'प्रसाद' में नाट्यगत व्यावहारिकता एवं सैद्धान्तिकता की प्रायोगिकता का जीवन्त एवं गत्यात्मक संघर्ष युगीन परिवेश की मूल्यवत्ता एवं अर्थवत्ता के साथ विकसित हुआ है। फलतः उनके प्रादुर्भाव से हिन्दी-नाटक को नवीन दिशा मिलती है। भारतेन्दु-काल के पश्चात् द्विवेदी-युगीन प्रयोगों एवं प्रयासों के बावजूद भी हिन्दी नाट्य के क्षेत्र में एक प्रकार का ठहराव दृष्टिगत होता है। नाट्य-सर्जन के क्षेत्र में ऐसी प्रतिभा की अपेक्षा लगातार अनुभव की जा रही थी जो इस ठहराव को तोड़ कर नाट्य-साहित्य को नवीन गति एवं मूल्य प्रदान कर सके। एक प्रकार से सम्पूर्ण नाट्य-चेतना में परिवर्तन एवं परिष्कार की वह स्थिति आवश्यक हो गयी थी, जिसमें गम्भीर सृजनात्मकता नयी राह पा सके। ऐसे ही कठिन समय में 'प्रसाद' ने नाट्य-क्षेत्र को अपनी उद्दाम एवं अपार प्रतिभा से समृद्ध किया। तद्युगीन परिवेश के अनुकूल 'प्रसाद' ने हिन्दी नाटक को ठोस एवं व्यावाहारिक साहित्यिक स्वरूप प्रदान किया—'भारतेन्दु के पश्चात् द्विवेदी युग के नाटककारों में प्रेम-कथानक को लेकर नाट्य-रचना चलने लगी। नाटक दो पात्रों की प्रेम-लीला का रंगीन, किन्तु गतिहीन आख्यान बन गया। दूसरी ओर व्यापारी कम्पनियाँ असाहित्यिक और असांस्कृतिक नाटकों का निर्माण और अभिनय करने में लगी हुई थीं। इस छाये हुए सन्नाटे को दूर कर पहले-पहल कुछ घटना-प्रधान ऐतिहासिक नाटक हिन्दी में लिखे गये। ये नाटक प्राचीन युग के उत्कर्ष के व्यंजक होने के कारण भाव-प्रधान भी थे। चरित्र न सही कुछ समझदार और सजीव व्यक्तियों का आगमन हिन्दी नाटक साहित्य में होने लगा। कुछ अन्तर्द्वन्द्व या भावुकता-प्रधान बंगला नाटकों का भी हिन्दी में अनुवाद हुआ। उसी समय 'प्रसाद' जी ने नाट्य-क्षेत्र में प्रवेश कर नाटक को नये चरित्र, नयी घटनाएँ, नया ऐतिहासिक देशकाल, नया आलाप-संलाप—संक्षेप में सम्पूर्ण नया समारम्भ दिया।[116]

'प्रसाद' के प्रयासों से नाटक वस्तु एवं शिल्प दोनों ही स्तरों पर गम्भीरता, गहनता एवं सघनता की ओर गतिशील हुआ। उनकी सृजनात्मक प्रतिभा-शक्ति ने हिन्दी नाटक के इतिहास में लैण्डमार्क स्थापित किया है। नाटक का नवीन युग वस्तुतः 'प्रसाद' जी से ही आरम्भ होता है। परम्परा की प्रासंगिकता तथा प्राचीन एवं नवीन प्रभावों एवं युग-दबावों को दृष्टि में रखते हुए उन्होंने पाश्चात्य एवं पौर्वात्य नाट्य-शैलियों का समाहार करते हुए अपने नाटकों में एक नवीन शैली विकसित की है जिसमें उनके व्यक्तित्त्व की मौलिकता सदैव स्पष्टता एवं प्रखरता से लक्षित होती है। 'इन्होंने अपने आदर्शों की रचना स्वयं की है। बाहर के विचारों तथा भावों को यों ही अपनाने वाले नहीं हैं। इसमें जो कुछ है, वह मौलिक है। इनका अपना है। इन्होंने अपनी प्रतिभा के बल पर प्राच्य तथा पाश्चात्य नाट्य-शैलियों के सम्मिश्रण से एक स्वतन्त्र शैली बना ली थी। उसमें न तो उतनी स्वाभाविकता का स्थान है, जिसमें नीरसता आ जाती है, न पुरानी रूढ़ियों का उतना अनुसरण है जिससे नाटककार की स्वतन्त्रता का अपहरण होता है।'[117]

भारतीय संस्कृति में प्रसाद' की अटूट आस्था, स्वच्छन्दतावादी कल्पना, सर्जक कलाकार के साहित्यिक एवं सामाजिक दायित्व, सभी ने मिलकर अद्भुत नाट्य-कला एवं रंगदृष्टि की सृष्टि की है। यह देखकर प्रसन्नता होती है कि हमारे 'प्रसाद' और 'प्रेमी' ऐसे प्रतिभाशाली नाटककारों ने उक्त प्रवृत्ति का अनुसरण न करके रसविधान और शील-वैचित्र्य दोनों का सुन्दर सामंजस्य रक्खा है।'[118] परिणामस्वरूप पात्र-विधान की नवीन शैली का आविर्भाव हुआ है। जहाँ अब तक के हिन्दी नाटक के पात्र एकपक्षीय थे वहाँ 'प्रसाद' जी के पात्र जटिल एवं बहुस्तरीय हैं। वे क्षणभंगुरता से शाश्वतता की ओर बढ़ते हैं और नित्य के साधारण व्यवहार से पिछले जीवन के गम्भीर रहस्यों को खोलते हैं।'[119] पिछले युगों में चरित्र की रूपरेखा स्वतन्त्र नहीं होती थी, अपितु रस की अनुगामिनी होती थी। इन पात्रों की तुलना में 'प्रसाद' के पात्रों को स्वतन्त्र व्यक्तित्व मिला है, वह गहन मानवीय संवेदनाओं के वाहक बने हैं। उनके अन्तर्द्वन्द्व ने उनमें अधिकाधिक मानवीयता एवं जीवनानुरूपता की सृष्टि की है। 'प्रसाद' द्वारा किये गये आदर्श एवं यथार्थ के मेल ने नवीन नाट्य की सृष्टि की है। इसी मार्ग को लेकर चलने पर तत्कालीन परिस्थितियों में हिन्दी नाटक का स्वतन्त्र विकास सम्भव था। 'प्रसाद' इस बात को समझते थे।[120] शुक्ल जी भी इसी पद्धति पर बल देते थे।[121]

'प्रसाद' के नाटकों की काव्यात्मक गहनता तथा उनमें व्याप्त जीवनगत यथार्थ की सघनता इन नाटकों को क्लासिकीय परम्परा की श्रेष्ठ कृतियाँ बना देते हैं। 'प्रसाद' के नाटकों में काव्यात्मक आकर्षण (पोयटिक अपील) विद्यमान है, जिसे आधुनिक रंगद्रष्टा 'नाटक की सम्प्रेषणीयता' की पहली शर्त मानते हैं।

नाटक में संगीत के महत्व का 'प्रसाद' को अहसास है। उनके नाटक गीतों के अपूर्व भण्डार हैं। यह गीत ऊपर से आरोपित अथवा फिट किये गये नहीं हैं, अपितु कर्ण के कवच-कुण्डलों की भाँति नाट्य वस्तु के साथ ही उत्पन्न हुए हैं। इन गीतों का वैविध्य तथा इनके द्वारा उत्पाद्य प्रभावान्विति अपने आप में बेजोड़ है। वातावरण निर्मिति से लेकर विभिन्न परिस्थितियों में पात्रों की सूक्ष्म-गहन मानसिकता के अभिव्यक्तीकरण तक का कार्य यह गीत छायावादी सूक्ष्म-सौन्दर्य बोध तथा शास्त्रीय राग-रागिनियों की श्रुतिमधुर तानों के द्वारा करते हैं।

ऐतिहासिक-सांस्कृतिक वातावरण की सजीव सृष्टि करके देशकाल को सजीव रखते हुए 'प्रसाद' ने समसामयिक जीवन के प्रश्नों को उभारा है। अतीत के माध्यम से वर्तमान को प्रस्तुत किया है। उन्होंने जातीय जीवन के चित्रण के साथ ही भविष्य के निर्माण एवं उत्थान के लिए सन्देश एवं दिशा-निर्देश किया है, इतिहास-बोध के द्वारा परम्परा-बोध एवं आधुनिकता-बोध की ओर सम्पूर्ण जाति को उन्मुख कराया है। सांस्कृतिक नाटकों का सवेरा 'प्रसाद' की प्रतिभा से ही हिन्दी जगत में हुआ। इतिहास में सांस्कृतिक सन्दर्भों एवं विवरणों को समाविष्ट करते हुए सम्पूर्ण युगबोध को सजीव एवं संश्लिष्ट रूप में खड़ा कर देने की उनकी क्षमता विशिष्ट है।

गम्भीर विवाद एवं ऊहापोह के होते हुए भी यह बात तो निश्चित है कि भाषा के क्षेत्र में प्रसाद का योगदान अतुलनीय है। यह कहना कि उन्होंने साहित्यिक भाषा तथा नाट्य-भाषा के भेद को भुला दिया, 'प्रसाद' की नाट्य-भाषा से अपरिचय ही कहा जाएगा। 'प्रसाद' की भाषा पात्रानुकूल तथा अभिनयोचित व्यापारों एवं क्रियाओं से युक्त है। नाटय-भाषा के विषय में प्रसाद की अपनी सुनिश्चित धारणाएँ हैं,[122] जिनके पीछे ठोस आधार हैं और जिनका निर्वाह कलाकार की साहित्यिक ईमानदारी का परिचायक है। अधिक विवरण-विस्तार में न जाकर यहाँ संक्षेप में यही कहना पर्याप्त है कि 'प्रसाद' की भाषा में प्राचीन संस्कृत नाटक की काव्यात्मकता, प्रतीकात्मकता, चित्रमयता है। छायावादी कल्पना की भावुकता इन नाटकों को एक अनोखी विशिष्टता प्रदान करती है। नाट्यानुभूति की सार्थकता की खोज का उनका यह प्रयास हिन्दी-नाटक के लिए चिरस्मरणीय योगदान है।

हिन्दी में साहित्यिक नाटकों के घोर संकट के काल में पारसी नाटक के खिलवाड़ में झूलते हुए नाटक को 'प्रसाद' ने स्थिर साहित्यिक रूप, सक्षम भाषा-शैली, सार्थक जीवनानुभूति, सम्पन्न वस्तु एवं शिल्प एवं नवीन रंगमंचीय दिशा तथा दृष्टि दी है। पारसी नाटकों की छिछली असांस्कृतिक शैली के स्थान पर 'प्रसाद' ने गम्भीर साहित्यिक रुचि-निर्माण का प्रयास किया। इस प्रकार उन्होंने जड़ीभूत सौन्दर्याभिरुचि पर प्रहार किया। श्रेष्ठ नाट्यकृतियाँ, कुशल निर्देशक, अभिनेता, अभिनयशाला तथा स्पष्ट रंगदृष्टि सभी के अभाव के उस युग में—कहना चाहिए रंगसंकट के उस समय

में विद्रोह का स्वर उठाते हुए 'प्रसाद' ने नवीन सार्थक रंगमंच की खोज आरम्भ की। 'विशाख' से लेकर 'ध्रुवस्वामिनी' तक की विकासयात्रा को ध्यान से देखने पर स्पष्ट होता है कि किस प्रकार 'प्रसाद' नाट्य रचना में उत्तरोत्तर उन्नति की ओर अग्रसर हो रहे थे। वह लगातार इस प्रयास में हैं कि हिन्दी नाटक अधिकाधिक समृद्ध हो। यदि प्रसाद कुछ समय तक और जीवित रहे होते और उन्होंने कुछ नाटकों की रचना और की होती तो सम्भवतया उनके द्वारा ही हिन्दी नाटक एवं रंगमंच की समस्त कमजोरियाँ दूर कर दी गयी होतीं। आरम्भिक नाटकों की तुलना में उनके 'स्कन्दगुप्त', 'चन्दग्रुप्त', 'ध्रुवस्वामिनी' में नाट्यशिल्पगत परिपक्वता द्रष्टव्य है। यह इस बात का प्रमाण है कि लेखक में सजीव एवं समर्थ रंगमंच को पाने की छटपटाहट विद्यमान है।

प्रसादोत्तर हिन्दी रंगमंच

नाट्य-रचना के क्षेत्र में 'प्रसाद' के समसामयिक साहित्यकारों का योगदान 'प्रसाद' जी की तुलना में बहुत ही धुँधला है। कुछ लोगों ने तो नाट्य-रचना को शौकिया ढंग से अपनाया तथा एक-एक, दो-दो नाटकों के सृजन के उपरान्त ही इस क्षेत्र में अपना कार्य पूर्ण मान लिया। स्पष्ट ही है कि इन महानुभावों से गम्भीर नाट्य-सर्जन की अपेक्षा ही नहीं की जा सकती। भाव तथा शिल्प दोनों ही क्षेत्रों में इनका योगदान केवल ऐतिहासिक ही है। सुदर्शन, बलदेवप्रसाद मिश्र, जगन्नाथप्रसाद मिलिन्द, मिश्रबन्धु, वियोगी हरि, विश्वम्भरनाथ शर्मा कौशिक, मैथिलीशरण गुप्त, प्रेमचन्द, बद्रीनाथ भट्ट, जे. पी. श्रीवास्तव, उग्र आदि इसी श्रेणी में आते हैं। इन लोगों के विषय अधिकतर ऐतिहासिक-पौराणिक हैं। समसामयिक विषय पर प्रहसन लिखने का कार्य बद्रीनाथ भट्ट तथा जे. पी. श्रीवास्तव कर रहे थे, किन्तु श्रीवास्तव जी फूहड़ हास्य से ऊपर नहीं उठ पाये। प्रेमचन्द ने मुस्लिम सभ्यता से सम्बन्धित विषय गृहीत किये। नाटकीय प्रतिभा के अभाव में अधिकांश लेखकों की कृतियाँ संवादात्मक कथा मात्र ही बन सकीं।

उदयशंकर भट्ट, सेठ गोविन्ददास, गोविन्दवल्लभ पन्त, लक्ष्मीनारायण मिश्र, हरिकृष्ण 'प्रेमी', वृन्दावनलाल वर्मा आदि के प्रयास अपेक्षाकृत गम्भीर हैं। 'प्रसाद' के आसपास लिखना आरम्भ करके यह लेखक चौथे से छठे दशक तक नाटक लिखते रहे। किन्तु इन नाट्यकारों की चेतना चौथे दशक की चेतना है। प्रसादोत्तर काल के इस नाट्य में रंगमंच से पूर्णतया असम्बद्ध, मात्र पुस्तक पृष्ठों पर जीवित हिन्दी नाटक का विघटनाकारी रूप देखा जा सकता है। वस्तुतः यह लोग उस समय के नाट्य-लेखक हैं जब हिन्दी प्रदेश से प्रचलित भला-बुरा पारसी थियेटर भी समाप्तप्राय हो चुका था। अतः इस समय नाटक केवल लिखे गये और प्रकाशित हुए। यह पाठकों के समक्ष विषय तो लाये, किन्तु उसका विशिष्ट नाट्यात्मक उद्‌घाटन नहीं

कर सके। अन्य साहित्य रूपों से बढ़कर नाटक की विशिष्ट सर्जनात्मक क्षमता एवं उसके प्रेक्षकीय आयाम से वह दूर ही रहे। स्कूल-कालेज के उत्सवों में इन नाटकों के अभिनय के इक्का-दुक्का प्रयास भले ही हुए हों, अन्यथा इन नाटकों को किसी भी प्रकार के व्यावहारिक रंगमंच की सृजनशील आलोचना का लाभ प्राप्त नहीं था। अतः वह किसी भी रंगमंचीय परम्परा से जुड़े न थे। लेखक यह समझते थे कि विभिन्न पात्रों के परस्पर वार्तालाप के रूप में कथा को प्रस्तुत कर देने से ही नाटक का निर्माण हो जाता है। दृश्यात्मक परिकल्पना की ओर वे पूर्णतः आँख मूँदे थे। अतः वह नाट्य-वस्तु की उन विशिष्ट नाटकीय स्थितियों को न पकड़ सके, जो अपने दृश्य रूप में तीव्र, प्रखर, संवेदनात्मक अनुभूति को मूर्तिमान कर सके। रंगमंच से निपट दूरी के कारण इस काल की नाट्य-कृतियों की कोई तात्कालिक सार्थकता नहीं रही। नाटक पूर्ण रूप से कृत्रिम एवं यथार्थ विहीन हो गया—"देश के किसी भी रंगमंचीय रूप से कोई भी सम्बन्ध न होने के कारण उसका और भी अधिक कृत्रिम और अयथार्थ हो जाना अनिवार्य था। किसी जीवित रंगमंच से सम्पर्क के अभाव में नाटक का एक प्रकार से अवास्तविक भाव-विलास, रूपहीनता और निरर्थकता के दल-दल में फँस जाना अस्वाभाविक नहीं।"[123]

'प्रसाद' जी के नाटकों में नाटकीय सार्थकता एवं समग्रता विद्यमान है, क्योंकि 'प्रसाद' जी जागरूक एवं नाटकीय प्रतिभा-सम्पन्न कलाकार हैं। नाटक के रंगमंचीय आयाम के प्रति यह पूर्णतया सचेत हैं। उनके भीतर सतत द्वन्द्व चल रहा था कि किस प्रकार हिन्दी में नवीन रंगचेतना का उदय हो। उनमें भीतर का स्रष्टा बाह्य परिस्थितियों से संघर्ष कर रहा था। हिन्दी की तात्कालिक रंगमंचीय स्थिति से वह बहुत त्रस्त थे और उसके सुधार के लिए भरसक प्रयत्नशील भी। वे प्राच्य नाट्यधर्मी शैलियों की परम्पराओं से लेकर आधुनिक लोकनाट्य-रूपों तक की सम्भावनाओं एवं शक्तियों को पहचानते थे। विभिन्न आन्तरिक बाह्य प्रभावों को स्वीकार करते हुए वह नवीन नाट्य-शैली का आन्दोलन आरम्भ कर रहे थे, जिसके लिए सब प्रकार के परिवर्तन की उनकी माँग थी। दूसरी बात यह है कि उनके समक्ष पारसी थियेटर एक निश्चित रूप में गतिशील था। चाहे पारसी थियेटर कितनी ही पतनशील वृत्तियों से पूर्ण क्यों न हो, उसकी प्रदर्शनपरक व्यावहारिकता 'प्रसाद' के समक्ष थी, नाटक का दृश्यात्मक रूप मौजूद था। अतः 'प्रसाद' उसके सर्जनात्मक पक्ष की ओर अत्यधिक सतर्क रहे, वह उसमें सार्थकता तथा सम्भावनात्मकता भरने के प्रयास में रहे, नाटक की विशिष्ट अभिव्यक्ति माध्यम के रूप में तीव्र प्रभावात्मकता को पहचानते रहे और उसके समुचित विकास का मार्ग खोजने में समर्थ हुए।

किन्तु प्रसादोत्तर नाटक का अभिव्यक्ति माध्यम के रूप में कोई भी आधार नहीं था। इस प्रकार से प्रदर्शन हेतु रूपायित होने वाले दृश्य-काव्य की इस

समय कोई तात्कालिक सम्प्रेषणीयता एवं सार्थकता न रही थी। नाटक के तीसरे आयाम– दर्शकवर्ग–से इस समय के लेखक का जीवित सम्पर्क टूट गया था। अब उसकी उपयोगिता केवल पाठ्यरूप में ही बची थी। परिणामस्वरूप इस काल के अधिकांश नाटकों में, चाहे वह लक्ष्मीनारायण मिश्र के यथार्थवादी नाटक हों अथवा सेठ गोविन्ददास और हरिकृष्ण 'प्रेमी' के सामाजिक-ऐतिहासिक नाटक, नाटककार के विचारों की यांत्रिक एवं सतही संवादात्मकता मात्र शेष है।

'प्रेमी' ने मुस्लिमकाल के इतिहास को अपने 'रक्षाबन्धन', 'शिव-साधना', 'प्रतिशोध', 'स्वप्नभंग, 'आहुति' आदि नाटकों का विषय बनाकर 'भिन्न प्रतीत होती हुई हिन्दू-मुस्लिम संस्कृतियों को संयुक्त करने का प्रयास किया है।'[124] किन्तु 'प्रेमी' के पात्र उनके राष्ट्रीय आदर्शों के प्रतिरूप बन गये हैं। 'प्रेमी' के ऐतिहासिक पात्रों में 'प्रसाद' के ऐतिहासिक पात्रों जैसी संवेदनात्मकता एवं व्यक्तित्त्व की शाश्वतता नहीं है। देशभक्ति, आत्मबलिदान, हिन्दू-मुस्लिम एकता आदि भावों का उनके नाटकों में भावुकतापूर्ण समावेश है। उनकी भाषा में बोलचाल को रवानगी है, किन्तु उसमें ऐतिहासिक वातावरण एवं कालबोध का सक्षम, पूर्ण सजीव एवं संश्लिष्ट रूप खड़ा कर देनेवाली 'प्रसाद' की सी क्षमता अप्राप्य है।

लक्ष्मीनारायण मिश्र का प्रवेश हिन्दी-नाट्य क्षेत्र में रोमांटिक नाटककारों, विशेष रूप से 'प्रसाद' के विरुद्ध 'बुद्धिवाद' एवं 'यथार्थवाद' का नारा लेकर हुआ। उस समय भारतीय साहित्य यूरोप के नवीन साहित्यिक मूल्यों से प्रभावित होने लगा। किन्तु मिश्रजी पश्चिम के यथार्थवदी नाट्यान्दोलन को हिन्दी में सीधे आयातित कर लेना चाहते थे। जिस प्रकार इब्सन ने पश्चिम में नये नाट्य का आरम्भ कर रंगचिन्तन की परम्पराओं में क्रान्ति उत्पन्न कर दी थी उसी प्रकार का कुछ कर डालने की मिश्र में तीव्र आकांक्षा थी। रोमांटिक नाटक की कल्पना प्रधान आदर्शवादी दृष्टि की प्रतिक्रिया में बुद्धिवादी यथार्थपरक नाटक को खड़ा करके युग का पुरोधा बनने की उनकी ललक थी। अतः वह पूर्ववर्ती सभी नाटककारों को ललकार रहे थे। इस बात का उन्हें ध्यान न था कि यूरोपीय यथार्थवाद और उसका परिणाम 'प्रॉब्लमं प्ले' भौतिकता, यांत्रिक एवं जीववैज्ञानिक प्रगति, औद्योगिक क्रान्ति एवं उसके प्रभाव से बदलते हुए, जीवन-मूल्यों का अवश्यम्भावी परिणाम था। वह सम्पूर्ण यूरोपीय जीवन एवं चिन्तन में प्रगट होने वाले परिवर्तन का सूचक था। इब्सन, शा, ज़ोला और गाल्सवर्दी के नाटक बदलती हुई सामाजिक, आर्थिक, राजनीतिक, सांस्कृतिक एवं मनोवैज्ञानिक परिस्थितियों के भीतर समाज की आत्मिक पीड़ा की अभिव्यक्ति हैं, रंगमंच की आन्तरिक आवश्यकताओं से वह उद्भूत एवं अनुशासित हैं। यथार्थवादी नाट्य पश्चिमी रंगमंच की अनवरत परम्परा के विकास का अवश्यम्भावी परिणाम है। किन्तु भारतीय जीवन की अपनी विशिष्ट परिस्थितियाँ थीं जिनमें यूरोपीय चिन्तन को ज्यों का त्यों 'फिट' नहीं किया

जा सकता। पर मिश्रजी तो पश्चिम के प्रभाव से इतने आक्रान्त हुए थे कि भारतीय परिवेश, परम्पराओं एवं परिस्थितियों, सभी से आँखें मूँदे हुए कहने लगे—"बुद्धिवाद किसी तरह का हो, किसी कोटि का हो—समाज या साहित्य की हानि नहीं कर सकता।"[125] किन्तु कोई भी प्रभाव, जब तक अपनी अभिव्यक्ति बनकर नहीं आता, अब तक वह आरोपित रहता है, अपनी भूमि से जुड़ नहीं पाता। मिश्रजी द्वारा दिया गया बुद्धिवाद का नारा महत्वपूर्ण था, किन्तु उसके अभिव्यक्तिकरण की मिश्रजी के भीतर जो हबड़-तबड़ रही उसके कारण न तो उनके विचारों में एक सुनिश्चित स्पष्टता एवं प्रखरता ही आ पायी और न ही चिन्तन में परिपक्वता।

मिश्रजी में प्राचीन भारतीय संस्कृति का संस्कारगत मोह भी था और पश्चिम की नवीन चिन्तन-पद्धतियों को हिन्दी में ले आने की जल्दी भी। उनके बारे में डॉ. नगेन्द्र का कथन अत्यधिक तर्क-सम्मत प्रतीत होता है—'इब्सन, शा, ज़ोला, गाँधी, उपनिषद और अरविन्द के विचार लक्ष्मीनारायण मिश्र के मस्तिष्क में कुछ बेतरतीबी से भर दिये गये हैं।'[126] वस्तुत मिश्र जी इतने अधिक 'कन्फ्यूज्ड' हैं कि उनके नाटकों में उठाई गयी समस्याएँ विचारान्विति का कलात्मक निर्वाह नहीं प्राप्त कर सकी हैं। वह एक ओर तो प्रकृतिवादी दृष्टि के समरूप जीवन के क्रान्ति-व्यंजक सम्बन्धों को उभारते हैं, साथ ही दूसरी ओर समस्या का समाधान खोजने में भावुकता का सहारा ले उठते हैं—"अतः पाश्चात्य बुद्धिवाद का खरापन यहाँ पर नहीं दिखाई देता है।"[127] उदाहरणार्थ उनके पात्र व्यक्तिगत प्रेम को महत्व देते हैं, किन्तु विवाह-संस्था की पवित्रता के बारे में उनकी दृष्टि मान्यताओं को तोड़ने में झिझकती ही नहीं, अपितु पूर्णतया असमर्थ है। फलस्वरूप न तो वह प्राचीन संस्कारों को झटक ही सके हैं और न ही पाश्चात्य संस्कृति के प्रति स्वीकरोक्ति ही व्यक्त कर सके हैं। एक प्रकार की द्विधात्मक स्थिति उनमें सदैव रही है। वस्तुतः मिश्र जी की धारणाओं के पीछे ठोस सुचिन्तित आधार के अभाव में उनके द्वारा प्रदत्त बुद्धिवाद ने भावुकता से पीछा नहीं छुड़ा पाया है।

यथार्थवाद को हिन्दी नाटक-क्षेत्र में स्थापित करने के लिए वह कृत-संकल्प थे। पश्चिमी नाटककारों की भाँति नाटकों के आरम्भ में लम्बी-लम्बी भूमिकाएँ लिखीं, 'बुद्धिवाद की वकालत की।[128] अनेक प्रकार के दावे और वायदे किये—'मैंने जो कुछ अनुभव किया है, उसे इस नाटक के रूप में तुम्हारे सामने रख देता हूँ। यथार्थ ज्यों का त्यों, ईमानदारी के साथ।'[129] तथा 'जीवन यथार्थत्व में जितना नाटकत्व है, उतना कल्पना की असम्भवता में नहीं, और झूठी भावुकता के मोह में वे ही पड़ सकते हैं, जिनमें वास्तविकता के नाटकत्व को देखने की न तो क्षमता है और न योग्यता।[130]

इस प्रकार मिश्रजी का पूरा-पूरा आग्रह है कि वह समसामयिक जीवन की समस्याओं का बौद्धिक ईमानदारी के साथ प्रस्तुतीकरण करेंगे। उनके नाटकों में

नारी समस्या ही मूल रूप से गृहीत की गयी है। 'सिन्दूर की होली', 'मुक्ति का रहस्य', 'राक्षस का मन्दिर', 'संन्यासी' आदि में मनोरमा, मालती, ललिता, आशादेवी चन्द्रकला आदि प्रगतिगामी स्त्रियाँ वैयक्तिक स्वातंत्र्य एवं स्वावलम्बन के लिए मिश्रजी की बुद्धिवादी दृष्टि का प्रतिनिधित्व करती हैं। ये नारियाँ प्रेम एवं विवाह-सम्बन्धों पर तर्क-वितर्क करती हैं। मिश्रजी इस विषय पर अपने पात्रों से लम्बी-लम्बी बहसें करवाते हैं और प्रेम को आत्मा का तथा विवाह को शरीर का धर्म स्वीकार करते हैं, जिसके अनुसार पति तो एक ही हो सकता है, किन्तु प्रेमी अनेक हो सकते हैं। मनोरमा मनोज शंकर से कहती है—"मैं तुम्हें दूल्हा तो नहीं बना सकती, परन्तु प्रेमी बना लूंगी।"[131] मालती अपने पति से कहती है—"मेरे शरीर की मुक्ति तो तुम से मिल गयी, लेकिन मेरी आत्मा? कौन जाने....?"[132] सिन्दूर की होली में मनोरमा तथा मनोज का यह आध्यात्मिक परिणय किसी भी प्रकार बुद्धिग्राह्य नहीं है। चन्द्रकला भावुकता तथा मनोरमा बुद्धिवाद के प्रतीक के रूप में लाई गयी हैं, किन्तु बुद्धिवाद के द्वारा रूढ़ियों का खण्डन न करा कर उनकी दृढ़ता से स्थापना कराई गयी है। मिश्रजी में भारतीय रूढ़ियों के प्रति अपरिवर्तनशील व्यामोह है। मनोरमा चन्द्रकला के व्यवहार के लिए पाश्चात्य शिक्षा को दोषी ठहराती है। अतः मिश्र जी के नाटकों की चेतना का मूल स्वर स्पष्ट न होकर दुविधापरक है—'संन्यासी', 'राक्षस का मन्दिर' 'मुक्ति का रहस्य', 'राजयोग', 'सिन्दूर की होली' आदि समस्या नाटकों में उनकी चेतना का स्वरूप द्विधात्मक ही लक्षित होता है। उनमें उत्क्रान्तिवादी मूल्यों और परम्परावादी मूल्यों का एक घपला-सा कर दिया गया है। इनमें वर्णित समस्याओं के आयामों को नाटककार बहुधा बौद्धिक धरातल पर उभारने की चेष्टा करता हुआ पुरुष-नारी अथवा अन्य सामाजिक संस्थानों के प्रति परम्परा-विरुद्ध या प्रगतिवादी दृष्टि का परिचय देता है, परन्तु उनका समाधान सुझाने के उपक्रम में परम्परा का आरोप कर देता है। दोनों में—समस्या और समाधान में—कोई तार्किक अन्विन्ति दृष्टिगोचर नहीं होती।''[133]

इसका प्रमुख कारण है मिश्रजी के चिन्तन में गम्भीरता एवं गहनता का अभाव। वह यथार्थवादी नाट्य की ओर तेजी से झपटे तो सही, किन्तु भारतीय जीवन की परिस्थितियों के भीतर से उपजे प्रश्नों का ईमानदारी से निरीक्षण एवं मूल्यांकन कर उनकी तीखी अभिव्यक्ति में समर्थ न हो सके। निजी परिवेश की सघन जीवनानुभूतियों तथा अपनी रंगमंचीय परम्पराओं से वह पूरी तरह कटे हुए थे ही, योरोप की नकल के प्रयास में पथभ्रष्ट भी हो गये—'....वे बदलते हुए भारतीय समाज में स्त्री-पुरुष के नये सम्बन्धों की जाँच पड़ताल करते रहे। किन्तु इस बदलती हुई स्थिति के अन्तस्तल में प्रविष्ट होकर देखने वाली दृष्टि मिश्रजी के पास नहीं थी। इसलिए उनके कथानक बनावटी हैं, स्थितियाँ अधिकांशतया

आरोपित, काल्पनिक और चरित्र निर्जीव, निरे विचार मात्र, ऐसी अन्तहीन बहस में लगे हुए, जो लेखक के खोखले थोथे आदर्शवाद के कारण अवास्तविक ही नहीं एक भंगिमा मात्र लगते हैं।'[134]

पाश्चात्य समस्या-नाटक-पद्धति विचारों के क्रान्तिदर्शी उन्मेष के द्वारा सम-सामयिक विचारों एवं परिस्थितियों का खोखलापन (होलोनेस) एवं उथलापन (शैलोनेस) दिखाती है। नाटककार अपनी देखी और भोगी हुई स्थिति[135] को अपने समसामयिक प्रेक्षक के लिए ईमानदारी से प्रस्तुत करता है।[136] किन्तु मिश्रजी के नाटकों को इस दृष्टि से 'समस्या-नाटक' नाम नहीं दिया जा सकता, 'क्योंकि—'मिश्रजी में जीवन के प्रति वैज्ञानिक और बौद्धिक दृष्टिकोण प्रमुख नहीं है। समस्याओं की भावात्मक और आदर्शवादी विवृत्ति से ही वह सन्तुष्ट हो जाती है।'[137] पश्चिमी 'प्रॉब्लम प्ले' का उद्‌देश्य होता है, समाज को उसकी समस्याओं के वास्तविक, नंगे, निर्मम प्रदर्शन के द्वारा उन समस्याओं के प्रति सचेत कराते हुए उनका हल खोजने के लिए बाध्य कर देना। किन्तु मिश्रजी में ऐसा करने की सामर्थ्य नहीं। वह अपने नाटकों में कुछ प्रश्न उभारते हैं तथा उनके समाधान भी दे देते हैं। यह समाधान वास्तव में बौद्धिकता के आवरण के पीछे भावनात्मक समाधान ही होते हैं। अतः इन्हें वास्तविक समाधान नहीं, अपितु नये मूल्यों के अभाव में समझौता मात्र समझना-मानना चाहिए।[138] बौद्धिकता के व्यामोह में वह रोमाण्टिक दृष्टि को पीछे धकेल देना चाहते हैं, किन्तु उनकी दृष्टि में बुद्धिवाद की परिपक्वता का अभाव है तथा संस्कारतः वह रोमाण्टिक दृष्टि की उच्छिष्ट से पीड़ित हैं। अतः उनके द्वारा प्रस्तुत तथाकथित 'बुद्धिवादी दृष्टि' में सर्वत्र खींचतान बनी रही है। वह प्राचीन भारतीय जीवन को नये सिरे से उपस्थित करने के उद्योग में पुनरुत्थानवादी नाटककार बन कर रह गये हैं।[139]

यहीं हमें ध्यान देना चाहिए कि 'प्रसाद' जी की दूरदृष्टि पाश्चात्य यथार्थवाद के हिन्दी नाटक में अनुकरण के ऐसे ही भयंकर परिणाम की कल्पना कर रही थी। उन्हें इस बात का पूरा का पूरा अहसास था कि भारतीय परिस्थितियाँ अभी पश्चिमी यथार्थवादी नाट्यान्दोलन से बहुत पीछे हैं। अतः उन्होंने लिखा है कि समय का दीर्घ अतिक्रमण करके इब्सनिज्म के पीछे दौड़ने में पदस्खलन का भय है।[140] जब वह हिन्दी रंगमंच के कुछ 'अकाल-पक्व आलोचकों'[141] की चर्चा करते हैं तो उनका सीधा संकेत लक्ष्मीनारायण मिश्र सदृश व्यक्तियों की ओर ही है। आज हिन्दी के सभी समझदार रंगचिन्तक पश्चिमी यथार्थवादी नाट्य-दृष्टि के बारे में 'प्रसाद' के इस मत से सहमत हैं।

मिश्रजी में मिथ्या दम्भ का प्रमुख कारण सम्भवतया 'प्रसाद' से श्रेष्ठ नाटककार बनने की बलवत्तर स्पृहा रही है। फलतः उन्होंने नाटककार 'प्रसाद' की प्रत्येक दृष्टि से भर्त्सना की है और यह दावा किया है कि वह उनसे श्रेष्ठ, गम्भीर तथा उपयोगी

नाट्य का सृजन करने में समर्थ होंगे। घोषणापत्रों के रूप में उनके नाटकों की भूमिकाएँ वादों और नारों से भरी हुई हैं–

> "जिन सामाजिक और राजनीतिक बन्धनों के भीतर हमारी आत्मा आज छटपटा रही है, यदि हम चाहें भी तो उनका समावेश इतिहास के महान चरित्रों से नहीं करा सकते। इस कारण हार कर हमें सामाजिक चरित्रों की कल्पना करनी पड़ेगी।"[142]

उन्होंने वर्तमान जीवन की विभीषिकाओं, विद्रूपताओं, विसंगतियों, विकृतियों एवं प्रवंचनाओं को अपना नाट्य-विषय बनाने तथा कथ्य एवं शिल्प दोनों ही स्तरों पर रूढ़ि-विध्वंसक प्रगतिशीलता अपनाने की घोषणा की है। उनके संकल्प इस प्रकार हैं : (1) भाषागत गद्यात्मकता, (2) तार्किकता, (3) गीतों का बहिष्कार, (4) यथार्थ जीवन को प्रतिभासित करने के लिए यथार्थपरक रंग संकेतों की योजना, (5) कम दृश्यान्तरों की योजना, (6) परिस्थितियों के घात-प्रतिघात द्वारा पात्र-विकास, (7) अन्विति-त्रय का निर्वाह आदि।

किन्तु झूठी तथा अव्यावहारिक सैद्धान्तिकता से प्रयोगात्मकता किस प्रकार छूट जाती है, इसका प्रत्यक्ष प्रमाण उनके नाटकों में पाया जा सकता है। नाटकीय प्रतिभा एवं क्षमता के नितान्त अभाव तथा व्यावहारिक रंगमंच से पूर्णतया असम्पृक्त होने के कारण सिद्धान्तों एवं व्यवहार के बीच बहुत बड़ी खाई कैसे उत्पन्न हो जाती है, इसको देखने के लिए मिश्रजी से अच्छा दूसरा उदाहरण हिन्दी-नाटक के इतिहास में नहीं मिल सकता। मिश्रजी में दृश्य-कल्पना का पूर्ण अभाव है। अन्तेर्योजना की व्यवस्था तथा रूप-गठन की दृष्टि से शिथिल उनके नाटकों में नाट्य-कला के अपेक्षित अंग–भावगत तीव्रता, संयमित बौद्धिकता एवं काव्यात्मक गहनता सभी का अभाव है। कहना न होगा कि एक-एक अंक के भीतर कई-कई दृश्य तथा एक-एक दृश्य के भीतर कई-कई परिवर्तन उनके सभी नाटकों में उपस्थित हैं। एक ही दृश्य के भीतर कभी घटना कमरे में घटित है, उसके बाद घर की छत पर, तो फिर उसके बाद घर के बाहर गली में। उनकी भाषा अयथार्थ, गतिहीन, शिथिल, कृत्रिम एवं नाटकीय तनाव से रहित रपटते गद्य की भाषा है। इस भाषा में न तो पश्चिमी यथार्थवादी नाटक की भाषा जैसी निर्मम प्रखर तीव्रता है, न बोलचाल की भाषा का सहज प्रवाह, न ही 'प्रसाद' की भाषा जैसी काव्यात्मक गहनता-सम्पन्न गरिमा–"हमारी नाट्य-चेतना प्रायः यूरोपीय यथार्थवाद के ह्रासकाल की चेतना है। उसमें जीवन के स्वतःस्फूर्त, भावसंकुल, गहन रूप पर नहीं, उसके क्षुद्र, कृत्रिम और बाह्य रूप पर–प्रायः उसके विवृत्ति प्राप्त घृणित रूप पर–अधिक बल है।" जयशंकर 'प्रसाद' के बाद हिन्दी नाटक एक ओर तो काव्य से, काव्यात्मकता से, जीवन की गहन और सघन अनुभूति से विच्छिन्न होकर शुष्कता, निरर्थकता और

क्षुद्रता की बंजर भूमि में जा पड़ा; दूसरी ओर वह छायावादी युग की अशरीरी भावुकता, हवाई कल्पना और शब्द मोह में उलझ गया। हिन्दी के अधिकांश नाटक काल्पनिक चरित्रों, घटना और स्थितियों और उनके अस्वाभाविक भावुकतापूर्ण इच्छित विश्लेषणों से दबे हुए है। उनका यथार्थवाद भी अयथार्थ और काल्पनिक है, उनमें यथार्थ की बौद्धिक जागरूकता और कलात्मक निर्ममता को स्पष्टता से देखने और रूपायित कर सकने की क्षमता भी नहीं कि आयामी स्तर पर ही सही, किसी सत्य का उद्घाटन कर सके।''[143]

1937 के पश्चात् मिश्रजी ने समसामयिक जीवन की ज्वलन्त समस्याओं को अपना नाट्य-विषय बनाने की प्रतिज्ञा भंग कर दी और ऐतिहासिक-सांस्कृतिक विषयों पर 'दशाश्वमेध', 'गरुड़ध्वज', 'नारद की वीणा', 'वत्सराज', 'अशोक', 'जगद्‌गुरु' आदि नाटकों की रचना की। यह विषय-परिवर्तन भी उनकी 'प्रसाद' से श्रेष्ठ नाटककार बन जाने की ललक का ही परिणाम कहा जा सकता है, अन्यथा 'संन्यासी' की भूमिका में यह घोषणा कर चुके थे कि इतिहास के गड़े मुर्दे उखाड़ना उन्हें वांछनीय नहीं है। किन्तु उनका कहना है कि सांस्कृतिक नाटकों की रचना उन्होंने 'प्रसाद' के नाटकों द्वारा होने वाले जातीय अनिष्ट से भावी पीढ़ी की रक्षा करने के लिए की। उनके मत से 'प्रसाद' द्वारा कराई गयी मंच पर आत्महत्याएँ, काव्यमय संवाद, प्रेमी-प्रेमिकाओं के लम्बे भाषण आदि के कारण भावी पीढ़ी के पथ-भ्रष्ट हो जाने की सम्भावना है, अतः "प्रसाद के नाटकों की प्रतिक्रिया में मुझे अपनी प्रतिज्ञा तोड़नी पड़ी।"[144]

अपने नाट्य-सिद्धान्तों को सार्वभौम नाट्य-सिद्धान्त मानने का आग्रह रखते हुए भी मिश्रजी का प्रयत्न अपने युग तथा अपनी नाट्य-परम्परा के समर्थ सम्पर्क से कितना दूर है, इसका उदाहरण है उनका अप्रासंगिक युगबोध। अपने को 'प्रसाद' जी की नाट्य-प्रतिभा के समक्ष चुनौती देकर प्रतिष्ठित करने का आकाश-पाताल एक कर देने वाला प्रयत्न मिथ्या स्पर्धा ही कहलाएगा। यह बात निर्विवाद है कि परम्परा को जितनी आधुनिकता, प्रासंगिकता, समसामयिकता और नवीन मूल्यों की औचित्यपरक व्यवस्था 'प्रसाद' ने दी, मिश्रजी में उसका अल्पांश भी दृष्टि और दृश्य के रूप में नहीं है। वह एक ऐसे जिद्दी व्यक्ति के रूप में खड़े हैं, जिनमें मौलिक परिदर्शन, परम्परा की जीवन्त स्वीकृति, परिवेश के प्रति सजगता एवं सचेतनता, नैतिक-सांस्कृतिक प्रभाव-क्षमता, नाट्य-शब्दार्थ-प्रयोग की सृजनात्मक उर्वरता—सभी का अभाव है। इसका साक्षात प्रमाण यह है कि हिन्दी-साहित्य में जब छायावादी मूल्य प्रबल थे, तब तो वह जोर-शोर से समस्या के यथार्थ निरूपण को लेकर नारे लगा रहे थे, किन्तु 1936 के आसपास जब प्रगतिवादी मूल्य साहित्य को नयी दिशा देने लगे, तब मिश्रजी सांस्कृतिक-पौराणिक विषयों को लेकर जातीय उद्धार के ध्वजधारी

बन उठे। अतः स्पष्ट है कि उनमें परिवेशगत जागरूकता का नितान्त अभाव है। परिणामस्वरूप हिन्दी नाट्य-चेतना के विकास में उनका महत्व मात्र ऐतिहासिक है। अपने समसामयिक अथवा परवर्ती नाटक एवं रंगमंच को प्रभावित करना तो दूर रहा, वह उससे जीवन्त संवाद ही स्थापित न कर पाने से उसे नवनिर्मिति तथा नव संस्कार ही नहीं दे पाये। नाटकीय कल्पना के अभाव में उनके नाटक रंगमंचीय सृष्टि के आयामों से निपट विरक्ति रखते हैं।

समग्रतः रंगमंचीय अनुशासनविहीन अधर में लटकता हुआ मिश्रजी का यथार्थवादी नाट्य रंग-प्रक्रिया तथा अभिनय-पक्ष से बलकुल विभिन्न तथा प्रस्तुतीकरण की सम्भावनाओं से पूर्णतया दूर है।

सेठ गोविन्ददास के नाटक सामाजिक, ऐतिहासिक तथा जीवनीपरक विषयों पर लिखे गये हैं। सेठ जी पर गाँधीजी का गहरा प्रभाव है। उनके सभी प्रकार के नाटकों पर उनका व्यक्तित्त्व स्पष्ट रूप से छाया हुआ है। द्विवेदीयुगीन शुद्धतावादी दृष्टि ने इनकी विचारधारा को मर्यादित किया है। 'सेवा-पथ', 'दुख क्यों?', 'अमीरी गरीबी' आदि नाटकों के शीर्षक प्रेमचन्द के कथा-साहित्य का स्मरण कराते हैं। ऐतिहासिक नाटक—'हर्ष', 'शशिगुप्त' पूर्व निश्चित मूल्यों पर आधारित हैं। सेठ जी पुनरुत्थानवादी हैं। इनके नाटकों के वस्तु-निर्वाह एवं पात्र-विधान में इतिवृत्तात्मकता एवं कथात्मकता सर्वत्र विद्यमान है। दृश्यविधान के नाम पर भी देशकाल तथा परिस्थिति का ही कथात्मक वर्णन है, किन्तु यह वर्णन भी नाटक के भीतर धर्मनिष्ठ होकर उद्भूत होता हुआ नहीं, अपितु बाहर से आरोपित प्रतीत होता है। वस्तुतः ये नाटक केवल पाठ्यमहत्व रखते हैं। रंगमंचीय पुनः सृष्टि की दृष्टि से इनका महत्व नगण्य है। अतः ये कलात्मक अभिव्यक्ति की किसी भी आवश्यकता को पूरा नहीं करते।

वस्तुतः प्रसादोतर काल के नाटककारों को चाहे वह 'प्रेमी' हों अथवा सेठ जी अथवा लक्ष्मीनारायण मिश्र, जीवन्त रंगमंच की सृजनशील एवं व्यावहारिक आलोचना से लाभान्वित होने का अवसर ही नहीं मिला। इनके नाटक पुनः सृजित होकर दर्शक वृन्द से सजीव संवाद ही स्थापित न कर पाये। अतः त्रिआयामात्मक नाट्य के दो ही पक्ष यहाँ सामने रह गये—लेखक तथा पाठक। नाट्यकर्मी तथा प्रेक्षक को भूल जाने के कारण नाटक के विघटन की अभिव्यक्ति के ज्वलंत उदाहरण के रूप में इस काल के नाटक सामने आये। इनका घटना-विन्यास सतही तथा आरोपित है, स्थितियाँ सरलीकृत हैं। नाट्यानुभूति की गहनता, सक्षमता एवं काव्यात्मकता का इनमें अभाव है तथा संवादात्मक इतिवृत्तात्मकता की अनिवार्यता है। हिन्दी में रंगमंच के अभाव के कारण 'नाट्य' की निरर्थकता एवं रूपहीनता की अन्तर्विरोधपूर्ण स्थिति के ये नाटक साक्षात प्रमाण हैं। डॉ. लक्ष्मी नारायण लाल का मत इस स्थान पर उद्धरणीय है—'प्रसाद' के बाद मिश्र, सेठ, 'प्रेमी' के भाषा प्रयोग में 'अभिनेता'

और 'दर्शक' अपेक्षाकृत गायब हो गये। इनके स्थान पर क्रमशः आ गये परस्पर वाद-विवाद करने वाले स्त्री-पुरुष (चरित्र नहीं) और पाठक। और ये प्रचारक कवि के स्थान पर तार्किक 'वकील' और 'बुद्धिवादी लेखक' हो गये। इस सृजन-भूमिका पर जब इन नाटककारों ने 'इतिहास', 'पुराण' से कथावस्तु और चरित्र लिए तो अपनी संस्कृति से स्वयं को जोड़ने के लिए 'इब्सन', 'प्रसाद', 'डी. एल. राय', 'पारसी थियेटर' सबको बुद्धि द्वारा बेंधते हुए सीधे ये भरतमुनि तक पहुँचे और अपने नाट्य का सम्बन्ध पूर्वजों से जोड़ने लगे।'[146]

गोविन्दवल्लभ पन्त के 'राजमुकुट', 'वरमाला', 'अंगूर की बेटी' आदि नाटकों का नाटकीय विन्यास अपने समय की अन्य कृतियों की तुलना में उत्तम है। वृन्दावनलाल वर्मा के 'लो भाई पंचों लो', 'पीले हाथ' तथा 'खिलौने की खोज' का महत्व केवल ऐतिहासिक ही है। उग्र ने अपने नाटक 'महात्मा ईसा' में युग चेतना को बहुत सफल ढंग से उभारा है, किन्तु नाटकीय कार्य-व्यापार की इसमें घोर कमी है। वृन्दावनलाल वर्मा ने आर्य संस्कृति को विषय बनाकर 'हंस मयूर' तथा 'पूर्व की ओर', तथा चतुरसेन शास्त्री ने 'अमरसिंह राठौर' तथा 'उत्सर्ग' नामक ऐतिहासिक नाटक लिखे। किन्तु ये लोग औपन्यासिक प्रतिभा के साहित्यकार हैं।

उदयशंकर भट्ट ने ऐतिहासिक, पौराणिक तथा सामाजिक सभी विषयों पर नाटकों की रचना की है। इनमें चन्द्रगुप्त मौर्य', 'विक्रमादित्य', 'दाहर अथवा सिंधपतन', 'सागर विजय', 'विद्रोहिणी अम्बा', 'कमला' आदि के नाम अग्रणीय हैं। किन्तु भट्ट जी का प्रमुख योगदान हिन्दी गीतिनाट्य के क्षेत्र में है। 'प्रसाद' के 'करुणालय' से आरम्भ होने वाली 'प्रेमी' के 'स्वर्ण विहान' गुप्तजी के 'अनघ' तथा भगवतीचरण वर्मा के 'तारा' की परम्परा को भट्ट जी ने तीन गीति-नाट्य प्रदान किये—'मत्स्यगन्धा', 'विश्वामित्र' तथा 'राधा'। भट्ट जी ने गीति-कवि की जिज्ञासा की कसक एवं नवीन कल्पना को संस्कृत नाट्य एवं प्रसाद से ग्रहण किया है। अपने इन भाव-नाट्यों में उन्होंने घटना-प्रधान नाटकों की अपेक्षा अधिक सफलता पायी है। वहाँ वह घटनाओं की अधिकता में खो गये हैं। किन्तु गीति-नाट्यों की भाव-सृष्टि में उनकी जिज्ञासा-मूलक कवि-प्रतिभा का पूरा प्रसार हुआ है, क्योंकि भट्ट जी की मूल प्रतिभा गीतिकार की है, उनमें 'नाट्य तत्त्व क्षीण है।'[147] कथा की मनोवैज्ञानिक स्थितियों की भट्ट जी को पहचान है।

डॉ. रामकुमार वर्मा ने भी 'शिवाजी' तथा 'कौमुदी महोत्सव' दो नाटक लिखे हैं। उनकी दृष्टि आदर्शवादी तथा रोमाण्टिक है। उनका प्रमुख योगदान का क्षेत्र पूर्णकालिक नाटक नहीं, एकांकी है।

चौथे दशक के अन्तिम चरण से हिन्दी-रंगमंच के क्षेत्र में प्रकाश की दिशा दृष्टिगोचर होती है। पारसी रंगमंच अब पूर्णतया समाप्त हो गया। परिणामस्वरूप

जन जीवन में व्याप्त नाटक के साथ जुड़ी उच्छृंखलता एवं गम्भीरता के अभाव की भावना का परिष्कार हुआ। नाट्यकला को जीवन की सार्थक अभिव्यक्ति एवं कलात्मक प्रस्तुति के माध्यम के रूप में स्वीकार किया गया। 'पृथ्वी थियेटर' ने व्यावसायिक प्रस्तुति का मार्ग खोला तथा 'जन नाट्य संघ' नामक अव्यवसायी संस्था की स्थापना हुई। इस प्रकार काफी समय से अवरुद्ध रंगकर्म को अभिव्यक्ति का द्वार मिला—'देश की स्वतन्त्रता के साथ ही हिन्दी के व्यावसायिक रंगमंच ने पहली करवट ली और फिल्मी दुनिया के प्रसिद्ध अभिनेता पृथ्वीराज कपूर ने नाटक कम्पनी खोलकर देश के लगभग सभी बड़े शहरों में नाटक खेले। उनके नाटक व्यावसायिक रूप में सफल भी हुए।'[148]

यद्यपि ये प्रस्तुतियाँ उच्च स्तर के प्रदर्शन तक न पहुँच सकीं, किन्तु ये हिन्दी रंगमंच की कुम्भकर्णी नींद को झकझोरने में एक सीमा तक सफल हुई। नाटककार की दृष्टि रंगमंच एवं नाट्यलेखन के अभिन्न सम्बन्ध के बारे में जागरूक हुई। इसका सबसे बड़ा प्रमाण यह है कि 1938 में 'हंस' के एकांकी नाटक अंक में यह प्रश्न उठाया गया कि हिन्दी में रंगमंच के अभाव में नाटक कैसे पनप सकता है? इस प्रकार नाटक अपने मूल आधार रंगमंच पर खड़ा होने लगा।

दूसरी ओर समसामयिक जीवन की गतिविधियों ने विश्व भर के बौद्धिक, मानसिक, आध्यात्मिक तथा दार्शनिक चिन्तन को प्रभावित किया। हिन्दी में प्रगतिवादी मूल्यों की प्रतिष्ठा हुई। उधर द्वितीय महासमर ने हमारे सदियों से चले आते हुए विश्वासों की नींव हिला दी, हमारे मन और मस्तिष्क को इतना झकझोरा कि अपने पूरे चिन्तन एवं आस्था को पुनर्मूल्यांकित, एवं पुनर्परीक्षित करने के लिए हम बाध्य हो गये। लेखक वर्ग स्थापित मान्यताओं पर प्रश्न चिह्न लगाने और उनका पुनर्विश्लेषण करने के लिए मजबूर हुआ।

इस बदलती हुई रंग-चेतना की सर्वप्रथम अभिव्यक्ति उपेन्द्रनाथ 'अश्क' के नाटकों में मिलती है। उन्होंने हिन्दी नाटक को शिल्पगत नवीनता प्रदान की। वास्तव में उन्हीं के नाटकों से हिन्दी नाटक यथार्थवादी रंगमंच से सम्पृक्त हुआ। संवादात्मक इतिवृत्त से भरी मात्र पठनीय कथाओं के स्थान पर 'अश्क' ने नाटक को रंगमंचीय सन्दर्भों में देखा-समझा। मध्यवर्गीय जीवन की दैनन्दिन पारिस्थितियों को अपना नाट्य-विषय बनाते हुए वह इस वर्ग की भीतरी आधारहीनता एवं खोखलेपन को उभारने में सफल हुए हैं। 'अश्क' को नाटकीय स्थितियों की पकड़ है। नाट्य-भाषा के क्षेत्र में उनकी देन महत्वपूर्ण है। उनकी सहज प्रवाहमयी बोलचाल की भाषा नाटकीय स्थिति को मूर्तिमान करने में समर्थ है। हिन्दी नाटक में विद्यमान भाषा की कृत्रिमता, धुँधलापन तथा भाषणात्मकता से अश्क ने मुक्ति प्रदान करायी। उनकी भाषा में मध्यवर्गीय समाज के अनुकूल बोलचाल की रवानगी है। 'स्वर्ग की

झलक', 'छठा बेटा', 'उड़ान', 'कैद', 'अलग-अलग रास्ते', 'अंजों दीदी' में उन्होंने मध्यवर्गीय समाज के उथले दंभ (शैलो वेनिटी) पर व्यंग्य किया है तथा मानवीय स्थितियों को गहराई तक खोजने में वह समर्थ हुए हैं। उदाहरणार्थ 'कैद' में अप्पी, उसके पति, दिलीप तथा वीणा सभी की अपनी-अपनी कैद है। किन्तु 'अश्क' के नाटकों में सूक्ष्मता, प्रखरता, तीव्रता एवं सघनता का अभाव है। उनमें कथा-तत्त्व का आधिक्य है। इन नाटकों में पात्र-संख्या भी बहुत अधिक है। एकांकी-रचना में 'अश्क' अत्यधिक सफल हुए हैं। उन्होंने इस क्षेत्र में 'अन्धी गली' नामक एक नया प्रयोग किया है, जिसके बारे में उनका कथन है कि ये सात अलग-अलग एकांकी मिल कर एक सात अंकों का नाटक तैयार करते हैं, जो समग्र रूप में एक नया चित्र प्रस्तुत करता है। किन्तु रंगमंचीय दृष्टि से इसे सात एकांकियों का संग्रह स्वीकार किया जाएगा। समग्रतः अश्क के नाटक अभिनेयता की शर्त को पूरा करते हैं। उनमें कहीं-कहीं अतिनाटकीयता भी मिलती है। भाषा की सहजता तथा स्वाभाविकता तो अश्क ने प्रदान की है, किन्तु 'प्रसाद' में प्राप्य औदात्य, गरिमा एवं काव्यात्मकता को यह नाटकीयता से न जोड़ सके।

सृजनात्मक स्तर पर हिन्दी रंगमंच अभी कोई महत्वपूर्ण उपलब्धि नहीं कर पाया था, किन्तु स्वातंत्र्योत्तर काल की आधुनिक दृष्टि यह स्वीकार करने लगी थी कि आधुनिक युगीन संवेदना को व्यक्त करने के लिए जितने सशक्त माध्यम प्रयोगवाद तथा नयी कविता के आन्दोलन हैं, उससे कम सशक्त माध्यम नाटक नहीं। हमारे समक्ष फ्रांस के नाटककार कामू, सार्त्र, आतुई, जर्मनी के ब्रेख्ट, अमेरिका के टेनेसी विलियम्स, आर्थर मिलर तथा इंगलैण्ड के आस्बोर्न आदि नाटककारों की कृतियाँ समूचे साहित्यिक सन्दर्भों के साथ प्रस्तुत थीं तथा पश्चिम का समृद्ध रंगमंच और उसके नवीन आन्दोलन नये नाटकों को ही नहीं प्राचीन नाटकों को भी नया जीवन दे रहे थे। अतः यह बात निर्विवाद हो गयी थी कि आधुनिक युगबोध के त्रास, यन्त्रणा, टूटन, कुण्ठा, मूल्यांधता तथा युग की जटिल, अर्द्ध-अनुभूति और अनुभूत संवेदनाओं की अभिव्यक्ति के लिए नाटक जैसा प्रत्यक्ष साहित्य-रूप दूसरा नहीं हो सकता। इलियट 'द्वारा मर्डर इन दि कैथेड्रल' में प्रस्तुत चुनौतियाँ हमारे समक्ष थीं। जागरूक हिन्दी नाटककार पूरे विश्व रंगमंच के इस सम्पूर्ण दृश्य का सचेत प्रेक्षक बना और हिन्दी में रंग-आन्दोलन आरम्भ करने की तैयारी में था। श्री जगदीशचन्द्र माथुर ने हिन्दी नाटकों की—विशेष रूप से रंग नाटकों की कमी का संकेत देते हुए कहा कि हमारी सबसे बड़ी समस्या व्यावसायिक रंगमंच के पुनरुज्जीवन (रिवाइबल) की है। इस सम्बन्ध में उन्होंने कई सुझाव दिये :

1. देश के प्रत्येक नगर में आधुनिक साज-सामान से लैस नाटकघर बनाये जायँ।

2. ऐमेच्योर संस्थाओं को अनुदान दिया जाए, जिससे वे अव्यावसायिक ढंग से काम कर सकें।
3. फिल्म-अभिनेताओं से अनुरोध किया जाय कि वे प्रतिवर्ष एक न एक नाटक में अभिनय करें।
4. मनोरंजन-कर नाटकों के प्रदर्शन पर लागू न किया जाय।[149]

इन प्रस्तावों को ध्यान में रखते हुए विभिन्न शहरों में रवीन्द्र रंगशालाओं का निर्माण हुआ तथा अनेक नाट्य-कम्पनियाँ सरकार के अनुदान से काम करने लगीं। संगीत नाटक अकादमी को इस दिशा में निर्देश दिये गये कि वह हिन्दी के प्राचीन और नवीन नाटकों पर विशेष ध्यान दे तथा ऐसे अभिनेता और निर्देशक सामने लाये जो नाटक और जनता के बीच जीवन्त सम्पर्क स्थापित कर सकें। किन्तु इस प्रयास की कोई सफल परिणति नहीं हुई। जिस फूहड़ता एवं अश्लीलता से भारतेन्दु और 'प्रसाद' बचाव रखते रहे थे, वही फिर से पृथ्वी थियेटर्स की नकल पर जीवित हो गयी। नाटक में ग्लेमर और धमाके होने लगे। रमेश मेहता के नाटक 'जमाना', 'अण्डर सेक्रेटरी', 'जग्गू' आदि पृथ्वी थियेटर की नकल मात्र बन गये।

नाटक और रंगमंच की उन्नति करने की आवश्यकता को समझ कर इस घोर नाट्य-ट्रेजेडी के युग में जगदीशचन्द्र माथुर ने प्रवेश किया। नाटक में कलात्मक साहित्यिकता और रंगमंचीयता पर इनका ध्यान सर्वाधिक रहा। फलतः नाट्य-क्षेत्र में इन्हें अपूर्व सफलता प्राप्त हुई। 'कोणार्क' के प्रकाशन (1951) से हिन्दी नाट्य-चेतना को नयी दिशा और सम्भावनाओं के दर्शन हुए। इस नाटक में माथुर ने अतीत के माध्यम से वर्तमान के सम्पूर्ण जीवन्त भावबोध को सहजता से साकार कर दिया। घटना-बिन्यास, पात्र तथा नाट्यभाषा के अर्थ-स्तरों और आयामों की अन्वेषणात्मक, क्रियात्मक और संचेतनात्मक स्थितियाँ उभरती हुई दृष्टिगत हुईं। कोणार्क में स्थापित सत्ता, शिल्पी और सृजन-प्रेरणा की विभिन्न स्थितियों का अन्तःसंघर्ष विषय की पूर्ण प्रासंगिकता के साथ प्रकट हुआ है। सृजन-कर्म के प्रेरक स्रोत तथा सृजनशील व्यक्तित्व के तनाव को यह नाटक व्यक्त करता है। एक प्रकार से यह नाटक रंगमंचीय सृजनात्मक सम्भावनाओं से जुड़ा है। इसमें केवल बारह पुरुष पात्रों की योजना की गयी है, स्त्री पात्र एक भी नहीं है। इसके प्रदर्शन से यह बात स्पष्ट हो गयी कि हिन्दी रंगमंच के सामने योग्य अभिनेत्रियों की समस्या है। श्री माथुर को इस बात का गहरा अहसास था कि हिन्दी रंगमंच के शैथिल्य का एक प्रमुख कारण अभिनय योग्य नाटकों का अभाव भी है। इसलिए उन्होंने नाटक की शैलियों, पद्धतियों तथा रंगविधियों को निर्धारित करने का प्रयास किया। 'कोणार्क' की रचना के समय ध्यान रखा गया कि तीन अंक इतने बड़े न हों कि प्रस्तुति में डेढ़ घण्टे से अधिक समय लगे। झीने अन्धकार में 'कोणार्क' के खण्डहर की हलकी सी झलक

दिखाई पड़ते ही सम्मिलित वाद्य बजने लगते हैं। सूत्रधार-शैली में कथा पद्य और गद्य में विकसित होती है और नेपथ्य स्वर लगाता है। 'उपक्रम' और 'उपसंहार' (प्रोलोग एण्ड एपीलोग) के रचना-तन्त्र तथा संस्कृत नाटकों के उपसंहार और विष्कम्भक तथा आधुनिक रेडियो सिनेमा-रूपक प्रणाली से यह नाटक प्रेरित है।[150] भाषा में कवित्व, भावावेश तथा सांस्कृतिक-बोध इतना है कि अनायास ही 'प्रसाद' का स्मरण हो उठता है। दृश्यात्मकता का काव्यात्मकता के साथ सार्थक सम्बन्ध 'प्रसाद' के पश्चात् एक बार पुनः माथुर में स्थापित होता है। मृत परम्पराओं से दूर वैविध्यपरक और जीवन्त रंगमंच को यह नाटक काफी अरसे के बाद हिन्दी में पुनः गति देता है। 'कोणार्क' के प्रस्तुतीकरणों की सफलता ने हिन्दी रंगमंच को नवीन आशा दी।

माथुर की दूसरी कृति 'शारदीया' 'कोणार्क' की तुलना में दुर्बल है। इसमें असफल एकनिष्ठ प्रेम की करुणा को उभारने का प्रयास है। 'शारदीया' की दुर्बलता के कई कारण हैं। एक तो देवदासी की मनोवृत्ति आज की वास्तविकता के प्रतिकूल पड़ती है। दूसरे इस नाटक में अवान्तार घटनाएँ बहुत हैं। इसमें 'कोणार्क' जैसी युग-व्यापी चुनौती नहीं है और न पुरानी समस्या का तलस्पर्शी विश्लेषण ही है। स्वयं नेमिचन्द्र जैन 'शारदीया' को कई दृष्टियों से 'कोणार्क' का अगला चरण मानते हुए भी इसके 'रूपबन्धपरक असन्तुलन तथा दो विभिन्न भाव-वस्तुओं को एक साथ संजोने' के प्रयास में प्रभावात्मकता के ह्रास तथा मुख्य वस्तु के गौण हो जाने का संकेत देते हैं। 'पहला राजा' माथुर की और भी दुर्बल कृति है। इसमें रंगमंचीय सम्भावनाएँ तथा नाटकीय सार्थकता बहुत उभर नहीं सकी है।

सन्दर्भ

1. 'हिन्दी साहित्य', तृतीय खण्ड, सम्पादक डॉ. धीरेन्द्र वर्मा, पृष्ठभूमि-2, पृ. 20
2. रामधारीसिंह दिनकर, 'संस्कृति के चार अध्याय', 'हिन्दू नवोत्थान', प्रकरण-4, पृ. 537
3. डॉ. रमेश कुंतल मेघ, 'आधुनिकता बोध और आधुनिकीकरण', पृ. 19
4. रामधारीसिंह दिनकर, 'संस्कृति के चार अध्याय', पृ. 538
5. Ram Gopal, 'How India Struggled for Freedom', p. 17
6. A.R. Desai, 'The Social Background of Indian Nationalism', p. 275
7. डॉ. पट्टाभि सीतारामय्या, 'कांग्रेस का इतिहास', प्रथम खण्ड, पृ. 126
8. वहीं, पृ. 288
9. आचार्य रामचन्द्र शुक्ल, 'हिन्दी साहित्य का इतिहास', पृ. 30
10. वही, पृ. 430
11. सच्चिदानन्द हीरानन्द वात्स्यायन, 'हिन्दी साहित्य : एक आधुनिक परिदृश्य', निबन्ध–'साहित्यिक प्रवृत्तियों की सामाजिक पृष्ठभूमि', पृ. 30
12. डॉ. नामवर सिंह, छायावाद पृ. 70
13. सच्चिदानन्द हीरानन्द वात्स्यायन, 'हिन्दी साहित्य : एक आधुनिक परिदृश्य', निबन्ध–साहित्यिक प्रवृत्तियों की सामाजिक पृष्ठभूमि', पृ. 31

14. आचार्य नन्ददुलारे वाजपेयी, 'आधुनिक साहित्य', भूमिका, पृ. 13
15. पं. जवाहरलाल नेहरू, 'विश्व इतिहास की झलक', खण्ड, 1, पृ. 565
16. जयशंकर प्रसाद , 'विशाख', (प्रथम संस्करण), भूमिका
17. F.F. Pargiter, 'Ancient Indian Historical Tradition', p. 34
18. G.J. Ravier, 'History, Its Purpose and Method', p. 38
19. आचार्य रामचन्द्र शुक्ल, 'हिन्दी साहित्य का इतिहास', 'काल विभाजन', पृ. 3
20. श्री गजानन शर्मा—निबन्ध, 'हिन्दी रंगमंच की नयी दिशाएँ', कल्पना, सितम्बर 1954
21. कुँवर चन्द्र प्रकाश सिंह, हिन्दी नाट्य साहित्य और रंगमंच की मीमांसा', पृ. 39
22. लक्ष्मीकान्त वर्मा—निबन्ध—'हिन्दी रंगमंच'—'हिन्दी साहित्य', तृतीय खण्ड, पृ. 466
23. डॉ. गोपीनाथ तिवारी, 'भारतेन्दुकालीन नाटक साहित्य', पृ. 119
24. भारतेन्दु ग्रन्थावली : नाटक, पृ. 753
25. डॉ. लक्ष्मीनारायण लाल, 'आधुनिक हिन्दी नाटक और रंगमंच', पृ. 40-41
26. 'भारतेन्दु नाटकावली', बाबू ब्रजरत्नदास, प्रथम भाग, नाटक, पृ. 753
27. गोपीनाथ तिवारी, 'भारतेन्दुकालीन नाटक साहित्य', पृ. 126
28. वही, पृ. 126
29. आचार्य रामचन्द्र शुक्ल, 'हिन्दी साहित्य का इतिहास', पृ. 432
30. डॉ. रामविलास शर्मा, 'भारतेन्दु हरिश्चन्द्र', पृ. 144
31. वही, पृ. 120
32. आचार्य रामचन्द्र शुक्ल, 'हिन्दी साहित्य का इतिहास', पृ. 429
33. लक्ष्मीकान्त वर्मा, निबन्ध, 'हिन्दी रंगमंच', 'हिन्दी साहित्य', तृतीय खंड, पृ. 472
34. डॉ. गोपीनाथ तिवारी, 'भारतेन्दुकालीन नाटक साहित्य', पृ. 138
35. आचार्य रामचन्द्र शुक्ल, 'हिन्दी साहित्य का इतिहास', पृ. 461
36. डॉ. सोमनाथ गुप्त, 'हिन्दी नाटक साहित्य का इतिहास', पृ. 40
37. वीरेन्द्र कुमार शुक्ल, 'भारतेन्दु का नाट्य साहित्य', पृ. 182
38. डॉ. रामविलास शर्मा, 'भारतेन्दु हरिश्चन्द्र', पृ. 121
39. डॉ. गोपीनाथ तिवारी, 'भारतेन्दुकालीन नाटक साहित्य', पृ. 165
40. डॉ. वासुदेवनन्दन प्रसाद, 'भारतेन्दु युग का नाट्य साहित्य और रंगमंच', पृ. 195
41. डॉ. दशरथ ओझा, 'हिन्दी नाटक : उद्भव और विकास', पृ. 288
42. आचार्य रामचन्द्र शुक्ल, 'हिन्दी साहित्य का इतिहास', पृ. 433
43. कुँवर चन्द्रप्रकाश सिंह, 'हिन्दी नाट्य-साहित्य और रंगमंच की मीमांसा', पृ. 235 पादटिप्पणी
44. डॉ. रामविलास शर्मा, 'भारतेन्दु हरिश्चन्द्र' पृ. 131
45. डॉ. गोपीनाथ तिवारी, 'भारतेन्दुकालीन नाटक-साहित्य', पृ. 249
46. 'भारत दुर्दशा', अंक 2
47. 'भारतेन्दु ग्रन्थावली', भाग 1, पृ. 722
48. 'सम्मेलन पत्रिका', 1913, भाग 1, अंक 5, पृ. 105
49. 'कवि वचन सुधा', 17 अगस्त, 1878
50. 'भारतेन्दु ग्रन्थावली', भाग 1, पृ. 719
51. वही, पृ. 741
52. डॉ. बच्चनसिंह, 'हिन्दी नाटक', पृ. 230
53. डॉ. वासुदेवनन्दन प्रसाद, 'भारतेन्दुयुगीन नाट्य-साहित्य और रंगमंच', पृ. 254

54. आचार्य रामचन्द्र शुक्ल, 'हिन्दी साहित्य का इतिहास', पृ. 433
55. वही
56. वही, पृ. 469
57. पं. कृष्ण शंकर शुक्ल, 'आधुनिक हिन्दी साहित्य का इतिहास', पृ. 296
58. आचार्य महावीर प्रसाद द्विवेदी, 'नाट्यशास्त्र', उपसंहार।
59. वही, पृ. 57
60. कुँवर चन्द्रप्रकाश सिंह, 'हिन्दी नाटक-साहित्य और रंगमंच की मीमांसा', पृ. 333
61. वही, पृ. 361
62. वही, पृ. 358
63. वही, पृ. 366
64. आचार्य रामचन्द्र शुक्ल, 'हिन्दी साहित्य का इतिहास', पृ. 469
65. जयशंकर प्रसाद', 'काव्य और कला तथा अन्य निबन्ध', पृ. 105; निबन्ध—'रंगमंच'
66. वही, पृ. 106
67. वही, पृ. 195
68. वही, पृ. 106
69. वही, पृ. 102
70. वही, पृ. 104
71. वही, पृ. 95
72. वही, पृ. 98-100
73. वही, पृ. 96-98
75. वही, पृ. 102
76. वही, पृ. 91; निबन्ध—'नाटकों का आरम्भ'
77. वही, पृ. 103
78. वही, पृ. 104
79. वही
80. जयशंकर प्रसाद 'काव्य और कला तथा अनय निबन्ध' पृ. 107-108
81. वही, पृ. 101
82. वही, पृ. 104
83. 'सवासनानां नाट्यादो रहस्योनुभवी भवेत्।
निर्वासनास्तु रंगांतर्वेश्यकुड्याश्यसन्निभाः॥''—'काव्य-प्रदीप', पृ. 49
84. 'आपरितोषाद विदुषां न साधुमन्ये प्रयोगविज्ञानम्।'—अ. शा. अंक 1
85. जयशंकर 'प्रसाद', 'काव्य और कला तथा अन्य निबन्ध', पृ. 108
86. वही, पृ. 101-102
87. Edvard Gordon Craig, 'On The Art of The Threatre', p. 5–6
88. जयशंकर 'प्रसाद', 'काव्य और कला तथा अन्य निबन्ध', पृ. 104-105
89. वही, पृ. 104
90. वही, पृ. 31
91. वही, पृ. 105
92. वही, पृ. 106
93. वही, पृ. 104

94. वही, पृ. 105
95. वही
96. वही
97. वही
98. वही, पृ. 106
99. वही, पृ. 80
100. वही, पृ. 83
101. वही, पृ. 85
102. आचार्य रामचन्द्र शुक्ल, 'चिन्तामणि', भाग 1, पृ. 230, निबन्ध : 'साधारणीकरण और व्यक्ति-वैचित्र्यवाद'
103. जयशंकर 'प्रसाद', काव्य और कला तथा अन्य निबन्ध', पृ. 106
104. वही, पृ. 106
105. वही
106. वही, पृ. 106-107
107. वही, पृ. 107
108. वही
109. वही
110. वही
111. 'कि त्वन्यशब्दवैलण्यं काव्यात्मनः शब्दस्य...'' –'ध्वन्यालोक लोचन', पृ. 193
112. 'अभिनव भारती', भाग 1, पृ. 279
113. George Santyana, 'The Sense of Beauty', p. 169
114. F. R. Leavis, 'The Common Pursuit', p. 130
115. बलवन्त गार्गी, 'रंगमंच', पृ. 192
116. आचार्य नन्ददुलारे वाजपेयी, 'आधुनिक साहित्य', भूमिका, पृ. 39
117. कृष्णशंकर शुक्ल, 'आधुनिक हिन्दी साहित्य का इतिहास', पृ. 286
118. आचार्य रामचन्द्र शुक्ल, 'हिन्दी साहित्य का इतिहास', पृ. 525
119. बलवन्त गार्गी, 'रंगमंच', पृ. 191
120. जयशंकर 'प्रसाद', 'काव्य और कला तथा अन्य निबन्ध'।'
121. आचार्य रामचन्द्र शुक्ल, 'हिन्दी साहित्य का इतिहास', पृ. 526
122. जयशंकर 'प्रसाद' 'काव्य और कला तथा अन्य निबन्ध'।
123. नेमिचन्द्र जैन, निबन्ध : आधुनिक हिन्दी नाटक : प्रतिमान का अन्वेषण : 'आलोचना', जुलाई-सितम्बर 1966, पृ. 89
124. डॉ. दशरथ ओझा, 'हिन्दी नाटक : उद्भव और विकास', पृ. 293
125. लक्ष्मीनारायण मिश्र, 'मुक्ति का रहस्य', भूमिका
126. डॉ. नगेन्द्र, 'आधुनिक हिन्दी नाटक', पृ. 55
127. डॉ. बच्चनसिंह, 'हिन्दी नाटक', पृ. 154
128. लक्ष्मीनारायण मिश्र, 'मुक्ति का रहस्य', भूमिका, पृ. 15
129. लक्ष्मीनारायण मिश्र, 'संन्यासी', भूमिका।
130. वही
131. लक्ष्मीनारायण मिश्र, 'सिन्दूर की होली'

132. वही
133. डॉ. मान्धाता ओझा, 'हिन्दी समस्या नाटक' पृ. 102
134. नेमिचन्द्र जैन, निबन्ध : 'प्रसादोत्तर नाट्य-साहित्य', 'हिन्दी साहित्य', तृतीय खंड, पृ. 393
135. H.V. Marrot, (edited) 'Life and Lectures of John Galsworthy', p. 330
136. Herbert Read, 'Essays in Criticism', p. 183
137. आचार्य नन्ददुलारे वाजपेयी, 'नया साहित्य : नये प्रश्न'
138. "But the term problem play is used in a more special sense to denote a topical interest with further implications that the dramatist is using his play as a social and political instrument to direct the attention of the society towards its problems and to stir it to a adopt a solution:"—Cleanth Brooks
139. डॉ. मांधाता ओझा, 'हिन्दी समस्या-नाटक', पृ. 103
140. आचार्य नन्ददुलारे वाजपयी, 'नया साहित्य : नये प्रश्न'
141. जयशंकर 'प्रसाद' 'काव्य और कला तथा अन्य निबन्ध', पृ. 105
142. वही, पृ. 104
143. लक्ष्मीनारायण मिश्र, 'संन्यासी', भूमिका, पृ. 2
144. नेमिचन्द्र जैन, 'रंगदर्शन', पृ. 30
145. डॉ. दशरथ ओझा तथा लक्ष्मीनारायण मिश्र की वार्ता, 'हिन्दी नाटक : उद्भव और विकास' से गृहीत, पृ. 306
146. डॉ. लक्ष्मीनारायण लाल, 'आधुनिक हिन्दी नाटक और रंगमंच', पृ. 50
147. डॉ. नगेन्द्र, 'आधुनिक हिन्दी नाटक'।
148. उपेन्द्रनाथ 'अश्क', निबन्ध : 'हिन्दी में रंगमंच के विकास की समस्या', 'आलोचना', पृ. 98, अंक 27, जुलाई 1963
149. वही
150. आचार्य विनयमोहन शर्मा, निबन्ध : 'आलोचना', अप्रैल 1952, पृ. 105-106

समसामयिक रंग-चेतना

जगदीशचन्द्र माथुर के नाटकों के बीच का काल—छठी शताब्दी—हिन्दी नाट्य जगत में अनेक दृष्टियों से महत्वपूर्ण है। इसी समय धर्मवीर भारती का 'अन्धा युग' (1955) प्रकाशित हुआ। आरम्भ में इस कृति को नयी कविता की कृति के रूप में ही सराहा गया। किन्तु शीघ्र ही इसकी नाट्यपरक सामर्थ्य उजागर हो गयी। 'अन्धा युग' के आ जाने से यह प्रतिमान प्रमाणित हो गया कि काव्य तथा नाटक का गहन स्तरों पर अन्योन्याश्रित सम्बन्ध है। इसके सफल प्रदर्शन ने भी यह सिद्ध कर दिया कि पारसी शैली अथवा यथार्थवाद से प्रभावित नाट्य-कर्मियों एवं विश्वविद्यालयीय पाठ्य-समालोचकों की सैद्धान्तिक धारणाओं को रंगमंच पर कोई महत्वपूर्ण स्थान नहीं मिल सकता। इस सशक्त नाट्य-कृति में समसामयिक जीवन की विभीषिका महाभारत की पृष्ठभूमि में चित्रित है—'विश्व-युद्धों की शोषणकारी यातना, तीसरे सर्वनाशी युद्ध की प्राणशोषी आशंका, दलगत एवं राष्ट्रगत स्वार्थों के लिए सिद्धान्तों की निर्लज्ज प्रवंचना, सामाजिक विघटन से उत्पन्न जीवन की मर्यादाहीन स्थिति, ग्लानि, व्यर्थताबोध आदि का उत्कट संवेदन, विश्व चेतना के स्तर पर उसे सर्वविदित भारतीय पौराणिक सन्दर्भ से युक्त कर सामान्य प्रबुद्ध हिन्दी पाठक को दृश्य-काव्य के माध्यम से तीखी अनुभूति करा पाना निश्चय ही एक बड़ी उपलब्धि है।'[4]

'अन्धा युग' की मूल कथावस्तु पौराणिक होते हुए भी आधुनिक युग की समस्याओं, स्थितियों और मानव वृत्तियों से सम्बन्धित है। समसामयिकता का गम्भीर दायित्वपूर्ण निर्वहण कृति के सम्पूर्ण परिवेश में व्याप्त है..., क्योंकि यह 'कथा ज्योति की है, अन्धों के माध्यम से।'[5] युद्ध संस्कृति के विकृत मूल्यों और जर्जरित विश्वासों ने उस गहरे भावबोध को विकसित किया है, जिसमें युग की सम्पूर्ण त्रासदी व्यापक स्तरों पर फैली मिलती है।

दृश्य-परिवर्तन एवं अंक-परिवर्तन के समय कथा-गायन की योजना लोक नाटकों की शैली से आयी है, साथ ही यह कथा-गायन पद्धति प्रतिकात्मक अर्थों को स्पष्ट करने के लिए भी उपयोगी सिद्ध हुई है। भाव की एकरसता को तोड़ने के लिए

छन्द के अनेक प्रकार से प्रयोग हैं। प्रहरियों का वार्तालाप कृति के प्रतिपाद्य की मूल संवेदना की दृष्टि से सर्वाधिक महत्वपूर्ण है।[6]

स्थिति की विसंगति और विडम्बना की चुनौती को यह कृति अच्छी तरह स्वीकार करती है। त्रासदी की छाया से रंजित इस नाटक के सम्भवतः सबसे प्रभावशाली चरित्र दो प्रहरी हैं। आत्म-विडम्बना से भरे उनके संवाद के अंश 'अन्धा युग' के मार्मिक प्रसंगों में से एक है। महाभारत के सर्वनाश की त्रासदीय पीठिका में प्रहरियों का यह आत्मतुष्ट स्वर अपनी गम्भीरता द्वारा समूचे सन्दर्भ को और भी भाव-गम्भीर बना देता है। इस कारण उस त्रासदी की छाया और गहरी हो जाती है।[7] विडम्बना का सृजनात्मक उपयोग शब्दों की मितव्ययता, भावावेशहीनता, विचारों की तीक्ष्णता, विडम्बना-निर्मित जटिलता और गहन अर्थगर्भित प्रतीकात्मकता में निहित है :

> 'हम सबके मन में गहरा उतर गया है युग
> अँधियारा है, अश्वत्थामा है, संजय है
> है दास वृत्ति उन दोनों वृद्ध प्रहरियों की
> अन्धा संशय है लज्जाजनक पराजय है।'[8]

समग्रतः 'अन्धा युग' युग की आत्मा के सत्य का हस्ताक्षर है, जिसमें सांस्कृतिक मूल्यों के विघटन की सही पहचान विद्यमान है, जिस युग ने अश्वत्थामा और युयुत्सु को पागल कर दिया हो, वह मूल्यान्धता का युग 'अन्धा युग' ही हो सकता है, 'मैं यह कहना चाहता हूँ कि कृति की कथा में ऐसी परिस्थितियाँ और मनोभूमियाँ स्वयमेव उत्पन्न हुई हैं कि इसी प्रकार की जीवन दृष्टि का व्यक्त हो पाना एक आन्तरिक मजबूरी ही रही है। सबके सब त्रस्त, असन्तुष्ट, सबके सब अन्ध गुफाओं के वासी, सबके सब संशयवादी, सबके सब परिवेश के प्रति प्रतिबद्ध होकर जीवन जीते हैं। दर्द का एक तूफान है जो सब में चल रहा है, कोई मूल से उखड़ कर ढह गया है और कोई झेलता हुआ टकरा रहा है।'[9]

पाँच अंकों में कथावस्तु विभक्त है। बीच में अन्तराल है। अन्तराल के पहले मध्यान्तर दिया जा सकता है। लेखक की दी हुई भूमिका में इसके मंचन के लिए सहायक संकेत काफी महत्व के हैं—'मंच-विधान जटिल नहीं है। एक परदा पीछे स्थाई रहेगा। उसके आगे दो परदे रहेंगे। सामने का परदा अंक के प्रारम्भ में उठेगा और अंक के अन्त तक उठा रहेगा। उस अवधि में एक ही अंक में जो दृश्य बदलते हैं, उनमें बीच का परदा उठता गिरता रहता है।'[10] भारती की यह योजना बहुत कुछ लिपटवाँ परदों वाली है। किन्तु उनका विश्वास है कि इसमें बृहतर रंगमंचीय सम्भावनाएँ हैं—'मूलतः यह काव्य रंगमंच को दृष्टि में रखकर लिखा गया था...लिखे जाने के बाद इसका रेडियो रूपान्तर भी प्रस्तुत हुआ, जिसके कारण इसके संवादों की लय और भाषा को माँजने में काफी सहायता मिली। मैंने इस बात को भी

ध्यान में रखा है कि मंच-विधान को थोड़ा बदल कर यह खुले मंच वाले लोक-नाट्य में भी परिवर्तित किया जा सकता है। अधिक कल्पनाशील निर्देशक इसके रंगमंच को प्रतीकात्मक भी बना सकते हैं।'[11] इब्राहीम अल्काजी ने इसका मंचन दिल्ली के पुराने किले के खण्डहरों की पृष्ठभूमि में किया। मुक्ताकाशी रंगमंच पर यह अभिनय एक नवीन सृजनात्मक उपलब्धि बन गया। अल्काजी के प्रदर्शन के दशकों बाद भानु भारती ने एक बार फिर पुराने किले के खंडहरों में इसे इक्कीसवीं सदी की चुनौतियों से जोड़ते हुए नये भाष्य के साथ पुनः प्रस्तुत किया तो यह अविस्मरणीय नाट्यानुभाव बन गया।

नयी नाट्य-सम्भावनाओं के कारण 'अन्धा युग' नाट्य एवं रंगमंच के बीच दोहरे और जटिल सम्बन्ध में निहित भाषागत दृष्टियों तथा अभिनयात्मिका वृति से अनेक उपलब्धियाँ प्रस्तुत करता है। विभिन्न रंग-युक्तियों द्वारा निर्वाहित कार्य-व्यापार को अभिव्यक्त करने वाली भाषा में भाव-सघनता, तीव्रता, बिम्ब बहुलता के साथ सहज वार्तालाप का प्रवाह है। कुछ रंग-समीक्षकों ने इस पर आक्षेप किये हैं। सुरेश अवस्थी के मत से–'अन्धा युग की वस्तु योजना और उसके रंग-विधान में एक प्रकार की विसंगति है। उसकी रचना-रूढ़ियाँ अपने सहधर्मी रंगमंच की सृष्टि न करके विपरीत रूप स्वभाव वाले रंगमंच पर आरोपित की गयी हैं।'[12] परन्तु 'अन्धा युग' के अनेकानेक प्रदर्शन, विभिन्न भाषाओं में इसके प्रस्तुतीकरण इस कृति में निहित सशक्त नाट्य-सम्भावनाएँ सिद्ध करते हैं। समय-समय पर इसे भाँति-भाँति की शैलियों और रंग की कल्पनाओं में ढालते हुए प्रस्तुत किया जाता रहा है।

दुष्यन्त कुमार का 'एक कण्ठ विषपायी' नवीन नाट्य-धारा का उल्लेखनीय काव्य-नाटक है, जिसमें जर्जर रूढ़ियों, गलित विश्वासों, विकृत मूल्यों, परम्परा के शव से लिपटे लोगों के मोह और मोह-मुक्ति की मनःस्थिति का सम्मूर्त्तन शिव-सती की गाथा के द्वारा प्रस्तुत है। नाट्यात्मक स्थितियों की पकड़ कम होने के कारण यह दृष्यकाव्य में 'अन्धा युग' से आगे नहीं बढ़ पाता। कृति के अधिकांश पात्र–सर्वहुत, इन्द्र, वरुण आदि के चरित्र मूल कथ्य और रंग-सम्भावनाओं को धूमिल बनाते हैं।

'अज्ञेय' का नाटक 'उत्तर प्रियदर्शी' बौद्धकथा के आधार पर निर्मित है। उन्होंने व्यक्ति के स्फीति अहं से निर्मित नरक की यातना और फिर पारमिता करुणा के आश्रय से मुक्त होने की गाथा प्रस्तुत की है। इस नाटक का मुख्य स्वर लोकधर्मी न होकर शुद्ध नाट्यधर्मी है। सूक्ष्म सांकेतिकता और सहज विलम्बित गति के लिए अज्ञेय जापानी नाटक 'नोह' के अंशतः ऋणी हैं। अशोक की तरह आज का व्यक्ति भी यन्त्रणा भोग रहा है। यह समसामयिक बोध इस नाटक की बड़ी उपलब्धि है।

नरेश मेहता का 'सुबह के घण्टे' व्यक्तित्व की सम्पूर्णता का चिन्तन है। 'सुबह

के घण्टे' का एमन नारी और प्रणय से ऊपर उठ कर राजनीतिक व्यवस्था तथा नैतिक पद्धतियों की भी चिन्ता करता है। इस नाटक में रंगमंचीय सम्भावनाएँ अधिक नहीं हैं।

लक्ष्मीकान्त वर्मा का नाटक 'आदमी का जहर' पूर्ण कालिक नाटक और एकांकी के बीच की स्थिति है। इस प्रकार यह नाटक में नाटक है, जिसमें कलाकार के व्यक्तित्व संघटन की चिन्ता का आख्यान है। व्यंग्य के माध्यम से लेखक शब्दों की नाट्य-सम्भावनाएँ पर्त-दर-पर्त खोलता रहता है। अतः नाटकों में यह अपने ढंग का मौलिक प्रयोग है। उनका 'टूटा हुआ आदमी' मूल्यगत विघटन के संकेत देने पर भी पाठ्य अधिक है, दृश्य कम।

नवीन नाट्य आन्दोलन में मोहन राकेश सबसे बड़ा नाम है। सन् 1958 में संगीत नाटक अकादमी द्वारा हिन्दी नाटक और प्रदर्शन प्रतियोगिताओं में मोहन राकेश के 'अषाढ़ का एक दिन' के प्रदर्शन के लिए कलकत्ता की अनामिका मण्डली को सर्वश्रेष्ठ प्रदर्शन के लिए पुरस्कृत किया गया। इस घटना ने हिन्दी रंगमंच एवं नाटक को नया विश्वास तथा नवीन चेतना दी। फलतः नाटक और रंगमंच को अधिक सार्थक एवं प्रासंगिक स्तर प्राप्त हुआ। सन् 1959 में राष्ट्रीय नाट्य विद्यालय की स्थापना और नाट्य प्रदर्शनों की भाषा के रूप में हिन्दी की स्वीकृति ने भी अनेक दृष्टियों से नाट्य एवं रंगमंच को समृद्ध किया। नाट्य विद्यालय के निदेशक अल्काजी ने रंगमंडल द्वारा प्रस्तुति के लिए सबसे पहले 'आषाढ़ का एक दिन' को चुना। उसकी सफल प्रस्तुत के साथ हिन्दी में मौलिक तथा अनूदित नाट्य प्रदर्शनों को कलात्मक अभिव्यक्ति की नयी दिशा मिली। श्री नेमिचन्द्र जैन ने लिखा है—'एक प्रकार से उपेन्द्रनाथ 'अश्क' और 'जगदीश चन्द्र माथुर' ने नाटक में सहज स्वाभाविकता और नाटकीयता से यथार्थपरकता और काव्यात्मकता के जिस मिश्रण का सूत्रपात किया, उसकी महत्वपूर्ण परिणति 'अषाढ़ का एक दिन' में हुई।'[12]

इस नाटक की प्रत्यक्ष विषय-वस्तु महाकवि कालिदास के जीवन से सम्बन्धित है, किन्तु यह एक प्रकार से प्रेयसी मल्लिका का नाटक है। समर्पित व्यक्तित्व की मल्लिका कवि से प्रेम ही नहीं करती, उसे महाकवि बनाने की कामना भी रखती है। सम्पूर्ण नाटक मल्लिका के त्याग की कहानी है। 'अषाढ़ का एक दिन' सुगठित यथार्थपरक नाटक है, जिसमें परिस्थिति के काव्य को अधिक उभारा गया है। नाटककार की चेष्टा है कि कालिदास का चरित्र किसी भी काल में सृजनशील प्रतिभा को आन्दोलित करने वाले अन्तर्द्वन्द्व को संकेतित कर सके। इसलिए पूरा नाटक अन्तरंग प्रतिबद्धता की समस्या में केन्द्रित हो गया है। भाववस्तु एवं रूपबन्ध दोनों ही स्तरों पर वह हिन्दी का इतना प्रगाढ़, निबिड़ और तीव्र सम्भावना का नाटक है कि निस्सन्देह कहा जा सकता है कि ऐसे प्रयोग हिन्दी नाटक के इतिहास में दुर्लभ रहे हैं। शब्दों की अभूतपूर्व मितव्ययिता, बिम्बों की नाटकीय सार्थकता, नाटकीय गद्य

का चमत्कार और कहीं-कहीं भाषा की नाटकीय काव्यात्मकता आदि सभी ने मिल कर इस कृति को अद्‌भुत सम्भावनाओं से युक्त संरचना प्रदान की है। इसका सबसे बड़ा प्रमाण तो यही है कि इस नाटक का मंचन अनेकानेक बार हुआ है, विभिन्न प्रकार की नाट्य-मण्डलियाँ इसे अभिनय के लिए चुन चुकी हैं।

'आषाढ़ का एक दिन' की सृजन-शक्तियों को 'लहरों का राजहंस' और गहराता है। यद्यपि इस नाटक का तीसरा अंक लचर और नाटकीय तीव्रता के ह्रास का संकेत है, फिर भी कथा के माध्यम से आधुनिक मानव के संत्रास, यन्त्रणा और आन्तरिक संघर्ष की बेचैनी को सम्प्रेषित करने में लेखक ने पर्याप्त सफलता पायी है। 'आषाढ़ का एक दिन' की तुलना में इस नाटक के प्रतीक अधिक व्यापक तथा संघर्ष अधिक तीव्र है, किन्तु रूपबन्ध के स्तर पर यह नाटक दुर्बल है। इस दुर्बलता का अहसास सम्भवतया स्वयं लेखक को भी था, इसीलिए उन्होंने इसका दोबारा संशोधन भी किया।

राकेश का तीसरा नाटक 'आधे-अधूरे' (1969) हिन्दी रंगमंच का बहुचर्चित बहु-प्रदर्शित नाटक है, जिसने अपने ढंग से रंगमंचीय क्रान्ति उत्पन्न की है। मध्यवर्गीय समाज की भीतरी विसंगतियों और उनके भीतर संघर्ष करते हुए लोग मात्र अपने आप में अधूरे हैं। इस 'आधेपन' को जिस यथार्थपरक तीक्ष्णता से उद्‌घाटित किया गया है, वह अपने आप में बेजोड़ है। ओम शिवपुरी ने इसका निर्देशन हिन्दी में किया है तथा सत्यदेव दुबे ने मराठी में। यह हिन्दी का पहला नाटक है जिसके वर्षों तक लगातार प्रदर्शन हुए हैं। नाटक एवं प्रेक्षक के जीवन्त सम्पर्क की धारणा इस नाटक के प्रेक्षण के उपरान्त और भी दृढ़तर हो जाती है। भारतीय भाषाओं में 'आधे-अधूरे' ने एक प्रकार का तहलका मचा दिया। इस नाटक में नाट्य एवं रंगमंच के नवीन सार्थक मुहावरे की तलाश है। हिन्दी-रंगमंच की नाट्य-भाषा सम्बन्धी खोज यहाँ आकर पूरी होती सी जान पड़ती है। भाषा यहाँ गहन जीवनानुभूतियों की सार्थक आभ्यान्तर स्थितियों को साकार करने में समर्थ हुई है। मध्यवर्गीय परिवार के विघटित होते हुए तथा टूटते हुए जीवन मूल्यों की नंगी तस्वीर उपस्थित करने वाले इस नाटक के रंगमंच की शक्ति, स्रोत एवं संवेदना को ही निर्मिति नहीं दी, अपितु दर्शक की उस रुचि का भी परिष्कार किया जिसे सिनेमा ने विकृत कर दिया था। नये दर्शक-वर्ग के निर्माण के साथ-साथ वह शिलाद्वार भी खुल गया जो अभी तक बन्द था। सैद्धान्तिकता को हिन्दी में पहली बार व्यावहारिक स्तर पर सिद्ध कर दिया गया कि नाटक एक सामूहिक कला है। इसलिए यह कहना अनुचित नहीं है कि इस काल के नाट्य-जगत के सबसे बड़े जागरण का नाम है 'आधे-अधूरे'।

सातवें दशक के काव्य-नाटकों में 'दिनकर' की 'उर्वशी' अनेक दृष्टियों से

महत्वपूर्ण है। पाँच अंकों में विभक्त यह काव्य-नाटक पुरुरवा तथा उर्वशी की प्रणय-कथा पर आधृत है। सूत्रधार-नटी की प्राचीन भारतीय प्रणाली का 'दिनकर' ने यहाँ प्रयोग किया है। रंग-निर्देशों की योजना भी कवि ने की है। आरम्भ में पहला अंक रेडियो रूपक के रूप में लिखा गया था। वहाँ इसकी सफलता के बाद कवि ने पूरे काव्य नाटक की रचना की। आधुनिक भाव-बोध को व्यंजित करते हुए कवि की कामाध्यात्म-सम्बन्धी धारणाएँ यहाँ व्यक्त हुई हैं। किन्तु इसके वस्तु विधान में नाटकीयता का भली-भाँति निर्वाह नहीं हो सका है। तृतीय अंक में कथा ठहर गयी है। 'उर्वशी के संवाद बहुत ही जीवन्त हैं, जैसे :

'औशीनरी—फिर क्या हुआ?

निपुणिका—देवि, वह सब भी क्या अनुचरी कहेगी?

औशीनरी—पगली! कौन व्यथा है जिसको नारी नहीं सहेगी?'[13]

इसकी भाषा में नाटकीय बिम्ब-धर्मिता का श्रेष्ठ रूप उपलब्ध है। लम्बे दार्शनिक संवाद भी हैं। 'उर्वशी' को 'बेले' के रूप में प्रस्तुत किया जा चुका है।

नये रंगमंचीय आन्दोलनों में लक्ष्मीनारायण लाल, विष्णु प्रभाकर, विनोद रस्तोगी, नरेश मेहता, चन्द्रगुप्त विद्यालंकार आदि के नाम चर्चित रहे हैं। लक्ष्मीनारायण लाल ने 'अन्धा कुआँ', 'मादा कैक्टस', 'तोता मैना', 'रातरानी' आदि अनेक नाटकों की रचना की है। उनका सर्वाधिक सफल नाटक 'दर्पण' माना जाता है। इसमें नाटकीय बिम्बात्मकता, कार्य-व्यापार की गहन लाक्षणिकता, नाटकीय भाषा की व्यावहारिकता एवं व्यंजना का प्रयोग बहुत ही प्रभावशाली है। लाल लगातार रंगमंच से जुड़े रहे हैं। इससे उनके नाटकों में नवीन नाट्य प्रयोग का लम्बा इतिहास निहित है। नाट्य-लेखन, मूल्यांकन, निर्देशन, अभिनय, सभी क्षेत्रों में उन्होंने हिन्दी रंगमंच की सेवा की है।

विष्णु प्रभाकर का नाटक 'डाक्टर' नये रंगमंचीय आन्दोलन का सार्थक प्रतीक है। उन्होंने प्रेमचन्द के 'गबन' तथा 'गोदान' का 'चन्द्रहार' एवं 'होरी' नाम से सफल नाट्य-रूपान्तर भी प्रस्तुत किया है, 'देवी' नाम से एक बंगला कहानी का नाट्य-रूपान्तर प्रस्तुत किया है। इन नाट्य रूपान्तरों में अनेक शिल्पगत शिथिलताएँ होते हुए भी नाटकीयता की पहचान अक्षुण्ण रही है।

विनोद रस्तोगी की प्रसिद्ध कामदी 'नये हाथ' नाटकीय रूपबन्ध की शिथिलता के होते हुए भी बदलते हुए आधुनिक समाज के मूल्यों तथा संघर्षों को प्रस्तुत करती है। चन्द्रगुप्त विद्यालंकार का नाटक 'न्याय की रात' भ्रष्टाचार से सम्बन्धित एवं सफल कथानक को छूने पर भी कोई बिम्ब नहीं प्रस्तुत कर पाता। मन्नू भण्डारी का 'बिना दीवारों का घर' पति-पत्नी के आन्तरिक संघर्ष से सम्बन्धित है। इस नाटक में कथात्मकता अधिक है। नाटकीय संयोजन का समाकलित प्रभाव एकदम नहीं है। सन्तोष नारायण नौटियाल का 'चाय पार्टियाँ' शहरी जीवन की विद्रूपता

और व्यक्तिवादिता को रेखांकित करता है। एक समर्थ शिल्प के अभाव में इसमें नाट्य-संवेदना की प्रखरता नहीं आ सकी है।

स्वतन्त्रता के उपरान्त लिखे गये नाटकों में नेहरू युग की आशा-निराशा अनेक नाटकीय मोड़ों के साथ व्यक्त है। चीन के आक्रमण ने देश की समस्त चेतना को एक बार आन्दोलित कर दिया। नाटककारों ने सामयिक युद्धजन्य मनःस्थिति पर तीखी प्रतिक्रिया व्यक्त की है। ऐसे नाटकों में डॉ. शिवप्रसाद सिंह का 'घाटियाँ गूँजती हैं,' कृष्ण किशोर श्रीवास्तव का 'नींबू की दरारें', विमला रैना के 'खण्डहर', 'तीन युग', 'सवेरा', चिरंजीत के 'तस्वीर उसकी', 'अभिमन्यु चक्रव्यूह में', रेवतीशरण शर्मा के 'चिराग की लौ', 'रंग और खून', 'अपनी धरती', 'टूटे सपने', ज्ञानदेव अग्निहोत्री का 'नेफा की शाम' आदि लिखे गये हैं। इन नाटकों का दुर्भाग्य यह रहा कि कलात्मक सार्थकता और नाटकीय प्रभावान्विति की कमी ने इनमें से अधिकांश को रंगमंचीय सार्थकता से विहीन कर दिया। इनका या तो प्रदर्शन ही नहीं हुआ और यदि हुआ भी तो इनकी अतिशय भावुकता ने इन्हें निगल लिया।

सन् 1961 में भारतीय नाट्य-संघ ने 1961 में अखिल भारतीय नाट्य-गोष्ठी में प्रथम बार नाटक तथा रंगमंच के सन्दर्भ में परम्परा और आधुनिकता का प्रश्न उठाया। प्रश्नानुकूल निर्देशकों, अभिनेताओं और नाट्य-समीक्षकों ने एक मंच पर मिल कर यह भी सोचा कि आधुनिक रंगमंच का हमारी हजारों वर्ष पुरानी अटूट और समृद्ध नाट्य-परम्परा के साथ क्या सम्बन्ध हो और हम नाट्य-रूपों और शैलियों की खोज में इस परम्परा का क्या उपयोग कर सकते हैं? यह निष्कर्ष निकाला गया कि हमारे रंगमंच के लिए मात्र परिश्चम का अनुकरण पर्याप्त नहीं है। अपनी मूल परम्पराओं से कट जाने का अर्थ होगा—अपनी सांस्कृतिक विरासत का बहिष्कार। इसलिए आधुनिक रंगमंच को प्राचीन परम्पराओं का आधार लेना ही होगा, क्योंकि पश्चिम का अन्धानुकरण हमें पथभ्रष्ट कर सकता है। इसलिए नये नाटककारों ने संस्कृत और लोकनाट्य की पद्धतियों का प्रयोग करके नये रंग-आन्दोलन को विकसित करने के लिए प्रयास आरम्भ किये। यथार्थवादी रंगमंचीय सज्जा के शिल्प-विधान को छोड़कर मुक्त रूपबन्ध तथा मुक्ताकाशी रंगमंचीय विधा की प्रकृति को पहिचाना गया है। मोहन राकेश के आज के 'रंग नाटक' में नाट्य-रूप उभर पड़े हैं। ऐसी ही स्थिति 'एवम् इन्द्रजीत', 'खामोश अदालत जारी है', 'हयवदन' आदि में मिलती है। 'हयवदन' में गिरीश करनाड ने पारम्परिक लोकनाट्य यक्षगान के कुछ तत्त्वों को प्रयुक्त किया है। विजय तेन्दुलकर तथा पु. ला. देशपाण्डे ने महाराष्ट्र की तमाशा-शैली को अपने नाटकों में प्रयुक्त किया तथा उत्पल दत्त ने बंगाल की जात्रा का। आद्य रंगाचार्य ने 'सुनो जनमेजय' में संस्कृत नाट्य-परम्परा का सार्थक उपयोग करते हुए सूत्रधार का प्रयोग किया है। स्वयं अल्काजी ने ऐतिहासिक खण्डहरों की

पृष्ठभूमि में विशाल मुक्ताशाली रंगमंच पर 'अन्धा युग' की प्रस्तुति करते समय लोक नाट्य-परम्परा तथा मध्ययुगीन रंगमंचीय रूढ़ियों का सृजनात्मक प्रयोग करते हुए सिद्ध कर दिया है कि बहुदृश्यबंध वाले तथा बहुधरातलीय अभिनय का क्षेत्र भी हमारे लिए निकट है। ज्ञानदेव अग्निहोत्री के 'शुतुरमुर्ग' के प्रदर्शन में अभिनटन और अर्द्धनृत्यवत् गतियों का प्रयोग नवीन नाट्य-व्यंजना के साथ किया गया। हबीब तनवीर ने 'मृच्छकटिकम्' का उर्दू अनुवाद 'मिट्टी की गाड़ी' के नाम से नौटंकी के रूप में किया है। 'आगरा बाज़ार' में उन्होंने लोकरंगमंच के सभी रचनात्मक रूपों को उभारने की चेष्टा की है।

इधर विभिन्न निर्देशकों ने महत्वपूर्ण नाटकों का प्रदर्शन भिन्न-भिन्न भाषाओं या एक ही भाषा में अपनी-अपनी सृजनात्मक प्रतिभा के अनुसार विभिन्न शैलियों में किया है, जैसे 'तुगलक' को अल्काजी ने उर्दू में, कारंत ने कन्नड़ में, देशपाण्डे ने मराठी में, पद्मिनी ने अंगरेजी में और श्यामनन्दन जालान ने बांग्ला में प्रस्तुत किया है। 'खामोश अदालत जारी है' का निर्देशन देशपाण्डे ने मराठी में, सत्यदेव दुबे ने हिन्दी में और शम्भु मित्र ने बांग्ला में किया है। इसी प्रकार 'एवमू इन्द्रजीत' को श्यामनन्दन जालान, सत्यदेव दुबे और बादल सरकार ने निर्देशित किया। हिन्दी के निर्देशक राजेन्द्रनाथ ने बादल सरकार के कई नाटकों का अत्यन्त समर्थ और कलात्मक निर्देशन किया है। धीरे-धीरे यह विश्वास भी बढ़ चला है कि हिन्दी-रंगमंच अनुवादों पर ही जीवित नहीं है, भारतीय मनीषा और मेधा का सक्रिय सहयोग भी उसे प्राप्त है। सातवें दशक में हिन्दी रंगमंच की कला स्वतन्त्र रूप से विकसित हुई और जन-नाट्य-मंच, थियेटर ग्रुप, लिटिल थियेटर ग्रुप आदि अनेक नाट्य-केन्द्रों ने प्रदर्शन की नवीन प्रवृत्तियों का संकेत दिया। रंगमंचीय चेतना इतनी मुखरित हुई कि श्री नेमिचन्द्र जैन ने नाट्य-आलोचना की पत्रिका 'नटरंग' का प्रकाशन आरम्भ किया। 'दिनमान' में नवीन 'रंग-प्रदर्शनों की क्रमबद्ध चर्चा आरम्भ हुई तथा विभिन्न हिन्दी की पत्रिकाओं में रंगमंच सम्बन्धी लेख तथा रिपोर्टें निकाली गयी हैं। 'धर्मयुग' तथा 'सापहिक हिन्दुस्तान' जैसी पत्रिकाओं में भी यदा-कदा रंगचर्चा आरम्भ हुई है। अंगरेजी की पत्रिका 'इनैक्ट' में रंग-चर्चा को राजेन्द्र पाल ने बढ़ावा दिया है।

नाट्य-लेखन में इस दृष्टि का विकास हुआ है कि नाट्य-भाषा अनेक स्तरों पर अर्थ-व्यंजित कर सके। 'तीन अपाहिज', 'एक और दिन', 'अपना-अपना जूता' इसी प्रकार के लघु नाटक हैं : इन नाटकों में आधुनिकता का सन्निवेश सभी दृष्टियों से हुआ है। शम्भूनाथ सिंह के नाटक 'एक और दिन' तथा 'दीवार की वापसी' की चर्चा सृजनात्मक कल्पनाशील की दृष्टि से महत्वपूर्ण है। लक्ष्मीकान्त वर्मा के 'अपना-अपना जूता' में नाटक का नवीन आन्दोलनकारी रूप प्रस्तुत किया गया है। कुछ वाक्य लगातार गूँजते हैं, जैसे–

“राम-राज्य को लाना है
अकलमन्द कहलाना है
सबका जूता अपना जूता
अपना जूता सबका जूता।”[14]

अज्ञेय के जापानी नोह नाटक शैली में लिखित गति-नाट्य ‘उत्तर प्रियदर्शी’ की सन् 1967 में लक्ष्मी नारायण लाल के द्वारा प्रस्तुति की गयी थी। तब इसका ज्यादा नोटिस नहीं लिया गया। किन्तु 1999 में जब रतन थियम ने इसको मणिपुरी में रूपान्तर कर प्रस्तुत किया तो बहुत सराहना हुई।

छठे दशक से भारतीय रंगमंच का नव्यतम चरण आरम्भ होता है। इसकी गति इतनी तेज रही कि समस्त भारतीय भाषाओं में तेजी से नाट्य-चेतना की लहर दौड़ गयी। कहना न होगा कि इस नाट्य-चेतना के मूल में प्रायः लोकधर्मी नाट्य-परम्परा रही है। जटिल मनःस्थितियों और संवेदनाओं को नये नाट्य-प्रयोगों ने जीवन्तता के साथ प्रस्तुत किया। नाट्य-लेखक ने नाटक के रंगमंचीय आयामों को सचेत भाव से ग्रहण किया।

पाश्चात्य नाटकों के भारतीय भाषाओं में प्रदर्शन भी प्रभावशाली रहे। इस कदम ने हमारी रंगचेतना को समग्रता की ओर उन्मुख होने में सहयोग दिया। पूरे दृश्य को देखने से स्पष्ट होता है कि अब देश में रंगमंच की स्थिति दयनीय नहीं रही। युवा नाटककार, निर्देशक, अभिनेता तथा रंग-शिल्पी में पर्याप्त उत्साह एवं तीव्रता विद्यमान है। धीरे-धीरे पश्चिमी दबाव कम हो रहा है तथा अपनी धरती की गन्ध लिए हुए अपनी सांस्कृतिक परम्पराओं से नाटक जुड़ा है। उदाहरणार्थ शताब्दियों से ओडिसी तथा भरतनाट्यम् की शैलियों में मन्दिरों में प्रस्तुत होते आने वाले ‘गीत गोविन्द’ को प्रसिद्ध संगीतकार जसराज जी की पत्नी ने नृत्य-नाटक के रूप में प्रस्तुत किया है। शास्त्रीय संगीत का आधार लेते हुए भी इसकी संरचना को ऐसा रूप दिया गया है कि नन्दकिशोर मित्तल का पाठ्य लेख इसके पूरे लालित्य को दर्शकों तक पहुँचा सका। हिन्दी रंगमंच ने सार्थक अभिव्यक्ति का माध्यम बनने की विकास यात्रा में महत्वपूर्ण कदम उठाये। मौलिक हिन्दी नाटकों की प्रस्तुति के साथ-साथ अन्य भारतीय भाषाओं के नाटकों के अनुवाद भी इस दिशा में अपना योगदान देते रहे हैं, जैसे खानोलकर के नाटक ‘काल तुझे नमस्कार है’ को ‘अभियान’ ने प्रस्तुत किया। सरोजिनी वर्मा के प्रथम अनुवाद तथा कुलभूषण खरबन्दा के निर्देशन में कुछ त्रुटियों के बावजूद भी नियति एवं मानव की टकराहट पर आधृत कथा अनेक नाट्य-सम्भावनाओं को संकेतित करती है। विजय तेन्दुलकर के मराठी नाटक ‘शान्ताता कोर्ट चाले आहे’ के हिन्दी में अनुवाद, ‘खामोश, अदालत जारी है’ की अनेक सफल प्रस्तुतियों ने और अनेक नाट्य-संस्थाओं द्वारा प्रदर्शन तथा अनेक प्रकार के दर्शकों

के मध्य प्रसिद्धि ने इस नाटक की सम्प्रेषणीयता की क्षमता को प्रमाणित किया है। दीनानाथ के निर्देशन में अंगरेजी के 'टन्स आफ मनी' का अनुवाद 'पैसा, पैसा, पैसा' के नाम से 'माडर्निटीज' द्वारा प्रस्तुत किया गया। हास्य-नाटकों की हिन्दी में कमी पर गोष्ठी भी आयोजित हुई।

लोक-नाट्य शैली की प्रभाव-क्षमता को हबीब तनवीर ने उजागर किया। छत्तीसगढ़ी 'नाचा' की शैली को उन्होंने अपने नाटकों में अपनाया, साथ ही लोकगीतों के प्रयोग द्वारा उन्होंने नाटकों में अद्भुत ढंग से लोक-तत्त्व का समावेश किया। 'आगरा बाजार', 'चरनदास चोर', 'गाँव का नांव ससुराल मोर नांव दामाद' को उन्होंने लोकजीवन तथा परिवेश की प्रतिबद्धता का वाहक बनाया है।

राजधानी के राष्ट्रीय नाट्य-विद्यालय ने भी हिन्दी रंगमंच को नयी दिशा देनी चाही है। इस क्षेत्र में निर्देशक अल्काजी के प्रयोग सराहनीय हैं। 'दांते की मौत' के प्रदर्शन के समय उन्होंने विश्व के प्रसिद्ध मंच-सज्जाकार ब्रिटेन के कुरहान को बुलाकर नवीन मंच-सज्जा, प्रकाश-व्यवस्था करायी। कुशल निर्देशन एवं अभिनेताओं की गतियों एवं भंगिमाओं ने दर्शक-वृन्द को मुग्ध कर दिया।

'दिशान्तर' की ओर से गिरीश कर्नाड का 'हयवदन' बा. वा. कारंत के निर्देशन में प्रदर्शित हुआ। इस नाट्य-प्रदर्शन ने यह बात स्पष्ट रूप से उभार दी कि नाटक में शब्द कितने महत्वपूर्ण होते हैं। लोककथा का लोक-नाट्य रूप कितना प्रभावशाली होता है, यह नया मुहावरा उस समय मिला जब गुजराती और राजस्थानी लोककथा जस्मा-ओडान को संगीत-नाटक का रूप देकर 'संकेत' संस्था की ओर से भानु भारती के निर्देशन में प्रस्तुत किया गया।

आठवें दशक में अनेक नाट्य-संस्थाओं ने एक साथ सक्रिय आन्दोलन आरम्भ किया। 'अभिमान' ने राजेन्द्रनाथ के निर्देशन में मोहित भट्टाचार्य का 'गिनीपिग' प्रस्तुत किया। जयपुर के निर्देशक एस. वासुदेव ने 'एक और युद्ध' का सफल मंचन किया। इसी बीच संगीत-नाटक अकादमी ने अजितेश बनर्जी का 'डाकू महेन्द्र' हिन्दी रंगमंच पर उतारा। बम्बई की इप्टा ने मराठी से अनूदित 'शतरंज के मोहरे' को रमेश तलवार के निर्देशन में प्रस्तुत किया। कलकत्ता में सुशीला मिश्र के निर्देशन में जर्मन नाटककार मेक्समुलर के 'चीन की दीवार' को प्रस्तुत किया गया।

स्वतन्त्र भारत की रजत जयंती समारोह के अवसर पर हिन्दी-रंगमंच की प्रगति और विकास पर श्री ठाकुरप्रसाद सिंह ने गोष्ठी का आयोजन किया। देश के लगभग सभी रंगकर्मियों का यह मत था कि लोक-नाट्य कला की उन्नति पर ध्यान देना चाहिए। इस अवसर पर हबीब के 'आगरा बाजार', 'महाभारत' तथा अन्य अनेक लेखकों के नाटक—'विजय पर्व', 'एवम् इन्द्रजीत', 'ढाई आखर प्रेम को', 'मैं वह नहीं हूँ', 'प्रेत', 'अँधेरे के राही' आदि अभिनीत हुए। इसी अवसर पर 'जन नाट्य-मंच' का

पहला प्रर्दशन हुआ, जिसमें सर्वेश्वरदयाल सक्सेना का व्यंग्य-नाट्य 'बकरी' कविता नागपाल के निर्देशन में मंचित हुआ। लोक-नाट्य शैली का यह नाटक समसामयिक राजनीतिक गतिविधियों पर सशक्त मुहावरे में प्रहार करता है।

लक्ष्मीनारायण लाल का नाम हिन्दी रंगमंच-संसार में कई दृष्टियों से स्मरणीय है। नाट्य-सृजन एवं रंगकर्म के व्यावहारिक जीवन के साथ-साथ वे रंगचिन्तन के सैद्धान्तिक पक्ष से भी जुड़े हैं। 'रातरानी', 'तोता मैना', 'मादा कैक्टस', 'अब्दुल्ला दीवाना' आदि में सार्थक अभिव्यक्ति की खोज जारी है। 'अब्दुल्ला दीवाना' के साथ-साथ गिरीश करनाड के 'तुगलक' की बहुत चर्चा रही है। इनकी तुलना में बलराज पण्डित के 'पाँचवाँ सवार' तथा 'आसमान से गिरा' कमजोर सिद्ध हुए हैं। हिन्दी के समर्थ निर्देशक रामगोपाल बजाज ने रामेश्वर प्रेम के 'अजातघर' नाटक का मंचन लीक से हटकर किया। मंच-सज्जा इस प्रकार से की गयी कि नाटक की प्रभावान्विति तथा सम्प्रेषण-शक्ति का पूरा विस्तार हो सके।

अहिन्दी-भाषी हिन्दी लेखकों में सत्येन्द्र राव का नाटक 'ओह अमेरिका' विशेष रूप से उल्लेख्य है। इसको 'संकेत' संस्था ने प्रदर्शित किया। कर्नाटक की नृत्य-नाट्य-शैली में यक्षगान 'भीष्म यज्ञ' नाटक अभिनीत किया गया। शिवराम कारन्त के इस नाटक को हिन्दी में नयी कविता के प्रसिद्ध कवि रघुवीर सहाय ने अनूदित किया। नृत्य, संगीत एवं अभिनय की त्रिवेणी यहाँ उपस्थित थी।

इस बीच देश में रंगकला-प्रशिक्षण संस्थाओं का भी आरम्भ हुआ है और पर्याप्त मात्रा में रंगकला-निष्णात कलाकार सामने आये हैं, जिन्हें भारतीय तथा विदेशी नाट्यकला की व्यावहारिक जानकारी है। ऐसे रंगकर्मियों में बा.वा. कारन्त, वंशी कौल, एम. के. रैना, रामगोपाल बजाज, राजेन्द्र सिंह, रतन थियेम आदि का नाम उल्लेखनीय है। समय-समय पर रंग-शिविरों का भी आयोजन होता है। रामगोपाल बजाज का कहना है—"रंग शिविरों का सामयिक रूप में समारम्भ सबसे पहले बा. वा. कारन्त ने लखनऊ में 'हयवदन' और 'एवम् इन्द्रजीत' करके किया। कारन्त ने बनारस में भी 'प्रसाद' के नाटक 'चन्द्रगुप्त' पर रंग-शिविर का आयोजन किया था और बाद में भोपाल आदि अनेक स्थानों पर अलग-अलग तरह से यह काम किया।"[15] स्वयं बजाज ने लखनऊ, चण्डीगढ़, उज्जैन और जबलपुर में रंग-शिविरों का आयोजन किया और अनुभवों के आधार पर यह भी घोषित किया कि प्रत्येक स्थान पर स्थानीय राग-द्वेष को छोड़ कर उन्हें रंगमंच का वातावरण निश्चित रूप से मिला।

राजेन्द्रनाथ के निर्देशन में विजय तेन्दुलकर के नाटक 'कौवा बोले काँव-काँव' का प्रस्तुतीकरण किया गया। सुरेन्द्र गुलाटी के इस अनुवाद को रंगकला की दृष्टि से पर्याप्त सहायता नहीं मिल सकी। ब्रजमोहन शाह के निर्देशन में मंचित मुद्रा राक्षस के 'मरजीवा' तथा 'योर्स फेथफुली' में शहरी बाबुओं की यन्त्रणा को गहराई

से उभारा गया है। लीक से हटे हुए यह नाट्य-प्रयोग नये रंगमंच को एक नयी तस्वीर देते हैं। 'दिशान्तर' ने मोहन राकेश की पुण्य तिथि पर 'आधे अधूरे' को मंचित किया। इन नाटकों का एक-एक शब्द या एक-एक वाक्य प्रेक्षकों को बाँध लेता था। इन प्रदर्शनों ने यह सिद्ध कर दिया कि नाटक 'शब्द' है तथा कुशल निर्देशक एवं अभिनेता अपनी शक्ति से मौन अर्थ को मुखर कर सकते हैं। इसी बीच 'यात्रिक' संस्था ने मैक्समूलर भवन में एम. के. रैना के निर्देशन में गोर्की के 'लोअर डेप्थ्स' को मंचित किया। किन्तु अभिनय इस नाटक की सम्पूर्ण शक्तियों को प्रकाशित न कर सका। नयी कविता के कवि विपिन कुमार अग्रबाल का नाटक 'तीन अपाहिज' उनके अपने निर्देशन में अभिनीत हुआ। इन दोनों के अभिनयों से अधिक सफलता मोहन राकेश के 'छतरियाँ' के अभिनय को प्राप्त हुई। रंगकला के क्षेत्र में मणि मधुकर का 'रस गन्धर्व' एक नूतन प्रयोग है, जिसमें कविता के अस्त्रों का प्रभावशाली प्रयोग हुआ है। यहाँ यह तथ्य स्पष्ट होकर उभरा है कि कविता ही नाटक की आत्मा है। सुरेन्द्र वर्मा का 'सूरज की अंतिम किरण से सूरज की पहली किरण तक' का त्रिवेणी कला संगम तथा राष्ट्रीय नाट्य विद्यालय में कई महीनों तक अभिनय हुआ। उत्तरा बावकर तथा सुरेखा सीकरी के अभिनय ने प्रमाता की सम्प्रेषण सीमा को कई स्तरों पर स्पर्शित किया।

प्रसिद्ध नर्तक बिरजू महाराज ने 'सूरदास', 'मालती माधव', 'कुमार सम्भव', 'मालविकाग्निमित्र' नामक नृत्य नाट्य प्रस्तुत किये। आलेख की रचना सर्वेश्वर दयाल सक्सेना ने की। संस्कृत-परम्परा से भेंट का यह प्रयास अपने आप में कम महत्वपूर्ण नहीं था। इसी बीच 'इप्टा' ने कम्प्युनिस्ट पार्टी का फार्मूला नाटक 'बीमार' प्रदर्शित किया। सज्जाद जहीर के इस नाटक को नादिरा जहीर ने निर्देशित किया। एम. एस. मेंहदी का नाटक 'गालिब के उड़ेंगे पुर्जे' खेला गया, किन्तु उचित संयोजन के अभाव में यह सफल नहीं हो सका। गोरखपुर में गिरीश रस्तोगी के निर्देशन में 'वे नाक से बोलते हैं, अभीनित हुआ। और भी कई प्रभावशाली नाटक सामने आये है, जिनमें 'कंजूस', 'पंछी ऐसे आते हैं', 'कभी चित कभी पट', 'एक था राजा', 'दो किश्तियों का सवार', 'कौन है माता कौन पिता हमारे', 'कछुआ और खरगोश', 'शाबाश अनारकली', कुस्तिया का चपरासी', 'त्रिया चरित्र', पंछी आ, पंछी आ', 'अफसोस हम न होंगे', 'एक तमाशा अच्छा खासा', 'रानी नागफनी की कहानी', 'लंगड़ी टांग' आदि उल्लेखनीय हैं।

समकालीन अमरीकी रंगमंच पर तीन दिन की गोष्ठी आयोजित की गयी। नाट्य विद्यालय ने मुक्तिबोध की कविता 'अँधेरे में' का नाट्य रूपान्तर प्रस्तुत किया। इस कविता का मंचन वास्तव में आंखें खोल देने वाला था। इस गोष्ठी में अल्काजी का विचार था कि सरकार द्वारा नाट्य प्रदर्शन सम्बन्धी कानून की 394 धारा को

रद्द कर दिया जाना चाहिए तथा नवीन सार्थक कृतियों के नाट्य रूपान्तर प्रस्तुत किये जाने चाहिए। 'लिटिल थियेटर ग्रुप' ने 'रामायण' बैले प्रस्तुत किया। इसमें कठपुतलियों की गति एवं मुखौटों का पूरा प्रयोग किया। लोकप्रिय रंगमंच के निर्माण के लिए कई नाट्य प्रयोग हुए, जिनमें 'तांबे के कीड़े', 'महानगर तीन संवाद', 'सुनो जनमेजय', 'द्रौपदी अन्तहीन' आदि की पर्याप्त चर्चा रही।

इसी समय एक हास्य नाटक 'बेचारा भगवान' मंच सज्जा एवं हास्य-व्यंग्य की दृष्टि से दर्शकों के लिए बड़ी उपलब्धि रहा। कन्नड़ के प्रसिद्ध नाटककार चन्द्रशेखर कम्बोज के नाटक 'जोकुमारस्वामी' में स्वयं कम्बोज ने सूत्रधार का अभिनय किया। प्रसिद्ध नाट्य-मर्मज्ञ नेमिचन्द्र जैन ने प्रभावित होकर नाटक की गीतात्मक परम्परा की सराहना की। लोक-संगीत, लोक-धुनों तथा लोक-प्रतीकों से भरा यह लोक-नाटक एक 'टोटल थियेटर' दे सकता है, यह विचार भी उन्होंने दोहराया। भारतभूषण अग्रवाल ने रवीन्द्रनाथ ठाकुर के नाटक 'ताशेर देशे' का हिन्दी रूपान्तर प्रस्तुत किया। सुभाषचन्द्र बोस को समर्पित इस प्रतीकात्मक नाटक का सफल मंचन हुआ। लक्ष्मीनारायण लाल के 'नहीं', 'काफी हाउस में इंतजार', मोतीलाल का 'संध्या बीती', भारतभूषण अग्रवाल का अग्निलीक' भी अभिनीत होने पर काफी प्रभावशाली सिद्ध हुए। इसी समय में उड़िया के 'शब्दसीपी', बंगला के 'शेर अफगन', ब्रेख्त के 'घर का भेदी' को भी हिन्दी में रूपायित किया गया। जटिल बनावट के कारण इन नाटकों ने प्रेक्षक का ध्यान आकृष्ट किया। 'अनामिका' की ओर से रवि दवे के निर्देशन में प्रेमचन्द के 'गोदान' का नाट्य रूपान्तर प्रस्तुत किया गया तथा 'अभियान' की ओर से बलवन्त गार्गी के 'कनक दी बल्ली' को। राजेन्द्रनाथ के निर्देशन में भीष्म साहनी का 'हानूश' अभिनीत हुआ। इन सभी नाटकों के मंचन ने यह तथ्य उभारा है कि नाटक किसी भी प्रकार का हो, यदि उसमें नाटकीय सम्भावनाएँ हैं तो आज हिन्दी का अभिनेता एवं निर्देशक उसके प्रदर्शन में कोई समस्या स्वीकार नहीं करता।

'भारतेन्दु नाटक केन्द्र' लखनऊ ने प्रथम नौटंकी समारोह आयोजित किया। देश भर की प्रख्यात नौटंकी-प्रतिभाओं को बुला कर अनेक प्रदर्शन कराये गये। आधुनिक नौटंकी की सूत्रधार गुलाबबाई ने 'अनारकली' का प्रदर्शन किया। इस प्रदर्शन में लोक-नाट्य की सभी विशेषताएँ साकार होकर प्रस्तुत हुईं। हमारी लोकधर्मी नाट्य-परम्परा आज भी कितनी जीवन्त है, इस तथ्य को अस्वीकार करने का मानो अवसर ही न रहा।

1976 में गोरखपुर में संगीत नाटक अकादमी द्वारा आयोजित नाट्य प्रतियोगिता में कुल नौ नाट्य संस्थाओं ने भाग लिया। 'आधे अधूरे', 'खामोश अदालत जारी है', 'अमृत पुत्र' आदि नाटकों को सर्वोतम प्रस्तुति के लिए पुरस्कृत भी किया गया।

वाराणसी में कारंत ने 'चन्द्रगुप्त' नाटक को केन्द्र बनाकर नये नाट्यकर्मियों की एक प्रयोगशाला चलायी। उनकी सफलता से 'प्रसाद' के ऐतिहासिक नाटकों की प्रस्तुति की सम्भावनाएँ निर्विवाद सिद्ध हो गयीं। इस प्रयोग के दो वर्ष उपरान्त श्री के. वी. चन्द्रा ने 'ध्रुवस्वामिनी' को प्रयोग के लिए चुना। प्रस्तुतकर्ता निर्देशक ने 'ध्रुवस्वामिनी' की सम्पूर्ण प्रस्तुति व्यावसायिक विराम चिह्नों से हट कर की है। 'ध्रुवस्वामिनी' के कई अभिनय देख चुकने के उपरान्त इस प्रदर्शन को देखने पर अनेक समीक्षकों ने अनुभव किया है कि 'ध्रुवस्वामिनी' की भाषा वैसी ही है जैसी अभिनय के लिए आवश्यक है।[16]

नाट्य-प्रदर्शनों के इतिहास को देखने पर यह सिद्ध होता है कि हिन्दी-रंगमंच के चरण अनेक दृष्टियों प्रविधियों एवं शैलियों की ओर तेजी से बढ़ रहे हैं। इस क्षेत्र में पिछला अन्धकार एवं कुहासा छँट रहा है। अनेक नाट्य-संस्थाएँ प्रकाश में आयी हैं तथा कुशल नाट्यकार एवं निर्माता हिन्दी-रंगमंच को नयी दिशा देने में प्रयत्नशील हैं। नया नाट्य आन्दोलन प्रयोगधर्मी है। उसने इतनी शक्ति अर्जित कर ली है कि आज किसी भी नाटक का अभिनय सम्भव है। शनैः-शनैः विकसित हो रहे नये हिन्दी-रंगमंच की अनेक सम्भावनाएँ आज उनके उज्जवल भविष्य के प्रति आश्वस्त कराती हैं। उसने सुरुचि एवं संस्कार-सम्पन्न प्रेक्षक वर्ग का भी निर्माण किया है।

सन् 1970 के बाद हिन्दी रंगमंच पर अनेक देशी-विदेशी भाषाओं के उच्च कोटि के रंगनाटक भाषान्तर या रूपान्तर के माध्यम से प्रस्तुत किये गये हैं। इन नाट्यानुवादों से हिन्दी-रंगमंच में पर्याप्त वैचित्र्य एवं सजीवता की वृद्धि हुई है। कालिदास, व्यास, शूद्रक, विशाखदत्त, शेक्सपियर, इब्सन, मोलियर, ब्रेख्त आदि के नाटक अनूदित होकर आये हैं।

इधर संस्कृत के श्रेष्ठ नाटकों का हिन्दी रंगमंच पर अभिनय बढ़ा है। इस अभिनय में भरतनाट्यम, कत्थक, मणिपुरी नृत्यों के कलात्मक प्रयोगों से नवीन ढंग की भाव-तरंगें पैदा हुई हैं। मद्रास के 'कला निलयम' ने 'कालिदास' बैले के प्रस्तुतीकरण में तकनीकी दृष्टि से नवीन प्रयोग किये। सबसे बड़ा अभिनय प्रयोग तो यही हुआ कि संस्कृत के कुछ नाटकों का अभिनय मुक्ताकाशी रंगमंच पर किया गया। नाट्य-शास्त्र की शास्त्रीयता में संगीत की नवीन परिकल्पनाओं को जोड़कर अच्छे नाट्य-प्रयोग किये गये। 'पंचरात्रम्' इन्हीं प्रयोगों का श्रेष्ठ उदाहरण है। 'अग्रदूत' नाट्य-रंगमंच ने मुक्ताकाशी रंगमंच पर 'स्वप्नवासवदत्ता' का 'राजा का सपना' शीर्षक से हिन्दी-रूपान्तर प्रस्तुत किया, जिसमें सज्जा या ताम-झाम के स्थान पर स्वाभाविक अभिनय से प्रणय-कथा का मंचन अत्यन्त तृप्तिदायक था। संस्कृत के ख्यातिलब्ध नाटकों में से 'मृच्छकटिकम्' तथा 'मुद्रा राक्षस' के भी सफल प्रदर्शन हुए हैं।

इसी दौरान कथा-मंचन का सिलसिला शुरू हुआ और विभिन्न विधाओं को मंच से जोड़ा गया। हिन्दी कहानी को रंगमंच पर स्थापित किया गया। 'उसने कहा था', 'आकाशदीप' तथा 'कफन' की रंग प्रस्तुतियाँ हुईं। विश्व में नाट्य पद्धति के विख्यात प्रवर्त्तक ग्रोतोवस्की के अनुकरण पर चार दिशाओं से खुला मंच बनाया गया जो चतुर्दिश खुले संस्कृत रंगमंच का स्मरण कराता था। 'सेतुबंध' नामक संस्था ने मुक्तिबोध की कविताओं का मंचन किया और उनके जटिल प्रतीकों में गुथा हुआ काव्य-संसार चाक्षुष्य-बिम्बों में परिणत कर दिया गया। 'आखर औजार बने' के नाम से यह प्रस्तुति मणि मधुकर के निर्देशन में की गयी। 'लकीज' संस्था ने प्रेमचन्द की कहानियों 'पूस की रात' तथा 'कफन' तथा निर्मल वर्मा की 'डेढ़ इंच मुस्कान' के नाट्य-रूपान्तर प्रस्तुत किये।

आज कथामंचन अपने आप में एक सशक्त नाट्य-शैली के रूप में खड़ा है। उपन्यास और कहानी का नाट्य रूपान्तर हो अथवा उसकी यथावत मंचीय प्रस्तुति की प्रक्रिया—दोनों ही स्थितियों में उसका माध्यम बदलता है। पाठक की दर्शक में बदलने की इस प्रक्रिया में सबसे महत्त्वपूर्ण चीज होती है कथा में निहित नाटकीयता की तलाश; अर्थात् स्थितियों, घटनाओं, भावाभिव्यक्तियों, मनःस्थितियों के उन बिन्दुओं और पहलुओं की तलाश जो दर्शक के सामने प्रत्यक्ष होकर उसे प्रभावित कर सकें। कथामंचन की इस पूरी प्रक्रिया में रूपान्तरकार, निर्देशक और अभिनेतागण की पूरी-पूरी साझीदारी होती है। दोनों या तीनों मिलकर प्रस्तुति को सम्भव और सफल बनाते हैं। मन्नू भंडारी के 'महाभोज' भीष्म साहनी के 'कबिरा खड़ा बाजार में', प्रेमचन्द के 'गोदान', 'रंगभूमि' और अनेक कहानियाँ, हजारी प्रसाद द्विवेदी के 'बाणभट्ट की आत्मकथा' मनोहर श्याम जोशी के 'कुरु कुरु स्वाहा' फणीश्वरनाथ रेणु का 'मेला आँचल', श्री लाल शुक्ल के 'रागदरबारी' अमृत लाल नागर के 'सुहाग के नूपुर' आदि अनेक उपन्यासों की नाट्य रूपान्तर प्रस्तुतियों ने हिन्दी रंगमंच को वैविध्यपरक बनाया। तभी रंगमंच की दुनिया में एक नयी घटना घटी। राष्ट्रीय नाट्य विद्यालय के पूर्व निदेशक देवेन्द्र राज अंकुर ने कहानी में कोई भी हेर-फेर किये बगैर उसकी यथावत् रंग प्रस्तुति कर हिन्दी रंगमंच को नया आयाम दिया। कहानी के विवरणात्मक अंशों के लिए नैरेटर का बहुत सशक्त इस्तेमाल करते हुए दृश्य-बिम्बों के माध्यम से कहानी को साकार करते हुए 'कहानी का रंगमंच' नामक नयी प्रस्तुति शैली विकसित की। उनके छात्र अभिनेताओं ने कथा में निहित दृश्यात्मकता को, नाटकीयता को तलाशने और अपने अभिनय द्वारा रूपायित करने की एक सशक्त पद्धति के माध्यम से प्रेमचन्द, जयशंकर प्रसाद, फणीश्वरनाथ रेणु, निर्मल वर्मा, शिवप्रसाद सिंह, काशीनाथ सिंह, मोहन राकेश, भीष्म साहनी, गोविन्द मिश्र आदि अनेक कहानीकारों की कहानियाँ सजीव घटना के रूप में दर्शक तक पहुँचाईं। तो

रंगमंच की उर्वरता की नयी सम्भावनाएँ प्रकट हुईं और पठित साहित्य से रंगमंच के रिश्ते के नये पहलू उजागर हुए। कथा मंचन ने यह सिद्ध कर दिया कि नाटक के लिए अब तक अनिवार्य माने जाने वाली पात्रों की बातचीत और कार्यव्यापार के अलावा और भी कुछ है जो रचना को दृश्यात्मक रूप में सफल और सजीव बना सकता है। यह बात स्थापित हुई कि संवादों की अनिवार्यता के बजाय वर्णन अथवा नेरेशन (वर्णन) भी अभिनय का एक रूप हो सकता है। कहानी के रंगमंच ने वस्तुतः कई तरह के रूढ़ विश्वासों से हिन्दी रंगमंच को मुक्त किया। एक तरफ तो मंचसज्जा के बहुत से तामझाम से हटकर अभिनेता के शरीर को केन्द्र में स्थापित किया और अभिनय, मुख-मुद्राओं, शारीरिक चेष्टाओं से उत्पन्न गति, लय और अभिव्यक्ति से वह सब कुछ प्रस्तुत कर दिया जिसे अन्य साधनों से प्रस्तुत करने का प्रयास किया जाता था। दूसरी तरफ नाटक को अन्य सभी साहित्यिक विधाओं—कथा-साहित्य, कविता, आलेख, जीवनी—से जीवन्त संवाद की स्थिति में ला दिया।

मंचन की प्रविधि, शैली और स्वरूप में पिछले कुछ दशकों से जो नया बदलाव आया है उसने हर सृजनात्मक विधा में मौजूद दृश्य तत्त्व को उद्घाटित करने में अद्भुत सफलता पाई है। कहना चाहिए कि सर्जनात्मकता के भीतर नाट्यात्मकता की तलाश करते हुए कविता, कहानी, उपन्यास, रेखाचित्र, संस्मरण सभी को मंचित तो किया ही है बल्कि उसे बहुत प्रभावपूर्ण ढंग से मंचित कर दर्शक को रचना के भीतर प्रवेश पाना सुगम बना दिया है। एक समय था जब यह खोजा जाता था कि किसी नाटक में मंचीयता के तत्त्व मौजूद हैं या नहीं और कहा जाता था कि हिन्दी में अभिनेय नाटकों की घोर कमी है। कभी कहा जाता कि नाटक क्लासिक श्रेणी के तो हैं किन्तु पठनीय हैं मंचीय नहीं। किन्तु जब देवेन्द्रराज अंकुर, राजिन्दरनाथ तथा अन्य निर्देशकों ने राष्ट्रीय नाट्य विद्यालय दिल्ली के छात्रों को विभिन्न साहित्यिक रचनाओं में कोई भी पंक्ति बदले बगैर ज्यों की त्यों दृश्य रूप में उतार देने की कला में प्रवीण किया तो दृश्य माध्यमों की दुनिया ही बदल गयी। कहानी शिवप्रसाद सिंह की हो या निर्मल वर्मा की, प्रेमचन्द की हो या प्रसाद की, जैनेन्द्र की हो या रवीन्द्रनाथ की, मुक्तिबोध की कविता 'अँधेरे में हो' या रमेशचन्द्र शाह की कविता, 'त्यागपत्र' उपन्यास हो या 'बाणभट्ट की आत्मकथा' इनका नाट्य रूपान्तर किये बगैर रचना को ज्यों का त्यों मंचन कर जीवन्त बनाने की इस कला ने सिनेमा, टी.वी. पर उपन्यासों की प्रस्तुति को पीछे छोड़ दिया।

इस शैली ने कथावाचक यानी किस्सागो से स्वर के उतार-चढ़ाव-लहजे द्वारा दर्शकों की कल्पना में बिम्ब जगाना सीखा और उसका सशक्त जीवन्त प्रयोग मंचीय प्रस्तुतियों के साथ किया। रचनाओं में मौजूद संवादों को पात्रों द्वारा और शेष विवरण को वाचक द्वारा प्रस्तुत कराते हुए पाठ्य को दृश्य बनाने का यह विधान मुख्यतः देहभाषा, प्रकाश व्यवस्था और ध्वनि प्रभावों पर केन्द्रित होता है। दृश्य सज्जा और

स्टेज प्रॉपर्टी लगभग नहीं के बराबर या प्रतीकात्मक या न्यूनतम होती है। आंगिक, वाचिक, सात्विक अभिनय विधान से लिखित शब्द को जीवन्त बनाते हुए सम्प्रेषण व्यापार सफल बनाया जाता है।

राजधानी में श्रीराम कला संस्कृति केन्द्र द्वारा आयोजित किये जाने वाले राष्ट्रीय नाटक समारोहों का समसामयिक रंगमंच के बिम्ब-निर्माण में बड़ा योगदान है। इसमें संस्कृत, उर्दू, कन्नड़, हिन्दी, मराठी, बंगला, आदि भाषाओं के नाटक प्रस्तुत किये जाते हैं। प्रादेशिक रंगकर्मियों के मेलमिलाप के अभाव में ये समारोह अभी श्रेष्ठ नाटक रंगमंच पर नहीं ला सके हैं। चतुर्थ नाट्य-समारोह में भास का 'मध्यम व्यायोग' नाटक कमजोरियों के कारण उभर नहीं सका। कबीर के जीवन पर आधारित मणि मधुकर का नाटक 'इकतारे की आँख' का बेहद कमजोर प्रस्तुतीकरण हुआ। नाटक में कुमार गन्धर्व जैसे संगीत के बड़े कलाकार के होने पर भी यह नाटक अपना कोई बिम्ब निर्मित नहीं कर सका। कलकत्ता के 'थियेटरकम्यून' ने नाटक 'प्रस्तुति' को यथार्थवादी प्रकाश-संयोजन की चमक में प्रभावशाली ढंग से प्रस्तुत किया। आगा हश्र कश्मीरी का नाटक 'बिल्व-मंगल' कमजोर निर्देशन के कारण हास्यास्पद बनकर रह गया। ऐसा लगा कि पारसी शैली के नाटकों को खेलने की क्षमता अब धीरे-धीरे चुक रही है। किन्तु 'यहूदी की लड़की' के प्रस्तुतीकरण में पारसी-रंगमंच की शैली अपनी सम्पूर्ण जीवन्तता के साथ नाटक में अन्त तक उपस्थित रही।

उधर विदेशी नाटकों की धूम भी हिन्दी रंगमंच पर खूब रही है। शेक्सपियर का नाटक राष्ट्रीय नाट्य-विद्यालय के खुले मंच पर प्रस्तुत किया गया। 'मैकबेथ' को निर्देशक कारन्त ने देशी रंगमंचीय मुहावरे और समसामयिकता के साथ प्रदर्शित किया। भारतीय रंग परम्परा से जोड़ने के लिए कर्नाटक के पारम्परिक नाट्य-रूप यक्षगान को युग और उसकी प्रासंगिकता में सिद्ध करते हुए नाटकीय स्थितियों को नया आयाम दिया। 'बरनम वन' के इस नाट्य प्रदर्शन में कारन्त ने संगीत का नाटकीय, मौलिक और अर्थवान प्रयोग किया। यह कहना ठीक होगा कि भारतीय रंगमंच पर संगीत का ऐसा सृजनात्मक प्रयोग प्रथम बार किया गयर। अत्यन्त घनीभूत और तीव्र भावात्मक स्थितियों को व्यंजित करने में यक्षगान के पारम्परिक वाद्यों ने बड़ा सहयोग दिया। कवि रघुवीर सहाय द्वारा 'मैकवेथ' का यह पद्यानुवाद नाट्य प्रदर्शन की परम्परा में विशिष्ट सन्दर्भ रखता है। 'ब्रेख्तन मिरर' द्वारा ब्रेख्त के नाटक 'दि रेजिस्टबिल राइज आफ आर्तुरोवी' का रूपान्तर 'आर्तुरोवी' अभिताभदास गुप्ता के निर्देशन में प्रस्तुत किया गया। प्रस्तुतीकरण के खुले प्रयोग मोहक कहे जा सकते हैं। 'पंचतत्व' द्वारा 'काकेशियन चाक सर्किल' पर आधारित 'मिट्टी न होवे मतरई' को पंजाबी लोकधुनों में कविता नागपाल ने रंग बोध की सूझ-बूझ से नया प्रस्तुतीकरण दिया।

लोकनाट्य परम्परा में राजधानी की 'सांग' प्रस्तुतियों की विशिष्ट भूमिका रही है। इन 'सांगों' का मूल चरित्र आदमी की बुनियादी स्वतन्त्रता की पक्षधरता करता है। हरियाणा के दलों ने लोकधर्मी नाट्य परम्परा की इस सम्पत्ति का खुलकर प्रदर्शन किया है। मंच के स्थिर रूप को इन मण्डलियों ने तोड़ा है और नुक्कड़ रंगमंच की एक झलक पैदा की है। ऐसा लगा है कि नुक्कड़ नाटक के रंगकर्मियों को सिखाने के लिए लखमीचन्द के पास काफी कुछ है—'रूपकला', 'नेताजी सुभाष', 'पाण्डे जी', 'चन्द्रावती', 'भर्तृहरि', 'अगन भण्डारा', 'चम्पा जाटणी' आदि लोक-रंगकला के सांग खेले गये।

पिछली सदी के आठवें नवें दशकों में नुक्कड़ नाटकों ने जोर पकड़ा। 1973 में सफदर हाशमी द्वारा 'जन नाट्य मंच' की स्थापना के साथ नुक्कड़ नाटक भी एक जन आन्दोलन के रूप में उभरा। ज.न.म. के द्वारा प्रस्तुत सर्वेश्वर दयाल सक्सेना के नाटक 'बकरी' को बहुत प्रसिद्धि मिली। फिर 1978 में 'मशीन' नामक नुक्कड़ नाटक सामूहिक रूप से तैयार करके सफदर हाशमी के निर्देशन में प्रस्तुत किया गया। इसी क्रम में 'औरत', 'हल्ला बोल', 'नयी बिरादरी', 'मुझे बोलने दो' जैसे नाटक आये। असगर वजाहत का नुक्कड़ नाटक 'सबसे सस्ता गोश्त' आया। गली-मोहल्ले के नुक्कड़, सड़क, चौराहे पर अनौपचारिक ढंग से खेले जाने वाले ये नाटक व्यंग्य, बिडम्बना के माध्यम से राजनीतिक, सामाजिक, आर्थिक, सांस्कृतिक क्षेत्रों में मूल्यहीनता और भ्रष्टाचार को मुखरित करते हुए बदलाव की चेतना जगाते हैं।

समकालीन हिन्दी-रंगमंच को अनेक सम्भावनाओं से जोड़ने वाले नाटकों में चाणक्य सेन के उपन्यास 'मुख्यमंत्री' का भव्य नाट्य रूपान्तर उल्लेखनीय है। राष्ट्रीय नाट्य-विद्यालय के रंगमण्डल ने इस नाटक के प्रस्तुतीकरण में चौदह दृश्यों तथा उन्नीस पात्रों वाले महाकाव्यात्मक नाट्यालेख को तमाम चुनौतियों के साथ प्रस्तुत किया। मंच को सात-आठ प्रमुख अभिनय स्थलों में विभक्त कर दिया तथा चेहरों की भाव-भंगिमाओं के तनाव-ढीलेपन, अधिक मुद्राओं के उतार-चढ़ाव, संवाद कला की लयपरक गति आदि से यह बहुत अच्छा प्रयोग रहा। हिन्दी के राजनीतिक नाटक 'अन्धेर नगरी', 'शतुरमुर्ग' 'कलंकी', 'रसं गन्धर्व', 'इन्ना', बकरी', 'सिंहासन खाली है', 'नागपाश' जैसी नाट्य-कृतियों की परम्परा में यह नाटक अगला कदम इस अर्थ में है कि इसमें व्यंग्य, विद्रूप और विडम्बना के कई स्तर खुलते जाते हैं।

गोरखपुर के 'रूपान्तर' नाट्य मंच ने श्रीलाल शुक्ल के उपन्यास 'राग दरबारी' का नाट्य-रूपान्तर मैदान में एकदम खुले मंच पर प्रस्तुत किया। गिरीश रस्तोगी के निर्देशन में खेला गया यह नाटक दर्शकों को गहरी संवेदनशीलता का साक्षात्कार करा सका। इसी ढंग से क्रमशः सोबती के उपन्यास 'मित्रों मरजानी' का नाट्य

रूपान्तर हुआ, जिसे अलग-अलग संस्थाओं ने खेला। फिर भी यह नाट्य रूपान्तर बहुत सफल नहीं हो सका।

चर्चित नाटकों में 'जात नहीं पूछो साधु की', 'मियाँ बीबी राजी', 'भजनो', 'दीवारों के घर', 'लंकाधिराज', 'हानुश', 'मुआवजे', 'कबिरा खड़ा बाजार में', 'आलमगीर' 'थैंक्यू मिस्टर ग्लाड', 'उधार का पति', 'बेगम का तकिया', 'उलझी आकृतियाँ', 'यहूदी की लड़की', 'लड़ाई', 'कल भात आयेगा', 'बेचारा भगवान', 'दुलारी बाई', 'तोता बोला', 'ये रंगे मस्ती हसीन बस्ती कहाँ, है कहाँ', 'कोर्ट मार्शल', 'गुलाम बादशाह', 'देहान्तर', 'हस्तिनापुर', 'सुनो भाई साधो', 'जिन लाहौर नयी देखा वो जन्म्या ही नयीं' आदि का नाम लिया जा सकता है। हिन्दी रंगमंच अपने विकास पक्ष की ओर लगातार बढ़ रहा है। इस विकास के मूल में श्री कारन्त, भानुभरती, रामगोपाल बजाज, राजेन्द्रनाथे, ब्रजमोहन, शाह, हबीब तनवीर, सतीश आनन्द, त्रिपुरारि शर्मा, उषा गांगुली, देवेन्द्र राज अंकुर, प्रतिभा अग्रवाल, रतन थिएम, मोहन महर्षि जैसे समर्थ नाट्य निर्देशक रहे हैं। अनेक समर्पित नाट्य निर्देशक भी इधर और आये हैं तथा अभिनय कला के प्रति अर्पित अभिनेताओं के आने से बड़ी उम्मीद बँधती है। इन सभी के आने से हिन्दी रंगमंच आज नयी से नयी प्रयोगधर्मिता को बढ़ावा देने की स्थिति में है। नवीन नाट्य संस्थाओं के उदय से भी नया प्रकाश फैला है और मंच के कोनों में छिपने वाला अँधेरा समाप्त हुआ है।

इतना होने पर भी हिन्दी रंगमंच अभी बाधा मुक्त नहीं है। सबसे बड़ी बाधा तो यही है कि आज का नाटककार 1950-60 के आसपास के नाट्य लेखन को दुहराने लगता है। कई निर्देशक हमारी नाट्यं परम्परा की जड़ों में गहरे नहीं जा पाते, क्योंकि उनका हमारे सृजनात्मक साहित्य और भाषा से रचा-पचा सम्बन्ध नहीं है। वे प्रयोगधर्मिता के चक्कर में ऐसी चीज खोजते रह जाते हैं कि कुछ बात बन ही नहीं पाती है। एक बड़ा दुर्भाग्य यह है कि हमारे यहाँ रंग-समीक्षक नहीं हैं। पेशेवर संवाददाता या रिपोर्टर मनमाने ढंग से लिखते रहते हैं। रंग-समीक्षक के मानदण्ड निश्चित नहीं हैं और न होने की सम्भावना दृष्टिगत हो रही है। हमारा रंगमंच फिर से अभिनेता-प्रधान हो और प्रस्तुत शैली की अपने ढंग की पहचान हो, इस तरह की स्थिति को लाने के लिए हमें वैसी ही ईमानदार कोशिश करनी होगी, जैसी कि एक समय में भारतेन्दु बाबू ने की थी। जनता की बात को सत्ता के बहरे कानों तक पहुँचाना आज भी जरूरी है। ऐसा होने पर रंगमंच केवल शौकिया लोगों या बुद्धिजीवियों के लिए ही नहीं होगा, बल्कि एक सामाजिक रंगमंच की कल्पना साकार हो सकेगी। अतः रंगमंच को राजनीतिक पार्टियों के लिए प्रतिबद्ध रंगमंच की ओर न बढ़ाकर आम आदमी के लिए प्रतिबद्ध रंगमंच की ओर अग्रसर होना होगा, तभी एक सार्थक रंग-कला का विकास किया जा सकता है।

सन्दर्भ

1. "किन्तु 'प्रसाद' के बाद 'कोणार्क' पहला नाटक है, जिसमें गहरी प्रबल भावनाओं का संघात भी है और विषय-वस्तु में सार्थकता भी।"—नेमिचन्द्र जैन, हिन्दी साहित्य, तृतीय खंड, पृ. 403
2. विष्णुकान्त शास्त्री, निबन्ध : 'हिन्दी का नया नाटक साहित्य', 'आलोचना', पृ. 92. अप्रैल-जुलाई, 1968
3. नेमिचन्द्र जैन, 'आधुनिक हिन्दी नाटक : प्रतिमान का अन्वेषण', 'आलोचना', पृ. 93, जुलाई-सितम्बर, 1967
4. विष्णुकान्त शास्त्री, निबन्ध : 'हिन्दी का नया नाटक साहित्य', 'आलोचना', पृ. 92, अप्रैल-जुलाई, 1968
5. डॉ. धर्मवीर भारती, 'अन्धा युग', पृ. 10
6. वही, पृ. 13
7. डॉ. नामवर सिंह, 'कविता के नये प्रतिमान', निबंध : 'विसंगति और विडम्बना', पृ. 173-174
8. डॉ. धर्मविर भारती, 'अन्धा युग', पृ. 13
9. डॉ. कृष्णदत पालीवाल, 'नया सृजन तथा बोध', निबन्ध : 'अन्धा युग : आस्था का स्वर', पृ. 21
10. डॉ. धर्मवीर भारती, अन्धा युग', पृ. 4, निर्देश
11. वही, पृ. 5
12. डॉ. सुरेश अवस्थी, निबंध : 'नाट्य-समीक्षा की भाषा', 'आलोचना', पृ. 35, जुलाई-सितम्बर, 1967
13. नेमिचन्द्र जैन, निबंध : 'प्रसादोतर नाट्य साहित्य', हिन्दी साहित्य, तृतीय खंड, पृ. 408
14. रामधारीसिंह दिनकर, 'उर्वशी', पृ. 29
15. लक्ष्मीकान्त वर्मा, 'हिन्दी साहित्य', तृतीय खंड
16. 'दिनमान', 'रंगमंच विशेषांक', मार्च 1976, 'रंग शिविरों का उदय, पर कितना?' पृ. 21
17. 'धर्मयुग', 11 अप्रैल, 1976, पृ. 32

पारिभाषिक शब्द

अतिनाटक	:	Melodrama
अतिनैतिक	:	Puritanical
अतिरंजित अभिनय	:	Over-acting
अतिवाद	:	Ultraism
अनलंकृत	:	Unadored
अनुकरण	:	Imitation
अनुकरण का विषय	:	Object of imitation
अनुकरणात्मक कलाएँ	:	Imitative Arts
अनुरचना	:	Improvisation
अन्विति	:	Unity
अभिनय कला	:	Histrionic Art
अभिहस्य, हास्यास्पद	:	Ludicrous
अवतरण	:	Appearance
आच्छादन	:	Masking
आयाम	:	Dimension
उत्तर गान	:	Stasimon
उतार-चढ़ाव	:	Modulation
उद्घाटन	:	Exposition
उपकरण	:	Prop
उपसंहार	:	Exode
उपस्थापन	:	Presentation
उपाख्यान	:	Episode
कठपुतली	:	Puppet
कामदी	:	Comedy
कार्यमूलक	:	Functional

कार्य-व्यापार	:	Action
क्षेपक	:	Interpolation
गगनिका	:	Cyclorama
गति-संचार	:	Movement
चित्रबंध	:	Picture Frame
चेष्टा, भंगिमा	:	Gesticulation
चौकी, शोभा यात्रा	:	Pageant
जनांतिक	:	Aside
त्रास	:	Fear
त्रासदी	:	Tragedy
देहभंगिमा	:	Posture
दृश्यता	:	Spectacle
दृश्यबन्ध	:	Set
दृश्यसज्जा	:	Setting
दृश्यांकित गति-संचार	:	Panoramic Movement
नाटकीय	:	Theatrical
नाटकीय दृश्य	:	Tableau
नाट्य-अन्विति	:	Dramatic Unity
नाट्य कला	:	Thespian Art
नाट्य वस्तु	:	Dramatic Unity
निर्वहण	:	Denouement
नृत्यपरक	:	Choreographic
नृत्य-परिधि	:	Dancing Circle
नेपथ्य	:	Off-stage
नेपथ्य की तरफ	:	Up-stage
पदावली (भाषा)	:	Diction
पात्र-समूहन	:	Character Ensemble
पूर्वमान	:	Parode
पूर्वछाया	:	Foreshadow
पूर्व रंग	:	Verset
प्रकर्ष	:	Catastrophe
प्रक्षेपण	:	Projection
प्रगीतात्मक	:	Lyrical

प्रस्तुतीकरण, प्रदर्शन	:	Production
प्रहसन	:	Farce
प्रेक्षागृह	:	Auditorium
बहुधरातली मंच	:	Multiple Stage
बेले	:	Ballet
भोंडा	:	Grotesque
मंच	:	Pulpit
मंच-निर्देशन	:	Stage Direction
मंच शिल्पी	:	Stage Technician
मंचांकन	:	Stage Design
मध्यांकी, विष्कम्भक	:	Interlude
मुक्ताकाशी रंगमंच	:	Open Air Threatre
मुखौटा	:	Mask
मूकाभिनय, अभिनटन	:	Pantomime
यान मंच	:	Stage Wagon
रंगचर्चा	:	Stage Business
रंगद्वार	:	Proacenium Arch
रंगपीठ	:	Proscenium
रंगप्रभाव	:	Spectacular Effects
रंगवाट	:	Amphitheatre
रंगशाला, नाट्यशाला	:	Theatre
रंगशीर्ष	:	Stage-Up
रंग सामजस्य	:	Tone
रंगस्थली	:	Areana
रागप्रधान काव्य	:	Nomic Poetry
रूपवाद	:	Formalism
रूप सज्जा	:	Make-Up
लाल गेरू	:	Raddle
लोक रंगमंच	:	Folk Theatre
वक्तत्त्व कला	:	Art of Rhetoric
विद्रूप काव्य	:	Parody
विरेचन	:	Cathrasis
वृंदगायन	:	Chorus

वृन्दगीत	:	Choric Song
संगति, सामंजस्य	:	Harmony
संगीतधर्मी	:	Operatic
संघर्ष	:	Crisis
सम्मोहन	:	Magic
संरचना	:	Composition
समय	:	Duration
समूहन	:	Grouping
सरकंडा	:	Reed
सहज वृत्ति	:	Instinct
साधारणीकरण	:	Universalization
स्वर माधुर्य	:	Melody
स्वर संगीत	:	Orchestration
स्वराघात	:	Accent

❑❑